Die Kriegsgeneration bricht ihr Schweigen

g

Dieter Gräbner

Der bestellte Tod

Die Kriegsgeneration bricht ihr Schweigen

Gollenstein

Deutsche!
Wehrt Euch!

384 Rosalinde Jahr, Jahrgang 1931, Balletttänzerin, Hausfrau: *„Der Vorgesetzte schrieb: ‚So wird sein Geist in der Kompanie weiterleben, als ewiger Mahner deutscher Treue.'"*

390 Walter Wallmann, Jahrgang 1932, Hitlerjunge, CDU-Politiker, ehemaliger Frankfurter Oberbürgermeister, ehemaliger Hessischer Ministerpräsident, ehemaliger Bundesminister für Umwelt, Naturschutz und Reaktorsicherheit: *„Uns wurde gesagt, wir sollten leiden, ohne zu klagen."*

400 Waldtraud Schuh, Jahrgang 1925, Sekretärin: *„Bald flogen tausend Briefe zwischen Edi und Daut hin und her. Er schrieb von seinen Fliegereinsätzen. Ich berichtete von der Heimatfront."*

422 Günther Schacht, Jahrgang 1929, Hitlerjunge, CDU-Politiker, ehemaliger Saarländischer Umweltminister: *„Abends haben uns zwei Leutnants bis spät in die Nacht bedrängt, dass wir uns freiwillig zur SS melden sollten."*

430 Rolf Krieger, Jahrgang 1932, Hitlerjunge, Bauingenieur: *„Lehrer mit brauner Vergangenheit waren untergetaucht. Die älteren Jungen mit den bunten Schnüren, die uns noch vor kurzem herumkommandiert hatten, kämpften jetzt für den Endsieg oder waren jetzt ganz bescheiden."*

438 Ignaz Marx, Jahrgang 1929, Hitlerjunge, Monteur, Gewerkschafter: *„Zu zweit hielten wir Wache auf der Brücke. Eine Ausbildung zum Schießen hatten wir nicht."*

444 Reinhold Schug, Jahrgang 1929, Mitglied des Volkssturms, Sozialpädagoge: *„Meine Mutter sagte: ‚Wenn wir sterben sollen, sterben wir alle zusammen.'"*

Seite 4: Nach dem Bombenangriff auf Dresden am 13. Februar 1945

Seite 5: Deutsche Soldaten besetzen die Tschechoslowakei

Seite 6: Ein deutscher Soldat wird von einem Engländer durchsucht

Seite 7: Judenboykott

Seite 8: 21. Juli 1944: Soldaten und Offiziere im Innenhof des Bendlerblocks

Seite 9: Eine Zeit der Not, der Verwirrung, des Hungerns und Frierens

„Seid traurig mit den Traurigen.“

Vorwort Christoph Stölzl*

Ist der Brunnen der Vergangenheit bei den Deutschen tiefer, unergründlicher als bei den anderen? Wer sich über den Rand beugt und in dem Wasser dort unten nach seinem Spiegelbild sucht, dem mag es schon geschehen, dass ihn Vexierbilder anstarren und erschrecken. Wer sich nicht gut festhält im Sonnenlicht am Brunnenrand, den überfällt vielleicht ein Schwindel, amorphe Geister scheinen ihm zuzuwinken, verlockend verwandt und grausig fremd in einem. Monströs sind die Bilder, unerhört, fürchterlich scheinen sie und skandalös. Kein Gott bedeckt sie gnädig, vulkanisch lebendig scheinen die Brunnenwasser oft und Nacht und Grauen drängen sich herauf, als würden sie angezogen durch die Blicke von oben. Seit jenem strahlend hellen Sommer 1945 ist darum der Brunnenblick den Deutschen anziehend und widerwärtig zugleich gewesen, eine Sache, die man lieber den trainierten Spezialisten der Wissenschaft überließ und den berufsmäßig Unerschrockenen der Medien. Wenn die den Kopf wieder hoben und über die Schattenspiele drunten berichteten, dann sprachen sie *von anderen*. Nie ist eine Vorzeit schneller zur „grauen Vorzeit“ verwandelt worden wie die Jahre vor dem 8. Mai 1945 in den Jahren danach. Aus eben noch gelebtem Leben, eben noch erlittenem Leiden wurden über Nacht Dokumente: War das nur herzensharte Unfähigkeit zur Trauer und Wirklichkeitsverdrängung? Das hieße, die revolutionäre Zerstörung des traditionellen Zeiterlebnisses übersehen und die unfreiwillige Metamorphose der Menschen zu „Zeit-Genossen“ statt Mit-Menschen – seit jenem Moment, an dem alles angefangen hatte, im Juli 1914. Mit diesem Augenblick, der Urkatastrophe des Jahrhunderts, in der *anfing, was anzufangen seitdem nicht aufgehört hat*, wie es Thomas Mann in der Vorrede zum „Zauberberg" ausgedrückt hat, kam der Begriff der „Zeitgeschichte" in die Welt. Jene Amalgamierung von Gegenwart und Vergangenheit war keine willkürliche Proklamation, sondern nur ein hilfloser Versuch, der ungeheuren Beschleunigung einen Namen zu geben, die nun Menschen und Verhältnisse fortriss. Wenn sich das anthropologische Normalmaß seit Menschengedenken nicht weit entfernt hatte von des Predigers Salomo Worten, das Leben währe siebzig oder achtzig Jahre und köstlich sei es, wenn es Mühe und Arbeit gewesen, so konnten spätestens seit dem Frühjahr 1933 wenige Jahre, dann Monate, am Ende Tage und Stunden unversehens zu geschichtlichen Epochen mutieren. Lebensstationen, die früher Jahrzehnte gebraucht hatten, zogen über Nacht vorbei. Ankommen und Abschied-Nehmen, Leben und Tod verloren ihr uraltes Maß. In einer explosiven Kettenreaktion hatten sich die Ereignisse multipliziert und mit ihnen die menschlichen und moralischen Extremsituationen, die vorher die Ausnahme, nicht die Regel der Geschichte gewesen waren.

Die Heutigen messen ihr Leben an einer Skala, die „Selbstverwirklichung" heißt; was immer es davon vor dem Ausscheren Deutschlands aus der europäischen Gesittung Anfang 1933 gegeben hatte, es wurde danach zur exotischen Ausnahme. Wenn die Nachgeborenen heute in die Zeit von 1933 bis 1945 blicken, dann hat ihr Auge es schwer, sich an die vollkommen andere Geschwindigkeit der Bilder zu gewöhnen. Vergeblich sucht es Halt im Mahlstrom der Schicksale, Gestalten, Gesichter. Die Stimmen klingen fremd, auch wenn sie in unserer Sprache reden. Gut und Böse haben andere, oft rätselhafte Vorzeichen. Ein freundliches Schicksal erlaubt uns heute wieder, das Leben in Schritten zu gehen, die Menschenmaß sind. Aber das macht es uns auch fast unmöglich, die Wege der Zeit-Genossen des Zweiten Weltkrieges verstehend mitzugehen. Was Bertolt Brecht in seinem Gedicht „An die Nachgeborenen" für die Menschen auf der

Linken eingefordert hat, das gilt mit Ausnahme der verbrecherischen Extreme in Wahrheit für fast alle Angehörigen der Generation die vor 1945 erwachsen werden musste: „Ihr, die ihr auftauchen werdet aus der Flut/In der wir untergegangen sind/Gedenkt/Wenn ihr von unseren Schwächen sprecht/Auch der finsteren Zeit/Der ihr entronnen seid ... Ihr aber, wenn es so weit sein wird/Dass der Mensch dem Menschen ein Helfer ist/Gedenkt unsrer/Mit Nachsicht."

Wer den Krieg und das Chaos von Flucht und Vertreibung überlebt hatte, der hatte oft gute Gründe, der Einsicht und dem Mitleid seiner Nachbarn nicht allzu viel zuzutrauen. Das Reden über die jüngsten Schicksale zog sich in den Schutzraum der Familien zurück. Aber es wurde auch dort viel geschwiegen, weil Worte hilflos geworden schienen, die monströse Wirklichkeit abzubilden. Dass, wer über gewissen Dingen den Verstand nicht verliere, keinen zu verlieren habe, war ein geflügeltes Wort der ersten Nachkriegszeit. Die Deutschen lernten nach 1945 schnell, dass es in der aus Verschonten und Beschädigten wahllos zusammengewürfelten, durch Wohnungsnot und Einquartierung allzu eng miteinander hausenden Gesellschaft tunlich war, alle Neugier auf die Vorgeschichte der Zufallsnachbarn besser bleiben zu lassen. Und erst recht verstand es sich von selbst, dass die versiegelten Schachteln der eigenen Familie zu achten waren. Wer wusste als Kind, ob das Schweigen dem bösen Gewissen oder dem Übermaß eigenen Leides geschuldet war? Der Krieg: nie war er weiter weg als im Kinder-Horizont der 1950er Jahre, auch wenn auf der Leuchtskala der alten Radioapparate noch die Städtenamen des NS-Imperiums aufleuchteten. Nie wurde Ernest Renans prophetischer Satz von 1882, das *Vergessen* spiele bei der Erschaffung einer Nation eine wesentliche Rolle, leidenschaftlicher praktiziert als in der *Melting-Pot*-Gesellschaft in beiden deutschen Staaten. Später, in den 1960er Jahren, brachen die Deiche unter einer Springflut plötzlichen, schockhaften Erinnerns deutscher Verbrechen. Seitdem hören die Gezeiten zeitgeschichtlicher Vergewisserung nicht mehr auf. Geschrieben wurden, wie sollte es anders sein, zuerst die Biographien der ganz Bösen und der ganz Guten des deutschen Dramas. Die Historiker wälzten Aktenberg um Aktenberg, um der von außen beschreibbaren, im Inneren dennoch rätselhaften Höllenfahrt eines ganzen Volkes ihren Sinn zu entreißen. Je weiter sich die zwölf Jahre im Kalender entfernen, desto übergrößer erscheinen sie heute der Wahrnehmung der Nachgeborenen. Wohl nie zuvor ist Geschichte mit solcher Wucht in politische Moral verwandelt worden. Das einzigartige Menschheits-Exempel von 1933 bis 1945 wurde als negative Folie zur Gründungssage der Bundesrepublik. In ihre Trikolore ist das „Nie wieder" unsichtbar eingewoben ins Schwarz-Rot-Gold der Demokratie.

Erst spät drängen jetzt die Erinnerungen der Kriegsgeneration tausendfach herauf. Viel Zeit ist vergangen. Wer der „Oral History" skeptisch gegenübersteht, wird gegen Erzählungen, die von Stunden handeln, die sechzig und mehr Jahre vergangen sind, viel Quellenkritisches einzuwenden haben. Aber nicht ums Umschreiben der Geschichte geht es, wenn wir uns zu denen gesellen, die sich an den Brunnenrand der Vergangenheit setzen. Am *brutum factum* der deutschen Schuld am Untergang des alten Europa gibt es nichts zu rütteln. Vor zehn Jahren hat Bundespräsident Roman Herzog am 8. Mai gesagt: „Deutschland hatte den furchtbarsten Krieg entfesselt, den es bis dahin gegeben hatte, und es erlebte die furchtbarste Niederlage, die man sich vorstellen konnte. Europa war ein Trümmerfeld, vom Atlantik bis zum Ural und vom Polarkreis bis zur Mittelmeerküste. Millionen aus allen Völkern, auch aus dem deutschen, waren tot, gefallen, in Bombenangriffen zerfetzt, in Lagern verhungert, auf den Straßen der Flucht erfroren. Und andere Millionen – vor allem Juden, Roma und Sinti, Polen und Russen, Tschechen und Slowaken – waren den größten Vernichtungsaktionen zum Opfer gefallen, die menschliche Hirne je ersonnen hatten". Den „rückhaltslosen Umgang mit der Geschichte", den Herzog damals gefordert hat, versuchen auch die Menschen, die in diesem Buch zu Wort kommen. Ihre Stimmen fügen sich zu einem Chor, zu einer Melodie. Sie ist ein einziges Klagelied über die Millionen, denen ein allumfassendes Un-Glück damals alles geraubt hat, was dem Menschen von seinem Schöpfer zugedacht ist: *life, liberty and the pursuit of happiness* – um es in den unsterblichen Worten aus der Morgenröte der Demokratie von 1776 zu sagen. Die Nachgeborenen hören den Erzählungen am Brunnenrand zu. Was sie herzieht, ist am wenigsten Neugier, viel eher, ob es ihnen bewusst ist oder nicht, ein uraltes Gebot der Humanität: *Seid traurig mit den Traurigen.*

* Prof. Dr. Christoph Stölzl, geb. 1944, war von 1987 bis 1999 Generaldirektor des Deutschen Historischen Museums und von 2000 bis 2001 Senator für Wissenschaft, Forschung und Kultur des Landes Berlin. Heute ist er Vizepräsident des Berliner Abgeordnetenhauses.

1944: Mit dem Fahrrad gegen den gut gerüsteten Feind.
Hitlers Armeen befinden sich auf dem Rückzug. Dem riesigen Materialeinsatz der Alliierten stehen die deutschen Soldaten hilflos gegenüber

„So erlebten wir Deutschland in seinen dunkelsten Jahren.“ Vierzig Zeitzeugen berichten offen, ehrlich, ohne Tabus und ohne Schuldzuweisung.
Dieter Gräbner

Wer den Zweiten Weltkrieg überlebte, wird das Erlebte nie vergessen. Egal ob er an der Front als Soldat war und danach in Gefangenschaft geriet, oder zu Hause an der Heimatfront, oder auf der Flucht war als die Kriegsfurie des Bombenkrieges über Deutschland hereinbrach, oder in den Konzentrationslagern inhaftiert war und Zeuge wurde, wie Millionen Juden, Sinti, Roma, politische Gefangene und Andersdenkende misshandelt und umgebracht wurden. Die Bilder des Entsetzens und des Grauens kommen immer wieder. Und mit zunehmendem Alter immer öfter und intensiver. Die meisten Zeitzeugen, die in diesem Buch zu Wort kommen, haben bisher geschwiegen. Weil niemand sie bisher nach ihren Kriegserlebnissen gefragt hat. Weil sich offenbar niemand dafür interessierte. Aber auch weil das, was sie erlebten, so grauenhaft und entsetzlich war, dass es heute kaum jemand glauben mag. Und weil sie versuchten ihre schrecklichen Erlebnisse zu verdrängen. Das ist vielen nach dem Krieg zunächst gelungen. Da wollte man den Kopf frei haben für den Neubeginn, den wirtschaftlichen Aufbau. Und endlich alles vergessen, das Erinnern an Deutschlands dunkelste Jahre, auch an die eigene verlorene Jugend – wegstellen in die hinterste Ecke des Erinnerungsvermögens. Nie mehr daran denken. Und nie davon reden. Und vor allem nicht weinen, niemals, auch wenn man nachts von dem träumte, was der Krieg einem angetan hatte.
Und manche versuchten sich selbst zu immunisieren gegen die Vorwürfe der Nachfolgegenerationen: „Ihr ward ja nicht dabei, und deswegen könnt ihr es nicht verstehen.“ Doch nun sind die Zeitzeugen Greisinnen und Greise, und mit zunehmendem Alter kommt die Rück-

besinnung, versuchen die Soldaten, die Mütter, auch die Kinder der Kriegsgeneration, die Verfolgten aus den KZ's und Gefängnissen, und auch die, die Widerstand leisteten, Bilanz zu ziehen. Und viele haben nun den Wunsch mitzuteilen, was damals geschah. Sie haben alte Tagebuch-Aufzeichnungen hervorgekramt oder versucht, aus der Erinnerung aufzuschreiben, was sie erlebt haben. Aber wie packt man das? Was passiert, wenn das Erlebte in schrecklichen Einzelheiten nun, nach so vielen Jahren wieder aufsteigt? Deutlicher in der Erinnerung, als je zuvor. Ein Zeitzeuge sagte: „Wie kann man tausendfachen Tod beschreiben. Wie kann man heute distanziert berichten, was in den Gefangenenlagern geschah. Oder zu Hause, wo unsere Frauen die Brutalität des Bombenkrieges und später Eroberung und Besatzung ertragen mussten. Heute weiß ich vieles, was ich damals nicht wusste, höchstens ahnte. Dass sie sechs Millionen Juden umbrachten, wusste ich damals nicht. Aber ich hätte fragen müssen, als unser jüdischer Nachbar abgeholt wurde: ‚Wo bringt ihr ihn hin?' Ich habe nicht gefragt. Es ist so schrecklich, dass mir heute die Worte fehlen zu beschreiben, was ich erlebt habe. Man kann es nicht beschreiben, was damals geschah, nicht richtig und nicht wirklich."
Ich habe die Interviews, Berichte, Tagebuch-Aufzeichnungen, Protokolle und die von mir, nach den Unterredungen mit den Zeitzeugen aufgezeichneten Features in diesem Buch in fünf Kapitel unterteilt: „Die Soldaten", „Die Gefangenen", „Die Verfolgten", „Der Widerstand" und „Die Heimatfront". Dies schien mir wichtig, um dem Leser eine Orientierungshilfe zu geben, wenngleich die Trennung in diese einzelnen Abschnitte auch inhaltliche Überschneidungen mit sich bringt. Das lässt sich nicht vermeiden. Wer Soldat war, war oft auch in Gefangenschaft. Wer verfolgt wurde, war vielleicht Soldat gewesen, bevor er von der Gestapo gejagt wurde. Mir kam es darauf an, die einzelnen Zeitzeugenaussagen nach ihrem Inhalt zu gewichten. Wer lange in Gefangenschaft war und dort einen Leidensweg hinter sich bringen musste oder in Gefangenschaft seinen Vater wieder traf, dessen

Bericht findet sich unter „Die Gefangenen“, auch wenn er als Soldat seinen Bericht beginnt und als Soldat Dramatisches erlebt hat.

Die Gespräche mit den 40 Zeitzeugen, die in diesem Buch zu Wort kommen, waren teilweise eine schwere psychische Belastungsprobe für beide Seiten – für die Zeitzeugen, die oft von der Erinnerung übermannt weinten – und für mich, der versuchen musste das Gehörte aufzunehmen und zu protokollieren und Fragen zu stellen. Das ist mir nicht leicht gefallen. Ich bin Jahrgang 1939 und habe den Bombenangriff als knapp Sechsjähriger auf Dresden überlebt. Meine Erinnerungen daran, und an die Übergriffe der sowjetischen Soldateska danach – an Vergewaltigungen und Erschießungen – mischen sich immer wieder mit den Erinnerungen vieler Zeitzeugen.

Wiedersehen auf dem Stuttgarter Hauptbahnhof. In den Funfziger Jahren kamen viele deutsche Soldaten aus russischer Kriegsgefangenschaft nach Hause

Ich bin kein Historiker. Ich bin Journalist, und ich habe versucht dieses Thema wie ein Reporter zu recherchieren. Das heißt: Ich habe Zeitzeugen gesucht, die diese Zeit erlebt haben und bereit waren zu berichten, was sie erlebt haben. Die Auswahl der Zeitzeugen ist beinahe zufällig und somit sind sie natürlich auch kein repräsentativer Querschnitt für die Kriegsgeneration. Die Aussagen habe ich versucht so wiederzugeben, wie sie mir zugänglich gemacht wurden. Vieles musste ich aus Platzgründen kürzen. In allen Fällen aber wurden die Aussagen von den Zeitzeugen nach ihrer redaktionellen Bearbeitung gegengelesen und freigegeben. Das bedeutet auch, dass, soweit in den jeweiligen Zeitzeugenaussagen historische Fakten genannt werden, die Zeitzeugen für deren Richtigkeit verantwortlich sind.

In allen diesen Berichten und Interviews wird eines deutlich: Der Tod war allgegenwärtig. Jeden Tag und überall. Für jeden in diesem Krieg war irgendwo der Tod bestellt. Von einem General für einen General und dessen Armee. Von den Soldaten für die gegnerischen Soldaten. Von Bomberpiloten für Zivilisten, für Frauen und Kinder, von Heckenschützen mit Zielfernrohren für ahnungslose Kämpfer, von Gestapo-Leuten für Menschen, die verdächtig waren, von SS-Wachmannschaften in den Gefängnissen und Konzentrationslagern für Todgeweihte, für Juden und Andersdenkende. Wer den Krieg überlebte und nun als Mitangehöriger der Kriegsgeneration zum ersten Mal sein Schweigen bricht und erzählt, wie alles war, tut dies nicht um aufzurechnen, oder gar Schuld zuzuweisen. Die Zeitzeugen in diesem Buch berichten offen, ehrlich, ohne Tabus, ohne Schuldzuweisung und gegen das Vergessen: Denn Ähnliches darf sich nie wiederholen. Nie und Nirgendwo.

Es sind Berichte und Erinnerungen der Soldaten an die Schlachtfelder in Russland, in Frankreich, auf dem Balkan und sonst wo. Erinnerungen an den Widersinn des Krieges, an Vorgesetzte, die Schinder waren. An andere, die menschliche Größe zeigten in scheinbar ausweglosen Situationen. Es sind Berichte von damals 16-Jährigen, die zu Hause Leichen aus den Trümmern bergen und Panzergräben ausheben mussten, bevor sie von dem größenwahnsinnigen Diktator als „Volkssturmmänner“ als letztes Aufgebot losgeschickt wurden, um amerikanische Panzereinheiten zu stoppen. Sie waren in der Hitlerjugend gut vorbereitet worden auf ihre Einsätze als Soldaten. Sie hatten gelernt, dass ein deutscher Junge schnell wie ein Windhund, zäh wie Leder und hart wie Kruppstahl zu sein hatte. Sie fanden den „Dienst“ in der Hitlerjugend toll, die Geländespiele und die Fahrten. Sie wurden politisch indoktriniert, wenn auch die meisten das nicht so empfanden. „Es hat mir Spaß gemacht. Das Gemeinschaftsgefühl, die Kameradschaft, der viele Sport“, berichten viele Zeitzeugen. Als dann aus dem Spaß Ernst wurde, und sie Soldat wurden, waren sie immer noch begeistert. Und auch als der Krieg dem Ende zuging, waren sie treue pflichtbewusste Soldaten, viele bereit noch weiter zu kämpfen, als alles schon verloren war. Und als alles zu Ende war, fragten sie sich, für was oder wen haben wir gekämpft. Der Zeitzeuge Hans Jacoby, Jahrgang 1923, Fahnenjunker-Unteroffizier und späterer Schulrektor sagt „Nach dem Krieg schämten wir uns, dass wir diesem Regime gedient hatten.“

In diesem Buch gibt es natürlich auch Berichte von Menschen, die den Krieg zu Hause erlebt hatten: den Alltag der Bespitzelung durch den Blockwart und die Nachbarn, Lebensmittel organisieren, versuchen zu überleben, irgendwie. Es sind eindringliche Schilderungen von Menschen, die der Kriegsfurie zu entkommen versuchten, die flohen, sich versteckten, als Zivilisten von Tieffliegern beschossen wurden und für jeden Tag, den sie überlebten, dem lieben Herrgott dankten. Und die nach dem Krieg eigentlich nur noch staunen konnten, dass sie und wie sie den Krieg überlebt hatten. Die Zeitzeugin Anne Scheyer, Jahrgang 1927, aus dem lothringischen Dorf Erching-Guiderkirch, das vierzehn Wochen lang Hauptkampflinie war, hat in ihrem Tagebuch „Die 14 Freitage“ die Leidensgeschichte ihres Dorfes und seiner Bewohner aufgeschrieben. Mal waren die deutschen Soldaten oder SS-Einheiten die Besatzer, mal US-Soldaten. Ihr Tagebuch ist ein Dokument des Schreckens des Kriegsalltags mit allen seinen blutigen, entsetzlichen Facetten und Einzelheiten. Im Grauen des Kriegsalltags zu Hause aber gab es auch Widerstand gegen dieses mörderische Regime. Wer vom Widerstand redet, denkt zunächst an den 20. Juli 1944, an das missglückte Attentat auf Hitler. Und natürlich auch an die Mitglieder der Weißen Rose. Die Zeitzeugin Helga Knoop-Graf, die Schwester von Willi Graf, der als Widerstandskämpfer und Mitglied der Weißen Rose hingerichtet wurde, berichtet

Kriegsende: Kriegsversehrte bei ihrer Heimkehr aus der Gefangenschaft 1946 auf der Frankfurter Hauptwache

von seinen letzten Briefen und seinen Wünschen und seinem unverrückbaren christlichen Glauben. Viele, die Widerstand leisteten, haben bis heute nicht darüber geredet.
Die Zeitzeugin Elsie Steck war Gemeindesekretärin der Gemeinde der Bekennenden Kirche in Berlin, die von Pastor Niemöller, und später, als Niemöller im KZ inhaftiert war, von Pastor Gollwitzer geleitet wurde. Sie versteckte zusammen mit anderen Gemeindemitgliedern Juden. Heute sagt sie, dass sie das als ihre Christenpflicht verstanden habe.
Zum Widerstand gehörten auch die Mitglieder der so genannten Edelweißpiraten, die sich der Hitlerjugend zu entziehen versuchten. Sie wollten ihre eigenen Lieder singen, nicht im HJ-Gleichschritt marschieren, und ihre eigenen Fahrten machen. In Köln verteilten sie Flugblätter, verübten Sabotage-Akte. Die Nazis schlugen brutal zurück. Sechs von ihnen wurden öffentlich aufgehängt, der jüngste war 16 Jahre alt. Die Zeitzeugen, der Jazzposaunist Albert Mangelsdorff und der Bildhauer Hans Steinbrenner beschreiben, wie es ihnen in Frankfurt gelang, nicht mit der HJ im Gleichschritt zu marschieren.
Als der Krieg vorbei war, waren drei Millionen deutscher Soldaten in russischer Kriegsgefangenschaft. Eine Million starben, verhungerten, erfroren. In diesem Buch erzählt Zeitzeuge Heinz-Eberhard Alex, der erst 1955 aus russischer Kriegsgefangenschaft nach Hause kam, von seinem Leidensweg. Er war von einem russischen Sondergericht zum Tod, ersatzweise 25 Jahre Zwangsarbeit, verurteilt worden, für Gräueltaten an Zivilisten, die er nachweislich nicht begangen haben konnte. Die Richter verwarfen seine Beweise als „Ausflüchte". Und es wird über den Kriegsgefangenen Erich Closter berichtet, der als einer der letzten aus russischer Gefangenschaft 1956 zurückkam und der ebenfalls zu Unrecht zu 25 Jahren Zwangsarbeit verurteilt worden war. Und für den Freunde im Jahr 2001, also 45 Jahre nach seiner Entlassung aus russischer Kriegsgefangenschaft, beim zuständigen Generalstaatsanwalt in Moskau die Rehabilitierung durchsetzten. Die Russen

räumten ein, dass er unschuldig verurteilt worden war. Posthum freilich. Erich Closter war inzwischen verstorben.
7,75 Millionen deutscher Soldaten, unter ihnen auch 16-Jährige, waren in amerikanischer, englischer und französischer Kriegsgefangenschaft. Hunderttausende kampierten in offenen Camps auf den Rheinwiesen unter freiem Himmel – monatelang. Tausende starben, bevor die Amerikaner sie nach Frankreich transportierten und später den Franzosen als billige Arbeitskräfte, vor allem im Bergbau, übergaben.
Die Letzten kamen 1949 aus französischer Gefangenschaft nach Hause. Sie fanden ein Land im Aufbaufieber, in dem anfangs der fünfziger Jahre das Wirtschaftswunder zu laufen begann. Und sie verstanden erst nach und nach, dass sie nun alleine Entscheidungen treffen mussten. Dass niemand ihnen mehr befahl, was sie zu tun hatten. Sie kehrten zurück in ihre Familien, die ihnen fremd geworden waren. Viele sahen zum ersten Mal ihre Kinder, die beim letzten Kriegs-Heimaturlaub gezeugt worden waren. Und manche waren in ihrer Familie nicht mehr willkommen. Dort wo ihr Platz gewesen war, war nun ein fremder Mann.
In diesem Buch kommen auch Menschen zu Wort, die von dem nationalsozialistischen Terror-Regime verfolgt wurden, weil sie Juden waren. Zwei Juden, die Zeitzeugen Isak Wasserstein und Alex Deutsch, berichten über ihren jahrelangen Leidensweg durch KZ's und wie sie dann an der Rampe von Auschwitz standen und das Vernichtungslager überlebten, weil sie auf die richtige Seite „selektiert" wurden. Nämlich auf die Seite derer, die (noch) weiter leben sollten, weil sie noch als stark genug angesehen wurden, unter entsetzlichen Bedingungen Sklavenarbeit zu leisten. Bis sie dann durch „Arbeit vernichtet" sein würden.
Menschen wurden verfolgt, nur weil sie anders dachten, weil sie sich dem Mob der Straße und den Hass-Parolen nicht unterordnen wollten. Wer anders dachte und das auch laut sagte, musste mit Verfolgung und Tod rechnen. Auch davon wird in diesem Buch berichtet.

Sozialdemokraten, die die Nationalsozialisten und ihren Führer Adolf Hitler, als das bezeichnet hatten, was sie waren, als Kriegstreiber und Verbrecher, die einen industrialisierten Massenmord an den europäischen Juden planten, mussten Deutschland fluchtartig verlassen, als die Nazis an die Macht kamen. Sie flohen nach Übersee, wenn sie denn die finanziellen Mittel dazu besaßen oder retteten sich nach Frankreich ins Exil. Nach dem Krieg kamen sie zurück, nach Jahren der Entbehrung, vor den deutschen Besatzern in Frankreich beschützt und versteckt von der Résistance.

In diesem Buch wird von den Erinnerungen der Mütter erzählt, die in den Luftschutzbunkern ihre Kinder auf ihrem Schoß zu beruhigen versuchten, die weinten und beteten. Und hofften, dass ihr Mann, der irgendwo für Führer und Volk und Vaterland kämpfte, gesund nach Hause zurückkommen würde. Frontsoldaten, die den Bombenkrieg an der Heimatfront erlebten, waren bleich vor Entsetzen, als sie aus den Luftschutzkellern kamen: „An der Front weißt du wo der Feind ist. Zu Hause im Luftschutzkeller stehst du hilflos und kannst nur hoffen und beten."

Bei den Gesprächen mit den Zeitzeugen ging es oft nicht nur um Krieg und Kriegserlebnisse. Vieles, über das wir in vielen Stunden miteinander redeten, hatte nicht unbedingt direkt etwas mit dem Thema dieses Buches zu tun. Aber immer ging es um den Wunsch und die Hoffnung aller, dass sich das, was sich in Deutschlands dunkelsten Jahren zwischen 1933 und 1945 ereignet hat, nie wiederholen darf.

Dieter Gräbner, im März 2005

PS: Der Zweite Weltkrieg begann am 1. September 1939 als eine Handvoll SS-Männer als Polen getarnt den Schlesischen Reichssender Gleiwitz überfiel und Hitler damit einen Vorwand für den Überfall auf das Nachbarland lieferte. Der Rundfunk meldete: „Seit 5.45 Uhr wird zurückgeschossen. Von jetzt an wird Bombe mit Bombe vergolten." Der Krieg endete in Europa mit der deutschen Kapitulation am 8. Mai 1945, in Asien jedoch erst am 2. September 1945.

Der Zweite Weltkrieg war die größte kriegerische Auseinandersetzung der Menschheitsgeschichte. Fast ein Drittel der Weltbevölkerung aus 61 Ländern war daran beteiligt. Insgesamt standen 110 Millionen Menschen unter Waffen, davon über die Hälfte im Dienst der Sowjetunion, Deutschlands und der USA. Nach Angaben des Volksbundes Deutsche Kriegsgräberfürsorge kamen im Zweiten Weltkrieg in Europa über 55 Millionen Menschen ums Leben. Die Deutschen mussten für die Mord- und Eroberungspolitik der Nazis einen hohen Preis bezahlen. Die deutschen „militärischen Verluste" werden von der Kriegsstatistikern mit 7,375 Millionen Toten angegeben. Im Bombenkrieg kamen 500.000 Zivilisten um. 75.000 davon waren Kinder. Rund zwei Millionen Heimatvertriebene starben auf der Flucht.

Die Soldaten

Dieter Gräbner

Als der Krieg 1939 begann, stand ein gewaltiges deutsches Heer unter Waffen. Hitler hatte hochgerüstet. Die deutsche Überlegenheit schien erdrückend. Wenigstens am Anfang war die deutsche Kriegsmaschine scheinbar nicht aufzuhalten. Die Schande des Versailler Vertrages sollte beseitigt werden, sagte der Führer. Ein Volk braucht Raum, hieß es. Erst Polen, dann Frankreich – und dann die ganze Welt? So ging es los, 1939.

Hitler steckt die Welt in Brand. Deutsche Soldaten in Marokko, in Libyen, Ägypten, in Skandinavien, auf dem Balkan. Die Alliierten

1944 wurde als letztes militärisches Aufgebot der Volkssturm aufgebaut. Unser Foto zeigt die Vereidigung von Volkssturmleuten in Lüdenscheid. Ausrüstung und Waffen waren geliehen oder zusammengesucht

 kämpfen im Pazifik gegen Japan. Und dann, als der Vormarsch des Afrikakorps stoppt, als in der Hölle von Stalingrad die 6. Armee von Hitler geopfert, als die Alliierten in Sizilien landen und dann in der Normandie, legen die Goebbels-Propagandamaschinen nach. Jeden

Die Flakstellung Bellevue in Saarbrücken nach dem Angriff am 11. Mai 1944, bei dem 16 junge Flakhelfer, keiner älter als 16 Jahre, getötet wurden

Tag im Radio. In den Wochenschauen. Die Hasstiraden von Adolf Hitler. Die Parolen vom Endsieg. Und immer neue Soldaten müssen an die Front. Die meisten sind junge Männer, denen in der Hitlerjugend und beim Reichsarbeitsdienst eingebläut wird, dass es eine Ehre sei für Führer, Volk und Vaterland in den Krieg zu ziehen. Egal, ob sie per Gestellungsbefehl eingezogen werden oder Kriegsfreiwillige und Offiziersbewerber sind, wie der Zeitzeuge Hans Stiff, Jahrgang 1927, der im April 1945, als der Krieg längst verloren war noch an sein „idealistisches Ziel das Vaterland zu verteidigen" glaubt und davon ausgeht, „dass wir irgendwann mit den Amerikanern zusammen gegen die Russen dafür kämpfen würden, dass der Bolschewismus Europa nicht überrennt." Der Zeitzeuge Edgar Burger, Jahrgang 1925, geprägt von den Idealen, die ihm in der HJ vermittelt wurden, kämpfte als Funker und Unteroffizier, hochdekoriert mit dem EK 1 und dem EK 2, hinter den russischen Linien. Er sollte die feindlichen Truppenbewegungen melden. Ein Himmelfahrtskommando. Zum Beginn des Einsatzes sagte man ihm: „Wenn sie euch erwischen gibt es keine Gnade. Sie tragen bei Ihrem Einsatz Zivilkleidung und stehen also weder unter dem Schutz der Genfer Konvention noch der Haager Landkriegsordnung."

Wenn er heute auch mit berechtigtem Stolz von seinem lebensgefährlichen Einsatz berichtet, zieht er ernüchternde Bilanz: „Viele Ideale von damals gelten für mich auch heute noch. Ehre, Verantwortungsgefühl für die Gemeinschaft zum Beispiel. Die Ideale aber, für die wir in den Krieg zogen, wurden von unseren Führern verraten. Ich war nach dem Krieg enttäuscht und verbittert, was man uns angetan hat." Mit paramilitärischen Spielen, mit Sport und den harmlosen Abenteuern von Feldlagern und Fahrten in der HJ hatte man diese Jugend auf den angeblichen „Endsieg" vorbereitet. Wann hatte es das gegeben, dass Arbeiterkinder ins Zeltlager fuhren? Oder Motorrad fahren lernen konnten in der Motor-HJ? Oder sogar fliegen lernen konnten in der Flieger-HJ, mit der Abschlussprüfung des A-Segelflugscheins? Wer da mitmachen konnte, berichtet heute übereinstimmend, dass es politische Indoktrination in diesen speziellen HJ-Verbänden – auch in der Reiter-HJ – nicht oder so gut wie nicht gegeben habe. Da sei es auf

Deutsche Soldaten erschießen Geiseln

 das Motorradfahren, auf das Segelfliegen, oder auf das Reiten angekommen. Und die Führer hätten keinen Wert gelegt auf die Vermittlung von NS-Parolen.

Viele der damals 14- bis 18-Jährigen haben das sicher subjektiv so empfunden. Aber: Natürlich wurden sie politisch indoktriniert. So subtil freilich, dass sie das nicht als NS-Propaganda empfanden. Zumal die Nazi-Parolen überall im Alltag waren. Strammstehen, marschieren – auch das wurde nicht als Zwang empfunden. Dass es eine paramilitärische Vorausbildung war – das war allen klar. Auch, dass es bald ernst sein würde. „Aber, wer denkt schon ans Sterben, wenn er dreizehn Jahre alt ist", sagt der Zeitzeuge Anton Breiling, Jahrgang 1926. Raus aus dem Grau der Städte, hinaus in die Natur. Ein anderer Zeitzeuge: „Bei der HJ war was los. Da bin ich immer wieder gerne hin. Und dann der Sport. Das hat doch Spaß gemacht." Die Hitlerjugend war eine Jugendarmee im Wartestand, Kindersoldaten, von denen viele es nicht erwarten konnten, dass es ernst wird.

Die HJ war auf dem zweiten Reichsparteitag der NSDAP (Nationalsozialistische Partei Deutschlands) am 3. Juli 1927 in Weimar gegründet worden. Sie blieb, solange konkurrierende politische, religiöse und auch unabhängige Jugendverbände bestanden, weitgehend unbedeutend. 1930 hatte die HJ gerade mal 100.000 Mitglieder. Das änderte sich schnell. Nach der nationalsozialistischen Machtübernahme 1933 wurden alle anderen deutschen Jugendverbände verboten und die HJ zur „Staatsjugend" erklärt. Die anfangs formal noch freiwillige Mitgliedschaft wurde am 1. Dezember 1936 durch das „Gesetz über die Hitlerjugend" und am 25. März 1939 durch die Einführung der „Jugenddienstpflicht" in eine Zwangsmitgliedschaft umgewandelt. 1939 waren in der Hitlerjugend 8,7 Millionen Jungens zwischen zehn und 18 Jahren organisiert. Die Zehn- bis 14-Jährigen waren „Pimpfe" im Jungvolk. Die 14- bis 18-Jährigen wurden einer vormilitärischen Ausbildung unterzogen.

Winter 1944/45. Nicht bestattete Leichen auf einem deutschen Friedhof.
Im Hintergrund ein amerikanischer Soldat

Berlin am 24. April 1945: Die Russen beschießen mit „Stalinorgeln“ (vom Asternplatz in Berlin-Lichterfelde, nahe Botanischer Garten) den Reichstag, die Reichskanzlei und die Innenstadt

Und spätestens hier wurde ihnen das NS-Wertesystem von Gefolgschaftstreue, Kameradschaft, Pflichterfüllung, Willensstärke und der Betonung der körperlichen Leistungsfähigkeit vermittelt. Zeitzeuge Walter Wallmann, Jahrgang 1932, CDU-Politiker, ehemaliger Hessischer Ministerpräsident und Bundesumweltminister erinnert sich an seine HJ-Zeit so: „Uns wurde gesagt, wir sollten leiden, ohne zu klagen.“ Zunächst beteiligten sich die HJ und der BDM (Bund Deutscher Mädchen), in dem ähnlich wie in der HJ alle Mädchen zwischen zehn und 18 Jahren zusammengezogen wurden, an Sammelaktionen für Kleider und Altmetall oder beim Winterhilfswerk. Für die Jungens wurde es jedoch von Jahr zu Jahr immer ernster. Mit zunehmender

Kriegsdauer wurden Hitlerjungen zum Schanzen von Panzergräben, zu Aufräum- und Bergungsarbeiten, als Flakhelfer und zur Bewachung von kriegswichtigen Objekten an der Heimatfront abkommandiert. Viele erhielten eine Waffe, sollten Brücken und Straßenkreuzungen sichern, ohne dass sie je an dieser Waffe ausgebildet wurden. Und zu allerletzt wurden sie, wenn sie nicht schon längst ihren Gestellungsbefehl hatten und als 18-Jährige irgendwo an der Ostfront die Brutalität, die Not und das Entsetzen des Krieges ertragen mussten, zum Volkssturm, zu Hitlers letztem Aufgebot eingezogen. Viele waren gerade 14 Jahre, als man ihnen erklärte, wie sie auf Befehl eine Panzerfaust auf die „Ami-Panzer" abzufeuern hätten. Kindersoldaten in der Hölle des Krieges. Einige trafen in den amerikanischen und französischen Kriegsgefangenenlagern ihre Väter wieder, die ebenfalls noch kurz vor Kriegsende zum Volkssturm eingezogen worden waren.
Nach der Kapitulation am 8. Mai 1945 lag Deutschland in Trümmern. Die „militärischen Verluste" – so die Sprache der Statistiker – betrugen 5,3 Millionen Tote. 5,3 Millionen deutsche Soldaten starben irgendwo zwischen dem Nordkap und Ägypten, zwischen der Ostfront und dem Ansturm der Alliierten in der Normandie oder verhungerten oder erfroren in Kriegsgefangenenlagern. Das Schicksal von zigtausenden vermissten deutschen Soldaten ist bis heute ungeklärt.

36 Hans Stiff, Jahrgang 1927, Kriegsfreiwilliger, Journalist, Verlagsmanager: ***„In mir war das idealistische Ziel das Vaterland zu verteidigen. Wir dachten, dass wir irgendwann mit den Amerikanern zusammen gegen die Russen dafür kämpfen würden, dass der Bolschewismus Europa nicht überrennt."***
Interview

Frage: Sie wurden als 15-jähriger Gymnasiast in Saarbrücken Flakhelfer, mussten dabei erleben wie 16 Ihrer Kameraden bei einem Angriff amerikanischer B-17-Bomber am 11. Mai 1944 ums Leben kamen. Und dann wurden Sie Kriegsfreiwilliger. Warum?
Stiff: Ich wollte Kavallerie-Offizier werden. Ich war ein begeisterter Reiter, war in der Reiter-HJ, in der es übrigens so gut wie keine politische Indoktrination gab, und mein Fernziel war, Kommandeur der Heeresreit- und Fahrschule Hannover zu werden.
Frage: Ein ungewöhnliches Berufsziel für einen damals 16-Jährigen?
Stiff: Für mich nicht. Bei der Olympiade 1936 in Berlin stürzte der Freiherr von Wangenheim bei der Military schwer. Er brach sich das Schlüsselbein und ritt weiter. Und er gewann die Goldmedaille. Das war ein Vorbild für mich. Ich habe mich bereits 1943 als freiwilliger Offiziersbewerber gemeldet.
Frage: Wohin wurden Sie nach ihrer Meldung als Kriegsfreiwilliger eingezogen?
Stiff: Zur Aufklärungs-, Ersatz- und Ausbildungs-Abteilung 3 in Göttingen. Diese Einheit ist aus dem von Friedrich dem Großen gegründeten Kavallerie-Regiment 3, ab 1937 in Göttingen, hervorgegangen. Es führte die Tradition des Husaren-Regimentes von Zieten und auch des 7. Ulanen-Regimentes Saarbrücken weiter. Ein Regiment mit großer Tradition. Ich kam im Januar 1945 dorthin. Eigentlich hätte ich schon viel früher dort sein müssen. Das Wehrbezirkskommando von Saarbrücken war irgendwo in Deutschland evakuiert. Und ich wusste

Hans Stiff

nicht wo. Mein Vater war der Meinung, ich sollte gar nichts machen. Dann würde ich dem Kriegswirrwarr entgehen. Aber ich war der Meinung, dass ich das Vaterland retten müsste. Und so bin ich mit einem Freund hinter dem Gestellungsbefehl hergereist und habe ihn dann schließlich in Mosbach in Baden erhalten. Der Chef des Wehrbezirkskommandos war Oberstleutnant von Heuduck, Sohn des bekannten Regimentskommandeurs in Saarbrücken vor dem Ersten Weltkrieg. Als er uns beide sah, sagte er: Kameraden, ich habe euch nicht gesehen. Wir sagten: Wir bitten um unseren Gestellungsbefehl. Ja, sagte der. Aber ich habe euch nicht gesehen. Als er merkte, dass wir nicht zu überzeugen waren, gab er ihn uns.

Frage: Wie lange dauerte Ihre Ausbildung?

Stiff: Drei Monate. Die Ausbildung musste unterbrochen werden, weil die Front immer näher kam. Wir wurden in die Tschechoslowakei verlegt. Das war im Februar 1945. Ich bin noch am 15. Februar, einen Tag nach dem schweren Angriff durch Dresden marschiert und habe gesehen, was da geschehen ist. Es hat mich, ehrlich gesagt, nicht überrascht. Ich hatte Ähnliches gesehen nach den Luftangriffen auf Saarbrücken und Frankfurt, wenn auch nicht in diesem grauenvollen Ausmaß. In der Tschechoslowakei wurden wir am 12. April 1945 am Todestag von US-Präsident Franklin D. Roosevelt vereidigt. Wir dachten, wir würden nun irgendwann mit den Amerikanern zusammen gegen die Russen dafür kämpfen, dass der Bolschewismus Europa nicht überrennt.

 Frage: Andere Zeitzeugen haben mir erzählt, sie waren der Meinung, dass sie die Zivilisation gegen die Sowjets verteidigen müssen. War das so?

Stiff: So war das. Man hat uns natürlich die Berichte in den Wochenschauen gezeigt, welche Gräueltaten die russische Armee begangen hatte. Und auch in Tagesbefehlen wurde das angesprochen. Das war natürlich ein ganz starkes Motiv für uns. Für den Führer haben wir schon als Flakhelfer nicht mehr gekämpft.

Frage: Spielte bei Ihrer Motivation auch die Rassenideologie von Adolf Hitler eine Rolle, nach der die Russen ja angeblich Untermenschen waren?

Stiff: Das spielte keine Rolle. Es gab in unserer Einheit keinerlei NS-Führungsunterricht. Es hat sich keiner bereit erklärt, NS-Führungsoffizier zu werden. Dem Schwadronswachtmeister wurde befohlen, nominell diese Aufgabe wahrzunehmen. Damit hatte es sich.

Frage: War es nicht so, dass es nach dem missglückten Attentat vom 20. Juli 1944 im Führerhauptquartier auf Adolf Hitler eine Anweisung gab, in jeder Einheit einen NS-Führungsoffizier zu benennen, weil Hitler weitere Attentate befürchtete?

Stiff: Ja, mag sein. Aber NS-Führungsoffiziere hatten wir weder bei der Flak, noch beim Reichsarbeitsdienst, noch später bei unserer Wehrmachtseinheit. Bei uns wurde der Schwadronswachtmeister dazu verdonnert. Wahrgenommen hat er dieses Amt niemals.

Frage: Wer waren die Männer Ihrer Einheit? Wo kamen die her?

Stiff: Einige waren Jahrgang 1927, wie ich. Einige waren 28er. Die kamen aus Thüringen und kannten sich untereinander. Und der Rest waren ältere Soldaten, die zum Teil gar nicht mehr kriegsdienstverwendungsfähig gewesen sein dürften. Die Ausbilder waren selbst Offiziersbewerber. Es gab einige Unteroffiziere, es gab einen Leutnant. Und es gab den einarmigen Schwadrons-Chef Rittmeister von Hofmann. Er war der einzige, der ein Pferd hatte. Wir waren zunächst in einer alten Fabrikhalle in Münchengrätz mit Stroh auf dem Boden untergebracht. Zum Essen gab es Kommissbrot mit Marmelade und den berühmten deutschen Kunsthonig, den man im Nahkampf durchaus auch als Wurfgeschoss verwenden konnte. Am 20. April 1945 wurden wir neu, schwer und modernst bewaffnet und auf den Truppenübungsplatz Milowicz verlegt. Man sagte uns, wir seien die letzte Eingreifreserve des Generalfeldmarschalls Schörner, und würden eventuell sogar zu seinem persönlichen Schutz eingesetzt. Wir saßen auf diesem Truppenübungsplatz herum und warteten auf einen Befehl. Aber wir bekamen keinen.

Frage: Welche Funktion hatte Generalfeldmarschall Ferdinand Schörner?

Stiff: Er war der letzte Oberbefehlshaber des Heeres, von Hitler wegen seiner unbedingten NS-Treue und seiner brutalen Härte dazu ernannt. Er war von Hitler dazu ernannt worden, weil er der schärfste war. Der hauste in seinem Quartier, einem Schloss in der Nähe von Königgrätz. Kurz vor der Kapitulation wurde ein Tagesbefehl von ihm verlesen, in dem er erklärte, er würde uns in die Heimat zurück führen. Als uns die Kapitulation am 9. Mai morgens mitgeteilt wurde, kam kein Generalfeldmarschall Schörner. Es war auch kein Rittmeister von Hofmann mehr da. Es waren nur noch der Leutnant da und die Unteroffiziere. Und wir standen voll bewaffnet von 9.00 Uhr bis ungefähr 14.00 Uhr herum. Ungefähr 100 Meter entfernt war die Straße. Auf der fuhren die Tschechen mit deutschen Kübelwagen, mit deutschen Waffen und Uniformen rum und feierten den Sieg. Uns ließen sie aber in Ruhe. Wir sind dann einfach gegen 14.00 Uhr Richtung Westen losmarschiert. Wir wollten uns nicht von den Russen gefangen nehmen lassen. Wir wollten zu den Amerikanern.

Frage: Wie viel Mann waren Sie?

Stiff: 120, eine kriegsstarke Schwadron.

Frage: Sind Sie trotz vorheriger Kapitulation bewaffnet weitergezogen?

Stiff: Ja, sicher. Wir sind bewaffnet weitergezogen. Wir wollten Prag südlich umgehen. Unser Ziel war die Moldau. Dort waren die Amerikaner. Immer mehr Zivilisten schlossen sich uns an. Ein tschechischer Motorradfahrer alarmierte eine russische Panzereinheit. Und die beschoss uns dann. Wir hissten Bettlaken und gaben unsere Waffen ab. Ein freundlicher Mann fragte mich nach der Uhrzeit. Als ich ihm antwortete, war ich meine Uhr los. Wir sind dann in einer langen Kolonne in das erste Durchgangs-Gefangenenlager marschiert. Das Durchgangslager hieß Riczany. Da waren wir eine Nacht und wurden gefilzt. Am nächsten Tag marschierten wir weiter nach Prag. Und dann begann das, was man den Leidensweg nennt. Der tschechische Mob fiel über uns her. Wahllos wurde in die Gefangenenkolonne hinein geschlagen. Alkoholisierte Tschechen schlugen mit Säbeln auf uns ein. Wir hatten ein paar SS-Vorschüler dabei, die wir vorher in dem Durchgangslager getroffen hatten. Die waren alle nicht viel älter als 14 Jahre. Die trugen SS-Tarnanzüge. Wir hatten ihnen noch gesagt: Zieht die Dinger aus! Das haben die nicht gemacht. Die hingen dann an den Bäumen.

Frage: Wollen Sie damit sagen, dass diese 14-Jährigen aufgehängt wurden.

Stiff: Ja, sicher. Es waren acht oder zehn dieser Jungens, die aufgehängt wurden. Die hatten keine SS-Uniform. Sie waren 14 Jahre alt. Die trugen nur diese Tarnanzüge. Man hängte sie einfach an den Bäumen auf. Die Tschechen stellten Soldaten gefesselt auf das Brückengeländer, stießen sie in die Moldau und schossen auf sie. Einen älteren Kameraden, fußkrank und wohl Volksdeutscher, schickten wir in ein Krankenhaus in der Straße. Er kam tot, aus einem Fenster geworfen, wieder. Wir waren dann zwei Tage im Stadion in Prag. Wir waren ungefähr 25.000 Gefangene. Ein junger SS-Mann stahl einem betrunkenen Russen den Marschkompass aus seiner Tasche. Das sollte sich später für uns als sehr hilfreich erweisen. Zehn Tage später kamen wir in Teplitz-Schönau an. Unterwegs waren die Angriffe der bewaffneten Tschechen auf uns unbewaffnete deutsche

Gefangene so stark, dass russische Offiziere auf die Tschechen schossen. Wir lagerten in einer alten Zeiss-Fabrik. Teplitz-Schönau war noch weitgehend eine deutsche Stadt. Die deutschen Frauen kamen und brachten mittags Essen an das Lagertor. Die russischen Bewacher waren mehr an Alkohol, als an uns interessiert. Die wussten auch: In der Tschechoslowakei haut keiner von uns freiwillig ab. Aber dann hieß es: Übermorgen ist Abtransport nach Russland. Vier aus meiner Schwadron und der SS-Mann und ich sind daraufhin mit den deutschen Frauen aus dem Lager durch das Tor gegangen. Der Wachtposten war so betrunken, dass er uns Gott sei Dank nicht sah. Wir haben uns einen Passierschein als Zivilisten von der tschechischen Polizei ausstellen lassen und sind immer neben der Straße durch das Erzgebirge Richtung Chemnitz marschiert.

Frage: Sie waren aber doch Kriegsgefangene. Wie konnten Sie sich einfach einen Passierschein ausstellen lassen?

Stiff: Wir hatten alle Zivilkleider über unseren Uniformen. Die Uniformjacken hatten wir sowieso nicht mehr. Wir gaben uns als Sudetendeutsche aus. Die Tschechen waren sehr großzügig. Wenn die freiwillig gehen, umso besser, dachten die. Wir wurden oft unterwegs angehalten. Aber mit unseren Scheinchen ließen uns die Russen immer weitergehen. In Zinnwald-Altenberg übernachteten wir in einem Bahnwärterhäuschen. Am nächsten Morgen wurden wir durch ein mörderisches Geschrei geweckt. Das Bahnwärterhäuschen stand an einem Gleis zu einer Schnapsfabrik. Und die hatten die Russen gerade besetzt.

Frage: Wie ging es weiter?

Stiff: Wir hatten den Marschkompass, den der SS-Mann geklaut hatte. Und eine Karte, die wir unterwegs gefunden hatten. So kamen wir bis Freiberg in Sachsen. Dort auf dem Bahnhof waren die Russen, die meisten wie immer betrunken. Und schon packte uns ein russischer Hauptmann. Er fragte: Waffen? Nein, sagten wir. Er fragte: Wie alt? Wir sagten: 15, obwohl wir ja schon 17 Jahre alt waren. Nachdem er uns gefilzt hatte, schrieb er auf ein Blatt aus seiner Meldetasche mit einem Tintenstift-Stummel für jeden von uns einen Propusk, einen Passierschein. Er sagte, wir sollten das bei Kontrollen zeigen. Wir kamen nach Chemnitz. Dort war die Demarkationslinie. Wir sind die Straße hoch. Oben waren die Amerikaner. Eine russische Streife stoppte und kontrollierte uns. Wir zeigten unsere Zettelchen. Und sie ließen uns gehen. Als die Amerikaner uns kommen sahen, setzten sie ihre Helme auf, schickten die Kinder weg, die da gespielt hatten und nahmen ihre Waffen hoch. Sie kontrollierten uns, auch nach den eintätowierten SS-Blutgruppen-Nummern. Unser SS-Mann hatte zum Glück noch keine Tätowierung. Er war ganz neu bei der SS. Ich erklärte dem vernehmenden Offizier in meinem besten Schulenglisch, dass wir abgehauen seien. Sie ließen uns weiterziehen. An jeder Kreuzung standen japanisch aussehende Amerikaner, die sie im Pazifik nicht hatten kämpfen lassen. Und wir schauten vor jeder Kontrolle auf die Karte: Was ist der nächste Ort? Den Wachtposten haben wir immer den Ortsnamen gesagt, und dass wir dort zu Hause wären. Die haben uns immer gehen lassen. Und so kamen wir nach Augsburg.

Frage: Von Chemnitz nach Augsburg? Das ist ja auch nicht gerade ein Spaziergang.

Stiff: Man läuft sich ein. Mit den zehn Tagen Gefangenschaft war ich insgesamt 24 Tage unterwegs und bin rund 1.000 Kilometer marschiert.

Frage: Von was ernährten Sie sich?

Stiff: Wenn wir vom Bauern ein paar Kartoffeln bekamen, war das ein Festessen. Wir haben dann irgendwo ein Feuerchen gemacht und die Kartoffeln gegart und mit Salz bestreut. In Freiberg in Sachsen hatten wir eine junge Frau mit einem kleinen Kind getroffen. Die sagte: Meine Eltern haben in Augsburg ein Hotel. Wenn ihr dahin kommt, sagt meinen Eltern, dass es mir gut geht. Wir kamen dahin. Inzwischen war da aber die Offiziersmesse der Amerikaner. Die haben uns traktiert mit Essen und mit Whiskey. Die Wirkung war ungeheuer. Wir hatten wochenlang nichts Richtiges gegessen. Aber wir konnten den Eltern die Grüße ihrer Tochter ausrichten. Die waren glücklich. Wir haben uns getrennt. Der SS-Mann hat irgendeinen Güterzug erwischt Richtung Freiburg im Breisgau. Von den 28ern aus Thüringen hatten wir uns schon vorher verabschiedet. Ich bin über die Donau und war am übernächsten Tag in Krumbach in Schwaben, wo meine Eltern evakuiert waren. Ich trug eine Uniformhose, eine Schäferjacke und einen Schäferhut und war so abgemagert, dass meine Mutter mich zunächst nicht erkannte. Meinen Vater hatten sie am Schluss auch noch nach Salzburg eingezogen. Der hatte wie ich auch keine Entlassungspapiere. Ohne Entlassungspapiere gab es keine Lebensmittelmarken. Wir meldeten uns bei den Amerikanern und kamen in ein Lager in der Nähe von Füssen. Nach dem üblichen Verhör, sah ich meinen Vater fröhlich aus dem Vernehmungsraum gehen und dachte: So schlimm kann es nicht werden. Wurde es auch nicht. Der Vernehmungsoffizier war ein Tanzstundenbekannter meiner Mutter. Wir wurden zurückgebracht. Dieses Mal standen wir nicht auf der Pritsche des US-Trucks, sondern saßen vorne. Und der Fahrer hatte den Befehl, uns alle zehn Minuten eine Zigarette anzubieten. Später in Krumbach in Schwaben versorgte uns der Offizier jeden Samstag mit Tabak der Marke „Prince Albert", was damals ungeheuerlich war.

Frage: Nach dem Krieg haben Sie sich doch sicher die Frage gestellt, warum haben wir das alles gemacht? Wofür?

Stiff: Ich war noch 17 Jahre alt. Aber trotzdem begriff ich, dass vieles nicht stimmen konnte, als wir vergeblich auf den Generalfeldmarschall Schörner warteten. Der war bekannt dafür, dass er jeden Soldaten, der keinen Marschbefehl hatte, oder keine Waffe trug, summarisch verurteilen ließ. Es gab fliegende Standgerichte und Exekutionen. Und dieser letzte deutsche Oberbefehlshaber hatte seine Truppe im Stich gelassen und war geflohen. So was nennt man doch Feigheit vor dem Feind, oder? Schörner wurde dann, als er aus russischer Kriegsgefangenschaft entlassen wurde, in einem Strafprozess in München wegen dieser Erschießungen angeklagt und in ein oder zwei Fällen auch verurteilt.

Frage: Jetzt hatten wir in Deutschland aber neue Verhältnisse. Eine Demokratie sollte entstehen. Und Sie waren bisher gewohnt, Befehlen zu gehorchen. Jetzt sollten Sie selbst Entscheidungen zu Fragen treffen, zu denen man Sie vorher überhaupt nicht gefragt hatte.

Stiff: Hätte ich auf meine Eltern gehört, wäre mir das letzte Kapitel des Krieges erspart geblieben. Mein Vater war ein absoluter Antimilitarist auf Grund seiner Erfahrungen im Ersten Weltkrieg. Er war Steuerberater und hatte eine ganze Reihe jüdischer Kunden. Mein Vater wusste sicher einiges, aber er hat sich nie darüber ausgelassen. Wir hatten in unserem Hause einen strafversetzten Berliner Polizeihauptmann. Und wenn Fliegeralarm war und alle in den Bunker rannten, blieben mein Vater und der Polizeihauptmann vor der Tür und diskutierten. Und ich weiß, dass meine Mutter immer zu meinem Vater sagte: Alfons, lass das sein. Wir kommen sonst nach Dachau. Aber ich war zu jung und dumm, um zu begreifen. Ich wollte eben Offizier werden und das Vaterland verteidigen, das in Gefahr war. Ich hatte noch keinen Blick für die Realität.

Frage: Wann haben Sie das erste Mal etwas über den Holocaust erfahren?

Stiff: Unmittelbar nach dem Kriege, als die französische Besatzungsmacht uns in Saarbrücken von der Schule – wir mussten ja das Abitur nachholen – in das einzige nicht zerbombte Kino führte und uns dieser schreckliche Film über das KZ Bergen-Belsen vorgeführt wurde. Wir sind da raus und haben gesagt: Die können das ja noch besser, als der Goebbels. So was gibt es doch nicht bei uns in Deutschland. Das war leider ein Irrtum, wie wir später feststellen mussten. Dann kamen die Nürnberger Prozesse, wobei wir die Objektivität der Richter bezweifelten. Trotzdem wurde da der Blick klarer. Aber das endgültige Öffnen der Augen geschah durch denselben Lehrer, der uns von 1940 an NS-Führungsunterricht in der Schule erteilt hatte, der das dann auch bei unserem Einsatz als Flakhelfer in Saarbrücken und in Frankfurt tat. Und der nach dem Krieg, als ein ehemaliger Leutnant im Unterricht sagte: Ich habe das leider nicht verstanden, brüllte: Ich werde euch Kerlen schon den HJ- und Nazigeist austreiben.

Frage: Noch einmal zur Verdeutlichung: Das war derselbe Lehrer, der Sie während der Nazizeit mit NS-Parolen traktiert hatte und nun von Freiheit, Demokratie und Menschenwürde sprach?

Stiff: Ja, genau der. Für Rassenideologie und Antisemitismus war pikanterweise der evangelische Religionslehrer zuständig. Seither bin ich unempfänglich für jedwede Art von Ideologie.

 Hermann Josef Spital, Jahrgang 1925, Seekadett, Bischof em.:

„Wir sollten in die Reichskanzlei gebracht werden und dort Adolf Hitler verteidigen. Und dann hieß es, wir haben kein Benzin mehr für den Flug nach Berlin."

Interview

Hermann Josef Spital

Frage: Sie wurden am 31. Dezember 1925 als das zweite von sieben Kindern in Münster als Sohn eines Augenarztes geboren. Bei Kriegsende waren Sie 19 Jahre alt. Wie haben Sie die Nazizeit, das Kriegsende und auch den Wiederanfang erlebt?

Spital: Wenn ich einmal so ein paar Grundzüge dessen, was ich erlebt habe, sagen darf, dann will ich das tun. Ich bin in der Nazi-Zeit glücklicherweise einem katholischen Priester, einem Kaplan, begegnet, der sich sehr um uns Jugendliche gekümmert hat, uns eingeführt hat in philosophische Denkweisen und das hat mir viel gegeben. Wir haben unter den Jugendlichen damals diskutiert, mein Bruder ist gefallen als Leutnant.

Frage: Wie alt war Ihr Bruder?

Spital: Er ist 1924 geboren. 1944 ist er gefallen.

Frage: Die Begegnung mit dem Priester und mit den philosophischen Denkweisen – wann war das?

Spital: Das war in den letzten Jahren des Krieges. Ab 1940 etwa.

Wir haben dann schon darüber diskutiert, ob man in der Wehrmacht Hitlers Offizier werden darf oder nicht. Das waren die Probleme, die uns bewegt haben. Mein Bruder war Offizier, ich wollte Marinebauingenieur werden. Bei den so genannten Silberlingen, das heißt, die hatten silberne Armstreifen statt der goldenen, die die Offiziere auf den Uniformärmeln hatten.

Frage: War das auch eine Armee-Einheit?

Spital: Ja, das war auch eine Armee-Einheit. Ich wollte also Baubeamter werden für Schiffbau. Weil ich mich sehr dafür interessiert hatte. Und ich habe viele Modelle gebaut und dafür auch mal einen Preis bekommen. Aber das war nicht das Eigentliche, das Eigentliche war wirklich das Religiöse. Der Kaplan hat uns schon religiös geformt und mit uns gebetet. Dann bin ich nach dem Krieg, als ich wieder kam, in Gefangenschaft ...

Frage: Sind Sie dann als Hitlerjunge nicht zum Reichsarbeitsdienst eingezogen worden, wie fast alle Ihrer Generation?

Spital: Ja, ich bin 1943 zum Arbeitsdienst eingezogen worden. Da war ich 17 Jahre alt. Das war in Oppenwehe gewesen, oben im Oldenburger Land. Dann bin ich aber eingesetzt worden bei der Zerstörung der Möhnetalsperre und da habe ich in nassen Zelten übernachten müssen, als die Möhnetalsperre bombardiert worden war. Das war weniger gut, das hat mir eine nasse Rippenfellentzündung eingebracht.

Frage: Wie wurde die Möhnetalsperre bombardiert?

Spital: Die wurde mit den Torpedos angegriffen, die Flugzeuge ins Wasser warfen. Die haben lange dafür geübt in England, haben dann mit einem Torpedo die Staumauer gesprengt. Es gab eine furchtbare Katastrophe, als die ganze Flut in das Tal hineinlief.

Frage: Was war Ihre Aufgabe? Sollten Sie und Ihre Kameraden die Talsperre wieder aufbauen?

Spital: Ich hatte nebenbei die heikle Funktion des Lebensmittelverteilers. Das haben sie mir zugetraut. Ich musste die Butterrationen

fertig machen und die Brotrationen. Das musste ganz genau geteilt werden. Zunächst sollten wir bei den notwendigen Reparaturen helfen.
Frage: Wie viel Butter und Brot gab es damals?
Spital: Wenig natürlich. Dann bin ich zum Sanitätschef gegangen und ins Krankenrevier gekommen. Ich hatte eine Lungen- und Rippenfellentzündung. Und der sagte, nach einigen Wochen, nachdem unsere Dienstzeit abgelaufen war, Sie können nach Hause. Aber Sie sind noch nicht gesund. Ich kann Sie auch noch hier behalten. Ich sagte, ich will natürlich nach Hause. Dann ist die Krankheit voll ausgebrochen, als ich drei Wochen zu Hause war. Da bin ich ein Jahr lang im Krankenhaus gewesen mit dieser Rippenfellentzündung. Das war im St. Franziskus Hospital in Münster, wo mein Vater Augenarzt und Belegarzt war und mein Vater hat mich da jeden Tag besucht und daran ist mir deutlich geworden, dass ich wohl ziemlich krank sein musste.
Frage: Ein Jahr lang?
Spital: Ja, als ich dann raus kam aus dem Krankenhaus bin ich erst mal zurückgestellt worden. Ich wurde nicht eingezogen wegen den Folgen meiner Krankheit.
Frage: Wann sind Sie aus dem Krankenhaus entlassen worden?
Spital: Im Frühjahr 1943. Dann bin ich wieder auf das Gymnasium gegangen und dann wurden wir eingezogen. Und das hat sich da so ausgewirkt, dass wir noch zum Arbeitsdienst eingezogen wurden und dann noch zum Militär. Die Jüngeren wurden Luftwaffenhelfer. Die Jahrgänge 1926/1927 wurden Luftwaffenhelfer und waren bei der Flak. Ich gelte zwar als kriegsbeschädigt, aber das steht auf einem ganz anderen Blatt. Dann bin ich im Februar 1945 eingezogen worden zur Marine. Ich wollte zur Marine, ich wollte Schiffsbauingenieur werden und bin dann bei der Marine gewesen in Stralsund bei den Seekadetten, zwischen dem Damm, der Rügen mit dem Festland verbindet. Da liegt eine Insel dazwischen, die heißt Dünholm. Das war die Seekadetten-Anstalt der Marine und dort wurden die zukünftigen

Offiziere zusammengezogen. Wir waren die letzte kriegsstarke Truppe der Deutschen. Als ich nach Hause kam, legte meine Mutter mir einen Brief meines Vaters vor, der wusste von einem hohen Offizier beim Militär, dass die Seekadetten von Dünholm noch 1945 in die Reichskanzlei geflogen worden sind. Ich war bereits zum Abtransport angetreten, musste aber dann zurückbleiben, weil die Flugzeuge kein Benzin mehr hatten.

Frage: Sind Sie auch als Seekadett auf einem Schiff eingesetzt worden?

Spital: Nein. Wir mussten an einem Sonntagmorgen alle in feldmarschmäßiger Ausrüstung antreten. Das war im April 1945. Wir sollten in die Reichskanzlei nach Berlin gebracht werden, Adolf Hitler verteidigen. Als die Hälfte der Truppe weg war, da wurden wir wieder zurückgeschickt in die Kasernen. Und dann hieß es, wir haben kein Benzin mehr für den Flug nach Berlin.

Frage: Wie viel Seekadetten waren da in der Ausbildung?

Spital: Es waren zirka 1.500. Die Hälfte davon wurde in die Reichskanzlei geflogen, um sie zu verteidigen. Das hatte mein Vater noch gehört. Über seine Wehrmacht-Nachrichten und dann hat er meiner Mutter geschrieben, als ich nach Hause kam. Er hat geschrieben, unser Hermann wird nicht mehr nach Hause kommen, denn er ist in der Reichskanzlei eingesetzt worden. Er wusste aber nicht, dass wir Gott sei Dank kein Benzin mehr hatten.

Frage: Sie blieben also in der Kadetten-Anstalt?

Spital: Ja, ich bin in der Kadetten-Anstalt geblieben und von da aus sind wir in Gefangenschaft geraten, mit unserem Regimentskommandeur. Der war ein vernünftiger Mann. Er hat gesagt, wir bleiben zusammen und der hat dann für uns Essen besorgt. In Heiligenhafen, das war ein englisches Gefangenschaftslager, bin ich dann interniert worden. Das war nach der Kapitulation, denn wir sind von Dünholm aus über Rügen getürmt. Zu Fuß und dann mit der Bahn.

Frage: Ist die ganze Kadetten-Anstalt planmäßig getürmt?

Spital: Das hieß so, wer freiwillig an dem Unternehmen teilnehmen will, kann sich melden, mit Gepäck. Jeder Soldat weiß, wenn man das Gepäck mitnehmen muss, dann geht es zurück. Dann sind wir ein gutes Stück marschiert und es standen da Eisenbahnwagen, die nach Sassnitz fuhren. Und von dort sind wir mit dem letzten Minensuchboot losgefahren. Dann bin ich in Kopenhagen interniert worden. Da bin ich bei den Engländern abgegeben worden.
Frage: Das war dann nach der Kapitulation am 8. Mai?
Spital: Am 8. Mai waren wir unterwegs auf dem Minensuchboot. Wir haben unsere Gewehre über Bord geschmissen: Die waren sowieso nichts wert. Es waren italienische Flinten. Jetzt waren wir nicht mehr Soldaten, wir waren dann zur Internierung bestimmte Personen. Die Engländer haben mich immer anständig behandelt.
Frage: Wie lange waren Sie in Kopenhagen?
Spital: Vielleicht 14 Tage. Von da sind wir dann auf einen Dampfer verladen worden. Auf einen Truppentransporter. Der hatte keine Maschinen mehr. Die haben unseren Kahn mit einem Schlepper über die Ostsee gezogen. Das war eine ganz schlimme Zeit. Wir bekamen fast nichts zu essen.
Frage: Wie lang dauerte die Fahrt?
Spital: Acht Tage. Von Kopenhagen wurden wir nach Heiligenhafen geschleppt. Wir sind dann auf Fehmarn ausgeladen worden.
Frage: Wie muss man sich das vorstellen? Ein alter Truppentransporter, der keine Maschine mehr hatte, wurde geschleppt?
Spital: Ja, von einem Schlepper wurde er geschleppt. Es waren vielleicht 1.000 Mann auf dem Truppentransporter. Dann haben wir uns oben aufs Deck lang hingelegt, um frische Luft zu haben und um keinen Hunger zu bekommen.
Frage: Das war wahrscheinlich im Juni oder später.
Spital: Das war im Mai, da war es schon ein bisschen wärmer. Unser Kompanie-Chef hat gesagt: Kommt, wir bleiben zusammen. Und dann sind wir singend in die Gefangenschaft der Engländer marschiert.

Frage: Wie groß war Ihre Einheit noch?

Spital: Wir waren noch an die hundert Leute, alles ehemalige Seekadetten, und allesamt in meinem Alter.

Frage: Hatten Sie während dieser Zeit irgendwo einen Kampfeinsatz? Oder ist auf Sie geschossen worden?

Spital: Nein, ich war einmal losgeschickt worden zum Melden, da habe ich nachgeguckt, ob die Russen kommen. Aber das hatte mit Kampfhandlung nichts zu tun.

Frage: Hatten Sie eine militärische Grundausbildung?

Spital: Die haben wir gehabt. Ein viertel Jahr. Wie man sich das so vorstellt, mit Schießausbildung, marschieren, drillen ... Aber ich habe nichts Schlimmes erlebt, das kann man so sagen.

Frage: Wie haben Sie denn das empfunden? Sie waren Seekadett. Ihr Auftrag wäre ja nach ihrer Ausbildung gewesen, auf einem Schiff gegen den Gegner zu kämpfen. Wie vereinbart sich das mit Ihren katholischen Grundsätzen?

Spital: Mit meinen katholischen Grundsätzen habe ich keine Schwierigkeiten gehabt. Das muss ich ganz ehrlich sagen. Ich war zu naiv dafür. Ich habe mir das so genau nicht überlegt. Wir haben darüber gestritten, wann wir Offiziere werden würden. Aber da ich ja nicht Offizier im eigentlichen Sinne werden wollte, musste ich mich da nicht entscheiden. Ich wollte ja Ingenieur werden und Schiffe bauen und konstruieren. Das habe ich nicht so als kämpferischen Einsatz empfunden. Das war eine Sonderlaufbahn, das waren eben „die Silberlinge“, die silbernen Ringe auf den Ärmeln hatten es mir angetan. Ich konnte auf diese Weise noch im Krieg studieren.

Frage: Haben Sie das Abitur noch machen können oder sind Sie schon vorher abkommandiert worden?

Spital: Nein, ich habe kein Abitur mehr machen können. Es wurde hinterher aber anerkannt, weil ich Gefangener und Soldat gewesen war. Und ich habe auch den Doktor gemacht, ohne Abitur im eigentlichen Sinne gemacht zu haben.

Frage: Wie lange waren Sie auf Fehmarn?
Spital: Da waren wir etwa sechs Wochen. Wir waren in einem großen Gefangenenlager. Man konnte zweimal zum Suppenempfang gehen und bekam dann auch zweimal Suppe. Es war ein englisches Lager. Wir waren in Baracken. Ich habe am meisten gelitten unter der Langeweile, weil ich mich nicht beschäftigen konnte. Oder nur sehr mühsam. Vor allem, weil ich nichts zu lesen hatte. Das war schlecht, verpflegungsmäßig war es menschlich und erträglich. Lagerschikanen der üblichen Art gab es nicht. Dann bin ich Landarbeiter geworden. Denn die Landarbeiter wurden als erste entlassen. Und ich habe mich als Landarbeiter gemeldet auf einem bestimmten Bauernhof, bei Hohenholte bei Münster. Dahin bin ich dann auch entlassen worden. Dort wurde ich mit einem Laster hingefahren und dann freigelassen. Wir bekamen unsere Entlassungspapiere. Ich bin zu Fuß durch die Stadt, die zerbombt war, nach Hause gegangen, und stellte fest, dass mein Elternhaus noch stand, wenn auch einige Dachziegeln fehlten. Und habe dann meine Mutter und meine Geschwister getroffen.
Frage: Mit Ausnahme Ihres Bruders, der gefallen war.
Spital: Er ist das einzige Kriegsopfer in der Familie. Wir waren sieben Geschwister. Der Bruder war der Älteste, dann kam schon ich, dann kamen die Zwillinge, das waren Mädchen, die waren ziemlich temperamentvoll. Und wenn ich ihre Streitigkeiten schlichten wollte, habe ich Prügel bekommen von beiden Mädchen. Ich habe mich bei meiner Mutter darüber beschwert, und sie sagte: Sei Du doch mal ganz still. Möchtest Du denn dauernd einen Aufpasser neben Dir haben? Die sind doch den ganzen Tag zusammen, die beiden.
Frage: In welchem Jahr wurden die Zwillingsschwestern geboren?
Spital: 1927 wurden die Zwillinge geboren.
Frage: Waren die auch beim Bund Deutscher Mädchen?
Spital: Ja, das war so. Aber wir haben meisterlich die Technik des Schwänzens verstanden. Auch bei der Hitlerjugend. Da war ich ein ganzes Jahr lang nicht beim Dienst gewesen.

Frage: Wie haben Sie sich gefühlt bei der Hitlerjugend?
Spital: Ich wurde zur Flieger-HJ geschickt. Bei der Hitlerjugend habe ich den Flugschein gemacht. Ich habe die erste Prüfung für den Segelflieger gemacht. Den A-Schein.
Frage: Sie waren sicher sehr stolz auf den Segelfliegerschein. Von anderen Zeitzeugen habe ich gehört, dass bei der Flieger-HJ die Politik und die Indoktrination eigentlich keine große Rolle gespielt hat. Es ging mehr ums Fliegen.
Spital: Natürlich, nur ums Fliegen. Und wir wurden auch indoktriniert, so wie man damals indoktriniert wurde, aber das war alles relativ. Ich war auf einem katholischen Gymnasium, das war in den Augen der Nazis so reaktionär, wie es damals nur ging. Ich habe die Reichskristallnacht 1939 erlebt, ich habe den Morgen noch genau in Erinnerung ... Da waren die Fensterscheiben von dem Spielwarenladen zerstört, der einem Juden gehörte. Da hat keiner unserer Lehrer auch nur ein Wort darüber gesagt. Überall Schweigen. Aber es war so ein betretenes Schweigen, das merkt man ja dann auch.
Frage: Hatten Sie zu Hause im Familienkreis darüber gesprochen?
Spital: Nein, haben wir auch nicht. Mein Vater war Offizier, der sagte nicht viel. Meine Mutter ist 1942 gestorben, nach der Geburt ihres jüngsten Kindes. Daraufhin waren wir Kinder alleine und zwei Dienstmädchen. Da hat mein Vater beantragt nach Münster versetzt zu werden, wo er auch eine Stelle am Generalkommando erhielt und für die Pflege-Einsatzkräfte verantwortlich war. Mein Vater war Oberst und Feldarzt.
Frage: Was meinen Sie, warum bei Ihnen zu Hause nicht über die Reichskristallnacht und die Judenverfolgung gesprochen wurde? Aus Angst, dass man sich vielleicht verrät, wenn die Kinder sich irgendwo verplappern?
Spital: Nein, wir haben einfach nichts davon erzählt, haben nichts davon gesagt, und auch nicht darüber gesprochen. Heute würde ich sagen, es war nicht etwa Angst. Vielmehr interessierte es mich nicht.

 Das war nicht etwas, das mich so aufwühlte, weil ja in der Nazi-Zeit die Judenfeindlichkeit propagiert wurde.

Frage: Haben Sie jüdische Freunde gehabt?

Spital: Auch nicht. Münster ist sehr katholisch. Es gab wenig jüdische Familien. Ich habe keine gesehen, die abtransportiert wurden.

Frage: War Ihnen bekannt oder ahnten Sie, was mit den Juden geschah?

Spital: Es war bekannt, dass sie verfolgt wurden. Aber was da im Einzelnen geschah, habe ich nicht mitbekommen.

Frage: Nach dem Krieg waren Sie Landarbeiter auf einem Bauernhof in Münster. Da ging es Ihnen doch ganz gut, oder?

Spital: Sehr gut. Der Bauernhof war das Elternhaus meines Vaters. Die Schwester meines Vaters war die Bäuerin. Zwei Cousinen haben den Hof dann geerbt. Eine musste jemand heiraten, der Landwirt wurde. Ich habe da ein ganzes Jahr gearbeitet.

Frage: Sind Sie offiziell entlassen worden oder haben Sie sich heimlich davon gemacht?

Spital: Ich bin zum Studium offiziell entlassen worden. Das war ja damals möglich. Ich bin zuerst aufgenommen worden als Naturwissenschaftler, ich hatte wegen des Marineplanes schon im Krieg Mathematik studiert.

Frage: Ich habe gelesen, dass Sie zuerst Medizin studiert haben?

Spital: Das stimmt nicht genau. Ich habe zuerst mit Mathematik angefangen und dann habe ich mich für Theologie entschieden.

Frage: Wie haben die Nazizeit und der Krieg Sie geprägt?

Spital: Mir ist einmal bewusst geworden, dass man so hin und her geschoben wurde, dass man nicht wusste, wo man in den nächsten vier Wochen war. So ist es ja nach dem Krieg gewesen. Aber das war ja nur ein Jahr lang, das erste Jahr nach dem Krieg. Nach dem Kriegsende und dann habe ich einen ganz ordentlichen Weg gemacht.

Frage: 1952 sind Sie zum Priester geweiht worden.

Spital: Ja.

Frage: Wo waren Sie als Priester?
Spital: Meine erste Stelle war in Waltrop, einer kleinen Stadt am Rand von Recklinghausen, also in einem Bergarbeitergebiet.
Frage: Der Ruhrpott war schwer gezeichnet vom Krieg. Sie hatten als Seelsorger sicher sehr viel mit Menschen zu tun, die im Krieg Schlimmes erlebt hatten ...
Spital: Ich traf viele, die ausgebombt waren. Die Bergarbeitersiedlung war weitgehend verschont geblieben und die Menschen lebten und wohnten da einigermaßen ordentlich – mit Einschränkungen freilich. Ich bin ja nur ein Jahr in der Pfarrei gewesen. Es war da wirklich einfaches Leben angesagt, auch in Armut. Ich fand das in Ordnung so, weil ich mich zum einfachen Leben entschieden hatte.
Frage: Was haben Sie den Menschen sagen können, die so viel Schlimmes erlebt hatten. Vertraue auf Gott, er wird dir helfen?
Spital: Ja, das war mein Rat. Und daran glaube ich.

Edgar Burger, Jahrgang 1925, Unteroffizier, CDU-Politiker: *„Wenn sie euch erwischen, gibt es keine Gnade."*

Dieter Gräbner

Als Edgar Burger sich 1943 als Kriegsfreiwilliger meldete und zur Panzernachrichtenabteilung 81 in Weimar eingezogen wurde, war er 18 Jahre alt. Dass er sich freiwillig meldete, war für ihn Ehrensache. Er stammte aus einem katholischen Elternhaus, war Messdiener, war aber auch begeistertes Mitglied im Jungvolk, in der Deutschen Jugend (DJ): „Das waren die Jugendgruppen für die Zehn- bis 14-Jährigen. In die HJ, die Hitlerjugend, wurden die 14- bis 18-Jährigen aufgenommen", erklärt er.

Dem kleinen Edgar machte das Marschieren und Exerzieren so viel Spaß, dass er Fähnleinführer wurde. Die Mutter kaufte ihm das Uniformhemd „auf Zuwachs" und verkürzte die Ärmel: „Es schlotterte um meine dürre Gestalt. Trotzdem trug ich es mit großem Stolz. Mein Wochenablauf war von nun an fest geregelt. Von Montag bis Samstag war vormittags Schule, nachmittags musste ich meine Schularbeiten erledigen oder im Haus helfen. Mittwochs- und samstagnachmittags aber war Jungvolk-Dienst mit Antreten, Marschieren, Exerzieren und Geländespielen", so schreibt er über diese Zeit in seinen Erinnerungen. Als er sich 1943 freiwillig zu den Soldaten meldete, ahnte er nicht, dass er eine militärische Odyssee der besonderen Art erleben sollte. Der Vater, der schon Soldat im Ersten Weltkrieg gewesen war, sagte trocken, als er hörte, dass sein Sohn sich freiwillig melden wollte: „Junge, du bekommst deinen Einberufungsbefehl noch früh genug." Aber das wollte Edgar Burger nicht abwarten.

Zu Hause war man über den Nationalsozialismus und die rassistischen Parolen geteilter Meinung. Besonders ein Onkel, der Pastor war, stand den neuen Machthabern kritisch gegenüber. „Aber andererseits", so sagt Edgar Burger auch heute noch, „brachte der

Anschluss des damaligen Saargebietes an das Deutsche Reich viele sichtbare Vorteile. Die neuen Machthaber kümmerten sich um die Arbeiter. Und konnten die nicht durch die Kraft-durch-Freude-Bewegung zum ersten Mal in Urlaub fahren?" Burger jedenfalls war wie so viele damals überzeugt, dass der Nationalsozialismus für Deutschland das Richtige sei. Einen Konflikt zwischen seinem katholischen Glauben und den Nazis sah er nicht: „Ihren christlichen Glauben mit einer tiefen und aufrichtigen Frömmigkeit hatten meine Eltern auf mich ebenso übertragen wie ihre Liebe zu unserer Heimat und zu unserem Vaterland. Widersprüche zwischen dem Dienst in der Hitlerjugend und meinen Pflichten in der Kirche konnte ich nicht erkennen. Für mich waren das zwei völlig voneinander getrennte Bereiche. Der Dienst in der Hitlerjugend war für das Vaterland. Das Gebet war Ausdruck des Glaubens an Gott." Als er Soldat wurde, waren die Fronten, vor allem die in Russland schon ins Wanken geraten. Und auch bei dem jungen Soldaten kamen wohl die ersten Zweifel auf, ob das, was im Heeresbericht „Frontbegradigung" genannt wurde nicht in Wirklichkeit eine militärische Niederlage war. Nach der Grundausbildung wurde er im Januar 1944 als „Nachrichtenmann" der 4. Panzerdivision im damaligen Kurland zugeteilt. Die russischen Truppen waren deutlich überlegen. Hinzu kamen Gefechte mit russischen Partisanen. „An der Ostfront bei uns war es nicht rosig", sagt

Edgar Burger

 Burger heute trocken. Aber damals, auch wenn immer wieder Zweifel aufkamen über den Sinn dieses Krieges, blieb Burger ein überzeugter Soldat. Einer der, wenn schon nicht Adolf Hitler, so doch „Vaterland, und die Frauen und die Kinder verteidigen“ wollte. Hinzu kamen die Berichte über Massaker und Übergriffe der russischen Armee. Ob diese Berichte nun Nazi-Propaganda waren oder nicht, wer konnte das damals entscheiden? Edgar Burger konnte das nicht. So hieß es zum Beispiel in einem Bericht über ein angebliches russisches Massaker, im Januar 1945 seien in dem Dorf Methgethen in der Nähe der Hafenstadt Pillau über 3.000 Menschen eines Flüchtlingstrecks getötet worden. Burger sagt: „Das stachelte meinen Kampfeswillen neu an. Auch viele meiner Kameraden, die eigentlich resigniert hatten und nur noch nach Hause wollten, wurden von Zorn und Wut gepackt.“ Es war die Zeit, als Breslau umkämpft wurde und die „Feste Kolberg“ längst in die Hände der Russen gefallen war, aber trotzdem mit dem Propagandafilm „Kolberg“ (Hauptrollen Heinrich George und Hans Caspar) der Durchhaltewillen in der letzten Kriegsphase noch einmal mobilisiert werden sollte. Am Anfang des Films hieß es: „Das Volk steht auf, der Sturm bricht los“. In dieser Situation wurde Burger der Division Brandenburg zugeteilt. Er wurde zum Frontaufklärungskommando 205 abkommandiert, das hinter den russischen Linien operieren sollte. Ein Himmelfahrtskommando. Der Offizier, der sie einwies, sagte: „Wenn sie euch erwischen, gibt es keine Gnade. Sie tragen bei Ihrem Einsatz Zivilkleidung und stehen also weder unter dem Schutz der Genfer Konvention noch der Haager Landkriegsordnung. Notfalls können Sie behaupten, Sie seien Überläufer. Aber ob Sie damit durchkommen ... Ihr Auftrag heißt: Sehen, melden, beweglich bleiben – und nicht selbst gesehen werden.“ Burger sagt heute: „Dass wir fallen würden, war scheinbar ausgemachte Sache. Aber dass es den anderen erwischen würde auch.“ Ob dieser Einsatz, dieses Beobachten der russischen Truppenbewegungen, dieses wochenlange Beobach-

ten der nicht enden wollenden Kolonnen der russischen Armee und das Funken der Erkenntnisse an eine ominöse Leitstelle irgend einen Sinn hatte, ist aus heutiger Sicht höchst fraglich. Für Burger aber war es trotz aller Zweifel am Endsieg „wichtig, die Pflicht zu tun."
Sie konnten den russischen Verfolgern oft nur knapp entkommen. Am 13. April 1945 schwamm er durch die eiskalte Oder und landete prompt bei einer Werwolf-Einheit. „Ein Ritterkeuzträger kommandierte 20 Mann der Jahrgänge 1929 bis 1930. Die Buben konnten vor Kampfeseifer kaum stillstehen." Beinahe wären sie in russische Gefangenschaft geraten. Dann die Kapitulation, der 8. Mai 1945. Burger war inzwischen Unteroffizier, hochdekoriert mit dem EK 1 und EK 2. Und hatte nur ein Ziel „Nix, wie hemm", wie es auf saarländisch heißt. Er beschaffte sich Zivilklamotten, verdingte sich als Landarbeiter, wanderte so von Bauernhof zu Bauernhof – Richtung Heimat, Richtung Saarland. Irgendwie hatte er sich ein amtlich aussehendes Schreiben ergattert, auf dem ihm bescheinigt wurde, dass er Landarbeiter sei. Auf der Rückseite hatte er sich dann den Text ins Russische übersetzen und bescheinigen lassen. So war er halbwegs sicher vor der Kriegsgefangenschaft.
Als er im September 1945 desillusioniert in seiner zerbombten Heimatstadt Dillingen eintraf, überkam ihn der Katzenjammer, wie alle Heimkehrer damals. Aber auch „das Heimkehrgefühl. Das Gefühl ohne Todesgefahr zu sein. Das war Befreiung. Man war dankbar dafür". Alles lag in Trümmern. Er kam bei einer Cousine unter. Die Lehre als Verwaltungsfachmann, die er vor seiner Militärzeit begonnen hatte, konnte er nicht fortsetzen. Er fing bei einem Holzhändler an, lernte seine spätere Frau kennen, eine Witwe mit zwei Kindern, der ein Baustoffhandel gehörte. Um den kümmert er sich seit 1951. Inzwischen ist er erfolgreicher Unternehmer, sogar mit einer Firma in Polen. Der Krieg hat ihn geprägt: „Nie wieder will ich das erleben." Er engagierte sich politisch, war 1955 einer der Mitbegründer der saar-

ländischen CDU, und kämpfte für die Angliederung des Saarlandes an die Bundesrepublik: „Was wir heute hier im Saarland haben, wäre ohne die Angliederung nicht möglich gewesen."

Lange Jahre war er Landesschatzmeister des CDU-Kreisverbandes Saarlouis. Sein Einfluss reicht weit. Manchmal ruft er in der CDU-Landtagsfraktion an und sagt: „Hier spricht jemand von der Basis. Wollt ihr das hören?" Sein Rat ist gefragt. Inzwischen ist er nun 79 Jahre alt, umtriebig wie eh und je. Kürzlich ist er an dem Haus seiner Eltern vorbeigefahren und sah, in welch entsetzlichem Zustand es ist. „Die haben dafür schwer geschuftet und alles dafür gegeben. Ich habe es gekauft, damit es nicht verkommt, und wieder hergerichtet." Und christliche Grundsätze gelten auch heute noch für ihn. Auch in der Familie. Aber auch so soldatische Tugenden wie Pflichtbewusstsein. „Ich verlange von anderen nicht mehr, als ich von mir selbst verlange."

Heinz Berner, Jahrgang 1921, Leibstandarte Adolf Hitler, Unternehmer: ***„Die SS-Kompanie in ihren schwarzen Uniformen und blanken Stiefeln fand ich imponierend."***
Interview

Frage: Herr Berner, Sie sind Jahrgang 1921. Sie waren Oberfeldwebel der SS-Leibstandarte Adolf Hitler, wurden mit dem EK 1 und dem EK 2, dem Sturmabzeichen und anderen Orden ausgezeichnet. Warum haben Sie sich 1939 freiwillig zur Waffen-SS gemeldet und nicht zur Wehrmacht?

Berner: Ich habe Schmied gelernt. Ich war in der Berufsschule in Königsberg. Und an diesem Tag, es war ein wunderschöner Sommertag, da stand draußen ein großes Schild: Heute Musterung für die Waffen-SS. Da habe ich mein Fahrrad hingestellt, bin rein gegangen. Und da standen die Männer da, die hatten alle einen entblößten Oberkörper. Da habe ich dasselbe gemacht, habe mich mit eingereiht, und wurde dann von dem nächsten Mann aufgefordert, meinen Namen zu nennen und Angaben zu machen. Und am Schluss saßen wir zu dritt in einem Zimmer. Es ging die Tür auf, und es kam ein junger Leutnant herein, in dem Fall ein Untersturmführer und sagte: Berner, Sie kommen zum RAD, zum Reichsarbeitsdienst, und anschließend kommen Sie nach Berlin-Lichterfelde zur SS-Leibstandarte Adolf Hitler.

Heinz Berner, ganz rechts

Frage: Bei der Leibstandarte musste man eine bestimmte Größe haben ...

Berner: 1,86 Meter war Mindestmaß. Mit 1,86 Meter war ich noch dabei.

Frage: Hatten Sie eigentlich eine Vorstellung, was die SS-Leibstandarte Adolf Hitler ist?

Berner: Das war folgendermaßen. Ich war auf einem Parteitag in Königsberg. Die Kompanie, die da auftrat, in schwarzen Uniformen mit großen, blanken Stiefeln und so, das fand ich imponierend. Ich dachte, also groß bist du auch. Wenn du überhaupt Soldat werden musst, dann gehst du da hin. Soldat werden in Ostpreußen, das ist ja nicht nur eine Pflicht, sondern auch eine Tradition. Und wer das nicht werden kann, ist ja ein armer Hund, wenigstens dachte ich das damals.

Frage: Was hat Ihr Vater gesagt?

Berner: Dem Vater sind die Tränen gekommen, wie ich ihm sagte, ich sei als Soldat gemustert worden. Gott hab ihn selig. Er starb sehr früh an einer Kriegsverletzung, und damals, das weiß ich noch, war der so was von gerührt. Mir kamen ja selber bald die Tränen. Er war also glücklich. Denn das war das Tollste, was einem Vater in Preußen passieren konnte – dass sein Sohn ein Soldat wird.

Frage: Waren Sie zu Hause deutsch-national?

Berner: Total.

Frage: Also erst zum Reichsarbeitsdienst, und dann zur Waffen-SS nach Lichterfelde. Wann war das?

Berner: Also, der Krieg brach ja am 1. September 1939 aus, deshalb kam ich nicht mehr zum RAD. Sondern wurde sofort nach Berlin einberufen. Ich war gerade drei Wochen Geselle. Ich habe Huf- und Wagenschmied gelernt. Und mein Meister war schon Soldat. Er hatte nur noch einen Lehrbuben da. Ich habe schnell noch alle Pferde beschlagen und alles, was noch zu machen war, erledigt. Und als ich fertig war habe ich dann mein Fahrrad geschnappt und bin zu meiner Mutter gefahren. Ich habe mich richtig gewaschen und angezogen und bin dann nach Berlin gefahren, mit meinem Persil-Koffer. Da die Kaserne überfüllt war hieß es: Sie müssen in 14 Tagen wiederkommen, die Kaserne ist zu voll. Und so kam es, dass ich zurückfuhr und Anfang November mich wieder in Berlin meldete und dann dort geblieben bin.

Frage: Kam dann eine normale Grundausbildung?

Berner: Dann kam eine wirklich stramme infanteristische Ausbildung. Wir brauchen vier Mann für die Waffenmeisterei zur Ausbildung, hieß es. Ich habe mich gemeldet. Später wurde ich als waffentechnischer Unterführer in der 16. Kompanie eingesetzt, als die Kompanie in den Krieg ausrückte. Mein Freund Rudi, auch ein Memelländer, kam auch in die 16. Kompanie. Wir zwei waren die besten in dem Lehrgang und die anderen beiden wurden Kraftfahrer.

Frage: Waren Sie im Vorteil, weil Sie Schmied gelernt hatten?

Berner: Ja, nun war folgendes, nun kam ich dort an, und meldete mich bei einem Major der Wehrmacht. Denn die Waffen-SS hatte ja zu der Zeit noch nicht alle Stellen von sich aus besetzt, da waren ja auch noch viele Offiziere, die von der Wehrmacht waren, die da miteingeteilt, gemacht und geholfen haben. Und er sagte: nun mal gut, das geht zwar nicht so, aber wir versuchen es mal.

Frage: Sie sind dann Waffenmeister geworden.

Berner: Nein, nein, da wurde ich erst mal als Unterführer für die Kompanie eingesetzt, wurde aber im Krieg praktisch jeden Tag missbraucht, sobald irgendeinmal jemand ausfiel, musste ich da und da hin, ich war also eine arme Sau.

Frage: Die SS-Leibstandarte Adolf Hitler war in Berlin-Lichterfelde stationiert. Wo ist der erste Kampfeinsatz gewesen?

Berner: Der erste Kampfeinsatz war an der polnischen Grenze. Wir waren erst ausgerückt mit der Kompanie ... ich selber war in Griechenland. Und wir sind als Wachbataillon, in der Zwischenzeit war ein neues aufgestellt worden, nach Wichau gekommen, der Raum Wichau ist in der Nähe von Prünn ...

Frage: Der erste Kampfeinsatz war an der polnischen Grenze. War das für Sie die Feuertaufe?
Berner: Ja, die Feuertaufe. Da standen schon die ersten Gräber am Wegesrand. Die waren von den Toten der Einheiten, die vor uns einmarschiert waren. Wir sind dann nachgestoßen. Wir waren vollmotorisiert. Das ging ja wahnsinnig schnell, und dann sind wir vorgestoßen

Heinz Berner (im Vordergrund des Bildes) bei einem Fronteinsatz

in die Nähe von Kiew in Russland. Das war die einzige Rollbahn, die es gab, die asphaltiert war, sonst gab es keine asphaltierten Straßen, weder links noch rechts.
Frage: War die Waffen-SS in Russland und in Polen an Übergriffen und Erschießungen beteiligt?
Berner: Nein, ich glaube das nicht. Das hätte schlimmste Bestrafungen nach sich gezogen, wenn man sich an einem Zivilisten vergangen hätte. Wenn einer sich durch Diebstahl bereichert hätte, wäre das hart bestraft worden. Auf Vergewaltigung stand die Todesstrafe.
Frage: Die Waffen-SS hatte einen strengen Ehrencodex ...
Berner: Ja, der war wahnsinnig streng. Ich habe es auch selbst erlebt

in Frankreich. Das ganze Bataillon musste antreten. Eine Mutter ging mit ihrer Tochter, die vergewaltigt worden war, an unseren Reihen entlang. Die Tochter sagte: Der war es. Der wurde noch am selben Tag erschossen. Da gab es keine Verhandlung. Der war ein toter Mann.

Frage: Die Waffen-SS wurde aber auch zur Bewachung von Konzentrationslagern eingesetzt.

Berner: Moment, da ist ein kleiner Unterschied. Wenn einer garnisonsverwendungsfähig war, das heißt, er konnte ein Gewehr tragen, er konnte gehen, er konnte selbst essen und so weiter, und konnte die Stiefel selber putzen, dann wurde er eingesetzt zur Bewachung von irgendwelchen Objekten. In diesem Fall auch für KZ's.

Frage: Wie lange waren Sie in Russland?

Berner: Ich war in Russland bis zum Frühjahr 1942, bis zu meiner Verwundung. Und dann kam ich in ein Reserve-Lazarett. Ich hatte durch Splittereinwirkung eine Hodenverletzung, war am rechten Arm verletzt. Es waren aber alles leichte Verletzungen. Ich war im Lazarett vom Frühjahr bis zum Herbst 1942, bis fast zu meinem Geburtstag am 9. Oktober. Dann wurde ich zur Genesungskompanie kommandiert. Ich dachte mir, jetzt wartest du bis morgen, und dann kannst du immer noch hingehen und holst deinen Urlaubsschein. Dann fährst du nach Hause. In der Nacht war Alarm. Niemand durfte das Gelände verlassen. Alles was laufen und gehen kann, geht mit nach Ybern in Belgien, hieß es. Dort kamen wir an, und dort treffe ich einen Offizier von der 17. Kompanie, der zuständig war für die Munition der Kompanie. Der sieht mich – ich bin noch am Stock gegangen – und er sagt, ich solle sitzen bleiben. Und er würde mir schon sagen, was zu machen ist. Ich wurde zur waffentechnischen Lehranstalt nach Dachau geschickt. Dort habe ich fast ein halbes Jahr Waffentechnik studiert, obwohl ich ja schon alles wusste. Nur die Panzerabwehrkanonen kannte ich nicht. Es waren noch ein paar Kleinigkeiten, die ich nicht kannte.

Frage: Stichwort Dachau. Haben Sie etwas von dem Konzentrationslager gewusst? Haben Sie etwas beobachten können?

 Berner: Ich war in der Schule. Ich musste mich bei der Innung in München anmelden, bei der Maschinenbauinnung, weil ich Schmied gelernt hatte. Und dort musste ich noch einmal meinen Maschinenbauer machen. Das heißt: Ich habe dort noch einmal einen Gesellenbrief als Maschinenbauer bekommen.

Frage: Was haben Sie vom KZ Dachau gesehen?

Berner: Das Lager selbst habe ich nur von außen gesehen. Man hatte uns gesagt, da sind Leute, die nicht sauber sind, oder so.

Frage: Hat man gesagt, dass das Juden sind?

Berner: Nein. Eines Tages gehe ich in den Keller meiner Unterkunft. In dem Keller war ein Mann mit einem gestreiften Anzug. Ich war ja damals ein blutjunger Kerl von 25 Jahren. Ich habe ihn angesprochen. Und der sagte, ich dürfe mich nicht mit ihm unterhalten. Ich mache Sie darauf aufmerksam, dass Sie mit mir nicht zu reden haben, sagte der. Da war ich etwas eingeschüchtert. Wenn wir zum Essen marschierten in unserer kleinen Einheit – da ist immer in Sechserreihe eine wahnsinnig große Kolonne dieser Männer marschiert. Die müssen in der Schneiderei oder in der Schusterei gearbeitet haben. Die gingen genauso geschlossen zum Essen wie wir auch. Aber in ihren Räumen war ich nie.

Frage: Haben Sie gewusst, dass dort ein Konzentrationslager ist?

Berner: Ja. Aber von Umbringen war da nicht die Rede. Die haben ja jeden Mann zum Arbeiten gebraucht, hieß es.

Frage: Aber diese Menschen waren ja vermutlich in einem elenden körperlichen Zustand?

Berner: Das war vielleicht später der Fall gewesen. Das habe ich nicht mehr erlebt. Als ich das gesehen habe, 1942, da war alles noch normal. Und wie gesagt, man konnte sich das gar nicht richtig vorstellen, auch später nicht, dass da Leute umgebracht wurden. Die haben doch jeden Mann gebraucht.

Frage: Sie haben gewusst, da ist ein Konzentrationslager. Aber was genau passiert, wussten Sie nicht?

Berner: So viele Menschen. Wie kommen die hier zusammen? Wie leben die? Solche Gedanken macht man sich schon, wenn man etwas sieht, was man nicht ergründen kann. Aber man war selber so was von beschäftigt. In der großen Stube waren wir mindestens 15 Mann. Da saß einer abends schon auf dem Tisch und spielte Schifferklavier. Bei uns waren zwei Wiener. Die haben gesungen ...
Frage: Es hat sich keiner Gedanken darüber gemacht, was in dem Lager passiert?
Berner: Das ist die volle Wahrheit. Es hat nicht einmal eine Diskussion über dieses Konzentrationslager gegeben. Vielleicht waren wir zu jung und zu bequem.
Frage: Ihr ward nicht neugierig? Ihr ward mit euch beschäftigt?
Berner: Aber total.
Frage: Sie waren bei verschiedenen Kampfeinsätzen ...
Berner: Weil ich ja nur einmal im Lazarett war. Ich war ja immer bei der Truppe. Ich habe alles miterlebt und hatte das große Glück, dass ich nie schwer verwundet wurde. Am sichersten ist es als Soldat, wenn man an der Front ist. Sobald man irgendwo im Ungewissen, in der Etappe ist, ist es gefährlich. Man weiß ja nicht, ob da Partisanen sind ...
Frage: Sie sind dann in Gefangenschaft geraten. Wo?
Berner: Ich bin in Gefangenschaft geraten bei Wildbad Kreuth, das ist in Oberbayern. In amerikanische Gefangenschaft. Da war ich eineinhalb Jahre. Das war 1945. Und bin dann Anfang 1947 von den Amerikanern entlassen worden.
Frage: Wie sind Sie im Gefangenenlager behandelt worden?
Berner: Eigentlich gut. Mit wenigen Ausnahmen. Ich hatte immer noch meine Hodenverletzung. Ich konnte nicht mehr laufen und wurde dann in der Gefangenschaft operiert.
Frage: Gab es bei den Amerikanern auch Vorbehalte gegenüber den SS-Leuten?
Berner: Ja. Wenn die einen auf freier Wildbahn erwischt haben, haben sie den einfach erschossen. Da wurde nicht darüber diskutiert.

Frage: Haben die Amerikaner SS-Leute strengen Verhören unterzogen?
Berner: Nein, kein Verhör, nichts, gar nichts. Im Gegenteil. Sie waren sehr human. Wir lagerten auf einer Wiese. Ich bekam eine Stirnhöhlenvereiterung, im Freien.
Frage: Wie viele Gefangene waren im Gefangenenlager Mannheim-Käfertal?
Berner: Wir waren nicht viele. Wir waren ein großes Kommando mit 60 Mann. Wir haben am Flughafen die Flugzeuge ausgeladen und wurden dann wieder mit den Lastwagen zu unserer Unterkunft gefahren.
Frage: Sie haben die sechs Jahre, die Sie im Krieg waren und danach in der Gefangenschaft sehr viel Glück gehabt.
Berner: Ja, natürlich. Glück braucht man. Unsere Gefangenschaft fing damit an, dass auf einmal viele amerikanische Soldaten um uns herumstanden. Wir waren ja am Schluss ein zusammengewürfelter Haufen, die meisten waren Verwundete. Die Amis haben gestohlen, die konnten alles gebrauchen, jeden Füllfederhalter, jede Uhr ... Ich bin ein friedliebender Mensch, aber wenn es an die Ehre geht, hört es bei mir auf. Ein Ami hält den Colt auf mich und greift mir unter den Uniform-Rock. Da war die Uhr von meinem Vater. Mein Vater war ja schon gestorben. Und meine Mutter, als ob sie eine Vorahnung gehabt hätte, sagte, hol die Uhr mal mit, wer weiß wie alles ausgeht. Zum Glück ist mir mein Freund in den Arm gefallen. Sonst wäre was schlimmes passiert.
Frage: 1947 sind Sie in Frankfurt entlassen worden und haben dort ihre spätere Frau kennen gelernt.
Berner: Ja, meine Gertrude. Und in Frankfurt bin ich dann hängen geblieben.
Frage: Nach dem verlorenen Krieg – was haben Sie da empfunden?
Berner: Bis zum heutigen Tag habe ich nicht verwinden können, dass wir alle umsonst gekämpft haben. Wenn ich an Ostpreußen zurück

denke, und denke an die Menschen im Korridor, was die damals in den Jahren mitgemacht haben. Wie die Polen sich benommen haben, wie das Letzte vom Letzten.

Frage: Es ist unstrittig, dass durch den Nationalsozialismus entsetzliche Verbrechen geschehen sind.

Berner: Ja. Das habe ich alles danach erfahren und das ist eine Sauerei. Ich habe oft zu meinen Kindern gesagt, ich wäre nicht im Stande einen unbewaffneten Menschen zu schlagen oder umzubringen.

Frage: Kann man als Fazit Ihres Soldatenlebens ziehen, dass Sie sich betrogen fühlten?

Berner: Ja. Irgendwo tut es mir manchmal leid, wenn wir so beschimpft werden. Selbst der eigene Sohn, der ein 68er ist, und der Freund ... Wie können die einfach sagen, warum seid ihr nicht zu Hause geblieben? Mein Gott, wir waren doch für Führer, Volk und Vaterland. Das war damals unsere Aufgabe. Wer das nicht miterlebt hat, der kann das gar nicht begreifen.

Herbert Binkert, Jahrgang 1923, Unteroffizier, Fußballnationalspieler des Saarlandes, Fußballtrainer: ***„Die Nazis haben uns die Jugend gestohlen. Aber ich hatte Glück. Durch den Fußball ging das Schlimmste an mir vorbei."***

Interview

Frage: Wie haben Sie Ihre Jugend erlebt? Waren Sie in der Hitlerjugend?

Binkert: Man redet so viel über die Hitlerjugend und dass da jeder hin musste. Ich kann nur von mir sagen: Ich habe die Hitlerjugend nie gemocht und ich war nie Mitglied in der Hitlerjugend. Ich hatte aber auch Glück. Ich bin wegen meines Fußballtalents schon mit 16 Jahren zu Lehrgängen eingeladen worden. Zum Beispiel für den Gau Baden. Oder den Gau Franken. Da war auch der Maxl Morlock aus der Weltmeister-Elf von 1954 dabei. Ich habe mir eine Hitlerjugend-Uniform geliehen, weil man zu den Lehrgängen nur in Uniform hingehen konnte.

Frage: War es nicht so, dass man an den Gruppenspielen auch in den Jugendmannschaften nur teilnehmen konnte, wenn man Mitglied in der Hitlerjugend war? Musste nicht sogar in den Spielerpass eingetragen sein, dass man Mitglied in der Hitlerjugend ist?

Binkert: Ja, das war so. Mit dem Spielerpass haben die Verantwortlichen das irgendwie gedreht. Ich habe nie Dienst bei der Hitlerjugend gemacht. Ich war bei keinem einzigen HJ-Abend. Hitlerjugend – das war mir alles egal. Ich wollte nur eins: Ich wollte Fußball spielen. Dann wurde ich 1942, ich wurde gerade 19 Jahre alt, eingezogen und kam in die Kaserne nach Mannheim-Käfertal. Ich kam zur Flak. Eigentlich wollte ich Flugzeugführer werden. Ich hatte schon mit 16 Jahren in der ersten Mannschaft von Phönix Karlsruhe gespielt und bin ein Karlsruher Bub. Bei Phönix Karlsruhe hatten wir einen Mitspieler, der hieß Seppl Herberger. Das war nicht der Sohn vom berühmten Trainer Sepp Herberger, sondern ein Neffe von ihm. Der hatte spitz gekriegt,

Herbert Binkert 1951 in voller Aktion im Spiel 1. FC Saarbrücken gegen Real Madrid in Madrid. Die Saarländer gewannen 4 : 0

dass ich in Mannheim-Käfertal in der Kaserne war. Ich wurde dann abgeordnet nach Saarbrücken. Ich war kaum in Saarbrücken, da holten die mich zum FV Saarbrücken, dem Vorläufer vom 1. FC Saarbrücken. Das war 1942, die Zeit, in der ich durch den Fußball viele Freiheiten beim Militär hatte. Der FV Saarbrücken ist 1943 bis ins Endspiel gegen den Dresdner Sportclub vorgestoßen. Im Berliner Olympiastadion haben wir vor 100.000 Zuschauern 0:3 verloren. In der Dresdner Mannschaft spielten Helmut Schön, der spätere Bundestrainer, Willibald Kress, der Heiner Schaffer – damals lauter große Spieler. Eine Riesenmannschaft war das. Und ich spielte für Saarbrücken als 19-Jähriger.

Frage: Sie waren bei der Flak, wenn Sie nicht gerade Fußball spielten. Ursprünglich wollten Sie ja Flugzeugführer werden.

Binkert: Da ist nichts draus geworden. Ich hatte keine Chance. Man musste ja das machen, was die vorgaben und was befohlen wurde. Ich sollte zum Afrikakorps. In letzter Sekunde erreichte der FV Saarbrücken, dass ich nicht nach Afrika musste. Es hieß, ich würde im Austausch versetzt, konnte also in Saarbrücken bleiben. Der Fußball war meine Rettung.

Frage: Sie wurden dann Unteroffizier. Hat da auch der Fußball eine Rolle gespielt?

Binkert: Nein, das lief ganz normal. Ich habe ein paar Lehrgänge mitgemacht und wurde so Unteroffizier. Das ging irgendwie automatisch. Vom Grenadier wurde man zum Gefreiten befördert, und vom Gefreiten zum Obergefreiten. Und irgendwann war man dann Unteroffizier. Das war 1944. Und dann kamen schon die Amerikaner. Meine Batterie wurde zurückgezogen – nach Karlsruhe. Auf dem Turmberg in Karlsruhe ist oben die Sportschule, von dort kann man über ganz Karlsruhe bis zum Rhein blicken. Und ich guckte da runter. Da unten waren meine Angehörigen, auch meine spätere Frau. Wir sollten uns Richtung Pforzheim zurückziehen. Die Amerikaner rückten immer weiter vor. Mein Batteriechef, ein feiner Kerl, sagte zu mir: Binkert, dort unten wohnen doch Ihre Eltern. Der Krieg ist für uns verloren. Da ist nichts mehr zu machen. Wenn Sie glauben, dass Sie es schaffen nach Hause zu kommen, dann hauen Sie ab. Das habe ich dann auch gemacht. Ich bin in ein Haus im Vorort Rüppur. Das waren anständige Leute. Ich habe meine Uniform ausgezogen und das Gewehr in einen Bach geworfen. Die Leute gaben mir kurze Hosen, eine Jacke und eine alte Aktentasche. Ich sah ja immer noch sehr jugendlich aus. Und dann bin ich los marschiert. Ich wusste: Um 18.00 Uhr war Sperrstunde. Um zehn Minuten vor 18.00 Uhr war ich in der Wohnung meiner Eltern. Und so war der Krieg für mich zu Ende. Ich konnte mir aber nicht erlauben, auf die Straße zu gehen.

Frage: Sie waren eigentlich ein Deserteur. Und Deserteure wurden erschossen, wenn man sie erwischte.

Binkert: Streng genommen war ich ein Deserteur, allerdings mit Einwilligung meines Batteriechefs.

Frage: Der wäre vermutlich auch erschossen worden.

Binkert: Ja, das war so. Aber man hatte ja nur einen Gedanken gehabt: Nix wie hemm, nichts wie nach Hause. Irgendwann war ich dann doch auf der Straße und wurde prompt von den Franzosen festgenommen und auf einen Lastwagen verladen. Es hieß, wir würden nach Frankreich gebracht und sollten dort im Straßenbau arbeiten. Kurz vor dem Rhein sprang ich vom fahrenden Lkw und bin wieder nach Hause gerannt. Eine Freundin, die bei den Franzosen im Büro arbeitete, besorgte mir einen kleinen Ausweis. Eine Tages kam ein Herr Schaffer zu uns, der war Verbindungsoffizier bei den Amerikanern. Der kam mit einem großen Ami-Auto vorgefahren. Meine Mutter hatte Angst und wollte nicht aufmachen. Ich sagte: Ich muss den doch empfangen. Er erklärte, sie würden ein Fußballspiel veranstalten und fragte mich, ob ich nicht mitspielen wolle. Ich sagte zu ihm: Herr Schaffer, das tut mir leid. Ich kann mir das derzeit nicht erlauben. Ich sagte ihm, dass ich desertiert sei und keine Papiere hätte. Er sagte: Kein Problem. Ich bin in sein Auto eingestiegen. Wir fuhren nach Heilbronn. Dort war ein großes US-Gefangenenlager. Wir sind da rein. Eine halbe Stunde später hatte ich einen ordentlichen Entlassungsschein aus US-Gefangenschaft und meine 40 Mark Entlassungsgeld. Danach konnte ich wieder bei Phönix Karlsruhe spielen. Das Problem war gelöst. Wieder mal hatte mich der Fußball gerettet.

Frage: Ihre Soldatenzeit haben Sie an der Heimatfront erlebt, dank Fußball?

Binkert: Die Heimatfront war oft schlimmer, als die Front irgendwo. Ein Beispiel. Ich war eingesetzt bei einer Flakbatterie, die in Saarbrücken stationiert war, zusammen mit meinem Freund Werner Baden. Der war Fähnrich. In Saarbrücken auf dem Kieselhumes waren zwei Großbatterien. Die eine Batterie wurde von Flaksoldaten, die andere von Männern vom Reichsarbeitsdienst bedient. Mein Freund Werner Baden war bei der Batterie mit den Reicharbeitsdienstleuten. Und er wollte, dass ich zu ihm komme. Ich war E-Messer.

Frage: Was war ein E-Messer?

Binkert: Ich bediente ein Gerät, mit dem man die Höhe und die Geschwindigkeit der angreifenden Flugzeuge genau messen konnte. Wenn ich alles eingestellt hatte, sagte ich: Feuer! Und der Batteriechef drückte dann den Auslöseknopf und das Geschoss ging los. Wir wurden beide verletzt. Mir fiel ein Steinbrocken ins Kreuz. Mein Freund Baden und ich – wir wurden im selben Sanka ins Heilig Geist Hospital gebracht. Mein Freund war tot. Wenn ich in seiner Batterie gewesen wäre, wäre ich auch tot gewesen.

Frage: Wann begann nach dem Krieg der Fußballbetrieb wieder?

Binkert: Ich war wieder bei Phönix Karlsruhe. Das erste offizielle Spiel war Anfang 1946. Die Begegnung hieß Süddeutschland gegen Westdeutschland und fand im Stuttgarter Neckarstadion statt. Ich spielte zusammen mit Fritz Walter vor 70.000 Zuschauern. Die Stuttgarter beknieten mich, dass ich zu ihnen kommen sollte. Ich sagte, ich muss mir das erst mal überlegen. 1946 heiratete ich dann meine Frau Anneliese. Wir sind dann nach Stuttgart. Die haben mir dann auch eine Wohnung besorgt. Und eine Anstellung in der Verwaltung bei der Kriminalpolizei.

Frage: Was haben Sie empfunden als Sie nach dem Krieg feststellen mussten, dass Sie und Ihre Generation von einem größenwahnsinnigen Diktator missbraucht worden waren?

Binkert: Ich habe von den Verbrechen nichts gewusst. Ich habe nur gehört, dass es zwischen Saarbrücken und Forbach ein Arbeitslager gegeben haben soll.

Frage: Meinen Sie das Gestapo-Lager Neue Bremm?

Binkert: Ja. Man hat uns gesagt, da oben ist ein Arbeitslager, in dem die so genannten Faulenzer untergebracht sind, die nichts arbeiten. Dass dort Widerstandskämpfer und Juden misshandelt wurden, bevor sie in ein Vernichtungslager weiter transportiert wurden, wusste ich nicht.

Frage: Noch mal die Frage nach Ihrer persönlichen Befindlichkeit als 23-Jähriger, der den Krieg überlebt hat und nun feststellen muss, dass die nationalsozialistische Propaganda, mit der Sie jeden Tag zugemüllt wurden, eine Lüge war. Sie hatten als Flaksoldat Ihr Leben für einen größenwahnsinnigen Verbrecher eingesetzt.

Binkert: Die Nazis haben uns die Jugend gestohlen. Aber ich hatte Glück. Durch den Fußball ging das Schlimmste an mir vorüber.

Hans Jacoby, Jahrgang 1923, Fahnenjunker-Unteroffizier, Schulrektor: ***„Nach dem Krieg schämten wir uns, dass wir diesem Regime gedient hatten.“***

Eigener Bericht

Hans Jacoby

In den Tagen vor der Saarabstimmung am 13. Januar 1935 waren alle Einwohner unseres kleinen Landes in einer mehr oder weniger deutsch-nationalen Stimmung. Vater hatte in Erwartung spannender politischer Kommentare den ersten Rundfunkempfänger gekauft. Es war im Dezember 1934. Auf großen Plakatwänden an öffentlichen Plätzen wurden Namen und Anschriften der Abstimmungsberechtigten eines Stadtteils bekannt gemacht, und da meine Großmutter mütterlicherseits eine geborene Aach war, war auf diesen Listen öffentlich der Name ihres Bruders an erster Stelle zu lesen. Wer hatte schon einen Namen der mit Aa begann? So wurde der Abstimmungsberechtigte Nr. 1: Franz Aach. Darauf wies die Oma überall hin und war darüber nicht wenig stolz.

Nach dieser Abstimmung am 13.01.1935 gehörten wir wieder zu Deutschland und unterlagen damit auch dem Zugriff der NSDAP und ihrer Gliederungen. Nur eine mehrheitliche Votierung zum Status quo oder ein Anschluss an Frankreich hätte die Saarländer davor bewahrt. Das wollten nur sehr wenige, mehr als 90% wollten heim ins Reich! Mit dem Hitler wird es schon nicht so schlimm werden, sagte man hinter vorgehaltener Hand!

Junge Leute ab zehn Jahren wurden Mitglieder des Jungvolks, sie waren die „Pimpfe“, mit 14 gehörte man zur Hitlerjugend. Meinem Alter entsprechend wurde auch ich ein Pimpf. Ich empfand das nicht als außergewöhnlich! Zum Dienst, das waren Geländespiele, Exerzierübungen oder auch Heimatabende mit politischer Schulung, trug ich als Uniform ein Braunhemd, ein schwarzes Halstuch, das durch einen Lederknoten gehalten wurde, darüber eine schwarze Bluse und je nach Jahreszeit eine kurze Hose oder eine längere schwarze Überfallhose und war darauf wie andere auch sehr stolz!

Im Alter von 13 Jahren wurde ich sogar Fahnenträger, der, rechts und links von je einem Fahnenjunker begleitet, vorweg marschierte. Zu gehorchen ohne zu hinterfragen, fiel mir nicht schwer. Es entsprach auch der Praxis meiner Erziehung seit meiner Kindheit. Von den Schandtaten dieses Regimes erfuhren wir in unserem Umfeld, zum Beispiel in unserem Stadtteil Rodenhof nichts und hatten auch keine auffallenden Hinweise auf eventuelle Gräueltaten. Wobei ich zugeben muss, dass ich mir in diesen Jahren über die allgemeine Judendiskriminierung – überall konnte man das Hetzblatt „Der Stürmer lesen" – keine kritischen Gedanken machte, was ich aus heutiger Sicht selbst nicht verstehen kann. Nach allgemein gültiger Ideologie waren die Juden der Volksfeind, abgesehen davon, dass sie als rassisch minderwertig galten. Dies zu hinterfragen stand außer Diskussion. Ein Zeitgenosse unserer Nachkriegszeit wird das nie verstehen können. Erst als nach dem Krieg im Rahmen einer gewissen Umerziehung und Aufklärung alle Verbrechen offensichtlich wurden, konnten wir und dabei spreche ich bewusst auch für andere, all das nicht fassen. Wir schämten uns, dass wir diesem Regime gedient hatten.

Nachzutragen wäre noch: Als 14/15-Jähriger hatte ich die Gelegenheit, Mitglied der Rundfunkspielschar zu werden. Es war dies eine kleinere Gruppe von etwa 30 bis 40 Mitgliedern, die volkstümliche Feierabende auf den Dörfern der Umgebung mit Theaterdarbietungen, Gesang und Musikvorträgen veranstaltete, um das Volk bei Laune zu halten (Brot und Spiele, nach römischem Vorbild!). Beim damaligen Gautheater Westmark, heute Saarländisches Staatstheater, hatte ich zudem in der Spielzeit 1940/41 Gelegenheit, als Statist mitwirken zu

können. Besonders faszinierend war es für mich, die Rolle eines Doubles von Josef Leidinger als Samiel im Freischütz übernehmen zu dürfen. In Aida stand ich auf dem Balkon eines ägyptischen Königspalastes, um mich als Palastwächter mit einer Posaune, diese natürlich nur zum Schein, in Positur zu werfen. Auch das gehörte zu dieser Zeit!
Viele Teilnehmer des Ersten Weltkrieges waren wie mein Vater auch ob dieses dauernden Säbelrasselns in ständiger stiller Sorge, und sie war wahrhaftig berechtigt, wie sich später herausstellte! Im Kreise der Familie unterblieben meist kritische Anmerkungen aus Angst vor dem Nachplappern solcher Äußerungen. Diese konnten unter Umständen als Zersetzung der Wehrkraft schlimme Folgen haben. Es konnte durchaus passieren, dass ein Kritiker denunziert wurde. Möglicherweise wurde er dann daraufhin in der Nacht von Gestapoleuten verhaftet und kam auf diese Weise in ein KZ, ohne dass die Angehörigen Genaueres erfuhren. Unter solchem Druck funktionierte dieses Regime perfekt. Mein Vater, der bei Kriegsbeginn als technischer Eisenbahnoberinspektor für einige Monate nach Polen dienstverpflichtet worden war, hat sicherlich in solchen Zusammenhängen einiges erfahren, vielleicht auch beobachtet, was er ganz für sich verarbeiten musste. Ich empfand nur, dass er nach seiner Rückkehr von dort noch ernster geworden war.
Nach ungefähr zehn Jahren im Zweifamilienhaus in der Hochstraße 3, einem Haus mit großem Hof und Garten, hatte Vater die Möglichkeit, sich an einem Bauprogramm auf einer großen Wiese auf dem Rodenhof anzuschließen. Dort entstand, ohne dass Straßen schon konkret angelegt waren, in der Verlängerung der bestehenden alten Ottweilerstraße die, wie gesagt, noch nicht existierende neue Straße.
Das Bauprogramm sah Doppelhäuser und kleinere Einfamilienhäuser, diese je in einem Fünferblock zusammengefasst, vor. Ich erinnere mich daran, dass die Preise ohne Berücksichtigung besonderer Wünsche, so bei 20.000 bis 22.000 Reichsmark lagen. Vater wählte ein Doppelhaus: In Nr. 114 wohnten zukünftig wir, in Nr. 112 neben uns bauten

Tante Mily, Oma und der unverheiratete Sohn, Onkel Max. Alles, was meine Eltern erspart hatten und ein Darlehen der Pfälzischen Hypothekenbank ergaben die finanzielle Grundlage. Sie gingen in Bezug auf die monatlichen Belastungen für Zinsen und Tilgungen bis an die Grenze des Möglichen. Ich schließe das aus Erinnerungen an gesprächsweise geäußerten Überlegungen meines Vaters, unter Umständen auch die Mitgliedschaft in der Deutschen Buchgemeinschaft aufzukündigen, um auch mit diesem sicherlich bescheidenen Beitrag die monatlichen Verpflichtungen zu verringern.

Außer der Haushaltskasse für alltägliche Bedürfnisse, mussten ja auch noch für drei Buben die Lehr- und Lernmittel, Bücher u.s.w. bezahlt werden, dazu noch ein so genanntes Schulgeld, das beim Besuch der Höheren Schule entrichtet werden musste. Dennoch. Ende 1936 konnten wir einziehen in ein verhältnismäßig geräumiges Haus. Im Erdgeschoss hatten wir die Küche mit Balkon zu einem kleinen Garten hin und nach vorne, der zukünftigen Straßenseite, ein Wohn- und das Esszimmer, an der Giebelseite eine Toilette und die kleine Diele. Im 1. Stock waren zwei Schlafzimmer, ein Schlaf- und Arbeitszimmer für Franz und das Bad. Unser Haus lag insgesamt so hoch, dass man vom oberen Balkon aus nach Süden über einen Teil der Kernstadt hinweg bis zum Winterberg in etwa fünf km Entfernung schauen konnte. Nach unserem Einzug war die Straße noch monatelang nicht ausgebaut. Rundum waren Wiesen und Brachland bis zur Gaststätte Historischer Rodenhof. Zum nahegelegenen Wald führte ein Feldweg in die Nähe der Villa Sehmer, wo unmittelbar auf einer Wiese, zu einer Hühnerfarm gehörend, vielleicht 100 freilaufende Hühner fast ländliche Eindrücke vermittelten. So wohnten wir im Grünen!

Alle Wege in die Stadt, für Vater zum Dienst bei der Eisenbahndirektion, für Mutter zum Einkaufen, für uns Buben zur Schule mussten monatelang zu Fuß zurückgelegt werden. Das nahmen wir hin. Wir

waren eine junge Familie: 1937 war Vater 47 Jahre alt, Mutter 45, Franz 17, ich 14 und Karlheinz zehn Jahre alt.
So wurden wir wie andere auch, die sich dort niedergelassen hatten, Rodenhofer und fühlten uns trotz der engen Grenzen im privaten Budget doch wohl, auch als Pfarrangehörige der neu gegründeten Pfarrei St. Albert mit ihrem fortschrittlichen Pastor Heinrich Massing, der fast zu einer Bezugsperson für die Rodenhofer Bürger wurde, insbesondere in dieser politisch bewegten Zeit.
Dort verbrachte ich entscheidende Jahre eines Heranwachsenden. Mit Kriegsbeginn am 01.09.1939 begann für uns die Zeit der Evakuierung nach Frankfurt am Main. Bis auf das Handgepäck mussten wir alles zurücklassen, das Haus nach amtlicher Vorschrift unverschlossen. Ängste, Abschiedsempfindungen, die in diesen Tagen jeder empfand, sind heute nicht mehr in die rechten Worte zu fassen. Es machte es uns auch nicht leichter, dass auf jegliche Plünderung die Todesstrafe stand. Als wir im Juni 1940 nach monatelanger Abwesenheit wieder zurückkehren durften, war alles im Haus völlig unversehrt. Nur auf den Möbelstücken lag eine dicke Staubschicht.
Zum vorgesehenen Termin standen wir also bereit, nach entsprechendem Aufruf uns zum Hauptbahnhof zu begeben, mit zwei Koffern, für mich zusätzlich einen Rucksack, wo für uns, den Stadtteilen und Straßenzügen gemäß, ein Evakuierungszug nach Frankfurt a.M. bereitstand. Jeder trug sein Päckchen! Franz war schon Tage vorher vorsorglich zu Verwandten nach Magdeburg gefahren. Vater, der dienstverpflichtet in Saarbrücken zurückbleiben musste, begleitete uns auf diesem letzten Gang zwischen Haus und Bahnhof und besprach dabei noch Einzelheiten, gab Ratschläge und Hinweise für diese oder jene Situation.
Der Zug fuhr über Bingen, Mainz nach Frankfurt a.M. Dort wurden wir am Hauptbahnhof in Empfang genommen. Alle Organisation lag in den Händen uniformierter Parteimitglieder. Wir wurden in eine Privat-

 pension in Bahnhofsnähe eingewiesen, auch Oma, und Tante Mily, allerdings in einen anderen Raum, wenigstens das! Wir hatten für uns ein Schlafzimmer mit drei Betten, es war nach Ablage unseres Gepäcks ein vollständig zugestellter Raum in der Fremde! Wie sollte das weitergehen? Gott sei Dank, dass wir nach zehn Tagen so etwas wie Glück hatten: Wir durften in der Savignystraße in Frankfurt-Westend, einem vornehmen Wohnumfeld, in einer regelrechten Villa eine Kellerwohnung beziehen bei einer Familie Gies, einem Ehepaar mit zwei Töchtern von 14 und 17 Jahren, Ortrud und Gudrun, Herr Gies war als technischer Direktor bei den Lurgiwerken in einer gehobenen Stellung. In der Savignystraße, heute steht dort das Savignyhotel, wurden wir sehr freundlich aufgenommen und übernahmen im Keller zwei kleinere Zimmer und eine Kochküche, von der aus ein Aufzug nach oben in die Herrschaftsetage ging. Die Waschküche auf gleicher Ebene diente uns als Bad. Hier waren wir ganz für uns mit einem separaten Eingang, Familie Gies stellte uns Teller, Tassen, Töpfe, Bestecke zur Verfügung und war dabei sehr großzügig. Ich könne bei ihnen auch, wenn ich dazu Lust hätte, gerne Klavier spielen; wir waren für alles sehr dankbar. Bei Luftangriffen, damals noch selten, saßen wir gemeinsam in einem befestigten Kellerraum. Gesellschaftliche Rangunterschiede bestanden in diesen Stunden dort wirklich nicht.
Auch im nahegelegenen Wöhlergymnasium nahmen mich die hessischen Mitschüler freundlich auf. So wurde mir bald die Stadt Frankfurt a.M. nach und nach vertraut. Es war nicht weit zum Palmengarten, zur Villa Rothschild, zum imposanten IG-Farben-Haus, zur alten Oper, zum Dom. Ich erlebte ein Klavierkonzert mit Peter Kreuder, das Orchester von Ralph Maria Siegel, Bernhard Etté mit seinen Solisten und damit so etwas wie Großstadtatmosphäre. Vater besuchte uns in den ersten Tagen von seiner Dienststelle in St. Wendel aus oft, wurde dann aber bald für einige Monate nach Polen dienstverpflichtet. Franz konnte in einem Eisenbahnvermessungsbüro einen Job antreten, bis

er im November 1939 zur Wehrmacht eingezogen wurde, erst nach Frankfurt, dann nach Kassel.
Der erste Kriegswinter 1939/40 ist mir in Erinnerung geblieben als ein sehr strenger Winter. Ich hatte die einmalige Gelegenheit, bei Verwandten eines Mitschülers in Eltville einen Sack Kartoffeln in Empfang zu nehmen, der mir freundlicherweise vermittelt worden war. Es war dies eine große Bereicherung unserer Lebensmittelrationen. Auf der Rückreise von dort stand in einem kriegsgemäß unbeheizten Eisenbahnwagen der Sack vor mir. Als ich ihn nach Stunden zu Hause ablieferte, waren die kostbaren Kartoffeln alle hart gefroren! Mutter hat sie dennoch der üblichen Verwendung zugeführt. Seitdem weiß ich: Gefrorene Kartoffeln sind fast ungenießbar, sie schmecken süß!! Zum Verständnis der Situation: Alle Lebensmittel waren seit Kriegsbeginn rationiert worden, man bekam solche nur bei Vorlage von bestimmten Lebensmittelkarten. Geld allein reichte beim Einkauf nicht aus!
Unsere Sehnsucht nach Hause erfüllte sich erst nach etwa neun oder zehn Monaten. Als wir endlich wieder nach Saarbrücken heim durften, hofften wir im Stillen auf baldigen Frieden. Es war eine trügerische Hoffnung. Ich war inzwischen 16 Jahre alt und fragte mich: Was soll ich werden? Bestimmte Wunschvorstellungen hatte ich schon in meiner frühesten Kindheit zu einer Zeit, als meine Sprachfertigkeit noch nicht ganz entwickelt war. Aufgrund erster Erfahrungen äußerte ich auf Befragen, was ich denn einmal werden wollte, spontan: „Didador“, was Konditor heißen sollte. Dann aber hatten sich in meiner ersten Volksschulzeit die Vorstellungen doch wesentlich geändert. Ich besuchte die Volksschule in Malstatt, die im Schatten der St.-Josefs-Kirche lag, im Bereich einer bevölkerungsreichen Pfarrei. Den Religionsunterricht erteilten die Kapläne, die durch ihre äußere Erscheinung, wie damals üblich, im gehrockartigen Gewand und weißem Stehkragen auffielen. So kamen sie auch zur Schule, wo sie von uns ehrerbietig mit „Gelobt sei Jesus Christus“ gegrüßt wurden. So

wollte ich als Erwachsener auch einmal erscheinen! Bei Gesprächen im Zusammenhang mit Berufsvorstellungen, damals mit vielleicht neun oder zehn Jahren antwortete ich auf solche Fragen mit „Kaplan“! Bei der Begründung dieser Wunschvorstellung antwortete ich in meiner naiven Oberflächlichkeit mit „wegen des schönen Gewandes!“
Irgendwann in der Pubertätszeit regte sich in den Tiefen meines Erbgutes die Gewissheit, dass mir väterlicherseits eine pädagogische Veranlagung mitgegeben worden war. Es war so gesehen also keine Überraschung, dass irgendwann der Wunsch in mir wach wurde, eine pädagogische Laufbahn einzuschlagen; zumindest als Volksschullehrer, eventuell aber auch an einer Höheren Schule. Mit ein Gesichtspunkt für diese Entscheidung waren für mich auch Überlegungen, die durch die unsicheren Kriegsentwicklungen gegeben waren. Nach einem Kriegsende, wie auch immer, wollte ich zumindest den Lehrerberuf verwirklichen können. Ich besuchte nach unserer Frankfurter Zeit noch ein Jahr die Schule und wechselte danach an die neue Lehrerbildungsanstalt nach Metz im besetzten Frankreich. Übrigens: alte Freundschaften aus der Saarbrücker Schulzeit haben die Jahrzehnte bis heute überdauert!
Lothringen gehörte wie das Saarland und die Pfalz auch zum NS-Gau Westmark mit seiner politischen Zentrale in Neustadt an der Deutschen Weinstraße. Von dort aus wurden die politischen Direktiven erteilt und auch erhebliche Anstrengungen unternommen, dieses Land und seine Bewohner auch im Sinne der NS-Ideologie einzudeutschen. Unser Lehrerseminar hatte damit über seine Funktion als Lehrerausbildungsstätte hinaus auch eine besondere Bedeutung als deutsches Kulturinstitut.
Von erster Stunde an fühlte ich mich in Metz wohl und angenommen. Ich wohnte mit anderen in einem Internat, das an ein Gymnasium angegliedert war. Jeder, so auch ich, hatte eine Zelle mit einem Bett, einem schmalen Schrank und einer schreibtischähnlichen Ablage in einem Eckchen. Doch war dort in den ersten drei Wochen zunächst

nichts frei. Mein Vater versuchte mit Erfolg eine vorübergehende Bleibe für mich zu erbitten in einem danebenliegenden Frauenkloster, das in seinen Gebäuden einmal eine Klosterschule beherbergt hatte, die aber nicht mehr existierte. Die freundliche Oberin nahm mich tatsächlich auf. Ich wohnte dort, schlief in einem Schlafsaal mit 30 Betten allein und wurde gut verpflegt. Dort war ich bei zwölf Ordensschwestern regelrecht im wahrsten Sinne des Wortes Hahn im Korb. Mit Dankbarkeit denke ich immer wieder an dieses Intermezzo. Ich war also auch einmal im Kloster. Den Unterricht im Lehrerseminar erteilten engagierte Pädagogen, die, nach Metz abkommandiert, sich sehr um uns bemühten. Sie hatten sicherlich auch die eigene Karriere im Auge ebenso wie unsere wissenschaftlichen Fortschritte in Theorie und Praxis. All diese Seminarlehrer oder Dozenten habe ich in guter Erinnerung, wenn sie sich auch, wie es in ihrer Hierarchie erwartet wurde, gerne mit dem Parteiabzeichen schmückten. Aber aufdringliche NS-Aktivitäten oder gar die Vermittlung des Glaubens an den Führer hielten sich sehr in Grenzen. Meinen ersten eigenständigen Unterricht im Rahmen eines Praktikums erteilte ich in Metz-Montigny in einer 2. Klasse Mädchen. Nach französischer Art trugen alle Schulmädchen einheitlich blaue Kittelchen, und schon mit sieben Jahren hatten sie ihre Fingerchen rot lackiert. Das sah zwar süß aus, war aber nach deutscher Art unmöglich. Doch keiner, auch der Leiter des Praktikums sagte dazu ein Wort, schon allein um die Atmosphäre nicht zu belasten.

Unvergesslich seit meiner Zeit in Metz ist meine Erinnerung an einen Mann, der sich schon in seiner äußeren Erscheinung, auch durch elegante Kleidung, von anderen so ganz abhob, eine dadurch auffallende Ausnahmeerscheinung in einer Welt, in der Stiefel und Uniformen dominierten. Es war Oberstudienrat Franz Fahnemann, als Germanist ein literarisch gebildeter noch jugendlicher Dozent von zirka 40 Jahren, gewinnend auch durch seine Liebenswürdigkeit. Durch sein Auftreten, seine Sprache und Interpretation im Deutschunterricht lebte er uns den Begriff Kultur regelrecht vor. Er schulte uns zusätzlich in Sprecherziehung an praktischen Beispielen, deren hintergründiger Sinn mir erst später so ganz aufging. Regelrecht faszinierend wusste er uns auch innerlich so recht zu packen. Unvergesslich ist mir seitdem Goethes Gesang der Geister über den Wassern, wo er uns deutlich machte, was Modulation für die geistige Ausstrahlung der Sprache bedeutet, das entsprechende Steigern und wieder auch Absenken der Stimme. Für mein Leben lang habe ich auch Goethes Grenzen der Menschheit nicht vergessen, darin auch die feinen Anspielungen in der 2. Strophe, fast ein Wagnis gegenüber den kleineren und größeren Machthabern dieser Zeit. Es heißt dort:

Denn mit Göttern soll sich nicht messen
irgendein Mensch! Hebt er sich aufwärts und berührt
mit dem Scheitel die Sterne,
nirgends haften dann die unsicheren Sohlen,
und mit ihm spielen Wolken und Winde ...

Auf solche überlegene und feinsinnige Art vermittelte uns Franz Fahnemann etwas von der Freiheit des Geistes. Er war eine großartige Ausnahmeerscheinung.

Persönlich war ich ihm sehr dankbar, dass aufgrund seiner Intervention meine damals bereits verfügte Einberufung zum Reichsarbeitsdienst überraschenderweise wieder zurückgenommen wurde, damit ich vor jeglichem Kriegsdienst wenigstens noch die 1. Lehrerprüfung in Metz ablegen konnte. Danach erst wurde ich im April 1942 Soldat, es war noch früh genug. Als ich aus dem Krieg heimgekehrt war, bemühte ich mich darum, etwas von seinem Schicksal zu erfahren, vielleicht eine Adresse. Doch ich hatte keinen Erfolg. Später hörte ich einmal, dass er schon frühzeitig irgendwo in Norddeutschland verstorben sei. Für mich blieb er ein Leben lang Leitbild und Vorbild. Alle zwei bis drei Wochen fuhr ich zum Wochenende nach Hause. Anfang März 1942 hatte mir Vater telefonisch, was ganz außergewöhnlich war, mitteilen lassen, ich möge am kommenden Samstag meinen dunklen

Anzug mitbringen. Diese Nachricht war, aus welchen Gründen auch immer, an mich nicht weitergegeben worden. So fuhr ich nichts ahnend wie üblich nach Hause. Im Hauptbahnhof stand an der Fahrkartensperre überraschenderweise mein Bruder Karlheinz mit merkwürdig ernstem Gesicht und erwartete mich: „Du kommst mich abholen?"

„Ja, ich muss dir sagen, Franz ist tot, er ist in Russland gefallen! Schon am 31. Dezember 1941." „Wie, unter welchen Umständen, woher wisst ihr das?" Das war unfassbar! Weiß Gott, welche Gedanken mir durch den Kopf wirbelten und mir die Tränen ins Gesicht trieben.

Den Heimweg nahmen wir abseits der üblichen Straßen über Feldwege durch die Rodenhofer Gärten, wir wollten niemandem begegnen! Zu Hause saßen wir zusammen um den Küchentisch. Vater berichtete. Seit Weihnachten 1941 hatten wir keinen Feldpostbrief mehr bekommen und Franz hatte sonst immer regelmäßig geschrieben, allein schon, um uns zu beruhigen. Wenn Mutter bei ihren Einkäufen von weitem den Postboten sah, wartete sie ihn ab, ging auf ihn zu mit der Frage: „Ein Feldpostbrief für Jacoby?" Wochenlang kein Lebenszeichen!! Dann, nach mehr als zwei Monaten Wartezeit kam die Mitteilung im amtlichen blauen Briefumschlag: „Ihr Sohn fiel am 31. Dezember 1941 in Russland für Führer, Volk und Vaterland." In mir kam augenblicklich eine große Wut auf den Führer auf, der Soldaten, jetzt meinen Bruder Franz, in den Tod schickte. Ein Hitlerbild, das in unserer Diele hing aus Rücksicht auf den NS-Blockwart, der regelmäßig Beiträge kassierte, nahm ich spontan von der Wand. Ich ging damit in den Keller, legte es auf einen Hackklotz und zertrümmerte es mit einem Hammer. Hitler war für mich der Mörder meines Bruders. Später bekamen wir einen Brief eines seiner Vorgesetzten. Er schilderte nähere Umstände. In einem ukrainischen Dorf, das von Partisanen umlauert wurde, stand Franz bei etwa minus 30°C in der Silvesternacht 1941/42 Wache. Dabei sei er von einem russischen Partisan durch einen Bauchschuss getötet worden. Man habe ihn in

Rshawa, zirka 65 km südwestlich von Kiew an der dörflichen Friedhofsmauer bestattet. Ob es da heute noch ein Grab gibt? Immer wieder muss ich an ihn denken. Er fiel als Abiturient im Alter von 21 Jahren, war seit November 1939 Soldat, Teilnehmer am Frankreichfeldzug, dort verwundet durch einen Granatsplitter im Oberschenkel, von Anfang an Teilnehmer am Russlandfeldzug. Er war immer der große Bruder, mehr introvertiert, still, ernst, ein immens fleißiger Schüler. Einige Schulbücher aus früherer Zeit, die ich noch heute besitze und immer wieder zur Hand nehme, und in die selbst Peter noch Einsicht nahm in seiner Schulzeit, sind an den Seitenrändern voll von Ergänzungen in seiner korrekten Schrift. Seinen Tod hinzunehmen war für uns bitter. Vater und Mutter waren für den Rest ihres Lebens nie mehr recht froh geworden. Ich selbst setze mich, heute noch mehr als früher, in Gedanken oft mit seinem einsamen Tod auseinander. Vom Volksbund Deutscher Kriegsgräberfürsorge bekam ich aufgrund einer Anfrage die Mitteilung, dass es noch nicht möglich war, deutsche Soldatengräber in Rshawa/Russland zu ermitteln.
Man schickte mir freundlicherweise eine Karte, auf der die Lage des Dorfes eindeutig gekennzeichnet ist. Sie liegt seitdem immer griffbereit auf meinem Schreibtisch.
Während meine Militärzeit mich ganz in Anspruch nahm, wuchs zu allem Unglück, das über uns gekommen war, immer mehr auch die Sorge um Hab und Gut. Der Bombenkrieg der Engländer und Amerikaner steigerte sich von Monat zu Monat und wurde immer bedrohlicher. Zu den strategischen Bombenzielen gehörten die Gleisanlagen um den Güterbahnhof und den Hauptbahnhof Saarbrücken. Der Rodenhof, wo wir wohnten, gehörte zur Bahnhofs-Randlage und war somit besonders gefährdet. Alle Bewohner eines bestimmten Umfeldes waren bei Fliegeralarm verpflichtet, die Luftschutzbunker aufzusuchen. Sie hatten dann Köfferchen oder Tragetaschen mit ihren wichtigsten Papieren und auch Wertsachen bei sich. Dort traf man dann

die ganze Nachbarschaft auf Holzbänken sitzend und auf Entwarnung wartend. Während eines Urlaubs habe ich es selbst einmal miterlebt. Die immer größer werdende Angst war nicht unbegründet, je mehr fast schon ein Kriegsende abzusehen war. Am 28. Juni 1944, am helllichten Tag, morgens gegen 11.00 Uhr, gab es Fliegeralarm. Mutter war zum Einkaufen unterwegs und wartete im Bahnhofsbunker die Entwarnung ab. Als sie sich dann schnell nach Hause begab, stand sie dort, wo wir einmal unser Haus hatten, vor einem Trümmerhaufen. Auch Vater war in Sorge nach Hause geeilt. Nun standen beide vor Schutt und Asche und zusammengefallenen Wänden. Der Fußboden im 1. Stock hing schräg herab in der Luft, es ist nicht zu beschreiben, was da äußerlich zu registrieren war und es sie innerlich tief traf. Die Luftmine eines amerikanischen Bombers, die möglicherweise für den Güterbahnhof vorgesehen war, hatte das Dach und die Böden unseres Hauses durchschlagen und war im Keller explodiert, alle Zwischenwände mit sich reißend. Die Empfindungen, die Vater und Mutter angesichts dieser Ruinen schmerzten, sind nicht nachzuvollziehen. Ihre materielle Existenz war vernichtet! Wochenlang suchten Vater und Mutter unter den Trümmern noch nach Verwendbarem und durchwühlten die Mauerreste. Einige beschädigte Bücher, die mein Vater aus dem Dreck ausgegraben hatte, stehen heute noch auf meiner Bücherwand. Hilfsbereite Nachbarn schenkten uns zuerst einmal zwei oder drei Tassen, Teller, Töpfe, Messer, Gabeln. Es war schon bitter. Nachbarn von gegenüber, Dr. Krüger und seine Frau, an die ich mich gerne erinnere, boten Vater und Mutter das erste Notquartier an. Irgendwo in Italien erreichte mich nach Tagen ein Telegramm. Nach amtlicher Vorschrift war nur ein Wort erlaubt: Bombenschaden, in unserem Falle mit dem Zusatz C. Das bedeutete größtmöglicher Schaden! Einzelheiten konnte ich kaum erahnen, ich erfuhr sie erst später. Über diese Nachricht war ich so fassungslos, dass ich mich in eine Ecke verzog und weinte. Übrigens, trotz Einspruch meines Vaters

forderte die Pfälzische Hypothekenbank auch für das Trümmergrundstück unerbittlich Zinsen und Tilgungen, als wenn nichts geschehen wäre.
Im April 1942 erhielt ich eine Einberufung zu einer bespannten Artillerieabteilung nach Toul in Frankreich. Wieder einmal musste ich mich auf eine neue Lebenssituation einstellen, obwohl mir der Ernst der Lage noch nicht so recht bewusst war. Ich sollte das erst später begreifen. Dafür waren Vater und Mutter umso mehr betroffen, sie dachten wohl an den Verlust ihres ältesten Sohnes. Doch wurde in den letzten Tagen darüber zuhause nicht gesprochen, um es mir nicht noch schwerer zu machen.
Am Abreisetag wollte ich nur von Vater zum Bahnhof begleitet werden, wo auf mich und andere ein Sonderzug nach Toul wartete. Auf diesem Wege sprachen Vater und ich nicht viel miteinander. Auf dem Bahnsteig, nach dem Ruf: „Alles einsteigen“ gab er mir fest die Hand und sagte zum Abschied: „Halte die Ohren steif!“, das war typisch für ihn, er liebte keine langen Ermahnungen und Ratschläge! Am nächsten Tag, als man uns unsere zukünftige Uniform mit dem Helm mit einem Schlag der flachen Hand auf die stählerne Kopfbedeckung verpasst hatte, wurden wir in Gruppen, sogenannte Züge eingeteilt. Unter Berücksichtigung meiner Schulbildung ging man davon aus, dass ich vielleicht Offizier werden wollte. Man teilte mich gleich zu den Reitern ein. In den nächsten Wochen musste ich reiten, Pferdepflege und alles was dazu gehört, lernen. Reiten lernen ohne Steigbügel und ohne Sattel auf einem runden glatten Pferderücken war nicht nur für bestimmte Körperstellen eine Tortur. Für das immer wieder neue Wundscheuern gab es nur eine Art der Linderung: Wir setzten uns in einem Eimer kalten Wassers.
Die übrigen Einzelheiten in dieser sechswöchigen harten Ausbildungszeit fasse ich nur mit zwei Stichworten zusammen: Toul - brutal! Eine glückliche Fügung war es dann, dass ich nach dieser Zeit einer neuen Einheit in Nancy zugeteilt wurde, die motorisiert war: Heeres-

artillerieabteilung 451. Wir wurden zunächst innerhalb Frankreichs an der Küste zwischen Calais und Dünkirchen in der Normandie eingesetzt. Wir waren zwar in einem fremden Land, empfanden es aber nicht als Feindesland. Die Bewohner der Normandie waren nicht grundsätzlich abweisend. Wir sollten die zukünftige Westfront gegen Überraschungen aus England verstärken. Bei klarem Wetter konnten wir Dover an der englischen Südküste erkennen, das seinen Hafen mit Sperrballons gegen feindliche Tiefflieger schützte.

Im Laufe des Jahres 1943 wurden wir dann nach Italien verlegt, wo die Amerikaner von Sizilien aus eine Südfront aufbauten. Auf dem Wege nach dort bezogen wir zunächst für vier Wochen eine Ruhestellung an der Côte d'Azur fast ohne Dienst. In einem sehr großen Gartengelände um ein entsprechendes Landhaus in der Nähe von Grasse hatten wir eine Zeltstadt aufgebaut und unsere Geschütze gut getarnt unter großen Olivenbaumkronen versteckt. Wir fuhren mehrfach sogar zum Schwimmen ans Mittelmeer und konnten in dieser Zeit auch Eindrücke von Cannes, Nizza und Monte Carlo mitnehmen. Von dort aus wurden wir an die Cassinofront (*) nach Italien gerufen, wo wir unsere Fallschirmjäger gegen ankämpfende Amerikaner mit unseren 10,5 cm-Kanonen unterstützten. Unsere Stellung hatten wir in einem großen Rebengelände eingerichtet, in dem dazugehörenden Winzerhaus unseren Befehlsstand. In einem Nebenraum lagerten einige Rotweinfässer, für die ich mich erstmalig in meinem Leben zu interessieren begann. Unterdessen gehörte ich zum Rechentrupp der Batterie nachdem sich herausgestellt hatte, dass ich nach geographischen Karten auch uneinsehbares Gelände genau taxieren, Höhenunterschiede und somit die Flugbahnen unserer Geschütze mit Hilfe entsprechender Rechenschieber exakt berechnen konnte. Nach diesen Berechnungen wurden die Kanonen, mit ihrer Reichweite bis zu 15 Kilometer, genau auf bestimmte Zielpunkte eingerichtet. Rechentruppführer war ein Leutnant, Sepp Diesinger aus Edenkoben und ich, der Jockel, waren die Rechner. Damit hatten wir eine kleine Sonderstellung und spielten eine nicht unwichtige Rolle und wurden auch ernst genommen. Mein Batteriechef, Hauptmann Ollenik, nahm mich immer wieder mit, wenn es darum ging, neue Feuerstellungen zu erkunden beziehungsweise vorzubereiten. Trotz der Rangunterschiede empfand er wohl mir gegenüber eine gewisse Sympathie.

Gegen Kriegsende sprach er mich einmal an, um meine Meinung zu den letzten politischen Entscheidungen zu erfahren. Dieser Vertrauensbeweis erstaunte mich damals sehr.

Typisch für meinen unbefangenen Leichtsinn ist folgende Begebenheit. Bei einer Nachbareinheit hatte ich, querfeldein zu Fuß eine Stunde durchs Gelände, einmal einen dienstlichen Auftrag zu erfüllen. Die Kameraden dort hatten sich im Erdstollen vor Feuerüberfällen geschützt. Kurz vor meiner Ankunft waren sie wieder mit Granatfeuer eingedeckt worden und hatten sich dabei erneut in ihren Stollen zurückgezogen. Zur Aufbesserung ihrer Verpflegung hatten sie einen Hammel von irgendwo requiriert, geschlachtet und vor ihrem Stollen in zwei Hälften geteilt an einem Ast aufgehängt. Auch nach meiner Auftragserfüllung blieben sie vorsichtshalber noch in ihrem Erdstollen, während ich, statt eine Zeitlang abzuwarten, mich wieder unverzüglich zu meiner Batterie begeben wollte. Als vor dem Erdstollen noch immer die beiden Hammelhälften hingen, eignete ich mir kurzentschlossen die eine Hälfte an, legte sie mir über die Schulter und suchte so das Weite. Zurückgekehrt wurde ich von meinen Kameraden mit lautem Hallo begrüßt. Eine solche Kühnheit hatte man mir bis dahin nicht zugetraut. Am Abend gab es gegrillten Hammelbraten und ich war der Held des Tages.

Doch zurück zur ernsten Realität. Von Monte Cassino wurden wir nach Nettuno südlich von Rom verlegt, wo die Amerikaner eine Entlastungslandung gestartet hatten. Hier war ich mit drei weiteren Funkern dem vorgeschobenen Beobachter zugeteilt worden, der von vorderster Linie aus nach seinen Beobachtungen per Funk den Feuereinsatz der rückwärtigen Kanonenstellung dirigierte. Das war eine gefährliche

Position. Einmal konnten wir trotz Tarnung in unserem Erdloch erkannt werden, oder die funktechnisch überlegenen Amerikaner hatten uns beim Funkverkehr schon nach ein bis zwei Minuten angepeilt. Wir wurden mit konzentriertem Granatfeuer beschossen. Bei einem solchen Feuerüberfall wurde neben mir mein Kamerad, der Funker Hans Sake, tödlich getroffen. Durch große Granatsplitter waren sein Unterbauch und der Oberschenkel aufgerissen worden. Wir stürzten uns auf ihn, um seinen Oberschenkel mit einem Lederriemen abzubinden, während sein warmes Blut über meine Hände rann. Doch unsere Mühe war umsonst, wir konnten ihn nicht mehr retten. Er drehte sich zur Seite und hauchte noch gerade: „Auf Wiedersehen, Mutti." Dann war er tot. Er war verheiratet und hatte zwei Kinder. Bei mir selbst entdeckte ich später, dass mein Mantelsaum an vier Stellen von Granatsplittern zerfetzt worden war. Auch die linke Mantelschulter war aufgerissen worden, ohne dass ich verletzt wurde.

Nach Wochen wurde ich zum Fahnenjunkerunteroffizier befördert. An der Südfront mussten wir immer mehr dem starken Nachdrängen der Amerikaner ausweichen, und waren dabei gezwungen, uns nach Norden abzusetzen. Von Nettuno aus wurden wir über Rom, die Hauptverkehrswege und Passstraßen wochenlang verteidigend, nach Norden zurückverlegt. Immer weniger waren wir in dieser Zeit in unmittelbare Kampfhandlungen miteinbezogen sondern mussten uns ständig gegen die feindliche Luftaufklärung in ihrer Übermacht bedeckt halten. So bemühten wir uns nach Möglichkeit, die Schlagkraft unserer 10,5 cm-Kanonen mit bis zu 15 km Reichweite zu erhalten. Es musste sichergestellt werden, dass wir bei größeren Einsätzen doch noch wirksam die Gegner bekämpfen konnten.

Die Lage war in Oberitalien in den letzten Kriegsmonaten völlig unübersehbar geworden. Jederzeit musste man im Hinterland mit Partisanenüberfällen rechnen, vor allem im Schutz dunkler Nächte. Ständig mussten wir auch Zivilpersonen gegenüber auf der Hut sein. Unsere Wachen hatten grundsätzlich die Maschinengewehre entsichert im

Anschlag. Bei diesen fanatischen Gruppen ging es immer um Leben und Tod. Bei einer unserer Abwehrbewegungen durch das Gebirge stellte anlässlich einer Ruhepause in einem Bergdorf unser Fahrzeugmeister fest, dass an einer der Zugmaschinen, einem schweren Transportraupenfahrzeug, ein Defekt entstanden war, der nur repariert werden konnte, wenn ein entsprechendes größeres Ersatzteil zur Verfügung stand. Nun war aber unser technisches Ersatzteillager in 40 Kilometer Entfernung in La Spezia an der Küste nur durch Partisanengelände erreichbar. Es gab einfach keine andere Lösung: Die Wahl, ein solches Ersatzteil zu beschaffen, fiel auf mich.

Also fuhr ich mit einem Kübelwagen, dem deutschen Jeep dorthin. Mein Kamerad Fritz, ein erfahrener Fahrer am Steuer, ich neben ihm als Beifahrer mit dem MG auf dem Schoß. Er konzentrierte sich auf die abschüssige Serpentinenstraße und ich beobachtete das Gelände rechts und links mit äußerster Aufmerksamkeit. Nach fast einer Stunde Fahrzeit auf einsamer Straße erreichten wir unser Ziel, suchten die entsprechende Werkstatt auf und erstanden in La Spezia unser wichtigstes Ersatzteil.

Nach kurzer Entspannungspause mussten wir nun wieder zurück. Es war mittlerweile schon dunkel geworden, das Umfeld rechts und links der Straße entsprechend unübersichtlich. Die Bergstraße zog sich links am Rande einer tiefen Schlucht mit gegenüberliegendem Steilhang hin, während rechts der Straße der Berghang unwegsam anstieg, bald in absolut dunkler Einsamkeit. Unseren Wagen hatten wir fast völlig abgedunkelt, als wir auf einmal ganz plötzlich vom linken Hang her gezieltes Einzelfeuer erhielten. „Partisanen!“ durchzuckte es uns. Trotz der Dunkelheit hatten sie uns wohl durch das Fahrgeräusch ausgemacht. Sofort stoppten wir, stellten den Motor ab, sprangen aus unserem Wagen in einen schmalen Graben neben der Straße: Kein Geräusch, kein Licht, kein Laut. So lauschten wir angespannt für einige Augenblicke in die totale Dunkelheit. Nichts! Doch nach etwa zwei bis drei Minuten vernahmen wir Geräusche hinter uns in nächster

Nähe. Man suchte uns. Es gab nur eine Rettung: ins Auto, Motor an und ab mit Vollgas ohne Beleuchtung. Gewehrfeuer hinterher bestätigte unsere Vermutung. So rasten wir die Serpentinenstraße hoch, in völliger Dunkelheit den Verlauf der Straße mehr ahnend als wirklich erkennend, ein wahnsinniges Wagnis. Gott sei Dank, wir erreichten wieder unsere Einheit und meldeten uns dort zurück: „Befehl ausgeführt, Ersatzteil zur Stelle!" So einfach war das, dabei stand möglicherweise eine Stunde zuvor unser Leben auf dem Spiel.

Ostern 1945: Wir hatten zwar das Kriegsende schon fast vor Augen, konnten es uns aber in keiner Weise vorstellen. Dieses unberechenbare Gefühl motivierte uns noch mehr als in den zurückliegenden Jahren, kameradschaftlich zusammenzuhalten.

Was unser Wohlbefinden betraf, hatte sich unser einfallsreicher Batteriekoch besondere Verdienste erworben. Immer wieder war es ihm gelungen, die übliche Verpflegung mit Überraschungen aufzuwerten. Er war sich unseres Beifalls immer sicher, wenn er auch sonst ein windiger Typ war, der, wo auch immer wir eine neue Stellung bezogen hatten, schon nach wenigen Tagen seine Kontakte zu Frauen pflegte. Zu unserem letzten gemeinsamen Osterfest 1945 hatte sich unser Koch für uns einen wahrhaft kuriosen Speiseplan ausgedacht: Graupensuppe mit reichlicher Fleischeinlage und als Nachtisch Schokoladenreisbrei. Wir biwakierten damals in Bordighera in einem Park, der zu einer repräsentativen Villa gehörte, der Villa Hortensia. Die war angeblich der Sommersitz eines Mitglieds der englischen Königsfamilie. Um ebenfalls feudal feiern zu können, stellten wir im Gartengelände alle verfügbaren Tische auf, die mit weißem Papier gedeckt und für jeden mit drei bunten Eiern dekoriert wurden. Und um nicht auf das übliche Kochgeschirr angewiesen zu sein, hatte ich den Auftrag, anständige Suppenteller und Löffel zu beschaffen. Ich begab mich also zu einem der größten Hotels in Bordighera. Dort kam es zu einer Begegnung, die mich doch sehr beeindruckte. Im Vestibül des Hotels wurde ich von einem livrierten Bediensteten angesprochen, dem ich mein Anliegen vortrug. Mit einem „Momento, Signore“ und einer einladenden Handbewegung führte er mich über einen langen Flur zu dem Privatflügel des Hotels. Dort, auf der Privatterrasse war um einen weißen Gartentisch die Großfamilie, etwa 15 Personen, zum Osterfrühstück versammelt: Kinder, Enkel, Söhne, Töchter, Omas, Opas auf bunt gepolsterten Gartenstühlen, fast alle in weißen Kleidern, Hosen oder Hemden in der Morgensonne, ein insgesamt impressionistisch anmutendes Gemälde. Dieser gepflegten, kultiviert zivilisierten Atmosphäre gegenüber empfand ich mich selbst, in meinem Feldgrau, total fehl am Platze.

Der livrierte Hoteldiener flüsterte dem Maestro etwas ins Ohr. Ich verharrte in respektvoller Entfernung, alle Augen waren wohl halbwegs erschrocken auf mich gerichtet, als ich militärisch korrekt grüßte und auf französisch sagte: „Bonjour et pardon, messieurs-dames!“

Der Chef des Hauses spürte sofort meine Befangenheit, erhob sich vom Tisch, kam mir freundlich lächelnd entgegen und fragte mich um meinen Auftrag: „Que desirez-vous, monsieur?“ Fast würde ich sagen, hier standen sich zwei Welten gegenüber wobei die Eleganz seiner Bewegungen, die Liebenswürdigkeit seiner Ausstrahlung auf mich sozusagen entwaffnend wirkte.

Sehr höflich erklärte ich ihm meine Situation und formulierte ebenso vorsichtig meine Bitte um die leihweise Überlassung von Hotelgeschirr, Tellern und Löffeln für 50 Personen für diesen Ostertag. Ohne zu zögern antwortete er mir mit „Naturellement“, und gab die entsprechenden Anweisungen.

Von dieser spontanen Reaktion war ich sehr angetan. Ich bedankte mich mit strammer Haltung und grüßte entsprechend, dabei sogar mit einem fast zivilen Kopfnicken in die Tischrunde, wo ebenfalls eine leichte Anspannung sich löste, soweit ich das aus den Mienen der Anwesenden herauslesen konnte.

Sie ahnten wohl kaum, dass diese sicherlich nicht spektakuläre Situation mir aus feldgrauer Perspektive eine Ahnung vermittelte von

einem zivilen Leben auf hohem Niveau. Ich jedenfalls vergaß diese Begegnung nie, sie blieb mir bis heute in guter Erinnerung.
Selbstverständlich brachten wir alle Leihgaben tadellos gespült nach zwei Tagen wieder zurück.
Unterdessen waren nach und nach Gerüchte aufgekommen über Geheimkontakte der obersten Heeresleitung in Italien zu den Amerikanern, die uns zunächst unglaubhaft erschienen. Doch bald erfuhren wir mehr. Unser Einsatz in Italien ging also zu Ende, für mich eine Lebensphase, die mich seitdem nie ganz losließ, dokumentiert durch Ortsnamen wie Ventimiglia, Bordighera, San Remo, Genua, Santa Margherita, Rapallo, Nettuno, Rom und Cassino. Die Landschaften, viele Begegnungen mit Menschen in ihrem sozialen und kulturellen Umfeld blieben mir ein Leben lang in Erinnerung.
Irgendwo dort erreichte uns später die Nachricht von der vorzeitigen Kapitulation der Südarmee gegenüber den Amerikanern am 3. Mai 1945, die SS-General Wolff als Oberbefehlshaber in Italien ausgehandelt hatte. Wir konnten uns nun im Augenblick noch nicht ausdenken, was dadurch auf uns zukam. Doch schon zwei Tage nach der Kapitulationsmitteilung bekamen wir überraschenderweise einen überzeugenden Eindruck von unseren bisherigen amerikanischen Gegnern.
Für die ersten Tage bekamen wir Lebensmittelpäckchen, die ursprünglich für die amerikanischen Soldaten vorgesehen waren. Die Vielfalt und Qualität der Inhalte versetzte uns in großes Erstaunen. Für jeden von uns gab es Toast, Corned Beef, Eipulver, Trockenmilch, Schokolade, Kaugummi und ein Stück Toilettenseife. Überzeugender hätten die letzten Zweifel nicht beseitigt werden können. Gegen einen so ausgerüsteten Feind konnten wir einen Krieg niemals gewinnen. Wir waren innerlich erleichtert, aber auch deprimiert und verbittert.
In den Monaten Mai bis August war ich in amerikanischer Gefangenschaft auf einem großen Flugplatz bei Brescia, der zu einem riesengroßen Gefangenenlager umfunktioniert worden war. Im Umkreis von

mehreren 100 Metern stand kein Baum, und folglich gab es auch keinen Schatten bei glühender Hitze. Zum Glück hatte ich einmal einen Sombrero, wie ihn Reisbauern tragen, erworben. Der schützte mich vor intensiver Sonnenbestrahlung. Die Amerikaner verpflegten uns ausgiebig. Sogar Wasserleitungen waren von ihnen im Freien verlegt worden, so dass man an bestimmten Stellen zu bestimmten Zeiten duschen konnte. Zur Freizeitgestaltung gehörte die freiwillige Teilnahme an Bildungsangeboten, die von Lehrern, Dozenten, und Pfarrern angeboten wurden. Ein früheres Fronttheater spielte jede Woche zwei Mal Auszüge aus der Operette „Die Maske in blau". Diese von den Amerikanern gestattete Gefangenenbetreuung war ein großzügiges Entgegenkommen auf unsere Kapitulation. Dennoch quälten uns die Gedanken: Wie geht es nach Hause, wann dürfen wir heim, was wird aus Deutschland? Nach vier Monaten flackerte ein Flämmchen Hoffnung auf.

Im August 1945 wurden wir per Eisenbahntransport nach Bad Aibling in Bayern verlegt. Es ging also Richtung Heimat und wir fassten neue Zuversicht. Aber wie wurden wir enttäuscht: Die Zustände in Bad Aibling waren unfassbar, wirklich menschenunwürdig. In regelrechten Drahtkäfigen saßen, lagen oder standen wir völlig ungeschützt fünf Wochen lang. Einmal am Tag gab es eine Wassersuppe. So vegetierten wir vor uns hin, der Verzweiflung nahe und ohne irgendeine Beschäftigung. Wir horchten nur auf, wenn jemand zu einem Verhör aufgerufen wurde. Er kam danach in einen anderen Käfig. Irgendwann war ich an der Reihe. Der amerikanische Offizier, der wohl meine Entlassungspapiere bearbeitete, war beim Verhör zu mir nicht unfreundlich. In gutem Deutsch befragte er mich nach Lebensdaten und Adresse. Nur an ihn habe ich in diesem Hungerlanger eine gute Erinnerung. Im Übrigen denke ich bei Bad Aibling nur an elende Zustände bei Regen oder Nässe, völlig verlassen, wenn nicht gar verzweifelt. So habe ich auf diese Weise erstmals die zwei Gesichter der amerikanischen Großmacht erlebt: Einmal humanitär und zivilisiert, ein anderes

Mal leider aber auch brutal. Es war die Erlösung, als wir nach Wochen dann doch endgültig entlassen wurden.
In Bad Aibling suchte ich eine Möglichkeit auszukundschaften, nach dem Westen zu kommen. Auf einem Güterbahnhof stand ein Viehtransportzug mit leeren Wagen, der nach München fuhr. Von dort aus kam ich dann auf ähnliche Weise bis nach Mainz. Dort hatte ich längeren Aufenthalt und dabei eine Gelegenheit, mich endlich gründlich zu waschen.
Ein Bahnarbeiter hatte mir ein Stück billige Seife geschenkt und ein altes Tuch gegeben, mit dem ich mich abtrocknen konnte. Wer einmal wochenlang im Dreck gelegen hat, vergisst auch so etwas nicht. Ich begriff nun langsam, dass eine andere Zeit begonnen hatte. Ein späterer Zug von Mainz brachte mich schließlich bis nach Neunkirchen. Auf dem Bahnhofsgelände sah ich französische Soldaten. In einem Eisenbahnbüro erfuhr ich die neue Adresse meiner Eltern in Saarbrücken. Ein Bahnarbeiter warnte mich vor den französischen Soldaten. Mancher, der aus amerikanischer Gefangenschaft entlassen worden wäre, würde hier neu aufgegriffen und nach Frankreich geschickt!
Mit dem letzten Zug des Tages, er war fast menschenleer, kam ich endlich nach Saarbrücken, wo aber schon die Sperrstunde begonnen hatte. Auf dem Bahnhof stieg ich daher vorsichtshalber auf der falschen Seite aus und schlich mich in der Dunkelheit über die Gleise auf die Rodenhofer Seite. Dort kannte ich mich gut aus. So kam ich, immer noch ständig sichernd, durch die Gärten bis zum neuen Notquartier meiner Eltern in der Ottweilerstraße 123.
Durch leises Klopfen machte ich mich bemerkbar. Ich hörte die Stimme meines Vaters: „Ist da jemand?" „ Ja, ich bin's, Hans!" Er öffnete, umarmte mich. Mutter trat augenblicklich im Nachthemd dazu. Ich war heimgekehrt.
Empfindungen wie in solchen Augenblicken kann man in Worten nicht ausdrücken. Wieder zu Hause, trotz aller inneren und äußeren Trümmer

und Ruinen, in der Heimat, die mir am Herzen lag. Einige Tage später wurde ich 22 Jahre alt.

Wenn ich heute nach dem Fazit meiner Soldatenzeit gefragt werde, muss ich sagen: „Nach dem Krieg schämten wir uns, dass wir diesem Regime gedient hatten.“

(*) Die Schlacht um Monte Cassino (17. Januar bis 18. Mai 1944) war eine der blutigsten Schlachten des Zweiten Weltkrieges mit riesigen Verlusten auf beiden Seiten. Sie wird wegen der vielen Nationalitäten, die unter den Alliierten kämpften, auch als die Vielvölkerschlacht des Zweiten Weltkrieges bezeichnet. In der Schlacht um Monte Cassino, bei der 105.000 Alliierte (unter anderem US-amerikanische, britische, anglo-indische, neuseeländische, französische, algerische, marokkanische und polnische) und 80.000 deutsche Soldaten kämpften, verloren rund 20.000 deutsche und 12.000 alliierte Soldaten das Leben. Im heutigen Polen ist die Eroberung der Ruinen von Monte Cassino ein nationales Symbol für den Heldentod tausender polnischer Soldaten, die im Exil um die Freiheit und die Ehre ihres Vaterlandes kämpften. In anderen Ländern wird die Zerstörung und der Wiederaufbau des Klosters als ein Mahnmal gegen den Krieg und für den Frieden angesehen.

Caecilia Laaß, Jahrgang 1923, Krankenschwester im Kessel von Stalingrad, Altenpflegerin: *„Ich habe die Angst vor dem Leben, dem Sterben und dem Tod verloren."*

Dieter Gräbner

Der Vater von Caecilia Laaß war Schuhmacher in Veldenz, einem Dorf in der Nähe von Bernkastel an der Mosel mit damals etwa 500 Einwohnern. Vom Vater lernte sie schon als kleines Mädchen kritisch zu denken, nicht alles zu glauben, was die Erwachsenen sagten, sich nichts gefallen zu lassen und im Übrigen „auf den lieben Gott zu vertrauen". Ihr Vater war ein politischer Querdenker, ein Mann, der während des Krieges „Feindsender" hörte, was streng verboten war, und sich nicht von seiner kritischen Haltung gegenüber dem Nationalsozialismus abbringen ließ und „nach christlichen Grundsätzen handelte", erzählt die Tochter. „Er hatte einen großen Kundenstamm. Und wenn in seiner Werkstatt über Politik geredet wurde, machte er aus seinem Herzen keine Mördergrube und sagte, was er dachte. Von Hitler hielt er gar nichts. Und wo er helfen konnte, half er." Er schusterte auch für polnische Fremdarbeiter: „Ohne Entgeld. Die hatten ja nichts."

Caecilia Laaß, Jahrgang 1923, absolvierte, nachdem sie 1938 aus der Volksschule entlassen wurde, zunächst eine Ausbildung als Kindergärtnerin. Und sie erinnert sich genau, dass damals schon die Kindergartenkinder politisch indoktriniert wurden und ein Lied lernen mussten, das den Führer verherrlichte. Der Text des Liedes lautete: „Ich bin Adolf Hitlers kleiner Soldat, seine Hoffnung und sein Kamerad. Und immer ihm zu dienen, bereit. Juchhei, Juchhei, Juchhei!" Als sie das ihrem Vater erzählte, sagte der trocken: „Der Führer hat es aber nötig."

Sie meldete sich freiwillig zu einer Krankenschwesterausbildung: „Kaum hatte ich die Ausbildung mit Schwerpunkt OP und Labor hinter mir, saß ich mit 90 anderen frisch ausgebildeten Rotkreuzschwestern in einem Zug Richtung Russland, genau genommen Richtung Stalingrad. Aber das sagte uns niemand, als wir abfuhren. Wir wussten nicht, wohin die Reise ging."

Im Winter 1942/1943 hatten russische Verbände die 6. Armee in Stalingrad eingekesselt. Hitler befahl, die „Festung Stalingrad" zu halten bis zum letzten Mann. Am 31. Januar 1943 kapitulierten die deutschen Truppen. 91.000 deutsche Soldaten gingen in russische Kriegsgefangenschaft. Nur 6.000 sollten nach vielen Jahren die Heimat wiedersehen. Stalingrad war der Wendepunkt des Zweiten Weltkrieges. Man schätzt, dass über eine Million Menschen bei den Kämpfen starben. Soldaten und Zivilisten. Russen, Deutsche, aber auch Österreicher, Ukrainer, Rumänen, Ungarn und Italiener – gefallen, verhungert, erfroren. Mehr als 80.000 deutsche Soldaten – so die offiziellen Zahlen – ließen ihr Leben im Kessel von Stalingrad. Zehntausende Verwundete lagen praktisch ohne Versorgung in den Kellern der Ruinenstadt. Typhus, Ruhr, Cholera und Gelbsucht breiteten sich aus. Und in diese Hölle war die Rotkreuzschwester Caecilia Laaß, damals 19 Jahre alt, unterwegs.

Irgendwo unterwegs trifft sie einen jungen Soldaten aus ihrem Heimatort Veldenz. Der sitzt im Eisenbahnwaggon und spielt Schifferklavier. Er sagt zu ihr: „Hier ist meine Feldpostnummer. Schick mir später deine Feldpostnummer, damit ich dir schreiben kann." Einige Wochen später, als sie längst am Ziel ist im Lazarett in Artemowsk bei Stalingrad und die Verwundeten pflegt und zu trösten versucht, erfährt sie das erste Mal wie brutal und unmenschlich die Furie dieses Krieges ist. Und wie zufällig und willkürlich sie sich ihre Opfer holt. Der junge Soldat, dem sie ihre Feldpostnummer gab, ist gefallen – für „Führer, Volk und Vaterland" wie es damals pathetisch in der offiziellen Benachrichtigung heißt.

Ihr Alltag im Lazarett ist ein Alltag des Elends und des Grauens, der Not, der Verzweiflung und auch des Todes. Caecilia Laaß, 19 Jahre

alte Krankenschwester aus Veldenz an der Mosel, ist nun formell Mitglied der 6. Armee. Ihre Krankenschwester-Einheit hat die Nummer 4533. Anfangs wird sie noch vor der Arbeit im OP verschont: „Ich war mit 19 Jahren einfach noch zu jung dafür." Sie betreut schwer verletzte Soldaten in ihren letzten Minuten, spricht ihnen Mut zu und muss lernen, dass „sterben so etwas fürchterlich Endgültiges ist. Und dass die Menschen sich gegenseitig umbringen, ist das allerschlimmste."
Sie erinnert sich an den ersten Schwerverletzten, den sie „auf dem Weg hinüber begleitete. Der Arzt sagte: Der Mann wird sterben. Bleiben Sie bei ihm, bis es vorüber ist. Er war jung, vielleicht Anfang zwanzig. Er erzählte mir von seiner Braut. Und danach machte er die Augen zu und war einfach weg."
Wenig später musste sie dann als OP-Schwester Dienst tun. Jeden Tag Operationen und Amputationen wie am Fließband. Sie hörte, dass ihr seit längerem vermisster Bruder Josef in einem Lazarett in der Nähe von Stalino lag. Sie überzeugte einen Arzt, dass sie ihren Bruder suchen müsste und dafür ein paar Tage Sonderurlaub brauchte. In einem offenen Armee-Lastwagen fuhr sie – bei eisiger Kälte und Schneesturm – mit. Und sie fand ihren Bruder tatsächlich: „Er hatte Gelbsucht. Er schrie, als er mich sah. Wir weinten beide. Ich ging zum Oberarzt und bettelte: Von meinen sechs Brüdern sind vier Frontsoldaten. Können Sie meinen Bruder nicht nach Hause entlassen? Der Oberarzt entließ ihn und rettete ihm damit wahrscheinlich das Leben."

Caecilia Laaß mit einem alten Foto, das sie als Krankenschwester zeigt

102 Die Front kam immer näher: „Wir wussten gar nicht, dass wir uns in einem Kessel befanden. Niemand hatte uns das gesagt. Die Soldaten sagten: Unsere Schwestern holen wir hier raus, egal wie. Erst sollten wir ausgeflogen werden. Aber es gab immer weniger Maschinen. Dann kamen SS-Leute. Die kämpften für kurze Zeit eine Straße frei, durch die wir entkommen konnten."

Unterwegs lernt sie einen Infanterie-Unteroffizier kennen. Sie tauschen die Feldpostnummern und ihre Adressen aus. Und als sie in Veldenz auf Urlaub ist, klingelt das Telefon in einer Gastwirtschaft. Und eine Männerstimme fragt: „Ist Schwester Caecilia da?" Sie erzählt: „Mein Vater hatte Hans, so hieß der Unteroffizier, der später mein Mann wurde, die Telefonnummer gegeben, als der sich schriftlich nach mir erkundigte. Hans rief aus Metz an, wo er inzwischen stationiert war. Wir verlobten uns und heirateten 1944." Die Rotkreuzschwester Caecilia wurde wieder nach Russland geschickt, dieses Mal in die Ukraine. In das Lazarett Winniza, das in einem Schloss der ehemaligen russischen Kaiserin Katharina untergebracht war. Nur zögerlich erzählt sie, dass sie bei all ihrem Mut und Tatkraft ihrer schweren Aufgabe manchmal nicht mehr gewachsen war: „Ich war oft mit meinen physischen und psychischen Kräften am Ende." Drei Mal brach sie zusammen: „Ich war total erschöpft, hatte hohes Fieber, konnte kein Tageslicht mehr ertragen, machte nur noch Nachtschicht." Dann kam die Nachricht, dass ihr Vater schwer krank war. „Ich konnte nicht mehr lachen, nicht mehr weinen und nicht mehr beten", so beschreibt sie ihren Zustand. Die Ärzte, die ihre Kraft und auch ihre Zuversicht bewunderten, fragten sie: „Wie alt sind Sie eigentlich, Schwester Caecilia?" Sie sagte: „Ich bin gerade 20 Jahre alt geworden." „Wir haben Sie für 28 gehalten", sagte einer der Ärzte erstaunt. „Ja", sagte sie „für die OP-Arbeit bin ich eigentlich wirklich noch zu jung."

Im Oktober 1944, nach einem Heimaturlaub, wird sie schwanger. Sohn Joachim wird 1945 geboren. Ihr Mann kommt nach dem Krieg nach Veldenz, absolviert eine Lehre als Maler und Anstreicher und macht sich selbstständig. Sie eröffnet den Gemeindekindergarten in Veldenz. Das Leben scheint sich zu normalisieren. Jedoch läuft das Maler- und Anstreichergeschäft mehr schlecht als recht. Die Polizei sucht Nachwuchs. Ihr Mann bewirbt sich und wird angenommen. Er kommt zur Verkehrspolizei. 17 Jahre lang reguliert er den Verkehr auf der Römerbrücke und wird als der „freundlichste Schutzmann" ausgezeichnet.

Inzwischen wird Georg, der zweite Sohn geboren. Und 1957 kommt Töchterchen Helene auf die Welt. Als Helene zwölf Jahre alt ist, startet die Mutter beruflich noch mal voll durch. Sie geht zur „Lebenshilfe", baut die Beschützende Werkstatt in Trier auf und kümmert sich um 60 Behinderte. 1973, als Fünfzigjährige, legt sie noch einmal ein Staatsexamen ab. Dieses Mal als Sozialhelferin, absolviert ein Praktikum bei der Caritas und wird schließlich Heimleiterin im Altenheim in Lampaden/Rheinland-Pfalz. 1985 wird sie pensioniert. 1999 stirbt ihr Mann. Seitdem lässt sie es ein wenig ruhiger angehen. Das bedeutet nicht, dass sie die Hände in den Schoß legt und die Tage im Lehnstuhl verstreichen lässt. Sie hat sich schon immer für Musik interessiert. Sie hat Ziehharmonika gespielt. Vor kurzem noch lernte sie Noten lesen und übte auf einer Klarinette. Jetzt machen die Finger, die sie sich als Kind erfror, nicht mehr so richtig mit. „Ich konnte spinnen, ich konnte weben, ich konnte nähen. Warum nicht auch Klarinette spielen."

Fragt man sie nach einem Fazit ihres arbeitsreichen und mutigen Lebens, sagt sie: „Ich habe viel erlebt. Ich habe die Angst vor dem Leben, vor dem Sterben und dem Tod verloren. Aber ich freue mich über jeden Tag."

Anton „Toni“ Breiling, Jahrgang 1926, Unteroffiziersschüler, Angestellter: ***„Wer denkt schon ans Sterben, wenn er dreizehn Jahre alt ist.“***

Dieter Gräbner

Schon als Dreizehnjähriger war für Anton Josef Breiling, Jahrgang 1926, klar, dass er Berufssoldat werden wollte. Das hatte mehrere Gründe. Der Vater war Unteroffizier im Ersten Weltkrieg gewesen und riet ihm: „Wenn du zur Wehrmacht gehst und die Unteroffiziersschule absolvierst, hast du eine sichere Zukunft. Wenn deine Militärzeit nach zwölf Jahren abgelaufen ist, wirst du als Beamter übernommen. Und außerdem lernst du eine Menge.“ Und für den kleinen „Toni“, wie alle seine Freunde ihn heute noch nennen, war das eine große Sache. Überall war Militär. Tolle Uniformen. Und die Männer in Uniform waren hochangesehen.

Was im Krieg passiert, davon hatte Toni nur eine vage Vorstellung: „Wer denkt schon ans Sterben, wenn er 13 Jahre alt ist.“ So meldete er sich bei der so genannten Unteroffiziersvorschule, bestand die Aufnahmeprüfung. Dass er einmal Friseur, Arbeiter im Walzwerk werden und im Einwohnermeldeamt arbeiten sollte, das ahnte er nicht. Und auch nicht, dass er mal ein richtiger Vereinsmeier und stadtbekannter Büttenredner zur Fastnachtszeit werden würde.

1940 wurde er aus der Volksschule entlassen. Er absolvierte das übliches Landjahr. Im April musste er sich in der Unteroffiziersvorschule in Neu Breisach im Elsass melden. Später kam er in die Unteroffiziersvorschule nach Ravensburg/Weingarten, wo er bis Anfang 1944 blieb. „Das war keine schlechte Zeit“, erinnert er sich, „ich habe eine Menge gelernt.“ Denn neben Strammstehen und Marschieren und Waffenausbildung gab es auch richtigen Schulunterricht. Und Toni stellte fest, dass die heimische Volksschule im Trierer Vorort Kurenz ihn mit sehr ungenügenden Kenntnissen in Rechnen, Deutsch und

Geschichte ins Leben entlassen hatte. Jeden Tag fünf Stunden Schulunterricht. Toni Breiling hatte anfangs Mühe da mitzuhalten. Er strengte sich an und schaffte das Pensum. Heute sagt er: „Die schulische Ausbildung war mit der einer Realschule zu vergleichen. Ich bin froh, dass ich diese Chance hatte. Und natürlich hatten wir jede Menge Sport.“ Er lernte schwimmen und nach nur drei Übungsstunden „musste ich dann sogar vom Zehnmeterbrett springen.“ Und später wurde er auch noch Rettungsschwimmer. Das kann einen Jungen, der Spaß an der Bewegung hat, der neugierig ist, der vorwärts kommen will, durchaus begeistern. Heute sagt er dazu: „Von meiner körperlichen Fitness von damals zehre ich noch heute.“ Der Krieg kam immer näher. Und auch für Toni Breiling kam nun „der erste richtige Einsatz“. Zunächst wurde er noch einmal zur Unteroffiziersschule in Freiberg/ Sachsen abkommandiert. Aber irgendwann im Herbst 1944 wurden die jungen Unteroffiziersschüler in einen Zug gesetzt: „Keiner wusste wohin, ob es an die Ostfront oder an die Westfront ging. Erst als wir über den Rhein fuhren, wussten wir, dass wir gegen die Amerikaner kämpfen sollten.“ Er war nun 18 Jahre alt, ein junger Soldat, Dienstrang Unteroffiziersschüler. Und er war bereit, zu kämpfen, auch wenn, was allerdings nicht laut gesagt werden durfte, auch unter diesen jungen Männern die Zweifel immer lauter wurden, ob denn dieser Krieg noch zu gewinnen sei. Sie bezogen Stellung in Jandlecourt, einem Nest an der Mosel, das HKL war, so genannte Hauptkampflinie. Toni Breiling hat aufgeschrieben, wie er das damals erlebte und was ihn bewegte: „Als ‚Ofenrohrschütze‘ trug ich die etwa zwei Meter lange Panzerabwehrwaffe, an der ich ausgebildet worden war. Tagsüber mussten wir uns verstecken. Tagsüber bombardierten zweirumpfige Bomber der Amerikaner die Mosel-Brücke, die etwa 50 Meter von uns entfernt war. Wir lagen zwei Tage und zwei Nächte in unseren Schützenlöchern. Es regnete Tag und Nacht, so dass wir die Zündung des Ofenrohres und die Munition nicht vor Nässe schützen konnten.“ Würde das Ofenrohr auch schießen, wenn ein amerikanischer Panzer

anrollte? Die Frage klärte Toni mit einem Probeschuss. Er traf einen etwa 60 Meter entfernten Schäferkarren: „Von da an war die Hölle los. Die Amerikaner nahmen unsere Stellungen unter Beschuss."
Am 10. Oktober 1944 stand ein US-Soldat vor ihrem Schützenloch, fuchtelte mit der MP rum und rief: „Hands up! Kommen Sie raus!" Toni war in US-Gefangenschaft. Mit Lkw`s wurden er und seine Kameraden in ein Auffanglager bei Reims/Frankreich gebracht. Der Transport glich einem Spießrutenlauf. Links und rechts der Straße standen Franzosen, gestikulierten und schimpften. Von Reims kam er in ein Lager bei Verdun.
Toni lernte schnell, wie man in einem Gefangenenlager überlebt. Am besten im Verpflegungslager. Dort entluden er und seine Kameraden die Fahrzeuge. Logisch, dass da immer mal irgendwo Zigaretten und Lebensmittel übrig waren. Und später, in einem anderen Lager in der Nähe von Compiegne bei Paris, erklärten ihnen US-Offiziere: „Wer sich freiwillig noch für drei Monate zu amerikanischer Gefangenschaft verpflichtet, wird nicht an die Franzosen übergeben." Toni sagt heute: „Gott sei Dank habe ich mich für die Amis entschieden." Denn wer in französischer Kriegsgefangenschaft blieb, kam später nach Hause. Und junge Männer wie er wurden gedrängt, sich freiwillig für die Fremdenlegion zu melden. Die Franzosen waren noch eine Kolonialmacht. Und die Legion war eine Art militärische Ordnungspolizei in Vietnam, in Nordafrika und in den anderen französischen Kolonien. Toni, den Unteroffiziersschüler, hätten sie sicher gerne genommen ...
Im Lager lernte er einen Friseurmeister aus Bochum kennen, für den er gelegentlich Handlangerdienste übernahm. Friseure wurden gesucht. Also sagte Toni: „Ich bin Friseur!" Was zur Folge hatte, dass er in einem Zelt zusammen mit seinem Meister eine Art Friseursalon aufmachte. Die dazu nötigen Utensilien – Kämme und Scheren – besorgten die US-Wachmannschaften in einem richtigen Salon im benachbarten Dorf. Künftig schnitten Toni und sein Chef die Haare der Mitgefangenen und manchmal auch die der Amerikaner. Im Lager

herrschte ein flotter Schwarzhandel. Vor allem mit US-Zigaretten und Lebensmitteln. Für Zigaretten ließen die polnischen Wachmänner nachts Französinnen durch den Stacheldrahtzaun, die für ein Päckchen Lucky Strike im ältesten Gewerbe der Welt arbeiteten. Es muss ein munteres Lagerleben gewesen sein. Toni schreibt, dass ein Koch, ein Schreiber und ein Friseur bei den heimlichen Stacheldraht-Treffs „Kontrollfunktionen übernahmen, sich einen weißen Kittel anzogen und mit einem aus einer Blechdose ausgeschnittenen Spiegel, der mit einem Band am Kopf befestigt wurde, die illegal eingeschleusten Damen auf Krankheiten untersuchten. Das war ein Jux."

Anton Breiling

Er hatte es auch geschafft, seine Eltern in Trier-Ehrang über seine Gefangenschaft zu informieren, obwohl es offiziell keine Möglichkeit gab zu schreiben. Toni, der 19-jährige Unteroffiziersschüler, der Überlebenskünstler, lud in einem Lager in Glongwy im Elsass, wohin er inzwischen verlegt worden war, zusammen mit anderen Gefangenen Benzinkanister in Güterwaggons. Ein solcher vollbeladener Benzinzug fuhr nach Trier-Ehrang. Er gab dem Lokführer einen Brief mit. So erfuhren seine Eltern, dass Toni noch lebt und in US-Gefangenschaft war. Und dass es ihm den Umständen entsprechend gut ging.

Am 10. Oktober 1946, genau zwei Jahre nach seiner Gefangennahme, wurde Toni Breiling aus US-Gefangenschaft entlassen.

Er kam nach Hause, wurde herzlichst begrüßt. Überall blühte der

Schwarzmarkt. Was tun? Er begann eine Lehre als „Friseur im Herrenfach“. Und versuchte, seinen „Weg, in ein freies, ziviles, selbst zu entscheidendes Leben zu finden“. 1949 machte er die Gesellenprüfung als Herrenfriseur. Bis 1952 schnitt er Haare für 120 Mark im Monat. Und verdiente sich noch als Friseur was nebenher mit Hausbesuchen. Und privat? Toni wurde Mitglied im 1947 wieder gegründeten Männergesangverein Concordia 1885, „für den ich heute noch aktiv bin“, wie er mit berechtigtem Stolz sagt. Der Verein, vor allem die Karnevalsgruppe der Concordia – das war künftig sein wahres Leben. Darin ging er auf. Er schrieb Texte, Büttenreden, trat selbst auf, war eine Art närrischer Hans Dampf in allen Gassen. 1949 lernte er seine Frau Käthe kennen. Käthe war Friseuse. Zeitweilig planten sie, gemeinsam einen Friseursalon zu eröffnen. Sie heirateten 1954. Aus dem Friseursalon wurde nichts. Toni Breiling arbeitete jetzt im Walzwerk. Da war mehr zu verdienen, wenn es auch eine Knochenarbeit war. Aber, was soll's. Der Feierabend gehörte dem Verein. Selbst die Familie ging in die Bütt. Ehefrau Käthe mit dem Duo, „Käthchen und Mariechen“. Beide Söhne wurden Büttenredner. Die Tochter und die Schwiegertochter waren Funkenmariechen. Die ganze Familie war vom Fastnachtsfieber angesteckt.
Irgendwann kam der Vertreter einer Versicherung und sagte zu Toni: „Du kannst doch gut reden. Was willst du im Walzwerk? Komm zu uns, zur Versicherung.“ Und so geschah es. Toni Breiling war künftig Versicherungsagent, kassierte die fälligen Prämien, machte neue Abschlüsse. Das ging so bis 1979. Da wollte er nicht mehr. Der Toni war bekannt, wie ein bunter Hund. Er ging zum öffentlichen Dienst, arbeitete im Einwohnermeldeamt am Schalter. Jemand hatte ihm den Job angeboten, weil er „gut mit Menschen umgehen konnte“. 1989 wurde er Rentner. Und auch was die Fastnacht anbelangt trat er kürzer. „Nach jeder Session war ich ziemlich erledigt.“ Die Zeitungsberichte über die Sitzungen mit den vielen Fotos von Toni füllen Leitz-

ordner. Stolz holt er sie, zeigt auch die vielen Lieder und Gedichte, die er geschrieben hat. In den Verein geht er aber „immer noch montags, wenn geprobt wird. Ich sitze oft am Computer“, sagt er. Wenn er ein Fazit seines Lebens ziehen müsste, fällt ihm auf, dass es ihm „schwer fiel nach der Kriegszeit wieder Fuß zu fassen. Ich war immer Befehlsempfänger. In der Demokratie kann ja jeder tun und lassen was er will. Im Rahmen der Gesetze. Wir sind so gedrillt worden, dass man alles tun muss, was von oben gesagt wurde. Ich versuchte immer Recht zu haben. Ich musste lernen, die Ansichten von anderen zu akzeptieren und auch mitzutragen. Das ist mir schwer gefallen. Wir waren ja noch Kinder und haben gelernt, das zu tun, was man gesagt bekommt. Ich war kein Nazi. Ich war bei der deutschen Wehrmacht. Das ist ein himmelweiter Unterschied. Ich war Unteroffiziersvorschüler und wollte Berufssoldat werden. Wenn ich heute einen Neonazi sehe, sage ich: Das ist ein Chaot. Der weiß nicht, was los ist.“

110 Rudi Michel, Jahrgang 1921, Oberfähnrich, Sportjournalist, Hauptabteilungsleiter beim Südwestfunk: ***„Mein Leben ist Glück und Gnade. Das Glück muss man manchmal anschieben. Und Gnade hat was mit Glauben zu tun. Wer alles das hinter sich hat, muss an etwas glauben.“***
Interview

Frage: Sie sind Jahrgang 1921. Sie wurden in Kaiserslautern geboren und sind dort auch zur Schule gegangen.
Michel: Als Hitler 1933 an die Macht kam, ging ich in die erste Klasse einer Oberrealschule. Ich erinnere mich an ein Erlebnis, das für die damalige Zeit typisch aber auch ungewöhnlich war. Unser Klassenlehrer Dr. Lehmann war Jude. Er war ein vornehmer Herr. Er war im Ersten Weltkrieg gewesen und war Deutscher in seiner Haltung. Und ich erinnere mich, dass er fragte: Wer ist noch nicht im Jungvolk? Einige andere und ich sind aufgestanden. Lehmann sagte eindringlich: Leute, ihr müsst ins Jungvolk gehen. Ihr könnt nichts werden, wenn ihr da nicht hingeht. Ich vermute, dass er als Klassenlehrer gezwungen war, uns aufzufordern ins Jungvolk einzutreten. Meine Mutter erzählte mir, dass sie ihn auch in der Zeit, als ich längst Soldat war, immer wieder gesehen hatte, wie er mit seiner Frau an unserem Haus vorbei im Wald spazieren ging.
Frage: Heißt das, dass in Kaiserslautern die Juden nicht den damals üblichen Einschränkungen und Verfolgungen unterlagen?
Michel: Er trug einen Judenstern. Was aus ihm geworden ist, weiß ich nicht. Man muss dazu sagen, dass die Behandlung von Juden in diesem so genannten Großdeutschen Reich regional vielleicht auch unterschiedlich war.
Frage: Wahrscheinlich konnten Sie sich aber nicht auf Dauer vom Jungvolk und der Hitlerjugend fern halten?

Michel: Nein, aber ich muss vor diesem Hintergrund meine familiäre Situation erklären. Mein Vater war selbstständiger Kaufmann. Er wurde nicht so observiert wie Beamte im Amt und Angestellte in Fabriken. Und deswegen musste er aus Karrieregründen nicht unbedingt in die Partei eintreten. Er stand dem Nationalsozialismus kritisch gegenüber, auch die Großfamilie meines Vaters. Mein Vater hatte fünf Geschwister. Eine Schwester war mit einem SPD-Mann verheiratet. Eine Schwester ging nach Frankreich in Emigration. Seine älteste Schwester war mit einem Juden verheiratet und floh mit ihrem Mann nach Amerika. Ich wollte damals in ein Realgymnasium. Das war eine neue Schulart, die bis zum Abitur führte. Da konnte man nicht hin wechseln, ohne Mitglied in der Hitlerjugend zu sein. Ich bin in die Hitlerjugend, genau zur Motor-HJ, gegangen. Aber mein Vater wollte mir keine Uniform kaufen. Wenn man keine Uniform hatte, musste man in Zivil hinterherlaufen. Meine Mutter sagte: Da muss man doch was machen. Jetzt wird es Winter. Der Junge braucht einen Mantel. Natürlich brauchte ich einen Mantel. Da kann man ihm doch so einen Hitlerjugend- Mantel kaufen, meinte meine Mutter. Den habe ich dann auch bekommen. Durch den Mantel hat man ja nicht sehen können, dass ich drunter Zivilist war. Dass ich in die Hitlerjugend bin, hat mir nichts ausgemacht, weil ich weiter Fußball spielen wollte. Und ohne Mitglied in der Hitlerjugend zu sein, ging das nicht. Ich war bei dem kleinen Verein „Reichsbahn SC“ in Kaiserslautern. Dort wurde mir gesagt: Wenn du sonntags in der Jugend mitspielen willst, muss in deinem Spielerpass eingetragen sein, dass du Mitglied der Hitlerjugend bist. Sonst lassen dich die Schiedsrichter nicht auf den Platz. Und Fußball war doch mein Ein und Alles. Und dazu kam noch was. Auf den Trikots mussten alle elf Spieler die HJ-Raute tragen, das war Bestandteil des Trikots.

Frage: Wann sind Sie aus der Schule entlassen und zum Militär eingezogen worden?

Michel: 1940 wurde ich mit dem richtigen Abitur entlassen. Viele meiner Kameraden haben sich freiwillig zum Militär gemeldet. Aber glauben Sie ja nicht, dass das Helden waren. Die hatten Angst vor Mathematik oder Latein. Die sagten: Wenn ich mich freiwillig melde, muss ich keine Abi-Prüfung ablegen.

Frage: Aber in dem Alter wurde man ja wohl ohnehin eingezogen.

Michel: Ja. Ich wurde nach dem Abitur im März 1940 sofort zum Reichsarbeitsdienst eingezogen. Wir haben in Frankreich geholfen, Hangars für deutsche Flugzeuge zu bauen. Irgendwann hieß es: Wer Medizin oder Jura studiert, kann vorzeitig vom RAD entlassen werden. Ich meldete mich und gab an, dass ich Jura studieren will. Ich dachte, so kann ich dem Drill und dem Soldatsein entkommen. Ich wurde dann tatsächlich etwas vor der üblichen Zeit entlassen und begann ein Jura-Studium in Heidelberg. Ich war der einzige Sohn. Mein Vater war Jahrgang 1897 und war schon im Ersten Weltkrieg Soldat, wenn auch nur kurz. Und nun war er wieder eingezogen worden, dieses Mal zu einer Frontleitstelle. Meine Mutter war allein und voller Sorge: Wie geht das weiter? Wir glaubten, wenn ich studiere, muss ich nicht zum Militär. Im Februar 1941, im zweiten Trimester Jura, wurde ich dann zu einer Infanterie-Nachrichteneinheit in Wiesbaden eingezogen.

Frage: Haben Sie keine Offizierslaufbahn angestrebt?

Michel: Ich habe damals nie daran gedacht, Offizier zu werden. Das hätte ich meiner Familie nicht antun können. Aber am Schluss wurde ich es dann doch. Und das war lebensrettend.

Frage: Bei einer Infanterie-Nachrichteneinheit trugen Sie wahrscheinlich einen kleinen Kurzwellen-Sender im Tornister, der nie richtig funktionierte. Und auch nicht leicht zu tragen war.

Michel: Richtig. Wenn man sich hinwerfen musste, um Deckung zu suchen, hat man sich fast den Hals an den Tragegurten abgerissen. Ich suchte Wege, wie ich den Fronteinsatz umgehen könnte. Eines Tages hat der Hauptfeldwebel beim Appell gefragt: Wer will Feuerwerker werden? Einer meldete sich spontan. Das war ich. Der Hauptfeldwebel sagte zu mir: Drecksack, Sie Drecksack! Und dann schickte er mich im Laufschritt drei Mal um die Kompanie. Danach sollte ich mich auf der Schreibstube melden. In der Schreibstube sagte er zu mir: Feuerwerker ist genau das Richtige für Sie. Ich melde Sie an.

Rudi Michel (stehend, vierter von links)

Frage: Hatten Sie eine Ahnung, was ein Feuerwerker war, was er für Aufgaben hatte?

Michel: Nein, null Ahnung. Ich dachte: Das ist eine längere Ausbildung. Da musst du vielleicht nicht so schnell an die Front. Nennen Sie das Instinkt, nennen Sie das Zufall. Es gab während meiner

 Soldatenzeit viele ähnliche Situationen, die mir halfen zu überleben.
Frage: Noch einmal die Frage: Was tut ein Feuerwerker?
Michel: Wenn er Glück gehabt hat, hatte ein Feuerwerker Munition zu verwalten. Oder er hatte die Aufsicht in einer Munitionsfabrik und musste jede hundertste Granate testen. Ein Feuerwerker war auch für das Gerät zuständig. Unter Gerät verstand man bei der Kavallerie schon die Peitsche. Gerät – das war auch die Gulaschkanone. Wenn er Pech hatte, geriet er als Fachberater zu einer Fronteinheit. Ein hochinteressantes Feld. Ich bin nach einer Vorausbildung in Darmstadt in die Feuerwerkerschule in Tieborlager gekommen. Wer eine technische Vorbildung hatte, war im Vorteil. Ich habe dort die beste Zeit meines Soldatenlebens gehabt. Diese Heeresfeuerwerkerschule 2 war Mitglied im Deutschen Fußball-Bund. Und ich gehörte zur Mannschaft. Da gab es einen regelrechten Spielbetrieb. Ich habe heute noch einen Zeitungsbericht über ein Spiel gegen Oberschöneweide in Berlin, das wir allerdings 1:3 verloren haben. Freitags fragte mich mein Hauptfeldwebel immer: Unteroffizier Michel, haben Sie Urlaub eingereicht? Ich sagte: Jawohl, Herr Hauptfeldwebel. Er: Dann treffen wir uns morgen früh zur Abfahrt zu unserem nächsten Spiel vor dem Hauptgebäude. Ich war ja kein großer Fußballer. Aber es ist nicht falsch, wenn ich sage: Ich habe doch vom Fußball profitiert. Ich wäre gerne in der Heeresfeuerwerkerschule geblieben und hätte weiter Fußball gespielt. Aber dann ging das nicht mehr. Ich wurde in das Heereszeugamt nach Wien versetzt. Der Kompaniechef dachte, ein Feldwebel und ich, wir wären sogar in der Lage bei einem Wiener Proficlub zu spielen. Ich habe dann zwei oder drei Mal beim Wiener Sportclub trainiert. Aber ich war nicht gut genug. In Wien war ich wieder mal fünf oder sechs Monate in Sicherheit, nicht an der Front. Und das war wichtig. Ich wurde dann nach Russland zu einer Munitionsverwaltungs-Kompanie versetzt und schließlich zum Oberquartiermeister im Armeestab der Zweiten Armee ernannt, im militärischen Verkürzungs-Chinesisch kurz OQ/MUN genannt. Meine Aufgabe war es, die Anforderungen der

Bataillone nach Munition zu organisieren und bis zum Gefechtseinsatz zu disponieren.

Frage: Wo waren Sie stationiert?

Michel: Im Mittelabschnitt, in der Nähe von Kursk. Da war später die zweite große Entscheidungsschlacht nach Stalingrad. Als ich dort war, war Kursk weit hinter der Front. Ich war 23 Jahre alt und Unteroffizier. Und auf einmal hieß es: Junge Leute in Mannschaftsdienstgraden haben keine Berechtigung mehr in Stäben Dienst zu tun. Die müssen nach vorne an die Front. Ich habe meinen Hauptmann gefragt: Können Sie mich nicht zum nächsten Offizierslehrgang nach Berlin melden? Der sagte: Ich kann Sie melden. Sie haben sich nichts zuschulden kommen lassen. Er hat mich gemeldet. Erst einmal gab es eine Auseinandersetzung mit meiner Großfamilie. Meine Mutter hatte Angst. Sie ist von Kirche zu Kirche gegangen, von Meldeamt zu Meldeamt gelaufen, bis sie den Ariernachweis zusammen hatte. Mein Vater war ja auch Soldat. In der Verwandtschaft gab es großes Theater. Du wirst jetzt sogar Offizier für Hitler, sagte eine Schwester meines Vaters. Ich begriff die Aufregung nicht. Für mich war der Offizierslehrgang wie eine Lebensversicherung.

Frage: Wie kann man die politische Haltung Ihres Vaters und Ihrer Familie einstufen? Deutsch-national oder sozialdemokratisch?

Michel: Sozialdemokratisch und kritisch.

Frage: Wurden bei Ihnen zu Hause Feindsender gehört?

Michel: Ja. Mein Vater hörte schon vor dem Krieg als wir noch in einem Mehrfamilienhaus wohnten mit der Wolldecke über dem Kopf Straßburg. Und bei uns wurde auch regelmäßig Zeitung gelesen. Damals habe ich die „Saarbrücker Zeitung" am Kiosk geholt. Bis 1935, als das damalige Saargebiet „heim ins Reich" geholt wurde, konnte man in der Saarbrücker Zeitung durchaus kritische Berichte über die Nazis lesen.

Frage: Wurde in Ihrer Familie und in Ihrem Freundeskreis auch politisch diskutiert?

Michel: Ja, als ich noch zur Schule ging, wenn ich abwesend war. Das war ja eine kritische Situation. Meine Familie fürchtete, dass ich mich in der Schule verplappern könnte. Das war ja nicht ungefährlich. Es gab einen engen Zirkel von SPD-Leuten, die sich trafen. Das waren die SPD-Leute mit den drei Pfeilen. Die drei Pfeile waren eine Art Kampfabzeichen im Wahlkampf und als Gegensatz zum Hakenkreuz gedacht.
Frage: Wenn Sie im Urlaub nach Hause gekommen sind, wurde da auch über den Kriegsverlauf geredet? Der war ja spätestens 1944 ganz anders als in den Propaganda-Nachrichten.
Michel: Wenn ich zu Hause war, war mein Vater nicht da. Der war ja auch Soldat. Und mit meiner Mutter drehten sich die Gespräche nur um die Fragen der Existenzerhaltung. Für mich war es das Wichtigste, dass ich zu Hause wieder Zivil tragen konnte. Das fing bei mir schon in meiner Rekrutenzeit in Wiesbaden an. Wer unter 100 Kilometer weit entfernt wohnte, konnte in Wochenendurlaub fahren. Ich habe mich immer nach Enkenbach in den Wochenendurlaub gemeldet. Und bin dann dort ausgestiegen. Überall war da die Feldgendarmerie. Wir nannten sie „Kettenhunde". Bis du in Zivil an denen vorbei warst, hast du tausend Tode überstanden. Einmal, es war 1943, war ich in Zivil in Kaiserslautern unterwegs. Ein ehemaliger jüdischer Mitschüler entdeckte mich und lief in der Stadt hinter mir her. Er wollte mit mir sprechen. Ich hatte Angst. Aus zwei Gründen: Stellen Sie sich vor, der wird beobachtet. Und ich spreche mit dem. Und ich bin Soldat und trage im Urlaub keine Uniform. Ich bin in ein Postamt geflüchtet. Er kam nicht hinterher. Ich habe bis heute ein schlechtes Gewissen.
Frage: Wissen Sie, was aus Ihrem Schulkameraden geworden ist?
Michel: Nein. Aber ich korrespondiere mindestens einmal im Jahr, meist an Weihnachten, mit einem anderen ehemaligen jüdischen Mitschüler, der heute in den USA lebt. Der war ein Fußballnarr wie ich. Mit dem hatte ich einen Pfiff verabredet, wenn wir uns treffen wollten.

Wir pfiffen die Melodie des Liedes: „Die Gedanken sind frei ..." Heute heißt es: die Medien machen Meinung. Wir waren damals in einer Diktatur: Das Radio war doch reine NS-Propaganda.

Frage: Noch mal zurück zu Ihrer Offiziersausbildung.

Michel: Ich kam nach Berlin-Lichterfelde zur Heeresfeuerwerkerschule 1. Das war im Oktober 1944. Die Ausbildung sollte sieben Monate dauern. Wir waren 400 Offiziersanwärter. Ich war bei der technischen Ausbildung überfordert. Bei einer Prüfung war eine von zehn Fragen: Was geschieht, wenn ein Flugzeug schneller als der Schall fliegt? Ich antwortete: Der Schall ist erst zu hören, wenn das Flugzeug schon vorbeigeflogen ist. Da waren alle sprachlos. Ich auch. Meine Antwort war reines Lottospiel. Aber ich war damit unter den 100 Besten des Lehrgangs. Im Januar 1945 kam ich raus aus Berlin. Ich war inzwischen Oberfähnrich. Die anderen 300 Lehrgangsteilnehmer marschierten Richtung Frankfurt an der Oder den Russen entgegen. Die standen 80 Kilometer vor Berlin. Die armen Kerle standen in weißer Tarnkleidung mit der Knarre auf dem Hof und marschierten ab. Und wir, die restlichen 100, gingen nach Fallingbostel in der Lüneburger Heide. Dort sollten wir als Feuerwerker für die Panzerbekämpfung ausgebildet werden. Und von dort bin ich nach acht Wochen als Feuerwerker zu den Panzergrenadieren nach Puttlos bei Fehmarn gekommen – wieder ein Stück mehr Richtung Heimat. Dann hat das Oberkommando der Wehrmacht die Feuerwerker in Puttlos abgerufen und zur kämpfenden Truppe versetzt. Und wieder hatte ich Glück. Oder war das schicksalhaft? In meiner Reihe wurden drei Kameraden vor mir zur Waffen-SS abkommandiert. Was glauben Sie, wie die drei geheult haben. Die wussten, was das heißt: abkommandiert zur Waffen-SS. Die Russen haben mit SS-Leuten oft kurzen Prozess gemacht. Ich gehörte zur so genannten OKW-Reserve und kam weiter Richtung Darmstadt, also Richtung Heimat.

Frage: Nun war der Krieg fast zu Ende?

 Michel: So ist es. Ich gelangte mit mehreren Feuerwerkern der Munitionsanstalt Darmstadt des Heeres bis nach Dorfen in Oberbayern. Und dort bin ich dann in amerikanische Gefangenschaft geraten und kam in ein Lager nach Anspach. Im Wehrpass durften zwei Heimatadressen angegeben werden. Bei mir war die erste Adresse Kaiserslautern, das Reihenhaus meiner Eltern, das längst zerbombt war. Meine Mutter war in Bad Wörishofen evakuiert. Und ich hatte mir als zweiten Wohnsitz Bad Wörishofen eintragen lassen. Und wieder hatte ich Glück. Im Gefangenenlager in Anspach wurden zuerst alle Landwirte, und dann alle Leute aus Bayern entlassen. Und da war ich dabei. Nach acht Wochen war ich frei.

Frage: Welcher Schutzengel hat alle die Jahre über Sie gewacht?

Michel: Mein Leben ist Glück und Gnade. Das Glück muss man manchmal ein bisschen anschieben. Und Gnade hat was mit Glauben zu tun.

Frage: Sie sind katholisch?

Michel: Ja, aber nicht praktizierend.

Frage: Aber gläubig?

Michel: Ja, das kann man so sagen. Wer all das hinter sich hat, der muss an irgendetwas glauben. Nach Bad Wörishofen kam auch mein Vater. Der kam aus Gefangenschaft aus einem Lager in Österreich. Er war gesund, aber abgemagert. Wir wollten so schnell wie möglich nach Hause, obwohl unser Haus zerstört war. Ich sagte: Das zerstörte Haus – das bedeutet nichts. Mutter hat ihre zwei Männer wieder. Beide sind gesund. Das ist wichtig. Wir sind zurück nach Kaiserslautern. Die Uni war noch geschlossen. Ich hätte nach Mainz oder Freiburg gemusst. Ich hätte weiter Jura studiert. Vermutlich wäre ich ein schlechter Jurist geworden, einer mehr. Dann erhielt ich eine Nachricht, dass ich im Benzinlager der Franzosen arbeiten sollte. Meine sozialdemokratische Verwandtschaft erreichte dann, dass ich Lehrling bei der Kreissparkasse in Kaiserslautern werden konnte. Zwei Jahre habe ich gelernt und dann meine Prüfung gemacht, nicht die schlechteste. Aber ich merkte, dass das für mich zu eng wird. Ich habe mich dann beim Südwestfunk beworben, war dort zunächst Volontär und erhielt dann eine Festanstellung als Redakteur. Mein Vorgesetzter bei der Kreissparkasse sagte, als ich ging: Ich lasse Sie ungern gehen. Wenns nix wird beim Südwestfunk, kommen Sie zurück. Ich halte einen Posten ein halbes Jahr für Sie frei. Ich war dann 39 Jahre lang beim Südwestfunk Redakteur, Reporter, Moderator und Sportchef. Ich habe viel erlebt und unbeschreiblich viele interessante Menschen in vielen Ländern der Erde kennen gelernt. Ich hatte wieder mal Glück, dass ich in einen Beruf fand, für den man eigentlich Vergnügungssteuer zahlen müsste.

Alfred Schwarz, Jahrgang 1925, Leutnant, Ministerialdirektor:

„In meiner Umgebung gab es jeden Tag Tote. Andere blieben nach dem Weggang zur Erkundung einfach verschwunden.“

Eigener Bericht

Mein Vater wurde bei Kriegsbeginn von der Reichsbahn sofort als Kurier eingesetzt und in Mainz stationiert. Was im Westen – wir waren kurz zuvor nach St. Ingbert im Saarland gezogen – passieren würde, war unklar. Um unangenehmen Ereignissen an der Westgrenze zu entgehen, sollten meine Mutter und ich die nächsten Monate in Thüringen verbringen, wo es in Zeulenroda einen alten Kriegskameraden gab, den Textilfabrikanten Fedor Maschauer. Dort wurden wir untergebracht. Maschauer hatte eine durch einen Schlaganfall völlig gelähmte Frau und im Übrigen nur eine Enkelin; der Kontakt zu ihr war herzlich, aber die junge Dame begeisterte sich weder für Tiere noch für Automobile noch für die Natur. Maschauer besaß aber Pferde, einen Opel Super 6, einen großen Garten und ein Landhaus.
Schon nach zwei Tagen war klar, dass ich mich für all dies erwärmte, und so wurden der alte Mann und ich Freunde. Wir machten Bummelritte oder gingen angeln. Der Alte hoffte auch, dass man mit der Übertragung von Verantwortung positive Reaktionen auslösen könne. Er überließ mir in der Fabrik die Überwachung von Strickmaschinen.
Während der Krieg anderen Menschen alsbald Unannehmlichkeiten brachte, bewirkte er für mich, dass ich – aus bescheidenen Verhältnissen stammend – in eine Sphäre von Wohlleben und Sorglosigkeit eintauchte, die mir bis dahin völlig verschlossen war. Da gingen Träume auf, später einmal ebenso leben zu können. Aber nach drei Monaten musste man scheiden, denn mein Vater hatte mitgeteilt, dass es im Westen ruhig bleibe. Es gab einen traurigen Abschied ohne Wiedersehen. Erst 1990 besuchte ich mit meiner Frau Zeulenroda.

Das Haus der Maschauers war völlig verkommen, ebenso die Strickerei, die in verwaschenen Buchstaben die Kennzeichnung „Volkseigener Betrieb“ trug.
In St. Ingbert fing wieder der Unterricht an, am Nachmittag traf man sich öfter auf der Kaiserstraße zum Flanieren und um mit Mädchen zu albern. Der Krieg hatte die Verhältnisse verändert. Viele Väter waren beim Militär, es gab von zu Hause weniger Aufsicht, die Versorgung mit Gütern des Lebens wurde knapper. 1940 begann der Frankreichfeldzug, dessen Abschluss zugleich den Kriegshandlungen an der saarländischen Grenze einstweilen ein Ende setzte. Die aus der Grenzzone evakuierten Saarländer wurden zurückgerufen. Die Häuser im Evakuierungsgebiet waren meist in üblem Zustand. Das Reich versuchte, die Bewohner klaglos zu stellen. Die Organisation Todt erhielt den Auftrag, wieder annehmbare Verhältnisse in dem geräumten Gebiet herzustellen. Erwachsene Arbeitskräfte waren schwer zu beschaffen. Wir Gymnasiasten wurden in die Dienste der genannten Organisation gerufen, erhielten eine „OT“-Armbinde als Nachweis der Berechtigung, sich im geräumten Gebiet aufzuhalten. Wir mussten Trümmer wegschaffen, Ställe aufräumen und Wände verputzen. Ich war 1939 in die Motor-HJ eingetreten. Die Spezialisierung brachte es mit sich, dass man im „Dienst“ viel weniger Zeit auf das als langweilig geltende politische Geschwätz der Funktionäre verwenden musste. Es wurden eher technische Fähigkeiten gefördert. Ende 1939 erhielt ich den Führerschein der Klasse IV, welcher für Motorräder bis 125 ccm Hubraum und für Traktoren ausreichte. Man fuhr Maschinen des Typs Ardie 125 mit Fuß-Gangschaltung. Traktoren bekam ich erst 1942 in die Hand, als ich sechs Wochen auf einem Bauernhof in Ostfriesland als Erntehelfer wirkte. Von dort kehrte ich als 17-Jähriger mit Lebensmitteln bepackt heim.
Im Sommer davor hatte ich sechs Wochen im St. Ingberter Walzwerk gearbeitet. Dafür bekam ich Lebensmittelmarken für Schwerstarbeiter. Im Herbst 1942 begann im Gymnasium die Vorbereitung auf das

 Abitur. Die Angehörigen der Jahrgänge 1923 und 1924 wurden unterdessen zum Arbeitsdienst und anschließend zum Wehrdienst einberufen. Man schenkte ihnen praktisch die Hochschulreife. In der Abschlussklasse blieben nur sieben junge Leute des Jahrgangs 1925 zurück, die am 17. März 1943 das Abitur machten, und zwar eines ohne Einschränkungen – mit schriftlicher und mündlicher Prüfung. Am 23. März schon musste ich mich bei der Panzerersatzabteilung 10 in Berlin-Großglienicke einfinden. Uns 400 Rekruten drängte man alle in einer großen Kraftfahrzeughalle zusammen.

Wir mussten für uns selbst Latrinen neben der Halle ausheben, ohne Sichtblenden übrigens. Näherte man sich dieser Stätte etwa um die Mittagspause von der Rückseite, so bot sich ein groteskes Bild: an die zwanzig weiße Soldatenhinterteile, auf der Stange gereiht! Erst am vierten Tag erhielten wir Uniformen. Wir waren Oberfeldwebel Staffa, einem bösartigen Schleifer mit quälerischen Gelüsten, ausgeliefert. Dieser Mensch hatte keine Farbe und keinen Kontrast im Gesicht, Haare und Brauen waren blassblond, die Augen hellblau. Er war kein Unteroffizier Himmelstoß, wie ihn Remarque in seinem Roman „Im Westen nichts Neues“ schildert. Sein Schikanieren war raffinierter angelegt. Das fing mit der Anrede an. Staffa hätte morgens sagen können: „Kompanie stillgestanden!“ Aber er rief: „Rekruten stillgestanden!“ Das sollte klarmachen, dass es sich bei den Angeredeten um die Parias unter der Spezies Militärmensch handelte. Wir waren Rekruten, die nicht vereidigt waren, keinen Ausgang hatten – mit der fadenscheinigen Begründung, der „unvereidigt die Truppe unter Ausnutzung des Ausgangs fliehende Soldat könne nicht als Fahnenflüchtiger bestraft werden“. Wenn Staffa etwa einen Lauf über die Hindernisbahn ansetzte, so pflegte er lächelnd anzukündigen: „Die zehn Letzten laufen die Strecke noch einmal.“ Die Schwächsten, die armen Würstchen, mussten also noch einmal laufen, dann die letzten fünf und schließlich die letzten zwei. Gelegentlich brach einer vor Erschöpfung zusammen. Dann riss man ihm die Kleider auf und ließ ihn

eine Weile liegen. Ich brauchte keine zwei Tage, um herauszufinden, dass in diesem System schon der stumpfe Gefreite, der mir als Hilfsausbilder vorgesetzt war, von allen Quälereien ausgenommen war. Der fuhr zum Beispiel beim 40 Kilometer-Marsch ohne die 20 Kilo Gepäck, die die Rekruten auf dem Rücken hatten, mit dem Fahrrad nebenher. So nahm ich mir ernsthaft vor, möglichst bald voran zu kommen, um wenigstens dem Schlimmsten zu entgehen.
Zunächst konnte ich aber Herrn Staffa auf Monate hinaus entrinnen. Man ordnete mich zur Panzerfahrschule Lyck im masurischen Teil Ostpreußens ab. Der Dienst war etwa zur Hälfte technischer Art, im Übrigen militärischer Natur. Zwar hieß die Einrichtung Fahrschule. Aber nach vier Monaten Ausbildung konnten wir Getriebe und Motoren ein- und ausbauen, Ketten montieren, Zündungen und Kupplungen einstellen. Und wir erhielten auch – welches Sprachmonster – die „Fahrerlaubnis für Kraftfahrzeuge mit Antrieb durch Verbrennungsmaschine der gepanzerten Vollkettenklasse A“. Anschließend wurde ich nach Wien-Laxenburg versetzt zur Panzerersatzabteilung 4. Wir wurden hauptsächlich im Gebrauch verschiedener Waffen gedrillt und mussten auch ein Munitionsdepot in der Schwechat-Aue bewachen. Einer der Wachsoldaten hatte auf seinem Posten Kaninchen beschossen. Dies fiel nur auf, weil er die ihm ausgehändigte Munition nicht vollständig zurückgeben konnte. Er wurde wegen Wilderei, Unterschlagung von Wehrmachtsgut und wegen schweren Wachvergehens zu einem Jahr Festungshaft verurteilt und zu einer Fronteinheit abgeschoben. Verstanden hat er das wohl nie. Und er wurde von allen bedauert.
Der Zugführer fragte mich Ende Oktober 1943, ob ich in einen Kurs für Reserveoffiziersbewerber überwechseln wolle. Das war die Chance, dem Untergebenendasein zu entrinnen. Ich sagte sofort zu. Zum ersten November wurde ich zum Offiziersbewerber ernannt und nach Wien-Hinterbrühl versetzt. Lehrgangschef war Leutnant Sepp Mosser, ein Mann mit starken Bildungslücken, der durch übermäßiges Strebertum zum Offizier aufgestiegen war. Er trug das goldene Partei-

 abzeichen, war also sehr früh zu den Nazis gestoßen und vertrat deren Ideen ohne Einschränkung. Dies wirkte sich für uns deshalb unangenehm aus, weil Mosser jede kritische Äußerung als eine Art von Landesverrat anprangerte. Im Frühjahr 1944 hatte aller Unterricht über Ballistik, Taktik, Truppenführung, Boxübungen und Nahkampftechnik ein Ende. Ich wurde befördert und bekam einen Marschbefehl nach Bessarabien, heute Moldawien. Von diesem Land – zwischen Rumänien und Ukraine – hatte ich nie Näheres gehört. Im Mai 1944 langte ich in der Hauptstadt Kischinew an. Von dort aus ging es nach Osten bis zu einer der Windungen des Dnjestr, wo die Panzereinheit einen so genannten Brückenkopf bewachte.

Aber es waren von den 36 Panzern der Abteilung nur noch zwei einsatzfähig. Der Rest der Einheit war ins Hinterland abgerückt. Zwei Tage später wurde an meinem Panzer in der Dämmerung ein Kettenantriebsrad zerschossen. Nach etwa 20 Tagen wurde die gesamte Abteilung wieder mit neuen Panzern ausgestattet. Die Einheit wurde „Einsatzreserve“, die ständig und nach Bedarf ihren Standort wechselte.

Eines Tages kam der gefürchtete Generaloberst Ferdinand Schörner zur Inspektion. Schörner wurde später der letzte Generalfeldmarschall der deutschen Wehrmacht und war wegen seiner „Härte“ bekannt. Der Kommandant des Nachbarpanzers, ein Graf Douglas, tanzte mit einer Zeiss-Schmalfilmkamera um ihn herum, ständig drehend. Schörner fühlte sich geschmeichelt, war wohlwollend. Douglas versprach, ihm eine Kopie zu schicken. Als er weggefahren war, fragte der Kompaniechef: „Wo kriegen Sie denn jetzt noch einen Film her?“ Douglas erklärte ungerührt: „Es war doch überhaupt kein Film drin, aber der Schörner war blendend gelaunt.“

Im August war meine Bewährungszeit zu Ende. Ich wurde zum Unteroffizier befördert und als Ausbilder (!) – zu einer Panzereinheit nach Elbing in Ostpreußen geschickt. Ich hatte mir vorgestellt, dass ich nun an eine Waffenschule käme, die den angehenden Offizieren den letzten Schliff gibt. Statt dessen musste ich bis Ende 1944 Rekruten ausbilden. Ostpreußen war damals noch ruhig. Besonders an milden Herbsttagen habe ich die Schönheit des Landes genossen. Die relativ dünne Besiedlung gab dem, der sie suchte, Einsamkeit an verträumten Seen, in unendlich weiten Wäldern, zwischen Birken auf der Heide. In Elbing breitete sich im Dezember 1944 in der Bevölkerung dumpfe Furcht vor dem Kommenden aus. Die Russen rückten immer näher, über ihre Taten im Baltikum wurde Grauenvolles berichtet. Auch die Soldaten in der Garnison waren bedrückt, vielleicht weniger vor dem zu erwartenden Kampfeinsatz als von dem Bewusstsein, dass hier etwas Ungeheuerliches passieren würde, nämlich die Abrechnung der Sowjets mit den Deutschen für vier Jahre Besatzung, Tod, Hunger, Elend, Verlust der Heimat und anderes mehr, aber nun nicht in Stalingrad oder um Leningrad, sondern auf deutschem Boden, unter ungehemmtem Rückgriff auf das besetzte Territorium, auf deutsches Vermögen, vor allem aber auf ganze Bevölkerungsteile. In dieser Untergangsstimmung erreichte mich der Marschbefehl in die Artillerieschule Groß-Born in Pommern. Bei der Ankunft an Silvester 1944 waren die Quartiere eiskalt, Brennmaterial war keines vorhanden. Draußen lagen 20 Zentimeter Schnee. Trostloser konnte man es kaum antreffen. Die Schule begann – welcher Wahnsinn – ernsthaft, den Lehrbetrieb aufzunehmen. Dass dies nicht lange dauern konnte, war jedem klar, denn der Russe stand vor der Tür. Am 12. Januar 1945 traten die sowjetischen Armeen aus dem Weichselbogen heraus zum Angriff an und durchbrachen die deutsche Front. Ab diesem Zeitpunkt wurden die Lehrveranstaltungen an der Waffenschule eingestellt. In diesen Tagen ging es auch mit der Militärmunition zu Ende. Wir drangen in die Herrenhäuser der großen Güter ein, zerschlugen die Scheiben der oft kostbaren Waffenschränke, nahmen uns Mausergewehre mit Zeiss-Zielfernrohren einschließlich Munition heraus. Wir bedienten uns dieser Luxuswaffen nunmehr im Kriegshandwerk. Schon ab Januar hatte es starke Schneefälle gegeben, und die Schule hatte ihre Insassen mit wattegepolsterten Tarnanzügen ausgestattet. Die Lage brachte es öfter mit sich, dass wir in diesen Anzügen die Nacht im Schnee verbringen mussten, auch schlafend. Die Reihen der Fahnenjunker aber lichteten sich mehr und mehr. Ein Teil war in Gefangenschaft geraten, ein Teil verwundet und zurückgeschafft worden, viele waren gefallen. In meiner Umgebung gab es jeden Tag Tote, andere blieben nach dem Weggang zur Erkundung einfach verschwunden. Ich bekam einen Schuss durch den Oberarm, aber nur eine Fleischwunde, und zwei Granatwerfersplitter ins Gesicht; sie blieben oberflächlich stecken und ich wurde von einem Unterarzt versorgt. Kurz darauf, im Februar 1945, wurde unsere Fahnenjunkereinheit von den Sowjets eingeschlossen, aber von einem anderen Truppenteil wieder heraus gehauen. Ende Februar zählte man die Reihen der Fahnenjunker durch: rund 80 Prozent des Anfangsbestands fehlten! Darauf wurde die Truppe nach Stettin in eine alte Kaserne zurückgenommen. Ich hatte tagelang kaum geschlafen, die Füße waren blutig und so habe ich an die drei Tage in der Unterkunft vor mich hingedämmert, stand nur alle paar Stunden zum Essen auf. In den zurückliegenden Wochen hatte ich eher gelebt und Reflexe gezeigt wie ein wildes Tier, immer wachsam, auf jeden Laut reagierend, sichernd, mir den Magen füllend wie ein Fuchs, der nicht weiß, ob er am nächsten Tag etwas zum Essen findet; dabei war auch das Mitgefühl für andere reduziert worden. Es blieb einfach kein Raum dafür. Psychisch lasteten die Ereignisse der vergangenen Wochen wie ein Albtraum auf uns. Es kamen auch wieder die schrecklichen Bilder von den Trecks in Erinnerung. Beim Rückmarsch in Pommern hatten häufiger Flüchtlinge unsere Wege gekreuzt, fast alle bäuerlicher Herkunft, auf Pferdegespannen in Schnee und Eis.

Sie hatten zum Teil tote Kinder und andere Verwandte mit sich geschleppt, kranke Großeltern, die Frau und Mutter am Zügel, sehr häufig aber betreut von französischen Kriegsgefangenen, die auf dem Hof des Bauern gearbeitet hatten und es vorzogen, auf diese Weise

der Heimat näher zu kommen. Die Sowjets hatten ständig mit gepanzerten Jagdbombern in die Trecks hineingeschossen, obwohl sie sahen, dass es sich um Zivilisten handelte.
Das Nachdenken über Flucht, Tote, Kälte und Hunger wurde jäh abgebrochen durch einen Marschbefehl in ein Dorf in der Nähe der tschechischen Stadt Rokycany (gesprochen: Rokitzan), wo sich die Waffenschule einrichten sollte – organisatorisch gesehen angesichts der Lage eine neue Groteske. Effektiv wurde auch dort der Lehrbetrieb nicht mehr aufgenommen. Auf uns wartete vielmehr eine neue unangenehme Aufgabe. Die ganze Umgebung war von Wäldern bedeckt. In dieser Gegend setzten die Russen ständig nachts Fallschirmspringer ab, die in der Bevölkerung den Widerstand gegen die Deutschen organisieren sollten. Diese Agenten waren gut bewaffnet, trugen aber Zivilkleider. Wir erhielten den Auftrag, jeden Tag ein anderes Gebiet nach Fallschirmspringern abzukämmen. Am Morgen trat die Einheit bewaffnet an, fuhr auf Fahrzeugen zum Einsatzort. Dann streiften die Soldaten das Territorium in einer Art Treibjagd durch, die entsicherte Waffe in der Hand. Hatten sich die Agenten eingenistet – in Höhlen, alten Häusern oder schlicht im Unterholz – so wehrten sie sich bei Entdeckung sofort. Da sie sich selbst in der Regel nicht bewegen mussten, aber die Suchkommandos näher kommen hörten, eröffneten sie in der überwiegenden Zahl der Fälle das Feuer als Erste, so dass die Einheit bei der Rückkehr meist eigene Tote oder Verwundete auf den Fahrzeugen hatte. Gefangene lieferte man „nach hinten“ ab. Was aus ihnen wurde, war unbekannt.
In dieser Zeit erhielt ich von einem Vorgesetzten, dem Hauptmann de Maizière, den Ratschlag: „Wenn Sie in einer kritischen Situation mit Ihren Leuten sind, treffen Sie eine Entscheidung. Wenn Sie zögern und Verluste erleiden, werden die anderen später erzählen, das sei Ihre Schuld, weil Sie untätig geblieben sind. Haben Sie eine Einsatzentscheidung gefällt und es geht etwas schief, so wird man sagen, dies sei unvermeidlich gewesen.“ Am 1. April 1945 erhielt ich mein

 Leutnantspatent und wurde zur Führerreserve des Oberkommandos des Heeres West in Bad Tölz versetzt. Ich gelangte nur noch bis Weiden in der Oberpfalz, wo ich völlig unspektakulär in amerikanische Gefangenschaft geriet. Ich wurde nach Attichy in der Nähe von Compiègne transportiert.

Dort war kein schlichtes Camp, sondern eine „Central Continental Prisoner of War Enclosure" mit 200.000 Gefangenen; im Oktober 1945 zählte man noch 140.000. Das Riesenlager war in „Cages" (Käfige) eingeteilt. Ich kam in ein Cage, das 5.900 Offiziere beherbergte. Die Insassen durften nichts arbeiten, was viele hart ankam. Denn sie waren in ihrer früheren Stellung ständig mit etwas beschäftigt. Für Nichtarbeitende war auch die Verpflegung schlechter.

Wir bekamen morgens eine Milchsuppe mit Keksen und Trockenpflaumen, mittags eine Gemüsesuppe mit ein paar Bröckchen Fleisch, abends 180 Gramm Weißbrot mit so merkwürdigen Beigaben wie „lemon powder" (Zitronenpulver) oder Tomatenketchup, dazu eine Blechtasse voll Bohnenkaffee oder Tee. Ich nahm ständig ab, die Haare an den Beinen fielen mir aus, das Zahnfleisch begann zu bluten. Auf Beinen, Armen und Fingern wurde die Haut trocken und schuppig und blätterte ab. Wenn ich mich abrupt vom Liegen ins Sitzen erhob oder aufstand, wurde es mir schwarz vor den Augen und ich kippte um. Eines Tages suchte man für die Verwaltung einen Typewriter. Ich konnte zwar nicht Maschine schreiben, meldete mich aber in der Hoffnung, dass man außer typewriting auch noch Englischkenntnisse besitzen müsse. Die Erwartung erwies sich als zutreffend: Es fand sich kein Maschinenschreiber, der zudem Englisch beherrschte. Und so zog ich um in ein Labour-Cage, wo nur arbeitende Gefangene untergebracht waren, und wo man unendlich viel essen konnte. Ende Oktober 1945 wurde ich nach Tuttlingen transportiert und entlassen.

In St. Ingbert leerte ich vor den Augen meiner Eltern mein Gepäck. Es kamen unter anderem zum Vorschein: 42 Pakete Zigaretten, 28 Stück Seife, 200 Rasierklingen, sechs Tuben Zahnpasta (die Amerikaner hätten die Deutschen lieber verhungern als im Schmutz leben lassen). Die saarländische Schulverwaltung bot gerade ein Seminar für Abiturienten an. Nach einem Dreivierteljahr sollte man die erste Prüfung für das Lehramt an Volksschulen machen. Ich griff ohne Zögern zu und trat neun Monate später meinen Dienst als Lehrer in St. Ingbert an. Trotz dieser im Grunde vorteilhaften Entwicklung verzichtete ich in der Folge auf diesen Beruf. Kleinliche Regelungen, die Förderung von Liebedienerei in meinem näheren Umkreis erregten meinen Unwillen und meine Ungeduld. Im Herbst 1946 gab ich den Beamtenstatus auf und studierte Wirtschafts- und Rechtswissenschaften, zuerst in Karlsruhe, dann in Angers nahe der Loire, am Ende noch zwei Semester in Saarbrücken. Nach dem Assessorexamen, nunmehr verheiratet, landete ich wieder in dem Bereich, dem ich ausgewichen war, nämlich dem der Kultur und Erziehung. Diesmal ging es besser: Im Kultusministerium konnte ich Vieles selbst gestalten, die Sprachkenntnisse brachten mich – im Auftrag des Auswärtigen Amtes – als Vertreter der Länder auf viele Auslandsreisen, unter anderem bis nach Afrika und Asien.

Heimkehr aus der Gefangenschaft:

Ein glücklicher Vater und seine drei Buben. Endlich hat er sie wieder

Die Gefangenen

Dieter Gräbner

Über drei Millionen deutsche Soldaten gerieten in russische Gefangenschaft, über eine Million von ihnen starben. 7,75 Millionen deutsche Soldaten wurden in amerikanischen, britischen und französischen Gefangenenlagern festgehalten. Die letzten Gefangenen kehrten erst Mitte der fünfziger Jahre nach Hause zurück. Erreicht hatte die Freilassung der damalige Bundeskanzler Konrad Adenauer, der 1955 nach Moskau gereist war und in Verhandlungen durchgesetzt hatte, dass die letzten etwa 10.000 Kriegsgefangenen in russischen Lagern endlich entlassen wurden. Es war das offizielle Ende einer Tragödie unvorstellbaren Ausmaßes. Die Namen der Heimkehrer wurden im Rundfunk verlesen. In vielen Orten wurden sie mit Musikkapellen begrüßt. Nachkriegsdeutschland feierte seine letzten Heimkehrer.
Bei all dem Leid und auch der seelischen Not und nun der Freude über das Ende dieser langen Gefangenschaft, darf man eines nicht vergessen: Von den 5,75 Millionen sowjetischer Gefangener in deutschem Gewahrsam überlebten 3,3 Millionen die deutsche Gefangenschaft nicht. Mehr als die Hälfte verhungerte. Oder sie starben an Krankheiten, wurden misshandelt oder erschossen. Für Adolf Hitler und seine Rassenideologie waren die russischen Gefangenen „slawische Untermenschen“. Ihr Leben galt nichts.
Für die deutschen Soldaten war die russische Kriegsgefangenschaft das Synonym für Hunger, Elend, Misshandlung, Kälte und Tod. Viele deutsche Soldaten wurden von aufgebrachten Rotarmisten schon bei der Gefangennahme umgebracht. Oder auf den langen Todesmärschen. Aus Rache für die Übergriffe von SS-Einheiten und deutscher Wehrmacht auf russische Zivilisten. Jeder vierte, so weiß man heute, starb – viele schon auf den Todesmärschen, den wochenlangen Transporten durch Eis und Schnee – in den Lagern zwischen

 Kiew und Wladiwostok. „Ab nach Sibirien" – das war für viele deutsche Landser gleichbedeutend mit dem Tod auf Raten. Nur nicht in russische Gefangenschaft geraten, die Flucht nach Westen zu den Amerikanern versuchen, zu den Engländern und Franzosen – das war die Devise in den letzten Kriegsmonaten des Jahres 1945 für hunderttausende deutscher Soldaten.
Aber war es da wirklich besser? Vor allem in den ersten Wochen nach der deutschen Kapitulation am 8. Mai 1945, als Einzelheiten über die Gräueltaten und den Massenmord an den Juden in den Konzentrationslagern bekannt wurden, gab es in US-Gefangenenlagern Über-

Deutsche Soldaten auf einem Todesmarsch durch Eis und Schnee in russische Gefangenenlager

griffe des US-Wachpersonals. Im Sommer 1945 wurde im Südwesten Deutschlands die französische Besatzungszone eingerichtet. Die Franzosen, nun die vierte Siegermacht, übernahmen hunderttausende deutscher Kriegsgefangener von den Amerikanern. Die Franzosen hatten die deutsche Besatzungszeit nicht in guter Erinnerung. Und entsprechend war auch die Behandlung in vielen Lagern. Schon während der Transporte in die einzelnen Lager warfen die Franzosen auf die deutschen „prisonnier de guerre“ mit Steinen und Eisenstangen, wenn die offenen Güterwagen mit den Gefangenen auf einem Bahnhofsgleis standen. Und natürlich gab es auch Übergriffe der Wachmannschaften, brutale Bestrafung, Willkür und unter den Gefangenen Spitzeltum und Verrat. Das Rote Kreuz warnte, dass fast 200.000 deutsche Gefangene in französischen Lagern zu verhungern drohten. Für einen Teller Suppe wurde mancher zum Verräter.

Denn auch in den Lagern im damaligen besetzten Westdeutschland und in Frankreich, wurden die Bestimmungen der Genfer Konvention nicht immer eingehalten. Es gibt Unterlagen, aus denen hervorgeht, dass an manchen Tagen an die Gefangenen nur zehn Prozent der vorgesehenen Nahrungsmittel ausgegeben wurden. Die Sieger hatten nicht nur große Probleme die Millionen Gefangenen mit Nahrungsmitteln zu versorgen, sondern sie auch halbwegs menschenwürdig unterzubringen. Auf den Rheinwiesenlagern der Amerikaner zwischen Ludwigshafen und Andernach kampierten zeitweilig hunderttausende deutscher Gefangener bei kargen Rationen monatelang unter freiem Himmel: „Wir saßen in überfüllten Stacheldrahtkäfigen im Freien und bekamen kaum etwas zu essen. Die Latrine waren Baumstämme, die man über Gräben am Stacheldrahtzaun geworfen hatte. Wenn wir schlafen wollten, blieb uns nichts anderes übrig, als mit den Händen ein Loch zu graben und uns dann in dem Loch zusammenzudrängen“, berichtet ein Zeitzeuge über das Lager bei Remagen am Rhein. Krankheit, Hunger, katastrophale hygienische Zustände – mindestens 5.300, wahrscheinlich aber mehr als 10.000 deutsche Gefangene kamen in den Lagern am Rhein ums Leben.

Wenn es ums Überleben ging, war das nicht nur ein täglicher Kampf um eine Scheibe Brot oder um einen trockenen Schlafplatz. In den Lagern gab es Schlägereien, auch Mord und Totschlag unter den

 Gefangenen, Übergriffe der Wachmannschaften, brutale Bestrafung und Willkür und es gab auch Korruption zwischen den Bewachern und den Gefangenen. Es gab aber auch dies: Französische Bauern,

Schicksalswende Stalingrad. Nach Monaten erbarmungsloser Kämpfe, von Hunger und Frost zermürbt, ergaben sich die letzten deutschen Streitkräfte in den Ruinen von Stalingrad am 02. Februar 1943

die über den Stacheldraht Brot und Wasser brachten, weil sie Mitleid mit den Gefangenen hatten. Und es gab sogar Freundschaften zwischen den ehemaligen Feinden. Der Zeitzeuge Hugo Dörr berichtet, dass er als Kriegsgefangener auf einem französischen Bauernhof arbeitete und behandelt wurde wie ein Familienmitglied.
Respekt zwischen Wachpersonal und Gefangenen gab es in fast allen Lagern, auch in den russischen, wo die Wachsoldaten oft nicht mehr

zu essen hatten als die Gefangenen. Es gab Soldaten auf beiden Seiten, die sich mit Fairness gegenüber traten. Und Menschen, die sich um das Schicksal der Gefangenen kümmerten. In Frankreich waren dies vor allem in Paris der damalige päpstliche Nuntius Angelo Giuseppe Roncalli, der spätere Papst Johannes XXIII., der in den Gefangenenlagern nicht nur als Seelsorger, sondern auch als „Mensch und Helfer" ein- und ausging.
Roncalli verdankt es Zeitzeuge Fridolin Hares – wie viele tausende anderer Gefangener auch – dass „ich den ersten Brief an meine Familie schicken konnte." Fridolin Hares war als 17-Jähriger in Gefangenschaft geraten: „Meine Familie wusste nicht, ob ich noch lebe, oder was mit mir los ist." Roncalli ließ die Briefe der Gefangenen gesammelt und als Diplomatenpost an die zuständigen Pfarrämter der Gefangenen nach Hause schicken. Und von dort wurden sie dann an die Angehörigen weitergeleitet. Abbé Franz Stock, ein deutscher Priester in Paris, lebte zeitweilig im Kriegsgefangenenlager Chartres, 80 Kilometer südwestlich von Paris wie ein Gefangener. Abbé Stock gründete die so genannten „Stacheldraht-Seminare". Rund 800 Gefangene konnten hier im Laufe der Jahre ihr Abitur nachholen und Theologie studieren. Die Gefangenen und auch die während des Kriegs zum Tode verurteilten Widerstandskämpfer, die er auf ihrem letzten Weg zur Hinrichtungsstätte begleitete, nannten ihn den „Aumonier de l'Enfer", den „Seelsorger der Hölle".
Die Franzosen bedrängten die jüngeren Gefangenen sich freiwillig zur Fremdenlegion zu melden. Viele junge SS-Soldaten erkauften sich mit ihrer Unterschrift die Entlassung aus den Lagern. Mit „ein Lied, eins, zwei, drei: Oh, du schööööner Westerwald" marschierten sie geschlossen durch das Lagertor in die vermeintliche Freiheit. Viele fanden sich wenig später in den Krisenherden des französischen Kolonialimperiums wieder, die meisten in Vietnam.
In den Jahren von 1945 bis 1947 übergaben die Amerikaner rund 700.000 Gefangene an die Franzosen, die die deutschen Gefangenen

 zum Arbeiten in den Bergbau und zum Minenräumen schickten. Über die Todeszahlen gibt es auch hier nur ungenaue Angaben. 21.886 Todesfälle sind registriert, wahrscheinlich waren es aber viel mehr.

Während aus den Lagern der Alliierten die letzten Gefangenen 1949 entlassen wurden, bereitete man sich in der damaligen UdSSR auf Verhandlungen mit der jungen neu gegründeten Bundesrepublik Deutschland über die Freilassung der Kriegsgefangenen vor, die in der sowjetischen Volkswirtschaft eine wichtige rechnerische Größe waren. Ihre Arbeitskraft war billig. Sie sollten helfen, das zerstörte Riesenreich wieder aufzubauen als Entschädigung für den verlorenen Krieg. In vielen Lagern wurden Häftlinge ohne ordentliche Gerichtsverhandlung und ohne die Möglichkeit sich zu verteidigen wegen angeblicher Gräueltaten oder Verbrechen zum Tode, und weil die Todesstrafe nicht mehr vollstreckt wurde, ersatzweise zu 25 Jahren Zwangsarbeit verurteilt.

Offenbar wollten die sowjetischen Verhandlungspartner den Preis für die Freilassung deutscher Kriegsgefangener durch möglichst viele Urteile nach oben treiben. Einer der Verurteilten ist der Zeitzeuge Heinz-Eberhard Alex, der elf Jahre in russischer Kriegsgefangenschaft war und 1949 in Kiew wegen der angeblichen „Erschießung von sechs Zivilisten und Zerstörung von zivilen Anlagen“ zum Tode, ersatzweise zu 25 Jahren Zwangsarbeit, verurteilt wurde. Das Kriegsverbrechen, wegen dem er angeklagt und verurteilt wurde, wurde nach den Gerichtsunterlagen von den Angehörigen einer SS-Einheit verübt. Und die Namen der Schuldigen sind ebenfalls in den Gerichtsakten festgehalten. Obwohl Heinz-Eberhard Alex darauf hinwies, dass er namentlich keiner der Täter ist, dass er nachweisen kann, dass er zum angeblichen Zeitpunkt des Verbrechens nicht an dem Tatort gewesen sein kann und nie zu einer SS-Einheit gehörte, wurde er schuldig gesprochen. Die Verhandlung war kurz. Einen richtigen Dolmetscher gab es nicht. Seine Einwände wurden als „Ausflüchte“ abgetan.

Heinz-Eberhard Alex ärgert sich noch heute über die schlimmen unzutreffenden Vorwürfe. „Aber was konnte man dagegen tun, nichts", sagt er resignierend. Ein Trost ist es für die vielen Verurteilten sicher nicht, dass die russischen Urteile in Deutschland nicht in das Strafregister eingetragen wurden und deshalb auch nicht als Vorstrafen galten. Was vermutlich nur wenige der rechtswidrig in russischer Gefangenschaft verurteilten Soldaten wissen: Es gab und gibt eine Möglichkeit der Rehabilitierung. Am 16. Dezember 1992 konnte der damalige Bundeskanzler Helmut Kohl mit Präsident Boris Jelzin eine „Gemeinsame Erklärung über die Rehabilitierung unschuldig Verfolgter" vereinbaren. Das war zwar kein Dokument, das eine pauschale Rehabilitierung der deutschen Verurteilten regulierte – aber „Einzelrehabilitierungen nach Prüfung der Aktenlage" waren nun möglich geworden. Ähnlich wie Heinz-Eberhard Alex erging es auch dem deutschen Kriegsgefangenen Erich Closter aus Selchenbach in Rheinland-Pfalz. Closter wurde 1949 in Rostov am Don zusammen mit 17 anderen Gefangenen wegen angeblicher Kriegsverbrechen ohne Verhandlung zu 25 Jahren Zwangsarbeit verurteilt. Die Verhandlung dauerte 15 Minuten. Es gab weder eine Anklage noch eine Verteidigung. Closter wurde 1956 aus russischer Kriegsgefangenschaft entlassen, nach dreizehn Jahren. Er war einer der letzten deutschen Kriegsgefangenen in einem russischen Lager gewesen. Im Sommer 1993

Erich Closter wurde zu 25 Jahren Zwangsarbeit verurteilt

reichte er bei der Deutschen Botschaft in Moskau einen Antrag auf Rehabilitierung ein. 1996 starb Closter. Dass er posthum rehabilitiert wurde, ist ein Verdienst des Heimat- und Kulturvereins e.V. Ostertal im nördlichen Saarland. Im Rahmen der Recherchen nach dem Schicksal von rund 1.000 Kriegsteilnehmern aus den Ostertal-Dörfern stieß man auch auf Erich Closter. Hans Kirsch, ein pensionierter Polizeibeamter und rühriger Vorsitzender des Heimat- und Kulturvereins e.V. Ostertal, sichtete den Nachlass des ehemaligen Kriegsgefangenen und stieß auf den Antrag aus dem Jahr 1993. Im Einvernehmen mit der Familie stellte er den Antrag neu. Und dieses Mal kam auch ein Bescheid. In einem Schreiben der Generalstaatsanwaltschaft der Russischen Föderation in Moskau vom 15. Januar 2001 heißt es: „Gemäß Artikel 13 des Gesetzes über die Rehabilitierung der Opfer politischer Repressionen vom 18. Oktober 1991 wurde Erich Closter rehabilitiert“. Hans Kirsch schreibt dazu: „Für den Betroffenen kam die Rehabilitierung zu spät. Seine Familie aber hat sie mit Genugtuung zur Kenntnis genommen“.

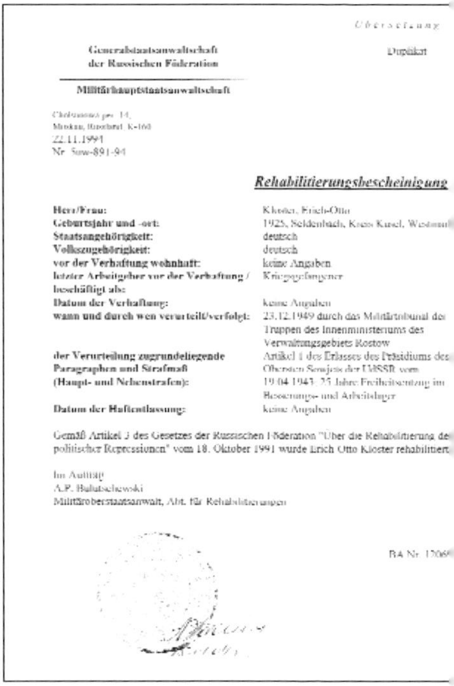
Übersetzung

Generalstaatsanwaltschaft
der Russischen Föderation

Duplikat

Militärhauptstaatsanwaltschaft

[illegible]
[illegible]
22.11.1994
Nr. 5uw-891-94

Rehabilitierungsbescheinigung

Herr/Frau:	Kloster, Erich-Otto
Geburtsjahr und -ort:	1925, Seldenbach, Kreis Kusel, Westmark
Staatsangehörigkeit:	deutsch
Volkszugehörigkeit:	deutsch
vor der Verhaftung wohnhaft:	keine Angaben
letzter Arbeitgeber vor der Verhaftung / beschäftigt als:	Kriegsgefangener
Datum der Verhaftung:	keine Angaben
wann und durch wen verurteilt/verfolgt:	23.12.1949 durch das Militärtribunal der Truppen des Innenministeriums des Verwaltungsgebiets Rostow
der Verurteilung zugrundeliegende Paragraphen und Strafmaß (Haupt- und Nebenstrafen):	Artikel 1 des Erlasses des Präsidiums des Obersten Sowjets der UdSSR vom 19.04.1943; 25 Jahre Freiheitsentzug im Besserungs- und Arbeitslager
Datum der Haftentlassung:	keine Angaben

Gemäß Artikel 3 des Gesetzes der Russischen Föderation "Über die Rehabilitierung der Opfer politischer Repressionen" vom 18. Oktober 1991 wurde Erich Otto Kloster rehabilitiert.

Im Auftrag
A.P. Balatschewski
Militäroberstaatsanwalt, Abt. für Rehabilitierungen

BA Nr. 1206

Erich Closter:
Das Dokument seiner Rehabilitierung

Wenigstens seine Ehre haben sie dem ehemaligen Kriegsgefangenen Erich Closter zurückgegeben – 52 Jahre nachdem sie ihn zu Unrecht wegen Kriegsverbrechen verurteilt hatten. Seine Jugend haben die Nazis und die Russen ihm gestohlen.

Inzwischen haben, wie das Auswärtige Amt in Berlin bestätigt, rund 13.500 Deutsche, die „im Machtbereich der ehemaligen Sowjetunion zu Unrecht aus politischen Gründen verurteilt“ worden waren, eine Aufhebung der Urteile und eine Rehabilitierung durch die russischen Behörden erreicht. Zuständig ist die Militärhauptstaatsanwaltschaft bei der Generalstaatsanwaltschaft der Russischen Föderation, Abteilung für die Rehabilitierung ausländischer Bürger, in Moskau. Die Korrespondenz mit dieser Behörde erfolgt ausschließlich in russischer Sprache. Behilflich ist aber auch das Auswärtige Amt und die deutsche Botschaft in Moskau. Leider hat die „Gemeinsame Erklärung“ zwischen Helmut Kohl und Boris Jelzin einen Schönheitsfehler. Nicht rehabilitiert werden können Personen, die ohne Urteil von sowjetischen Stellen verfolgt, beziehungsweise interniert wurden. Das Auswärtige Amt erklärt dazu, eine solche Rehabilitierung setze eine Änderung des russischen Rehabilitierungsgesetzes voraus und sei derzeit nicht möglich. Es gibt keine genauen Angaben über die Zahl der willkürlich und ohne jegliche Verhandlung verschleppten und eingesperrten Soldaten und Zivilisten in russischen Lagern. Aber man geht davon aus, dass auch dies Zigtausende waren, die oft aus politischen Gründen in einem Lager unter schlimmsten Bedingungen festgehalten wurden.
Wer aus dem Gefangenenlager nach Hause kam, oft verletzt nicht nur an Leib, sondern auch an der Seele, gezeichnet von Krieg und Not, war demoralisiert, ausgebrannt und verzweifelt darüber, dass „er für die falsche Sache in gutem Glauben gekämpft hat“. Es war nicht nur so, dass die Heimkehrer die Scherben ihrer wirtschaftlichen Existenz zusammenkehren und einen neuen Anfang suchen mussten. Oft hatten die vielen Jahre Abwesenheit auch neue familiäre Verhältnisse geschaffen. Frauen, die jahrelang nichts über das Schicksal ihrer Männer, der gefangenen Soldaten erfuhren, hatten sich neuen Lebenspartnern zugewandt. Kinder hatten ihre Väter nie gesehen. Der Mann,

der da ausgemergelt in der Tür stand, war ein Fremder. Und nun legte er sich in das Bett neben Mutter, wo bis dahin die Kinder Wärme und Schutz gesucht hatten. Und wenn sie ihm, dem Heimkehrer, nach den vielen Jahren nun alle um den Hals fielen und voller Hoffnung sagten: „Nun wird alles gut", war noch lange nicht alles gut. Zehn Millionen ehemalige Kriegsgefangene mussten den Weg in ein normales Leben zurückfinden. Die Spätheimkehrer sahen eine Welt, die sie nicht kannten, die sich verändert hatte. In der Bundesrepublik fuhren VW-Käfer und Opel Olympia. Die ersten Bundesdeutschen schwärmten vom Urlaub in Italien oder am Wörthersee. Das Wirtschaftswunder fing an zu brummen. Daran wollten sie teilhaben. Aber sie waren oft orientierungslos. Sie hatten die Diktatur, das verbrecherische NS-Regime kennen und hassen gelernt. In der Bundesrepublik herrschte jetzt Demokratie. Es gab freie Wahlen. Gehorsam – das Wort schien abgeschafft. Sie waren Soldaten gewesen. Und dann Gefangene. Viele Jahre lang waren sie gewohnt, Befehle zu befolgen. Jetzt mussten sie lernen, selbstständig zu entscheiden. Und sie mussten in einen Beruf finden, die abgebrochene Ausbildung vielleicht abschließen. Manche drückten als 25-Jährige noch einmal die Schulbank, um das Abitur nachzuholen. Heinz-Eberhard Alex war 40 Jahre alt, als er nach fast 16 Jahren – fünf Jahre Frontsoldat und elf Jahre russische Kriegsgefangenschaft – nach Hause kam. Er sagte damals entschlossen: „Mit 40 Jahren bin ich noch nicht zu alt einen Beruf anzufangen. Er studierte und wurde Bauingenieur."

Und Fridolin Hares, heute 77 Jahre alt, der als 17-Jähriger in Gefangenschaft geriet, drückte auch noch einmal die Schulbank, wurde Beamter. Er sagt: „Ich hatte ein ganz normales Leben. Wenn nicht die Hölle des Kriegsgefangenenlagers gewesen wäre."

Wiedersehen: Zwischen Kriegsende 1945 und Währungsreform 1948 verursachen Millionen Flüchtlinge und aus Gefangenschaft heimgekehrte Soldaten eine Art rotierende Völkerwanderung

Fridolin Hares, Jahrgang 1927, Hitlerjunge, Kriegsgefangener, Amtmann: *„Wenn ich im Wachstum gewesen wäre, hätte ich nicht überlebt."*

Dieter Gräbner

Es war am 14. November 1944, als Fridolin Hares aus Mitlosheim im Saarland als Hitlerjunge zum Schanzen nach Fellerich bei Tawern an die Luxemburger Grenze abkommandiert wurde. Der Vater ließ ihm einen Holzkoffer in der Schreinerei bauen, in den die Mutter eine große Dauerwurst, getrocknete Zwetschen, hart gekochte Eier und lange Unterhosen einpackte. Er war 17 Jahre alt. Den Abschied empfand er als „nicht so schlimm. Die Front war ja schon in der Nähe. Wir dachten, das dauert nicht mehr lange." Irgendwann hatten er und seine Kameraden „die Nase vom Schanzen voll. Wir wollten nach Hause. Und um uns zu tarnen marschierten wir „Ein Lied, zwo, drei, vier" im Gleichschritt nach Trier und von da fuhren wir mit dem Zug nach Hause: „Es war uns nicht klar, dass das streng genommen Fahnenflucht war. Bestraft wurden wir nicht. Ein Parteibonze hielt uns eine Standpauke."

Kurz vor Weihnachten kam der Gestellungsbefehl zum Schanzeinsatz in die Eifel zum Reichsarbeitsdienst (RAD). Es folgte eine Odyssee, die den 17 Jahre alten Fridolin nach einer neuntägigen militärischen Kurzausbildung mit französischen Gewehren aus dem Ersten Weltkrieg nach Münzenberg/Hessen verschlug, wo er in US-Gefangenschaft geriet: „Wir waren 2.000 Gefangene. Wir mussten auf freiem Feld sitzen oder liegen. Wenn einer sich bewegte, wurde über die Köpfe geschossen. Die Amis fuhren ihre Fahrzeuge im Kreis um uns herum. Wir saßen nachts im gleißend hellen Scheinwerferlicht." Von Münzenberg wurde er nach Groß-Gerau/Hessen verlegt. Noch heute existiert ein Foto, das ein US-Reporter einer Propagandakompanie der US-Armee am 31. März 1945 auf dem Exerzierplatz eines ehema-

Fridolin Hares

ligen RAD-Lagers in Büttelborn bei Groß-Gerau, das als Sammelplatz für deutsche Kriegsgefangene eingerichtet war, aufnahm. Drei Hitlerjungen in zu großen Wehrmachtsmänteln kauen begeistert ein Stück Brot, das der Fotograf ihnen gegeben hatte. Im Hintergrund steht Fridolin Hares: „Schade, dass der Reporter nicht jeden Tag kam." Von Groß-Gerau wurde er nach Bad Kreuznach transportiert, bevor er nach mehreren weiteren deutschen und französischen Zwischenstationen im US-Gefangenenlager Chartres, 80 Kilometer südwestlich von Paris landete. Er war nun „prisoner of war" mit der Registriernummer 749977. Man schätzt, dass zeitweilig über 80.000 Mann in dem Lager unter unvorstellbaren Bedingungen in Zelten, Hallen und Baracken untergebracht waren. Auf seinem Einweisungszettel steht unter der Rubrik „Age" 17. Er war 17 Jahre alt. Er erinnert sich: „Hunger und Not waren überall. Und Hygiene null. Viele von den Jüngeren und Älteren waren den Strapazen nicht gewachsen und starben. Die jüngeren Gefangenen starben, weil sie noch im Wachstum waren und der Körper einfach vor den Mangelerscheinungen kapitulierte. Wer wächst, braucht mehr."

Am 7. Juni 1945 übergab die US-Armee das Lager den Franzosen: „Es wurde noch schlechter." Fridolin Hares schlief in einer Baracke, in der die toten Kameraden aufgebahrt waren: „Die Franzosen boten uns an zur Fremdenlegion zu gehen. Viele ehemalige SS-Leute haben das Angebot angenommen." Zeitweilig arbeitete er dann im Krankenrevier: „Meine Aufgabe bestand darin, mit einem Kameraden in einem Traggestell Blechtonnen, die 200 Liter Fäkalien und Urin fassten, von der Latrine etwa 100 Meter weit zur Railwaystation an die Hauptstraße zu tragen. Es war nicht immer zu vermeiden, dass der Inhalt schwappte.

 Und so gab es trotz aller Vorsicht auch mal Spritzer ins Gesicht und auf die Kleidung. Ein deutscher Oberstabsarzt, der im Krankenrevier Dienst tat, beobachtete uns. Er sagte: ‚Die Arbeit ist zu schwer und zweitens hygienisch nicht zu verantworten.'" Der Stabsarzt sorgte dafür, dass Fridolin Hares und sein Kamerad künftig das Büro des Krankenrevieres sauber zu halten hatten. Eine vergleichbar leichte und saubere Arbeit. Und dann geschah so etwas „wie ein Wunder", sagt er. „Es ging das Gerücht, das Rote Kreuz besuche das Lager. Und auch **Nuntius Angelo Guiseppe Roncalli, der spätere Papst Johannes XXIII., und der legendäre deutsche Priester ***Abbé Franz Stock besuchten uns." Abbé Stock war so etwas wie der Schutzpatron der

Fridolin Hares (zweiter von rechts im Hintergrund) hat sich auf einem Kriegsfoto aus dem Buch „Über uns Feuer und Verderben" (Gollenstein-Verlag, von Dieter Gräbner) wiedererkannt

Kriegsgefangenen. Freiwillig hatte er zeitweilig im Gefangenenlager Chartres unter den selben Bedingungen wie die Gefangenen gelebt. Und jetzt sorgte Stock dafür, dass viele Gefangene zum ersten Mal nach Hause schreiben konnten. Nuntius Roncalli ließ die Briefe, die ein Emblem des Vatikans trugen, an die jeweiligen Heimat-Pfarrämter der Gefangenen weiterleiten. Der Brief von Fridolin Hares erreichte seine Eltern, die bis dahin keine Nachricht hatten, über den Ortspfarrer von Mitlosheim im Januar 1946. Am 5. Februar 1946 wurde er entlassen. Ein schmächtiges ausgehungertes 1,59 Meter großes Kerlchen. Er erholte sich schnell, holte die Wachstumsphase nach. Heute misst er 1,83 Meter: „Es war mein Glück, dass ich in Gefangenschaft nicht im Wachstum war. Sonst hätte ich es wohl auch nicht überlebt." Fridolin Hares ist ein religiöser Mensch. Er ist überzeugt: „dass Nuntius Roncalli und Abbé Stock ins Lager kamen war die Rettung durch Gott. Roncalli war der Sendbote Gottes."

Nach seiner Entlassung absolvierte er einen Fernlehrgang in Stenografie, weil das für die Aufnahmeprüfung an der Verwaltungsschule Bedingung war. Er bestand alle Prüfungen, heiratete, ist Vater zweier Töchter und zweifacher Großvater. Bis 1987 arbeitete er als Amtmann in den Verwaltungen von Weiskirchen und Losheim im Saarland. Heute ist er 77 Jahre alt: „Ich hatte ein ganz normales Leben", wie er sagt. Wirklich? „Wenn nicht die Erinnerungen an die Hölle der Kriegsgefangenenlager wären." Darüber hat Fridolin Hares noch nie richtig erzählt, nicht in Einzelheiten: „Ich habe alles verdrängt. Ich will nur Frieden."

**Angelo Guiseppe Roncalli, so sein bürgerlicher Name, wurde am 25. November 1881 in einem Bergdorf in der Nähe von Bergamo/Italien als eines von zehn Kindern eines Landarbeiters geboren. Im Ersten Weltkrieg war er Sanitäter, später Feldgeistlicher. Nach verschiedenen Zwischenstationen wurde er im Januar 1945 Nuntius in Paris. Er besuchte Gefangenenlager und kümmerte sich um die deutschen Kriegsgefangenen. Dafür wurde er 1957 mit dem Großkreuz zum Bundesverdienstkreuz ausgezeichnet. 1958 wurde er zum Nachfolger von Pius XII. und zum neuen Papst gewählt. Er nahm den Namen Johannes XXIII. an. Als „Friedenspapst" appellierte er an die Mächtigen der Welt und mahnte in seiner Sozial-Enzyklika „Mater et Magistra" zur sozialen Verantwortung. Im Volksmund hieß er „Papa buono", der „gute Papst".

***Abbé Franz Stock wurde 1904 als erstes Kind eine Arbeiterfamilie in Neheim/ Sauerland geboren. Schon als Jugendlicher setzte er sich zwischen den beiden Weltkriegen für die Aussöhnung zwischen Frankreich und Deutschland ein. 1932 wurde er zum Priester geweiht, und 1940 zum Rektor der Deutschen Gemeinde in Paris berufen. Von Anfang an kümmerte er sich um Gefangene, um Juden, Geiseln und zum Tode verurteilte Widerstandskämpfer. Viele begleitete er auf ihrem letzten Weg zur Hinrichtungsstätte. Er schmuggelte sogar Kassiber der Verurteilten an die Angehörigen. „Aumonier de l'enfer", („Seelsorger der Hölle") nannten ihn die Franzosen. Im Kriegsgefangenenlager Chartres baute er das so genannte „Stacheldraht-Seminar" auf, in dem deutsche Kriegsgefangene das Abitur nachholen und Theologie studieren konnten. Viele Kriegsgefangene konnten dank Abbé Stock den ersten Brief an ihre Angehörigen in Deutschland schreiben. Er starb 1948. An seinem Grab erklärte Nuntius Roncalli, der spätere Papst Johannes XXIII: „Abbé Franz Stock – das ist kein Name. Das ist ein Programm."

Heinz-Eberhard Alex, Jahrgang 1915, Major, Kriegsgefangener, Bauingenieur: ***„Wir kamen durch, aber wir kletterten über Berge von Toten.“***

Dieter Gräbner

Heinz-Eberhard Alex

Eigentlich wollte Heinz-Eberhard Alex, Jahrgang 1915, Maschinenbau studieren und Ingenieur werden: „Aber damals, 1936, sagte mein Vater, wir haben kein Geld für ein Studium. Und so habe ich mich freiwillig gemeldet und bin Berufsoffizier geworden. Ich war wie viele meiner Altersgenossen damals der Meinung, dass man Soldaten braucht, um Kriege zu verhindern. Und ich hatte die Hoffnung, dass ich auf diesem Weg vielleicht doch noch an ein Studium kommen könnte.“ Die Hoffnung erfüllte sich nicht. Nach der Ausbildung an der Kriegsschule in Hannover wurde der junge Oberfähnrich zum Artillerie-Regiment 714 abkommandiert, das zeitweilig in Saarbrücken stationiert war. Dass er 20 Jahre, von 1936 bis 1955 Soldat sein würde, und davon fast elf Jahre in russischer Kriegsgefangenschaft verbringen sollte – das konnte niemand ahnen damals.

1936 – der Krieg hatte noch lange nicht begonnen. Die Wehrmacht stand in hohem Ansehen. Eine Offizierskarriere schien eine sichere Sache. Auch wenn die Studiumspläne sich nicht realisieren ließen.

Es kam der Frankreichfeldzug. Heinz-Eberhard Alex, den sie alle „Heinz“ nennen, war inzwischen Oberleutnant und Batteriechef und wurde 1941 zuerst nach Verdun und dann später mit seiner Batterie zum Küstenschutz an die Kanalküste abkommandiert. Er machte relativ schnell Karriere, war bald Hauptmann, und wurde dann im Sommer 1941 „in den Russlandfeldzug geschickt mit der 3. Panzerdivision

 Richtung Brest-Litwosk und dann immer weiter gerade aus." Nachdenklich sagt er: „Man sieht viel Schlimmes in so einem Krieg, und man kann es nicht vergessen." Über Einzelheiten will er nicht reden: „Es fehlen mir die Worte das Entsetzliche zu beschreiben." Er versucht seine Pflicht zu tun, als Soldat, und auch als Christ. Seine Eltern wohnen in Sachsenhausen, 30 Kilometer nördlich von Berlin. Dort hat er auch seine spätere Frau Rosemarie kennen gelernt. 1942, als er wieder einmal Urlaub von der Ostfront hat, heiraten sie. Beide Familien sind christlich orientiert, Mitglieder der Bekennenden Kirche, die sich von den Deutschen Christen, die den Nationalsozialismus unterstützen, deutlich abgrenzen. Der damalige Gemeindepfarrer in Sachsenhausen der Bekennenden Kirche ist Kurt Scharf, der spätere Bischof der Evangelischen Kirche von Berlin-Brandenburg (1966-1972) und spätere Vorsitzende des Rates der Evangelischen Kirche in Deutschland. Er war einer der führenden Gegner der Deutschen Christen. Heinz Alex erzählt, dass man in seinem Elternhaus den Nationalsozialismus ablehnte. Das sei auch anfangs in der Wehrmacht ähnlich gewesen. Er berichtet. „Nach dem Attentat vom 20. Juli 1944 auf Adolf Hitler gab es einen Befehl, dass in jeder Einheit ein politischer Führungsoffizier zu bestimmen sei. Ich rief die Offiziere meiner Einheit – es waren 15 – zusammen und bat um freiwillige Meldungen. Es meldete sich keiner. Auch über die Gräueltaten der Nazis erfuhren wir nichts. Dass es Konzentrationslager gab, wusste man. In unserer Nachbarschaft in Sachsenhausen etwa drei Kilometer entfernt war das Konzentrationslager Sachsenhausen. Was hinter den hohen Mauern wirklich vorging, davon hatten wir allerdings keine Ahnung. Es war strengstens verboten, dort stehen zu bleiben. Überall standen Schilder, dass man da nicht stehen bleiben dürfe. Wir hatten einen guten Bekannten – er war Jude – der von 1933 bis 1934 im KZ war, und zwar in Oranienburg. Er hat von den schlimmen Zuständen erzählt, aber von Morden wusste er nichts. Meine Eltern haben zeitweilig zwei befreundete jüdische Familien im Haus versteckt. Wie schwierig es in der damaligen Zeit war drei Familien mit einer Lebensmittelkarte zu ernähren, kann man sich heute kaum noch vorstellen. Hinzu kommt die Gefahr der Entdeckung. Wer Juden half, riskierte sehr viel. Aber ich habe über die Vernichtungslager nichts gewusst. Ich war Soldat in Russland und kämpfte dort, weil ich der Meinung war, wir müssten die Russen daran hindern, nach Deutschland zu kommen. Aber wir wussten nichts Genaues."

Heute weiß man, dass allein im KZ Sachsenhausen zwischen 1936 und 1945 mehr als 200.000 Menschen aus über 40 Nationen inhaftiert waren. Mehrere Zehntausend überlebten die Lagerhaft nicht. Heinz-Eberhard Alex erzählt: „Und auch über die Gräueltaten so genannter Einsatzgruppen im Baltikum, in Weißrussland, in der Ukraine und überall an der russischen Front hörten wir nur Gerüchte. Nur einmal", so erinnert er sich, „erfuhr ich indirekt etwas. Es war 1942. Ich war auf der Fahrt in den Urlaub nach Hause. Neben mir saß ein Polizeihauptmann. Der zeigte aus dem Fenster und sagte: Da drüben liegt die Schlucht von Babi Jar. Dort sollen sie die Juden erschossen haben."

In der Schlucht von Babi Jar, das weiß man heute, wurden am 29. und 30. September 1941 über 33.000 Juden ermordet. Insgesamt wurden bei Massakern der „Einsatzgruppen" zwischen Juni 1941 und April 1942 fast 560.000 Menschen umgebracht, darunter praktisch die gesamte jüdische Zivilbevölkerung der eroberten Gebiete. Männer, Frauen und Kinder wurden aufs freie Feld getrieben, erschossen und in Massengräbern verscharrt.

Er sagt leise: „Von alldem habe ich erst nach 1955 erfahren, als ich aus der russischen Kriegsgefangenschaft entlassen wurde. Wir waren an der Front. Wir mussten immer öfter zurück, waren froh, wenn wir mit heiler Haut aus dem alltäglichen Schlamassel herauskamen."

Er hat Glück, wird nicht verwundet, wird zum Major befördert. Und einmal rettet ihm ein kleines Buch des griechischen Philosophen Platon, Titel „Das Gastmahl", das er in der linken Brusttasche seiner Uniform trägt, das Leben. Ein Splitter bleibt im Buch hängen, der ihn ins Herz getroffen hätte. Heinz Alex hat das Büchlein bis heute aufgehoben – als Talisman. Das Kriegsende erlebt er im April 1945 im nördlichen Spreewald: „Die Armee war in Auflösung. Die Russen waren schon in Berlin. Jeder versuchte nach Westen zu flüchten, zu den Amerikanern. Da gab es das Gerücht, bei dem kleinen Dorf Halbe gebe es die Möglichkeit durchzubrechen. Wir, eine Gruppe Versprengter kamen durch, aber wir kletterten über Berge von Toten. Heute weiß ich, dass auf dem Friedhof von Halbe 22.600 Soldaten begraben sind. Wir schlossen uns einem Häuflein versprengter Soldaten an. Wir waren ungefähr 80 Mann. Die Russen kamen uns entgegen. Es war der 1. Mai 1945, als ich bei einer russischen Panzerdivision in Gefangenschaft ging. Die nahmen uns Offiziere auf die Seite. Wir dachten schon, jetzt werden wir erschossen.

Aber die haben uns hochnobel behandelt und uns fürstlich bewirtet mit Keksen, Broten und Schnaps. Sie breiteten Decken aus. Es war ein Picknick zum Ende des Krieges in einer beinahe friedlichen Atmosphäre.

Sie sagten uns auch: ‚Wir müssen euch an eine Transport-Einheit übergeben. Da wird es euch nicht so gut gehen.' Sie sollten Recht behalten."

Es begann die zehneinhalb Jahre dauernde Odyssee des Heinz-Eberhard Alex durch neun russische Gefangenenlager. Mehr als vier Wochen dauerte die Fahrt im Güterwagen Richtung Osten. Wohin die Reise ging, sagte ihnen niemand: „Wir ahnten, dass es nach Russland geht." Die Namen der einzelnen Lager, in denen er gefangen gehalten wurde, hat er auf einem Zeitungsbericht angekreuzt. Im Lager Akarmara hatte er Glück. Er bekam einen Job in der Küche: „Das war überhaupt meine beste Zeit in der Gefangenschaft." Im nächsten Lager in Kwessan mussten sie 14 Stunden täglich im Steinbruch arbeiten: „Um sieben Uhr morgens war Abmarsch. Hin fünf Kilometer und zurück fünf Kilometer marschieren. Ich war Steinschläger. Ich musste große

Steine mit einem Hammer zerkleinern. Wer eine Karre schieben musste und zu langsam war, wurde mit Stöcken verprügelt. Ich hatte das Steine zerschlagen schnell raus. Mir passierte nichts. Die Verpflegung war miserabel. Drei mal täglich Wassersuppe. Brot bekamen wir um Mitternacht. Das musste man sofort essen, weil es sonst die Ratten geholt hätten."

Inzwischen konnte er seine Frau benachrichtigen, dass er in Gefangenschaft ist. Und er erfährt, dass 1945 seine älteste Tochter geboren wurde. Er hätte so gerne ein Foto seiner Familie gehabt. Doch er darf nur 25 Wörter schreiben. Und die Rückantwort ist ähnlich knapp vorgeschrieben.

1949 wird er in einem Lager in der Nähe von Kiew wegen der angeblichen „Erschießung von sechs Zivilisten und der Zerstörung von zivilen Anlagen" von einem Militärgericht zum Tode verurteilt. Aber weil die Todesstrafe aufgehoben wurde, wird das Urteil umgewandelt in 25 Jahre Zwangsarbeit. Er hat keinen Verteidiger. Der Dolmetscher spricht schlecht deutsch, so dass er sich lieber auf seine eigenen Russischkenntnisse verlässt. Die angeblichen Gräueltaten wurden von einer Panzerdivision verübt. Dass er schuldig sei, gehe aus den Unterlagen hervor, wird ihm vorgehalten. Er verlangt Einsicht in die Unterlagen. In den Dokumenten stehen die Namen von SS-Soldaten. „Ich heiße anders. Ich war nie bei der SS. Ich war zur Zeit der angeblichen Gräueltaten 1.000 Kilometer entfernt", verteidigt er sich. Die drei Militärrichter sagen: „Das sind Ausflüchte." Heute überlegt er, ob das Urteil gegen ihn und gegen viele andere Kameraden, die wie er „willkürlich" einfach zu 25 Jahren Zwangsarbeit verurteilt wurden, nicht politische Hintergründe hatte. Denn damals begann die deutsche Bundesregierung mit den Russen um die Freilassung der Kriegsgefangenen zu verhandeln. Seine Vermutung: Vielleicht wollte die russische Regierung mit den vielen verurteilten Gefangenen den Preis für die Freilassung hoch schrauben? Er wird abgeführt und landet für ein halbes Jahr in einem Gefängnis, zusammen mit fünf anderen

 Deutschen in einer Drei-Mann-Zelle, bevor er in das nächste Lager eingewiesen wird: „Ich habe den Mut nie verloren, und auch nicht die Hoffnung, dass ich nach Hause komme zu meiner Familie. Das hat mir alle die Jahre die Kraft gegeben, mit eisernem Willen durchzuhalten." Er arbeitet auf dem Bau, lernt schnell mauern, gilt als „Spezialist". Die Arbeit wird sogar bezahlt: „Wer gut arbeitet, kann etwas verdienen. Wer krank ist, und keine gute Arbeit hat, ist schlechter dran." 1955 macht das Gerücht in den Lagern die Runde, dass sie bald nach Hause kommen. „Eines Tages", so erinnert er sich an die Entlassung, „waren wir wie immer zum Abmarsch zur Arbeit angetreten. Aber das Tor ging nicht auf. Und dann wurden Namen vorgelesen. Wer auf der Namensliste stand, erhielt neue Wattejacken. Aber die sagten nicht, was los war. Doch hartnäckig hielt sich das Gerücht: Wir kommen heim." Und dann geht die Reise los. Am 8. Oktober kommt der Zug mit 600 Kriegsgefangenen in Fürstenwalde an. Am nächsten Tag werden etwa 30 Heimkehrer aus Berlin mit der S-Bahn nach Berlin zum Bahnhof Zoo geschickt. Einer von ihnen ist Heinz Alex. Ein Mann vom Heimkehrerverband bringt ihn im Auto zu seiner Frau und klingelt: „Ich bringe Ihnen Ihren Mann", sagt er. Ein Wiedersehen nach fast elf Jahren. Zum ersten Mal sieht er seine Tochter. Die kennt ihren Vater nur von Fotos. Und sagt: „Papa, du hast dich nicht verändert."

In einem Bericht der Berliner Zeitung „Telegraf" vom 11. Oktober 1945 heißt es über die Heimkehr von Heinz-Eberhard Alex: „Wer ist dieser Heimkehrer? Unsere Durchschnittsbegriffe von Beruf, Herkommen, Zukunft sind an ihm nicht abzulesen. Er kann alles gewesen sein. Nun fragt man doch. Der Mann neben uns war Major. ‚Mit 40 bin ich noch nicht zu alt, da kann man noch einen Beruf anfangen', sagt er."

Heinz-Eberhard Alex hat als 40-Jähriger ein Studium angefangen, wurde Bauingenieur und lebt jetzt im Ruhestand mit seiner Frau in St. Ingbert im Saarland.

Friedrich-Wilhelm Vetter, Jahrgang 1929, Hitlerjunge, Volkssturmsoldat, Dreher: ***„Im amerikanischen Kriegsgefangenenlager traf ich meinen Vater. Er sagte: ‚Bub, wie kommst denn du hierher?'"***

Dieter Gräbner

Was Krieg bedeutet, in seiner ganzen Brutalität und Erbarmungslosigkeit, das lernte Friedrich-Wilhelm Vetter, genannt „Fritz", Jahrgang 1929, schon als 14-jähriger Dreherlehrling auf der Burbacher Hütte in Saarbrücken-Burbach. Er gehörte zur Werks-Jugendfeuerwehr. Da ging es nicht darum zu üben, wie man einen Brand bekämpft oder einen Verletzten birgt. Bei Fritz Vetter war es bitterer blutiger Ernst. „Von Anfang an", wie er sagt. 1944 griffen immer mehr und immer öfter alliierte Bombergeschwader Saarbrücken und natürlich auch die Burbacher Hütte an: „Nach den Angriffen rückten wir aus, räumten die Trümmer weg und bargen die Leichen und Verletzten." Er erinnert sich genau an den Tag, als sie aus den Trümmern eines Schwellenkanals, in den schräg eine Sprengbombe eingeschlagen war, „zehn oder zwölf Tote" bargen. „Die holten wir mit Schaufeln und unseren Händen raus. Da gab es auch abgerissene Gliedmaßen und Hände. Zwei Kollegen aus unserer Lehrwerkstatt hatte es auch erwischt. Erst hatte ich einen Schock, dann überkam mich riesengroßes Entsetzen, ich zitterte am ganzen Körper, hatte Brechreiz. Die Toten wurden in Papiersäcke gelegt und mit einem Leiterwagen zum Friedhof gefahren. Bei einem anderen Angriff im Saarbrücker Stadtteil Rastpfuhl traf es das Haus eines Direktors der Eisenbahn. Der kam mit schlohweißen Haaren, so weiß wie Papier, zurück. Während des Bombenangriffs waren seine Frau und seine drei Kinder in einem Keller umgekommen. Ein Volltreffer hatte das Haus zerstört." Zum Schutz gegen die Luftangriffe – 1944 war fast jeden Tag Alarm – wurden überall Stollen und Luftschutzkeller errichtet. Saarbrücken galt deswegen als eine der sichersten Städte für die Zivilbevölkerung. Auch im Saarbrücker Ortsteil Burbach, einem traditionellen Arbeiterviertel, hatten die Einwohner in Feierabendarbeit mächtige Luftschutzstollen angelegt. Fritz Vetter erinnert sich: „Das Material dazu lieferte die Burbacher Hütte. Der Franz Herrmann Stollen zum Beispiel hatte zwei Eingänge und vier Kammern, war 120 Meter lang und lag etwa zehn bis zwölf Meter unter der Erde. Der Stollen hieß deswegen Franz Herrmann Stollen weil Franz Herrmann, der führende Leiter beim Stollenbau durch einen tragischen Unfall getötet wurde. Eine Lore riss die Stützstempel weg, die herabstürzenden Erdmassen begruben Franz Herrmann. Das war ein großer Verlust für uns. Er kannte sich am Besten beim Stollenausbau aus."

Friedrich-Wilhelm Vetter

Dann kam der 5. Oktober, der schlimme Angriff, als britische Lancaster-Bomber 350.000 Brandbomben ausklinkten und die Stadt in ein flammendes Inferno verwandelten. „Die Angreifer kamen in zwei Wellen. Beim ersten Angriff blieb mein Vater im Haus, um im Ernstfall zu löschen. Es fielen aber keine Brandbomben, nur Sprengbomben, allerdings riesige Kaliber. Die Erde im Stollen bebte. Dann kam der zweite Angriff." Mein Vater ließ sich überreden, mit in den Stollen zu gehen.
Was dann geschah, hat der damals 15-jährige Dreherlehrling und Jungfeuerwehrmann Fritz Vetter genau protokolliert: „Die Stolleneingangswache meldete: Bei Vetters brennt es. Mein Vater und ich sind sofort aus dem Stollen raus und durch den Garten zum Haus und durch den Hintereingang zum Treppenhaus nach oben in den dritten Stock. Der Speicher hat schon hellauf gebrannt. Mein Vater trat die

Wohnungstür auf. Ich habe noch gewarnt wegen der Sauerstoffzufuhr.
Als die Tür nach innen fiel, schoss eine zwei Meter hohe Stichflamme an uns vorbei. Nun stand der ganze dritte Stock in Flammen. Um unser Leben zu retten, mussten wir flüchten. Wir waren noch nicht ganz im Erdgeschoss angekommen, da stürzte schon der Dachstuhl ein. Im Brandbombenhagel flohen wir zurück in den Stollen. Als wir ankamen, wurden wir mit Fragen überschüttet: ‚Brennt es bei uns? Wie sieht es in unserem Haus aus?' Man verstand sein eigenes Wort vor lauter Weinen, Beten und dem Geschrei der Mütter und Kinder nicht. Viele Männer wollten aus dem Stollen raus, um nachzusehen ... Aber die Stolleneingangswachen schlossen die Panzertüre der Luftschleuse und liefen den schrägen 25 Meter langen Stollengang hinab. Wenn eine Sprengbombe den Eingang treffen würde, würde es trotz Stahltüre viele Tote geben – durch Lungenrisse durch den starken Überdruck der Explosion. Der Schrecken und das Geschrei und das Weinen nahm kein Ende.
Es dauerte eine Ewigkeit, bis wir den Stollen verlassen konnten. Wir hörten das Prasseln der Brände und das Krachen und Ächzen, wenn die brennenden Häuser zusammenstürzten. Menschen irrten durch die Straßen und versuchten sich gegenseitig zu helfen. Ein Bild werde ich nie vergessen: Eine Nachbarin, die damals etwa 60 Jahre alt war und deren Wohnung lichterloh brannte, saß auf der Bürgersteigkante und schrie verzweifelt. Ihre Augen waren starr. Mit beiden Händen riss sie sich die Haare vom Kopf. Blut lief über ihr Gesicht. Ihre Angehörigen konnten sie nicht beruhigen. Sie wollte immer wieder in das brennende Haus zurück.
Ihr mussten Hände und Füße gefesselt werden. Es war ein Chaos von Brand, dem Gestank von verbranntem Fleisch, dem Krachen der Häusereinstürze und der Rufe nach vermissten Angehörigen. Aber es gab auch Hilfe und Zuneigung. In den wenigen noch erhaltenen Wohnungen wurde Platz gemacht für die Ausgebombten. Unsere Wohnung war ja total ausgebrannt. Die Familie Weber von gegenüber

 hat ihre Wohnung teilweise freigemacht und Matratzen und Wolldecken auf dem Fußboden ausgebreitet und unsere Familie mit fünf Personen aufgenommen."

Wie alle Jugendlichen damals gehörte auch der 15 Jahre alte Fritz Vetter zur Hitlerjugend und wurde Ende 1944 zum „Schanzeinsatz" abkommandiert. Sie schanzten Panzergräben im heute französischen Forbach und im benachbarten Rheinland-Pfalz. Anfang 1945 gab man ihm ein Soldbuch mit seinem Namen in die Hand. Jetzt war er Soldat, gehörte zum Volkssturm. Als Uniform trug er eine helle Jacke des deutschen Afrika-Korps und die Überfallhosen der Hitlerjugend. In Remmelsweiler bei St. Wendel wurde er von einem armamputierten Soldaten an einem Maschinengewehr als MG-Schütze 1 ausgebildet: „Wir sollten amerikanische Panzer aufhalten und bezogen Stellung hinter einer Panzersperre bei Rehborn am Glan in Rheinland-Pfalz. Wir waren zu dritt. Drei junge Kerle mit einem MG und einer Panzerfaust. Die waren alle nicht älter als ich. Die Panzer waren schon in Odernheim am Glan. Das war der nächste Ort, nur wenige Kilometer entfernt: Dann kamen die Panzer. Auf Befehl zogen wir uns zurück, durch einen Wassergraben und zurück in den Ort. An uns fuhr ein deutscher Schützenpanzer vorbei. Der Fahrer rief: ‚Ach Gott ihr Buben, was ist denn mit euch los?' Die haben uns mitgenommen. Mit denen fuhren wir Richtung Speyer am Rhein."

Irgendwie geriet der jetzt 16 Jahre alte Volkssturmsoldat Fritz Vetter – am 27. März 1945 war sein 16. Geburtstag – in eine Einheit, die nach Witzenhausen in Nordhessen verlegt wurde. Er war mit seinem Freund Robert Mischkowitz zusammen. Der war ein Jahr älter als Fritz Vetter, wohnte in Lothringen, im damaligen Stieringen, heute Stiring Wendel. Robert Mischkowitz war Franzose, ein junger Bergmann aus dem französischen Kohlerevier. Und nun kämpfte er für Adolf Hitler und Großdeutschland. „Wer die örtlichen Verhältnisse nicht kennt", sagt Fritz Vetter, „muss wissen, dass Burbach, wo ich aufgewachsen bin, und das damalige Stieringen, das heutige Stiring Wendel, vielleicht nur drei oder vier Kilometer Luftlinie auseinander liegen. Burbach liegt von uns aus gesehen diesseits und Stiring Wendel jenseits der Saar."

Die beiden, der Lothringer Robert und der deutsche Hitlerjunge Fritz wurden in Witzenhausen in Nordhessen dem Panzerjagdzug 24 zugeteilt. Was ein Panzerjagdzug war, erklärt Fritz Vetter so: „Wir waren mit Fahrrädern ausgestattet und hatten zwei Panzerfäuste dabei. Zum Panzerjagdzug gehörten etwa 20 Mann, auch richtige Soldaten, nicht nur wir Buben."

Es war der 9. April 1945. In Herzberg am Harz war der Krieg vorbei für die beiden Volkssturmsoldaten des Panzerjagdzuges 24. In der kleinen Stadt tobte ein Häuserkampf gegen US-Einheiten. Längst hatten Fritz und Robert kein MG mehr, sondern waren mit Sturmgewehren ausgerüstet worden. Und so lagen sie nun hinter Häuservorsprüngen und zielten auf „die Amis". Eine Ausbildung am Sturmgewehr hatten sie nicht: „Kein Problem war das", sagt Fritz Vetter heute. „Den Umgang mit Waffen, den lernt man im Krieg schnell. Ich war 16 Jahre alt, Robert war ja ein Jahr älter. Wir hatten fürchterliche Angst. Aber wir haben sie nicht gezeigt.

An den Tod haben wir nicht gedacht. Wir haben gedacht, dass wir beim Sterben nicht dabei sein werden. Wir dachten, uns wird es nicht erwischen. Wir haben uns in einer Gaststätte im Keller versteckt. Bei uns waren SS-Leute. Die sind weiter gerannt. Die wollten nicht in Gefangenschaft geraten. In der Gaststätte ging rechts neben dem Buffett eine Treppe runter in den Keller. Dort unten saßen Frauen und Kinder. Die schrieen, als sie uns sahen. Wir hatten ja unsere Waffen dabei: ‚Wenn die Amis euch sehen mit den Gewehren, passiert ein Unglück. Geht doch wieder rauf, ihr Buben', bettelten sie. In dem Keller saß auch ein holländischer Zwangsarbeiter. Der sagte: ‚Gebt mir die Waffen.‘ Dann ging der zu den Amerikanern raus, gab denen die Waffen und kam zurück und sagte zu uns: ‚Ihr könnt hochkommen.‘ Oben in der Gastwirtschaft standen 22 US-Soldaten, ich habe sie genau gezählt. Als der erste US-Soldat sah, wie jung wir waren, fing er an zu lachen. Einer sagte: ‚You goddamned Naziboys!‘“

Fritz und Robert wurden zunächst in das US-Kriegsgefangenenlager nach Andernach verschubt. In Andernach und Remagen kampierten zeitweise hunderttausende deutsche Gefangene bei Wind und Wetter unter freiem Himmel bei kargen Lebensmittelrationen. Fritz Vetter und Robert Mischkowitz wurden Anfang Mai 1945 von Andernach in das große US-Kriegsgefangenenlager nach Cherbourg in Frankreich verlegt. Sie fuhren in offenen Waggons. Die Fahrt dauerte viele Tage: „Wir mussten oft halten. Die Truppentransporte hatten Vorfahrt. Dann warfen die Franzosen Steine und Eisenstangen von oben in die Waggons oder schütteten Fäkalien über uns aus. Auf den Brücken standen Frauen, die hoben den Rock hoch und zeigten uns ihren Arsch. In einem Waggon waren 72 Mann zusammengepfercht. Unterwegs starben viele Kameraden. Bei uns im Waggon hatten wir sieben Schwerverletzte. Als wir ankamen wurden die Waggons geöffnet, und es wurden erst einmal die Toten ausgeladen. Dann wurden wir durch die Stadt geführt, links und rechts der Straße standen die Menschen und johlten und beschimpften uns oder bewarfen uns mit Unrat. Im Lager wurden wir in verschiedene Cages (Käfige) eingeteilt. Diese Cages waren Lager im Lager, noch einmal umzäunt. Etwa 70 bis 75 lebten in einem Zelt.“

Nach offiziellen Angaben und nach Berichten des Internationalen Komitees des Roten Kreuzes wurden im US-Kriegsgefangenenlager Cherbourg (Offizielle Bezeichnung der US-Kriegsgefangenenlager CCPWE = Continental Prisoners of War Enclousures) nach Kriegsende 28.000 Soldaten gefangen gehalten. Das Lager hatte insgesamt eine Kapazität von 40.000 Mann.

Die Verpflegung war miserabel. Für jeden Gefangenen gab es eine Wolldecke. Notdürftig versuchten sich Fritz und sein Freund Robert, die immer zusammen blieben, zusätzlich mit Pappe vor der Nachtkälte zu schützen. Robert Mischkowitz wurde bald, im Mai 1945, entlassen, wie viele andere Franzosen, die für Großdeutschland in den Krieg ziehen mussten. Fritz Vetter wünschte seinem Kameraden alles Gute. Er war inzwischen 16 Jahre alt. Er hatte als Feuerwehrmann Tote und Verletzte geborgen, hatte auf Amerikaner geschossen, hatte gelernt mit einem MG zu feuern, war in vielen gefährlichen Situationen gewesen und hatte versucht, nie seine Angst zu zeigen. Und nun ließ ihn sein Freund allein. Fritz Vetter heulte wie ein Schlosshund: „Als Robert weg war, bekam ich einen Nervenzusammenbruch. Wir waren so lange zusammen gewesen, hatten alles miteinander ertragen, alles geteilt, die letzte Brotkruste. Und nun war ich ganz allein. Mein Halt war weg. Die Amerikaner fuhren mich ins Lazarett. Ich kam wieder raus, aber den Verlust meines Freundes konnte ich kaum ertragen. Ich war verzweifelt, wusste nicht, wie es weitergehen sollte. Immer wenn ein Transport eintraf, gingen wir zum Stacheldraht und schauten, ob wir einen Bekannten entdecken konnten. Als Erkennungszeichen trugen wir Schilder an unseren Mützen. Auf meiner Mütze stand ‚Saar'."
Es war an einem heißen Julitag. Da kam einer an, der war der Uniform nach von der Schiffsartillerie, und auf seinem Käppi stand auch „Saar". An den Dialog zwischen ihm und dem Mann mit dem Marine-Käppi erinnert sich Fritz Vetter noch 60 Jahre später Wort für Wort.
Der Mann mit dem Käppi fragte: „Wo kommst du her?"
Fritz Vetter: „Aus Burbach."
Er: „Ich auch."
Er fragt: „Wie ist dein Name?"
Fritz Vetter: „Ich heiße Vetter."
Er: „Heißt dein Vater mit Vornamen Wilhelm?"
Fritz Vetter: „Woher wissen Sie denn das?"

 Der Mann mit dem Schild „Saar“ am Käppi antwortet: „Der hat mit mir hier im Lager im Lazarett gelegen. Ich heiße Backes.“
Fritz Vetter: „Ich hatte einen Lehrer, der hieß Backes.“
Der Mann mit dem Käppi: „Ja, das war mein Vater. Er war aus Burbach.“
Dem 16 Jahre alte Kriegsgefangenen Fritz Vetter flattern die Nerven. Aber Backes beruhigt ihn: „Deinem Vater geht es gut. Er ist gesund. Er hatte einen Kniegelenkdurchschuss. Er muss aus dem Lazarett hier in das Lager entlassen werden.“
Fritz Vetter geht zu seinem deutschen „Lagerführer“ und meldet, was er eben von Backes gehört hatte. Der sagt: „Das muss ich dem amerikanischen Lagerkommandanten melden“. Dann ging alles ganz schnell. Über Lautsprecher wurde im Lager gefragt, ob der Gefangene Wilhelm Vetter schon aus dem Lazarett entlassen und im Lager angekommen ist: „Sein Sohn ist hier und wartet auf seinen Vater.“ Es meldete sich niemand. Es vergehen zwei Tage. Dann kommt der Lagerführer aus seinem Zelt und sagt zu ihm: „Komm du mal mit.“ Fritz Vetter beschreibt das Wiedersehen mit seinem Vater, der ebenfalls – obwohl er schon 45 Jahre alt war – zum Volkssturm eingezogen wurde, und weil er schon im Ersten Weltkrieg dabei war, gleich zum Unteroffizier ernannt wurde, so: „Das Zelt war durch einen Vorhang abgeteilt. Der Lagerführer machte den Vorhang auf. Und da stand mein Vater ... Was glauben Sie, was der zu mir gesagt hat? Der hat gesagt: ‚Wie kommst denn du hierher? Sag mir das einmal. Ich könnte dir ...‘ Und dann sind wir uns um den Hals gefallen. Und wir haben beide geheult.“
Die beiden gingen zum Kommandanten. Der war sichtlich bewegt: „Dass so etwas passiert, dass sich unter sieben Millionen Kriegsgefangenen Vater und Sohn in einem Lager begegnen ...“ Nach einer Pause sagte der Kommandant zu dem 16-jährigen Fritz Vetter: „Ich kann Sie beide zusammen im Lager lassen. Aber ich muss Sie darauf

aufmerksam machen, dass wir Ihren Vater an die Franzosen übergeben werden. Wenn Sie bei ihm bleiben, kommen Sie in ein französisches Kriegsgefangenenlager. Aber die Jugendlichen bleiben bei uns. Und ich weiß zu 80 Prozent, dass die Jugendlichen alle früher nach Hause kommen." Der Vater sagte: „Bub, mach dass du heimkommst. Wir sind ausgebombt. Deine Mutter ist mit deinen Geschwistern allein. Nix wie hemm mit dir." „Der Kommandant erlaubte uns, dass wir uns alle zwei Tage zwei Stunden sehen und miteinander reden durften. Und beim Kirchgang sahen wir uns auch."

Friedrich-Wilhelm Vetter, genannt „Fritz", Hitlerjunge und Volkssturmsoldat, geboren am 27. März 1929, wird am 8. Juni 1945 in das amerikanische Umerziehungslager Fourcaville bei Cherbourg verlegt, so trägt es sein Vater in sein Tagebuch ein. Dort wird er am 1.11.1945 entlassen. Er geht wieder zu seinem alten Arbeitgeber, der Burbacher Hütte, arbeitet dort als Dreher. Weil die Hütte geschlossen wird, wird er 1987 als Frühpensionär in den Vorruhestand geschickt. Mit Robert Mischkowitz ist Fritz Vetter heute noch befreundet. Die beiden treffen sich regelmäßig.

Der Volkssturm-Unteroffizier Wilhelm Vetter, geboren am 8. Oktober 1900, wird am 9. September 1947 aus französischer Kriegsgefangenschaft entlassen – zwei Jahre später als sein Sohn Er arbeitet weiter auf der Burbacher Hütte, wird 1965 pensioniert.

Hugo Dörr, Jahrgang 1926, Fähnrich, Schreiner: ***„Wir waren alle plötzlich ganz traurig. Mittlerweile wusste man im Dorf, dass ‚Ügo' nach Hause geht."***

Eigener Bericht

Hugo Dörr, Jahrgang 1926, wurde im September 1943 als 17-Jähriger zur Fallschirmjägertruppe in Gardelegen in der Lüneburger Heide eingezogen. Seine Erlebnisse während der Ausbildung, als Soldat und in Kriegsgefangenschaft hat er anhand von Gedächtnisprotokollen und Unterlagen stichwortartig aufgezeichnet. Auszüge:

„Eignungstest in Metz, zwei Tage lang. Der Test war ähnlich dem, den auch Piloten machen mussten. Unter anderem mussten wir uns auf einen sich drehenden Stuhl setzen, der sich nach vorne und hinten und seitlich neigen konnte. Wem bei den ersten leichten Drehungen schwindlig wurde oder erbrach, schied sofort aus. Viele Belastungen waren eine Tortur. Von den zirka 20 Kandidaten blieben acht übrig.

Die Ausbildung umfasste Nahkampf mit Messer und Spaten, Messerwurf auf eine Distanz von zehn Metern, Handhabung von Tellerminen, Haftminen, Handgranaten, schnelles sicheres Schießen mit P38, Karabiner 98K und M642 sowie das Sprengen von Brücken, den Kampf gegen Panzer und Panzerattrappen und im Busch versteckte klappbare Pappgegner, das Überleben in schwierigstem Gelände ohne genügend eigene Nahrung, unter ständigem Druck. Es war eine unbeschreibliche Belastung und viele hielten nicht durch."

Nach verschiedenen Kampfeinsätzen vor allem in Frankreich wurde seine Einheit 1944 in den Norden des Landes verlegt, wo Hugo Dörr in Gefangenschaft geriet. Über diese Zeit schreibt er in einem Gedächtnisprotokoll, das sich auf eigene Aufzeichnungen und Briefe stützt:

„Am 6. Juni 44 begann die Invasion unserer Gegner. Unsere Einheit wurde noch in die Normandie verlegt, aber ohne dort eingreifen zu

können. Denn der Rückmarsch unserer Verbände war schon im Gange und wurde immer unkontrollierter. Mittlerweile hatte sich schon eine französische Miliz gebildet, die teilweise uniformiert war und mit einer weißen Armbinde mit den Buchstaben FFI als reguläre Armee völkerrechtlich anerkannt war. Mit einer kleinen zusammengewürfelten Truppe in Zugstärke versuchten wir uns zur Heimat durchzuschlagen. Im Norden zur belgischen Grenze ausweichend, wurden wir in einem Vorwerk der Festung Maubeuge von einer kleinen sonderbaren hasserfüllten Truppe von zirka 20 Leuten mit guter Bewaffnung gefangen genommen. Unter ihnen waren auch einige Frauen. Unsere Waffen hatten wir abgelegt. Wir wurden angespuckt, mit Füßen getreten, mit Steinen beworfen und mit Kolbenschlägen in eine nahe liegende Ortschaft geführt zu einer Schule.
Bei einem Zwischenhalt mussten wir uns hinknien und dabei die Socken ausziehen. Die Hemden wurden uns runtergerissen und die nackten Oberarme kontrolliert. Dabei wurden drei Männer mit einer Tätowierungs-Nummer als SS-Angehörige abgeführt und einfach erschossen. Dann ein plötzlicher ‚Jabo-Angriff'. Drei amerikanische Maschinen schossen einfach in die Menge. Wir hörten auch Panzergeräusche. Und wenig später war eine amerikanische Militäreinheit einmarschiert. Wir mussten uns wieder auf den Bauch legen mit ausgestreckten Armen, wobei einige Franzosen uns mit voller Absicht auf die Hände traten. Die Amerikaner sahen das. Und im Nu war ein heftiger Streit zwischen Amerikanern und Franzosen entstanden. Die Franzosen wurden abgedrängt und ein perfekt deutsch sprechender amerikanischer Offizier verhörte uns. Es entstand erneut Streit, Waffen wurden entsichert auf beiden Seiten, und die Amerikaner nahmen uns jetzt als ihre Gefangene mit. Beim Verhör erfuhren sie, was mit den drei SS-Leuten passiert war. Da war die Hölle los. Die Franzosen wurden entwaffnet und mussten die drei Leichen herbei schaffen. Dann wurden wir in ein amerikanisches Lager gebracht. Von Brücken und Böschungen wurden wir von den Franzosen mit Steinen und

 anderen Gegenständen beworfen. Das erste Auffanglager war in St. Quentin mit chaotischen Zuständen.

US-Gefangenenlager Affichy/Frankreich, den 24.05.46

Letzten Brief nach Hause geschrieben. Morgen werden ca. 400 Mann verlegt. Wie „Scheißhausparolen" besagen, zum „Go down fucken French", wie die Amerikaner immer wieder abfällig die Franzosen nennen. Im Lager sind ca. 1.000 Gefangene seit Wochen untergebracht in „Hundelöchern", 60 cm tief, mit Zeltplanen überspannt. 35-40 Mann im Zelt 10 m x 5 m groß. In der Mitte ein jetzt einigermaßen trockener Gang. Links und rechts eine verkrümelte Masse, die vor längerer Zeit mal Stroh war, das jeden Morgen am Kopfende aufgeschichtet werden musste. In den vergangenen Tagen mit vielen anderen immer wieder zum Tor marschiert, um evtl. zu einem Arbeitskommando eingeteilt zu werden, dadurch mehr essen?

Verpflegung im Lager war ausreichend, aber zu wenig Wasser, auch keine große Sauberkeit. Am Abend dann alles nackt durch die Sani-Baracke zum Einsprühen gegen Ungeziefer.

25.05.46, US-Gefangenenlager Affichy/Frankreich

5:30 h marschieren wir zur „Filzwiese" und mussten manches wieder hergeben. Essgeschirr und zwei gute Wolldecken dürfen wir behalten. Draußen vor dem Tor erwarten uns ein französischer Offizier, drei Sergeanten und 30 Marokkaner, diese in erbärmlichem Zustand; ausgehungert, fast zerlumpte Uniformen, abgelatschte Schuhe, rostige Flinten. Können einige deutsche Ausdrücke und wollen handeln mit uns auf dem drei km langen Weg zum Bahnhof, wo ein Güterzug schon auf uns wartet. Wir sind doch nur 300 Mann und fahren gegen Süden. In jedem Waggon zwei Eimer für die Notdurft. Während der Fahrt zu wenig Halt, zu wenig essen, zu wenig trinken. Gereiztheit unter den Männern, da wir in den Nächten zu dicht aufeinander liegen.

Dann irgendwo ein Halt. Maschine holt Wasser, viele springen einfach aufs Gleis um auch ein paar Tropfen zu kriegen und sich mal frei zu bewegen, werden aber durch Flüche und Schüsse wieder in die Waggons getrieben. Dann werden einige Wagen abgehängt und weiter geht's. Wir haben Hunger und Durst und der „Sch....-Eimer“ stinkt, da wir ihn nicht richtig säubern konnten.

Am 27.05.46
sehen wir ein Schild „Lyon“ und weit weg die schneebedeckten Schweizer Alpen.

Am 28.05.46
Unsanftes Wecken durch Klopfen, Grölen, Befehle. Wir sind angelangt in „Pont de Yen“, einer kleinen Bahnstation mit chaotischem Durcheinander. Etwas schwach klettern wir aus den Waggons, werden wieder gezählt; es fehlen einige – verstorben – und in einem etwas schwankenden Marsch geht es zu einem ca. zwei km entfernten Steinbarackenlager mit hohem Doppelstacheldrahtzaun. Die Marokkaner machen uns wieder klar, dass uns alles abgenommen würde. Wir sind noch 100 Mann. Vorne marschieren jetzt zwei Feldwebel, die als Elsässer gut Deutsch können. Die Sonne strahlt angenehm über Dächer und Bäume und wir sind froh, marschieren zu können, wenn auch viele ziemlich schwankend. Das Lager liegt idyllisch in einem Tal ziemlich einsam an einer Straße. Beim Hineinmarschieren nochmals gezählt und beim Durchgang einer kleinen Holzbaracke „gefilzt“, alles was doppelt war wurde weggenommen.
Mittlerweile war es Mittag und es gab Essen. Neben einer Wassersuppe mit Bohnen und Erbsen gab es ein Stück Schwarzbrot und drei kleine Heringe. Wir durften dann in die Unterkünfte, uns hinlegen, mit dreckigen Decken zudecken und schliefen einfach bis zum nächsten Morgen.

 29.05.46,

6:00 h Wecken durch ein jämmerliches Hornsignal. 7:00 h Frühstück, zu dem wir langsam und schwankend hingingen. Es gab einen Napf Kaffee, zwei Scheiben Brot und ein Stückchen Käse. Zum Mittag dann diese komische Suppe mit irgendetwas drin. Am Abend zwei Scheiben Brot, dabei abwechselnd mal ein Stückchen Käse, ein Stückchen Wurst, etwas Butter, 20 g Zucker und immer drei kleine Heringe. Dieses gleiche Essen bis 5.6. – dann langsames Aufkommen von Meuterei wegen dem schlechten Essen und der Decken. Die Lagerleitung musste handeln. In erstaunlich kurzer Zeit kamen drei Abgesandte vom Internationalen Roten Kreuz, dabei ein deutscher Arzt, der jedem eine Spritze in die Schulter setzte.
Mittlerweile waren wir alle registriert und durften mit Vordrucken schreiben. Am gleichen Tag im Lager etwas Unruhe und durch die Lautsprecher wurden mehrere Namen genannt, darunter auch meiner. Sofort mit Gepäck zum Tor, insgesamt zehn Mann. Dort stand ein alter LKW mit Fahrer und zwei Bauern, die dann mit den notwendigen Papieren gegen 15:00 Uhr mit uns abfuhren. Es ging dann durch Schluchten und kleine Dörfer immer weiter nach oben in Richtung Schweizer Grenze ins französische Jura. Der Fahrer hält 2-3 mal bei Lokalen, trinkt immer Einen und im letzten größeren Ort werden einige Brote, Gemüse und andere „Fresswaren“ gekauft und aufgeladen. Der ziemlich angesäuselte Fahrer zeigt immer wieder auf einen Berg zu dem wir hinmüssen „Col de Richmond“, ca. 1.200 m hoch und immer wieder in der Ferne die schneebedeckten Gipfel der Schweizer Alpen. An einer einsamen „Ferme“ steigt noch ein angesäuselter Zivilist ein, der jedem eine selbstgedrehte Zigarette anbietet. Er spricht einige Brocken Deutsch, ist Kommunist, war Partisan und sagt: „Nix gut Patron.“ Dann endlich kommen wir zum Lager, drei armselige Holzbaracken. Zwei „prisonners“ begrüßen uns und erzählen, dass vor 14 Tagen ihre acht Kameraden geflohen sind, unter Mitnahme aller

greifbaren Lebensmittel. Wir erfahren nun, dass wir zum Holzfällen hier sind, von frühmorgens fünf bis abends sieben mit einer Stunde Mittag. Unser Essen war nicht in Ordnung für diese schwere Arbeit. Zu dieser Holzeinschlag-Truppe gehörten noch zwei Fahrer eines Transportunternehmens „Gebrüder Raffin“, die fast jeden Tag abfuhren. Die beiden waren ebenfalls Kommunisten und wir Gefangene hatten auch mit ihnen ein gutes Verhältnis. Sie brachten uns auch manchmal Kleinigkeiten mit, die wir bezahlen konnten, denn die Gefangenen in den Arbeitskommandos bekamen pro Tag zehn FF. Auch bekamen wir manchmal ältere aber noch benutzbare Arbeitskleidung von den beiden. Die fünf FF, die uns dann als „Taschengeld“ zustanden, wurden im Hauptlager – in Bourg – verwaltet. Es war immer schwierig, bis wir es hatten. Nun war es manchmal nötig, doch noch Lebensmittel einzukaufen, wozu ich als Jüngster dann beauftragt wurde. Es ging dann in ca. zweistündigem Abstieg über alte Waldarbeiterpfade und herrliche, in allen Farben blühende Bergwiesen zu einem größeren Ort. Ich legte meinen Zettel vor, bekam die Ware und eine Quittung, die auch ich unterschrieb und zog dann wieder, mit manchmal sehr schwerem Rucksack, nach oben in ca. drei Stunden. Dann kamen irgendwann mal zwei Lagerbeauftragte, ein Franzose und ein Deutscher, hörten uns an, schauten sich alles an und diskutierten dann heftig und länger mit Patron Kurath. Sie hatten wieder für jeden etwas Geld mitgebracht. Nach diesem Besuch wurde es wesentlich besser.

Zwei Tage danach wurde ich „ausgeliehen“ oder „versetzt“ zu einem Großbauern „Poisieu“ im Tal, ein Ort mit ca. 20 Häusern. Hier begann die letzte und schönste Zeit meiner Gefangenschaft. Zum ersten Mal seit Jahren ein eigenes Zimmer mit „weißer Bettwäsche“ und die Möglichkeit, in einer Betonwanne zu baden.

Das große Anwesen bestand aus mehreren Stallungen und einer großen offenen Scheune in der eine Dreschmaschine stand. Der linke Teil war geschlossen, mit zwei Wirtschaftsräumen unten und zwei Schlafzimmern oben, davon eins für mich. Das Wohnhaus hatte eine große Küche unten (großer Tisch mit 12 Stühlen) und 4-5 Schlafräume oben. Die deutsch-schweizerische Familie Gürtner bestand aus dem Senior, Vorname Jan, ca. 70 Jahre alt, ein bisschen verwirrt, dessen Sohn, Vorname ebenfalls Jan, ca. 35 Jahre alt, dessen Schwägerin mit Sohn Michel, ca. zehn Jahre alt und einem Mädchen Maria, ca. drei Jahre alt, das nur „Dedete" gerufen wurde. Dann eine Magd und ein Knecht, der ein völlig verdrehtes Deutsch sprach. Die Frau von Jan lag im Kindbett, ziemlich krank; wenn sie im Haus war, musste sie immer wieder weg ins Hospital.

Mit Opa Jan und Dedete hatte ich sofort das beste Verhältnis. Bei den Mahlzeiten saß ich zwischen den beiden, links Opa Jan und rechts Dedete, somit konnte ich die beiden gut betreuen, was ohne Probleme gelang. Ich habe am Abend, wenn es die Arbeit zuließ, öfter die Kleine zu Bett gebracht und ihr auch manchmal deutsche Schlafliedchen vorgesungen. Mit dem Buben Michel war es ähnlich. Dieser hatte einen schon etwas älteren Freund, Marius, die zusammen nachmittags oft irgendetwas anstellten.

Jeder von uns war voll eingespannt und zur Mittagszeit trank jeder zwei Glas eines kräftigen, vollmundigen, roten Landweins. Nach einiger Zeit schlug ich einige Verbesserungen vor, die auch von Jan angenommen wurden, so dass wir beide dann doch häufiger und länger miteinander redeten, denn er hatte eigentlich keine Zeit. Mittlerweile hatte ich mich um die Milchabgabe zu kümmern, denn am Abend kamen immer 10-12 Leute frische Milch holen, die auch bei mir bezahlt wurde. Bei diesen Leuten waren dann nach einer bestimmten Zeit immer mehr junge Mädchen und eine die mir besonders gefiel, „Christin" mit schönem vollen blonden Haar. Nach einiger Zeit kamen andere Bauern mal auf den Hof, um die Neuerungen zu begutachten. Auch war in den Ställen und auf dem Hofgelände mehr Ordnung und

Übersicht, sodass mir schon mal einer mit einem anerkennenden „se bon Ügo“ auf die Schulter klopfte und ich war glücklich wie ein kleiner Junge. Wie gesagt: Ich war voll in die Familie integriert und von allen Dorfbewohnern angenommen.

Anfang November, vor dem kommenden Schnee, fuhren der Knecht und ich mit den vier Pferden und dem verlängerten Wagen in die Berge, um Langholz abzufahren. Mit wirklich schönen Stämmen bis zu zehn Meter lang, Buche, Eiche, Kiefer.

Es war eine schwierige und gefährliche Arbeit und wir mussten richtig überlegen, jeder Handgriff, jedes Ketten anlegen, jedes angespannte Pferd musste richtig angesetzt sein. Am Platz stand eine ca. 2 x 3 m große, versetzbare Bretterbude mit einem Ofen auf dem immer eine Kaffeekanne stand. Für Mensch und Tier hatten wir Verpflegung für ca. eine Woche. Alkohol hatte Jan uns strikt verboten, aber der Knecht Peter hatte Cognac dabei, nur ein Schluck nach den Mahlzeiten. Da nun die ganze Arbeit gut ablief, waren wir früher fertig als vorgesehen war und es ging auf kurvenreicher Straße ins Tal.

Mit viel Geschick, mit Vorspannen, Abspannen, mal mit einem Pferd rechts sichern, dann wieder links. Es war auch hier gefährlich und schwierig, die Abfahrt dauerte 8-9 Stunden. Auch hier wieder doppeltes Glück, denn als wir den Ort schon sehen konnten, fing es an zu schneien und schneebedeckt fuhren wir in den Hof ein, wobei einige Bauern mit Sorgen auf uns gewartet hatten, denn nur einige Stunden später wären wir mit dem Langholz nicht mehr nach unten gekommen. Deshalb hier großes „Palaver“ mit viel Freude, Anerkennung, Schulterklopfen und heißen Getränken und nachdem alles ordentlich versorgt war, saßen wir mit 10-15 Leuten im Licht zweier Petroleumlampen in der Scheune. Für mich auch hier wieder ein Glücksgefühl, dass ich zu dieser schönen, herzlichen Gemeinschaft dazugehörte. Im Winter wurde die Arbeit auf dem Hof überschaubarer und Jan erlaubte mir öfter größere Spaziergänge, bei denen mich die Einheimischen immer alle herzlich grüßten, denn „Ügo“ kannte man in der Gegend. Dabei kam ich zu einer „Vier-Mädel-ferme“, von denen Eine, die gut Deutsch sprach, mich spontan ansprach und ins Haus einlud. Ich war ziemlich befangen und habe mich wahrscheinlich auch dämlich benommen. Nach einem dritten Besuch bei dieser Familie erfuhr ich allerdings sehr Trauriges. Eine SS-Einheit hatte beim Rückzug mehrere dieser einzelnen Gehöfte am Berghang in Brand gesteckt, wobei einige Bewohner verbrannten. Ich war geschockt und traurig, aber erstaunt darüber, dass ich als ehemaliger deutscher Soldat hier keinen Hass zu spüren bekam.

An ein richtiges Weihnachtsfest 1946 kann ich mich nicht mehr erinnern, was mich ein bisschen bedrückt. Allerdings hatte Dedete Maria immer wieder vom „Per Noel“ erzählt, auch war ein Christbaum vorhanden. Jans Ehefrau war auch immer wieder krank sodass ich eigentlich mit ihr nicht richtig warm wurde.

Auch an eine Neujahrsfeier 46/47 kann ich mich nicht erinnern. Aber an häufige gesellige Abende; in der großen Küche waren die 12 Stühle dann meistens besetzt. Ich musste dann aus meiner Heimat erzählen und wurde vieles gefragt, z.B. konnte man nicht verstehen, dass wir zu Hause ein Kuhgespann hatten, denn hier gab's dazu nur Ochsen und Pferde. Ebenfalls waren die Felder in meiner Heimat auf verschiedenen Fluren, wogegen hier alles überwiegend zusammenlag.

Ende Januar 1947 informierte mich Jan, dass ich in einigen Wochen nach Hause entlassen würde. Es war am Abend nach getaner Arbeit und wir waren alle (beide) plötzlich ganz traurig. Opa Jan am meisten. Näheres kam dann später. Mittlerweile wusste man im Dorf, dass „Ügo“ nach Hause geht.

Im Oktober 1997 konnte ich mit meinem jüngsten Sohn und dessen Partnerin das Dorf Poisieu wieder aufsuchen. Wir hatten den Hof auf Anhieb gefunden und die Gebäude standen noch wie vor 50 Jahren.

Der schon genannte Nachbarjunge Marius hatte den Hof übernommen, denn der Sohn Michel Gürtner ging als Autoschlosser weg und hat jetzt einen Autohandel mit Werkstatt in einer weiter entfernten Stadt. Das Wiedersehen war unbeschreiblich, wobei auch manche Träne floss. Wir waren sechs Tage dort, hatten auch Michel besucht, der uns auch zu seinem Alterssitz hinfuhr, eine schöne alte Mühle, die er derzeit renoviert. Es waren für mich sechs wunderschöne Tage mit lieben Menschen.

Franz Sutor, Jahrgang 1927, Offiziersanwärter, Leitender Angestellter: ***„Wer nicht mehr mithalten konnte, wurde in ein Gehöft geführt. Wir hörten eine Maschinenpistolen-Salve. Und der Bewacher erschien wieder am Ende der Kolonne.“***

Eigener Bericht

Mein Geburtstag fällt in die Zeit der großen Weltwirtschaftskrise. Meine Eltern zogen mit drei Kindern nach Köllerbach-Engelfangen im Saarland, zusammen mit meiner Tante, die Kriegerwitwe war. Mein Vater hatte mit meinen Onkeln dort ein Doppelhaus gebaut. Meine Tante verdiente sich als Näherin noch etwas dazu. Mutter half ihr dabei. Geld war damals sehr knapp, die Zinsen sehr hoch. Mein Vater war Bergmann und arbeitete auf der Grube Viktoria in Püttlingen. Die Jahre bis 1935 waren auch dort mager. Vater hatte bis zu zehn „Grümberschichten“ (unbezahlte Freischichten) zu leisten. Wir Kinder hatten unseren Vater oft zu Hause. Er bastelte uns Spielzeug, erzählte Märchen oder Erlebnisse aus dem Ersten Weltkrieg, in dem er drei Jahre in den französischen Gruben von Saint-Etienne gearbeitet hatte. Zwei Häuser oberhalb von uns wohnte der „Beckersch Schorsch“. Er war Kommunist und unterhielt ab 1933 ein Durchgangslager für politische Flüchtlinge. Zwanzig bis dreißig Betten standen zum Teil in Etagen in einem großen Zimmer. Am Eingang stand ein großes Schild: „Hier herrscht der Geist Lenins“. Wieviele politische Flüchtlinge dort durchgeschleust wurden, ist schwer zu schätzen. Oft haben die Flüchtlinge gefragt: Was hat der Pastor Hennes wieder von Hitler gepredigt? Pastor Hennes war ein Gegner des Nationalsozialismus und hat dies auf der Kanzel auch deutlich gesagt. Der Becker Schorsch hatte ein kleines Lebensmittelgeschäft. Die ganze Nachbarschaft hat bei ihm gekauft. Mit „Rot Front“ konnte man sein besonderes Wohlwollen gewinnen – in Form von Bonbons. Er selbst lebte mit

seiner Frau in einer kinderlosen Ehe, war aber uns Kindern sehr zugetan. Am 15 . Januar 1935, als das Ergebnis der Saarabstimmung bekannt wurde, hat der Becker Schorsch mit allen noch anwesenden Emigranten das Haus geräumt. Für uns Kinder ging eine Ära zu Ende. Ein Haus oberhalb vom Becker Schorsch wohnte ein Steiger, der „frankofil" galt. Nach der Saarabstimmung verließ er mit seiner Frau und einem Sohn die Saar.
Bis 1937 hatten wir an der Saar religiös getrennte Schulen. Mit Widerwillen haben meine Eltern damals der Gemeinschaftsschule zugestimmt. Für mich hat sich die Gemeinschaftsschule positiv ausgewirkt. Ein evangelisches Nachbarmädchen war mit mir zusammen in einer Klasse. Wir machten zusammen Aufgaben und wurden von unserer Klassenlehrerin zum Wechsel auf das Lyzeum oder auf das Gymnasium empfohlen.
Mein Vater, der bereits im Ersten Weltkrieg Soldat und Kriegsgefangener gewesen war, sprach von Kriegsvorbereitungen. Die Lebensmittel wurden knapp. Der Ausbruch des Zweiten Weltkrieges 1939 kam für uns überraschend. Wir gehörten zur Roten Zone und wurden abends im Bahnhof Etzenhofen in Güterwaggons verladen. Meine Mutter, meine beiden jüngeren Geschwister und ich fuhren nach Bebra, wo uns Bauernwagen nach Breitenbach brachten. Im Saal des Gasthauses Möller erfolgte die Verteilung auf einzelne Quartiere. Meine Mutter musste mit uns Kindern bis zum Schluss warten. Sie kam in einen Eisenbahnerhaushalt. Ich war im Haus nebenan. Mein Vater verließ Köllerbach zusammen mit meinem älteren Bruder mit einem Fuhrwerk. Er wurde als Bergmann an die Ruhr geschickt. Mein Bruder tauchte eines Tages in Breitenbach auf, er wurde im Nachbarort in einer kleinen Schreinerei untergebracht. Er arbeitete dort als Hilfsarbeiter. An Weihnachten 1939 erhielten wir in Breitenbach eine einfach eingerichtete Wohnung: Ein Zimmer mit Herd und zwei Betten. An Weihnachten kam der Vater von Oberhausen von der Zeche Osterfeld zu uns. Dass es dabei eng zuging, braucht man nicht

 zu erläutern. Aber wir waren für uns. Ich fuhr jeden zweiten Tag nach Bad Hersfeld zum Gymnasium. In der Klasse konnte ich gut mithalten. Nach dem Westfeldzug wurden die Evakuierten im Juli 1940 wieder ins Saarland zurückbefördert. Unsere Häuser standen noch alle, aber in den Zimmern fehlte einiges. Langsam begann sich das Leben wieder zu normalisieren. Vater arbeitete wieder auf der Grube Viktoria als Bergmann.

Unsere Bergmannziege sorgte für täglich frische Milch. Damit zusätzlich Fleisch auf den Tisch kam hielten wir Kaninchen. Vater war nicht in der Partei. Er musste mit seinen Äußerungen sehr vorsichtig sein. Nachdem die deutschen Truppen Polen, Frankreich, Holland, Belgien, Dänemark und Norwegen besetzt hatten, sagte ein Kumpel meines Vaters, der ein Kommunist war: Der deutschen Wehrmacht geht es wie einem Gummi. Wenn man ihn weit genug auseinander gezogen hat, reißt er. Der Kumpel hatte am Ende Recht. Ich besuchte weiter das Realgymnasium in Völklingen. Der Unterricht hat durch den Krieg sehr gelitten. Viele Lehrer waren Soldaten geworden. Einige pensionierte Lehrer nahmen den Dienst wieder auf. 1943 in den Ferien bereiteten die Schüler des Gymnasiums das Gebietssportfest der Hitlerjugend im neuen Homburger Waldstadion vor. Wir stellten Zelte auf, die zuvor in Metz gestanden hatten. In jedem Zelt lagen zehn nagelneue Braunhemden, die wir unter uns aufteilen durften. Als Sportlehrerin kam damals eine Dame aus Sao Paulo. Mit ihrem Tamburin läutete sie am Gymnasium eine neue Zeit ein. Lehrerinnen an Knabenschulen gab es damals nicht. 1943 nahmen die Fliegeralarme stark zu. Darunter litt der Unterricht. 1944 begann für mich und die Schüler meines Alters der Ernst des Lebens. Wir wurden am 8,8 Flakgeschütz ausgebildet und eingesetzt. Angst hatten wir bei jedem Alarm. Ohrenbetäubend war der Abschuss. Am Tage jagten uns die Jabos. Mit meiner Entlassung am 31. März 1944 endete meine Zeit als Luftwaffenhelfer.

Luftschutz war im Krieg eine wichtige Angelegenheit. Jeder musste die Gerätschaften, eine Pumpe, eine Bütte mit Wasser und eine Feuerpatsche auf dem Speicher haben. Mein Vater hatte einen Keller zum Luftschutzraum umfunktioniert. Die Decke wurde mit Balken fachmännisch abgestützt. Dann wurden Bänke und Pritschen installiert. Das Fenster wurde mit Sand zum Splitterschutz abgedeckt. Eine Begeisterung für den Krieg gab es nicht. Auf den Gruben sackte die Stimmung auf null. Da viele Überstunden, zum Teil ohne Bezahlung gemacht werden mussten, kam ein Bergmann auf die Idee, am Schwarzen Brett folgenden Spruch zu veröffentlichen:

Der Ochs, der Esel und die Kuh
haben ihre Sonntagsruh.
Doch der Bergmann, das arme Schwein,
arbeitet für einen Margarineschein.

Fieberhaft wurde nach dem Kumpel gesucht. Die Bergleute hielten dicht.

Mein ältester Bruder meldete sich unter Protest meiner Eltern 1941 mit 17 Jahren zur Luftwaffe und wurde in einem Luftwaffenfeldbataillon bei Stalingrad eingesetzt. Anfang Januar 1943 schrieb uns sein Kompaniechef einen sehr tröstlichen Brief und teilte uns mit, dass er am 2.12.42 gefallen sei und in einem Kameradengrab bei Orlowka beigesetzt worden sei. Vater, der als alter Frontsoldat den Krieg kannte, war untröstlich. Ebenfalls Mutter, die bis zu ihrem Tode 1987 Trauerkleidung trug. Da die Luftangriffe 1943 auf Saarbrücken zunahmen, haben wir die obere Etage unseres Hauses unserem Onkel mit Familie aus Saarbrücken Burbach zur Verfügung gestellt. Es war mit ein Dank für seine Hilfe 1927 beim Hausbau.

Alle 16-Jährigen erhielten ab 1943 eine vormilitärische Ausbildung. Für mich als Mitglied der Flieger-HJ war es die Ausbildung zum Segelflieger. In Schalodenbach in der Pfalz besuchte ich einen 14-tägigen Lehrgang mit der A-Prüfung als Abschluss.

 Wem ich als Einziger der Luftwaffenhelfer die Einberufung am 1. April 1944 zum Reichsarbeitsdienst (RAD) mit nachfolgender militärischer Ausbildung und Fronteinsatz zu verdanken hatte, wussten wir gleich: Es war ein besonderer Freund meines Vaters. Am 1. April 1944 meldete ich mich in Hüttersdorf bei Lebach zum Arbeitsdienst. Nachdem man unsere Namen verlesen hatte stellten wir uns nach der Größe auf. Im ersten Zug waren die Längsten im vierten Zug die Kürzesten. Ich kam in den dritten Zug. Dann ging's zur Kleiderkammer. Jeder erhielt einen Sack mit den Uniform-Utensilien und ging zur Baracke Nr. 3. Dort zogen wir unsere Drillichanzüge an und mussten für unsere Liegestatt die Strohsäcke füllen. Dazu hatte ein Bauer frisches Stroh beigefahren. Kleidung, die eine falsche Größe hatte, wurde untereinander getauscht. Wer dann immer noch nicht das Richtige fand, konnte in der Kleiderkammer suchen. Am nächsten Morgen war Dienstbeginn. Jeder erhielt einen Exerzierspaten, der zunächst blank zu putzen war. Mit Schaufeln aus der Gerätekammer ging es an das Flüsschen Prims. Dabei entstand das Hüttersdorfer Arbeitsdienstlied:

Wo die Führer brüllen:
An die Prims marsch, marsch,
denken wir im Stillen:
Leck uns doch am Ar...

Die ersten sechs Wochen vergingen schnell. Dann hieß es, die Abteilung wird nach Metz zum Gleisausbessern versetzt. Ich hatte Glück und Pech. Glück, dass unser Zug in Hüttersdorf blieb. Und Pech, dass mir der Unterfeldmeister die Aufgabe zuteilte, die Küchenarbeit zu übernehmen. Es war nicht einfach als Schüler für neunzig junge Männer Küchenchef zu spielen. In der Küche stand ein großer Ofen sowie drei Kessel mit Wasserbad. Alles wurde mit Holz angefeuert und mit Kohle beheizt. Um 7.00 Uhr musste der Kaffee (Mucke-Fuck) bereit stehen. Das hieß um 5.00 Uhr aufstehen, Feuer anmachen und Wasser kochen. Während das Wasser kochte, wurde mit einer speziellen Maschine das Brot geschnitten, natürlich mit Muskelkraft.

Ein halbes Pfund Butter ergab zwölf Portionen. Zucker füllten wir in Gläser, ebenfalls die „Rot Schmeer“. Um 7.00 Uhr erfolgte die Ausgabe des Frühstücks. Nach kurzer Pause ging es an das Mittagessen. Bei Eintopf wurde nur ein Kessel angefeuert.
Zum Abendessen gab es ebenfalls Butter und statt Roter Schmeer Wurst und Käse. Froh war ich als nach vier Wochen die alte Mannschaft wieder zurück aus Metz kam. Nach wenigen Tagen musste wieder die ganze Abteilung nach Metz zur Gleisreparatur. Für uns unerfahrene Arbeitsmänner war das eine harte Herausforderung. Am 30. Mai 1944 wurde ich aus dem Arbeitsdienst entlassen. Da am 28.6.1944 vor meinem Elternhaus eine Bombe einschlug, ging der Arbeitsdienst zu Hause weiter. Das beschädigte Dach musste ausgebessert werden. Die Fensterscheiben waren zu erneuern.
Meine Schulkameradin, die jeden Morgen mit mir die zwei Kilometer zum Bahnhof ging, war im Mai an Scharlach gestorben. Das hat mich sehr mit Trauer erfüllt.
Die meisten meiner Arbeitsdienstkameraden hatten, als sie nach Hause kamen, schon den Stellungsbefehl und mussten kurzfristig zum Militär. Sie wurden zum großen Teil an der Westfront eingesetzt. Ich habe im April 1944 eine Meldung zum Reserveoffiziersanwärter bei der Luftwaffe abgegeben. Im Juli musste ich einen Tag nach Straßburg zur Fliegertauglichkeitsuntersuchung. Da ich für tauglich befunden wurde, erhielt ich eine Aufforderung zu einer Prüfung als Offiziersanwärter nach Wiesbaden in das Hotel Britischer Hof. Durch meine Meldung zur Luftwaffe hatte sich der Stellungsbefehl um drei Monate verschoben. Im September 1944 wurde ich nach Rahme bei Danzig auf einen Feldflughafen der Luftwaffe einberufen. Nur ungern fuhr ich gegen Osten. Die Russen kamen immer näher. Die Ausbildung war streng. Sie umfasste Exerzieren, Unterricht am Gewehr, an der Pistole, politischen Unterricht, Unterricht über Truppenführung, und, und, und ... Am Abend wurde gesungen und gelacht. Manche schrieben auch nach Hause.

In Erinnerung ist mir noch der Weihnachtsabend 1944. Wir sangen: *Hohe Nacht der klaren Sterne, die wie weite Brücken stehen, drüber unsere Herzen gehen. Hohe Nacht der großen Feuer, die auf allen Bergen sind, heut wird sich die Erd erneuern wie ein neu geboren Kind.* Wir hatten Angst. Wir sollten zu den Luftkriegsschulen versetzt werden. Ich hatte mich für Fürstenfeldbruck gemeldet. Die Versetzung, die schon vor Weihnachten erfolgen sollte, verzögerte sich. Uns allen war aus den Nachrichten bekannt, dass der Russe im großen Weichselbogen durchgebrochen war. Anfang Januar 1945 erhielten wir Gewehre, Gasmasken, Helme und den Marschbefehl an die Ostfront. Mit LKW's fuhren wir über Dirschau nach Mewe. Dort nahmen wir in Schützengräben den Russen gegenüber Stellung. Nach acht Tagen kam der Befehl zum Rückzug zu einem Ort mit dem Namen Steinfeld. Am kommenden Morgen griff der Russe an mit Stalinorgel und Rätsch Bumm. Unser Herz hing in der Hose. Überleben wir diesen Kampf? Die Stalinorgel streute über das ganze Gelände. Noch gefährlicher war die Rätsch Bumm. Zuerst explodierte die Granate, dann hörte man erst den Abschuss.

Mit der Dunkelheit zogen wir uns zurück nach Steinfeld. Dort mussten wir unseren sympathischen Truppführer, Feldwebel Wagner, einen Bäcker aus Wien beerdigen. Von Steinfeld aus zogen wir zurück nach Dirschau, am Stadteingang bezogen wir Stellung. Hier wurde einer unserer Kameraden durch einen Scharfschützen schwer verletzt. Nach Tagen sahen wir im Morgengrauen Russen rechts und links der Straße auf uns zukommen. Wir machten Meldung und gingen hinter einer großen Kartoffelmiete in Stellung, mit dem Befehl nur bei „Feuer frei!" zu schießen.

Der Trupp kam bis auf fünf Meter heran. Bei „Feuer frei!" wurde auf den Mann geschossen. Von zehn wichen nur noch fünf zurück. Auch wir hatten Tote und Verwundete zu beklagen. Wir zogen uns zurück und gingen am Weichselufer in Stellung. Ich war damals noch

17 Jahre alt. Vierzehn Tage feierten die Russen die Einnahme der Stadt Dirschau. Wir zogen uns zurück nach Danzig. Am 15. März 1945 geriet ich in russische Gefangenschaft. Eine Krankenschwester gab mir ein Brot und sagte zu mir: „Wie bist du noch so jung." Zunächst musste ich ins Verhör zu einem Offizier. Im Vorraum legte ich mein Brot ab, als ich wieder vom Verhör zurückkam, war es verschwunden. Wir marschierten nach Dirschau. Hier mussten wir eine Schule, in der wir einquartiert waren, umzäunen. Nach acht Tagen wurde eine Kolonne zusammengestellt. Es ging nach Mewe. Hier war die einzige Weichselbrücke. Im Eilschritt erreichten wir das andere Ufer. Die mit der Kolonne nicht mithalten konnten, wurden kurzerhand in ein Gehöft geführt. Wir hörten eine Maschinenpistolensalve und der Bewacher erschien wieder am Ende der Kolonne. In Deutsch-Eylau hatte der Russe einen Verladebahnhof, dort ging es sofort in Güterwaggons. Wir wurden mit Essen und Trinken versorgt und schon rollte der Zug ab. Nach 14 Tagen Fahrt erreichten wir Borowitschi, eine Stadt östlich vom Ilmensee. Von dort ging es zu Fuß ins etwa acht Kilometer entfernte Sandlager. Bis auf Essbesteck und Kochgeschirr wurde alles abgenommen. Wir wurden in Baracken mit drei Pritschenetagen eingewiesen. Für jeden gab es 50 Zentimeter Breite und zwei Meter Tiefe. Am ersten Abend erhielten wir Fischsuppe. Zehn Mann teilten einen Eimer unter sich auf. Es war das erste warme Essen seit drei Wochen. Am nächsten Morgen gab es einen viertel Liter Kascha, 200 Gramm Brot und 17 Gramm Zucker. Mittags und abends gab es Suppe und 200 Gramm Brot.

Dies war das Standardessen während der ganzen Gefangenschaft. Die Qualität schwankte oft extrem. Nach vierzehn Tagen wurden Arbeitsgruppen zusammengestellt. Der erste Auftrag war aus dem Fluss Holz herauszufischen und zu stapeln. Eine nasse Angelegenheit. Das Sandlager war ein Erholungslager für Arbeiter, die an Dystrophie litten, also völlig entkräftet waren. Das hieß für die neu Hinzugekom-

 menen; es geht bald ins Arbeitslager. Dies war bereits im August der Fall. Wir kamen ins Schachtlager. Unsere Aufgabe war es, ein neues Lager zu errichten. Von Dezember 1946 bis zum Mai 1947 waren wir zum Dienst im Schacht auf Wechselschicht eingeteilt. Der Winter war grausam. Wenn das Thermometer unter minus 40 Grad fällt, ist der Weg zur Arbeit eine Strapaze. Krank durften wir nicht werden. Das bedeutete oft den Tod. Da im Winter der Boden fest gefroren war, blieben die Toten bis zum Frühjahr liegen und wurden dann in einem Massengrab beigesetzt. Jeden Abend erfolgte ein Zählappell. Oft mussten wir lange draußen stehen, oft auch bei extremer Witterung. Im Mai 1947 wurde aus den gesunden Gefangenen ein Transport zusammengestellt. Es ging entgegen unserer Vermutung und Hoffnung nicht nach Hause, sondern in Richtung Süden nach Avoni. Wir arbeiteten beim Straßenbau unter sengender Hitze.
Ich hatte mich mit dem Malariavirus infiziert. Der Arzt verschrieb mir Atteprin. Ich musste drei mal fünf Tabletten schlucken.
Nach einigen Tagen ging das Fieber zurück und ich konnte zur Arbeit. Unsere Aufgabe war am Berg angeflanschte Lawinentunnels zu betonieren. Jeden Tag arbeiteten wir von morgens 6.00 bis abends 10.00 Uhr. Dann kam schon der Winter. Vier Wochen waren wir eingeschneit. Im April 1948 verließen wir Avoni und bauten in der Nähe von Rizza, dem Sommersitz von Stalin eine Straße. Wir wohnten in Zelten. In diesem Sommer hatte ich oft Malariaanfälle. Als ich im März 1949 die Heimreise antrat, hatte ich noch eine Hepatitis. Mit dem Zug kam ich um 12.00 Uhr am 6. April 1949 in Köllerbach an. Von den Eltern, Geschwistern und Verwandten und Bekannten wurde ich herzlich begrüßt. Aber niemand von der Behörde kümmerte sich um mich. Ohne meine Eltern hätte ich unter den Saar-Brücken schlafen und betteln müssen. Mein Besuch beim Direktor des Gymnasiums in Völklingen war ein Desaster. Als ich ihm sagte, dass ich meinen Abschluss nachholen will, sagte er mir: Aber nicht bei uns. In Lebach gab es

damals eine Lehrerbildungsanstalt. Dort hieß es: Sie passen nicht in unser Ausbildungsschema. Die Saarbergwerke stellten damals kaufmännische Lehrling ein.

Ich bewarb ich, machte die Prüfung und sollte am 1.10.1949 die Ausbildung beginnen, hatte aber Pech. Ich kam aus einem wurmgefährdeten Gebiet. In meinem Stuhl wurden Eier des Bandwurmes Thaenia Nana gefunden.

Nach radikalen Wurmkuren wurde im Dezember nichts mehr gefunden und ich begann am 19.12.1949 mit der Ausbildung. Die Kaufmannsgehilfen-Prüfung legte ich 1952 ab, aber es dauerte bis 1963 um mit der Allgemeinheit gleichzuziehen. Von 1962 bis 1966 studierte ich im Fernkurs an der Betriebswirtschafts-Akademie Wiesbaden Betriebswirtschaft und hatte 1966 das Glück, bei der Saarland-Raffinerie GmbH beim Aufbau der Verwaltung mithelfen zu können.

Gerhard Neufang, Jahrgang 1922, Kriegsfreiwilliger, Unternehmer: ***„Ich hatte Angst, dass der Krieg zu Ende geht, ohne dass ich dabei bin."***

Interview

Frage: Herr Neufang, Sie waren 17 Jahre alt, als der Krieg begann. Was haben Sie da gemacht?

Neufang: Da war ich noch hier auf der Horst-Wessel-Schule in Saarbrücken. Bis zur Evakuierung 1939 habe ich dann Kriegshilfsdienst bei der Flak in Kaiserslautern gemacht. Ich habe mich gleichzeitig freiwillig gemeldet. Ich hatte Angst der Krieg geht zu Ende, ohne dass ich dabei bin. Ich wurde dann zwei Monate später zum Arbeitsdienst eingezogen und kam ins Sudetenland. Da haben sie uns mit Sprechchören am Bahnhof empfangen: Die Saarfranzosen kommen, die Saarfranzosen kommen. Wir waren alles Abiturienten aus dem Saarland. Als Führer hatten wir dort ehemalige Unteroffiziere der Tschechischen Armee. Die konnten kaum Deutsch. Uns wurde vorgeworfen, dass wir Saarfranzosen sind. Dabei konnten die Tschechen wesentlich weniger Deutsch, als wir. Da ist man aufsässig. Wir wurden zur Strafabteilung deklariert und haben dann in den nächsten drei Monaten keinen Ausgang gehabt.

Frage: Sie haben sich freiwillig gemeldet. Wollten Sie zu einer bestimmten Einheit?

Neufang: Ja, ich wollte unbedingt zur Kavallerie, weil ich ein Pferdefreund war, und ich schon sehr früh angefangen hatte zu reiten. Mit vier Jahren habe ich reiten gelernt.

Frage: Wie ging es weiter?

Neufang: Nach dem Reichsarbeitsdienst bin ich nach Trier zur bespannten Artillerie gekommen. Da war die Grundausbildung. Und die war im Vergleich zu der Schinderei im Arbeitsdienst direkt eine

Gerhard Neufang

Erholung. Ich hätte es nie für möglich gehalten, dass bei der Wehrmacht der Dienst so leicht sei im Vergleich zu dem Dienst im Arbeitsdienst. Es war eine angenehme Sache. Wir sind dann, es fing ja der Russlandfeldzug an, als Marschbataillon auf die Krim gekommen. Ich hatte vorher noch ein kurzes Erlebnis. Der Batterie-Führer fragte: Wer kann kochen? Ich dachte: Raus aus der Masse, man muss sich immer für etwas melden. Der Batterieführer sagte: Treten Sie vor, Kanonier Neufang, wo haben Sie kochen gelernt? Ich antwortete: Ich habe früher für unsere Hunde gekocht. Daraufhin wurde ich einem rumänischen General als Koch und Fernsprecher zugeteilt. Wir lagen dann auf der Krim, im Jaila-Gebirge, oben in der Höhe auf vorgeschobenem Beobachterposten. Die Rumänen waren damals mit den Deutschen zusammen in Russland. Der rumänische General hatte die gesamte Artillerie unter sich und ich musste ihn als Fernsprecher mit den Geschützstellungen verbinden und musste ihn mit Essen versorgen. Das Essen wurde jeden Tag mit einem Kanister hochgebracht. Es war meistens eine Brühe, die nicht allzu dick war. Da ich das Essen zu verteilen hatte, war ich so eigennützig und habe die dünne Brühe dann dem General gegeben. Es war eine interessante Zeit. Nach zwei Monaten war das zu Ende. Ich wurde offiziell von dem General verabschiedet und bekam sogar einen Orden für meinen „Kreuzzug gegen den Kommunismus". So hieß der Orden. Es war ein rumänischer Orden. Den haben wahrscheinlich nicht viele deutsche Soldaten bekommen. Na ja, so kommt man eben manchmal zu Orden. Dann sind wir an die Mittelfront verlegt worden, nach Rescev. Ich war ein berittener Fernsprecher, so nannte sich das. Die Artillerie, also die Kanonen, wurden von vier oder sechs Pferden gezogen ...

Frage: Wie war das? Haben Sie auf einem Pferd gesessen und auf dem anderen war dann ihre Fernsprech-Einrichtung?

Neufang: Das war das so genannte Kabelpferd. Auf dem einen saß ich und auf dem anderen war die Technik. Das hatte den Nachteil, dass ich zwei Pferde putzen musste, während die anderen Reiter nur eins zu putzen hatten. Später war ich aber als Kanonier eingesetzt, als Richtkanonier.

Frage: Waren Sie in Rescev im Kampfeinsatz?

Neufang: Ja, ja. Dann war ich im Lazarett in Marburg. Das Lazarett war wegen der vielen Fliegerangriffe aufs Land ausquartiert. Ich war in der Zwischenzeit wieder gehfähig, bin mit dem Fahrrad gefahren, um Unterlagen zu einer Dienststelle zu bringen. Da kamen mir die Amerikaner mit einem Panzer entgegen. Ich war der Einzige, der da auf der ganzen Landstraße unterwegs war. Sie haben mich gefangen genommen und ich musste mich auf den Panzer setzen, und dann ging es weiter.

Frage: Sie waren ja zuvor in Russland. Wie ist es Ihnen da ergangen?

Neufang: Es war sehr kalt. Es waren minus 25 Grad und man war erstaunt, dass man das überhaupt ausgehalten hat.

Frage: Waren Sie auch in Stalingrad?

Neufang: Nein.

Frage: Wie war denn die Stimmung unter den Soldaten? Haben sie an den Endsieg geglaubt?

Neufang: Ja. Am Anfang. Aber nachdem Stalingrad verloren ging, war die Stimmung schlecht. Als wir nach Russland kamen und die ersten Russen gesehen haben, war ich absolut erstaunt gewesen, dass das normale Menschen waren, wie wir. Wir haben gedacht, das sind Unmenschen, die sehen ganz anders aus. So war die Propaganda im Dritten Reich und in der Schule gewesen. Man stellte die Russen als Ungeheuer dar. Und nun kamen wir nach Russland und haben die als normale Menschen kennen gelernt. Unten auf der Krim waren wir in den Familien gewesen. Wir haben mit denen Schach gespielt, haben nette Mädchen kennen gelernt. Das war alles vollkommen normal. Die haben die Deutschen verehrt und die Deutschen mit großem Hallo begrüßt. Die Rumänen dagegen hassten sie. Später war die Stimmung miserabel. Es glaubte keiner mehr an den Endsieg. Es wurde bedauert, dass das Attentat auf Hitler daneben gegangen ist. So war die Stimmung gewesen.

Frage: Aber das konnte ja nicht offen gesagt werden?

Neufang: Nein, das konnte nicht offen gesagt werden. Ich war ja im Lazarett in Marburg. Da sagte eine Krankenschwester: Es ist daneben gegangen. Da war ein SS-Mann bei uns im Lazarett, der sie anzeigte. Sie kam sofort ins Gefängnis, musste dann dort Tüten kleben. Es war nicht ungefährlich, seine Meinung zu sagen.

Frage: Wie war der Kontakt nach Hause?

Neufang: Solange die Post funktionierte war der Kontakt absolut da, aber in der Gefangenschaft nicht mehr ...

Frage: In der Nähe von Marburg kamen Sie in Kriegsgefangenschaft und saßen zunächst einmal auf der Kanone eines Panzers. Wohin haben die US-Soldaten Sie gebracht?

Neufang: Nach Namur in ein Lager in Belgien, von da aus ging es dann nach Foucarville bei Cherbourg in der Normandie. Das war ein großes amerikanisches Lager für Deutsche mit 60.000 Gefangenen.

Frage: Andere Gefangene haben berichtet, dass sie in offenen Güterwagen nach Foucarville gebracht wurden. Und dass diese offenen Güterwagen auch das Ziel von französischen Übergriffen waren. Die Franzosen warfen angeblich Steine, auch Exkremente in die Güterwagen.

Neufang: Das habe ich nicht erlebt. Ich bin ja auf dem Panzer gefahren, habe quasi eine Privatfahrt gehabt und von Namur sind wir mit Autos nach Foucarville gebracht worden.

 Frage: Sie sind aber nicht mit dem Panzer von Marburg nach Namur gefahren?

Neufang: Doch, das sind wir. Ich habe dauernd auf dem Panzer gesessen.

Frage: Von Marburg nach Namur in Belgien?

Neufang: Ich weiß es nicht mehr, wie lange das war. Ich habe auf diesem Panzer als einziger deutscher Soldat gesessen.

Frage: Als Sie im Gefangenenlager ankamen, waren Sie 23 Jahre alt. Was war Ihr militärischer Rang?

Neufang: Ich war Unteroffizier.

Frage: Wie sind Sie in US-Gefangenschaft behandelt worden?

Neufang: Da waren so genannte Cages mit etwa 50 oder 60 Mann. Wir lagerten in Zelten. Auf dem Boden lagen Kartons, von den Lebensmitteln. Die waren auseinander geschnitten und auf dem Lehmboden ausgebreitet und darauf haben wir dann geschlafen. Zu Essen gab es kaum etwas. Aber in rauen Mengen gab es Laus-Pulver. Die Amis hatten eine kolossale Angst vor Infektionen. Ich war jung und gesund. Aber es waren auch viele ältere Männer da, bis zu 50 Jahren. Die haben sehr gejammert wegen des Hungers. Die lagen den ganzen Tag in den Zelten. Ich habe mich gleich gemeldet, als Freiwillige für den Steinbruch gesucht wurden. Ich habe mir gedacht, da bin ich raus aus dem Gejammere. Wir sind morgens losmarschiert und nachmittags zurückgekommen. Ich war zwar der Meinung, wir bekommen besseres Essen, weil wir im Steinbruch arbeiten. Das war aber nicht der Fall. Aber man hat seine Muskeln gestählt und war gesund und insofern war das einigermaßen erträglich gewesen.

Frage: Gab es Schikanen?

Neufang: Mit den Amis selbst hatten wir relativ wenig zu tun gehabt. Es waren ja alles Deutsche, und deutsche Unterführer, die in den Lagern letztlich das Organisatorische zu sagen hatten. Was mich bewegt hat damals war, dass die Essensrationen, die die Amerikaner nicht brauchten, am Zaun des Lagers auf einen Haufen geworfen und verbrannt wurden. Obwohl draußen die Franzosen mit ihren Henkelmännern standen und hofften, dass sie was von den Rationen abbekommen würden. Trotzdem haben die Amis, sie waren ja die Verbündeten der Franzosen, das Essen vor deren Augen verbrannt. Vor unseren Augen natürlich auch.

Frage: Was geschah, als der Krieg zu Ende war?

Neufang: Wir hatten wenig Tote im Lager. Ich habe zwei oder drei Mal miterlebt, wie aus den Zelten morgens Tote rausgeholt wurden. Die waren verhungert oder an Altersschwäche gestorben. Das waren Ausnahmen gewesen. Im Großen und Ganzen war das Leben im Gefangenenlager, abgesehen von dem Hunger, den man dauernd hatte, normal.

Frage: Wie war denn die Verbindung nach Hause, nach Saarbrücken? Konnten Sie schreiben?

Neufang: Nein, während der Gefangenschaft nicht.

Frage: Wussten Sie, dass Saarbrücken zerbombt worden war?

Neufang: Ja, ja. Vom 5. Oktober 1944, was da passiert war bei diesem fürchterlichen Angriff – das habe ich mitbekommen.

Frage: Ihre Familie betrieb eine große Brauerei. War die getroffen worden?

Neufang: Ja. Es war alles kaputt. Das hing damit zusammen, dass unser Brauereigebäude gegenüber dem Güterbahnhof liegt. Bomben, die für den Güterbahnhof bestimmt waren, sind auf die Brauerei gefallen. Die Felsenkeller der Brauerei, die von der Dudweiler Straße zum Homburg führen, waren als Luftschutzkeller eingerichtet. Drüben am Homburg war sogar ein Notkrankenhaus von der Stadt eingerichtet worden. Da ist eine Bombe draufgefallen. Über 20 Tote hat es im Luftschutzkeller gegeben.

Frage: Das haben Sie aber erst nach Ihrer Entlassung erfahren?

Neufang: Ja. Ich habe Glück gehabt, dass ich Saarländer war, zweifaches Glück. Ein Sanitätsunteroffizier, ein Saarbrücker, kam eines Tages zu uns. Ich hörte an der Sprache: Der ist Saarländer. Ich fragte:

 Bist du aus dem Saarland? Nein, ich bin aus Saarbrücken, nicht aus dem Saarland. Die meisten sagen, sie wären aus Saarbrücken, auch wenn sie aus St. Wendel oder Neunkirchen sind. Und wer bist denn du?, fragte er. Und da sagte ich, wer ich bin. Von der Brauerei? Ich sagte: Ja! Ach, du meine Güte, sagte er, hör mal, da habe ich einen Neufang kennen gelernt in einem anderen Lager. Hast du noch Verwandte hier? Ich fragte: Wie alt ist denn der? Der ist 65. Und ist im Offizierslager.

Frage: Ihr Vater war mit 65 Jahren noch eingezogen worden?

Neufang: Er wurde zum Volkssturm eingezogen. Der Unteroffizier sagte zu mir: Hör mal, Du meldest dich krank bei mir. Dann bringe ich dich zum Krankenrevier und sage dem anderen Neufang, er soll sich auch krank melden. Und dann könnt ihr euch ja im Revier treffen. Und so hat er es dann gemacht. Zwei oder drei Tage später. Und tatsächlich: Es war mein Vater. Dem kamen natürlich die Tränen. Wir hatten so lange nichts voneinander gehört.

Frage: Wie lange?

Neufang: Ein dreiviertel Jahr. Erst hat der Saarbrücker uns beide zusammengebracht, dann kam sofort das zweite Glück in der Gefangenschaft. Ich bin abends durch das Lager gegangen – wir durften uns außerhalb bewegen – und höre aus einem festen Gebäude saarländisches Platt. Ich bin reingegangen. Das war die Küche vom Gefangenenlager. Die Küche vom Gefangenenlager war fest in der Hand der Saarländer. Großes Hallo, dass ein Saarländer kommt. Ab morgen bist du bei uns in der Küche, haben die gesagt. So kam ich in die Küche. Am nächsten Tag musste ich Rühreier machen. Dosen mit fünf Kilo Trockeneigelb mit dem Beil aufhacken und dann in einen großen Kübel hineinleeren und rumrühren. Und dann hatte ich das Glück und konnte Sachen aus der Küche herausschmuggeln und meinem Vater bringen.

Frage: War das die Küche für die Amerikaner?

Neufang: Es war die Küche für die Gefangenen, aber die haben auch für die Amerikaner gekocht. Ich habe Dörrobst in die Taschen gesteckt und habe es meinem Vater bringen können, so dass der alte Mann, der ja nicht so fit war, was zu essen hatte.
Frage: Wie lange waren Sie in Gefangenschaft?
Neufang: Mein Vater ist im August 1945 aus der Gefangenschaft zurückgekommen und ich Mitte November 1945.
Frage: Was ist Ihr Fazit über die damalige Zeit?
Neufang: Ich habe mir die Jugend im Grunde selbst genommen, indem ich mich da freiwillig gemeldet habe. So was versteht man heute nicht mehr. Wir waren damals begeistert gewesen.
Frage: Wenn Sie sich nicht freiwillig gemeldet hätten, wären Sie aber doch eingezogen worden?
Neufang: Ja. Aber erst zwei Jahre später. Die Jugend selbst war ja für uns eine schöne Zeit. Es war ja nicht so, dass wir im Dritten Reich als Jugendliche gelitten haben.
Frage: Sie waren bei der Hitlerjugend?
Neufang: Ich war als Hitlerjunge in der Reiter-HJ gewesen, habe da das Reiterabzeichen gemacht, habe Turniere mitgeritten in Uniform für die HJ, war Fünfkämpfer. Wir haben gefochten, gingen reiten und schwimmen. Es war also fantastisch. Schöner kann man es als Bub doch gar nicht haben.
Frage: Aber die politische ...
Neufang: Hat uns überhaupt nicht berührt. In der HJ und auch im Jungvolk wurde überhaupt nichts politisches verlangt. Es war eine Freizeitbeschäftigung für junge Leute.
Frage: So haben Sie es gesehen?
Neufang: Ja, so habe ich es gesehen.
Frage: Sie sind aus der Gefangenschaft nach Hause gekommen, haben das zerstörte Saarbrücken gesehen. Was haben Sie gesagt?
Neufang: Ärmel hoch, und ran!

Frage: Wem haben Sie nach dem Krieg die Schuld gegeben für Ihre verlorenen Jugendjahre? Fühlten Sie sich betrogen? Wer ist denn nun ...

Neufang: Ja, das wusste man ja, zum Schluss: Das ist der verhasste Hitler gewesen, der schuld war. Wie gesagt: Nach Stalingrad kam die Ernüchterung.

Frage: Wie war Ihre Grundeinstellung nach Ihrer Entlassung? Nie mehr ...

Neufang: Wir kamen nach Hause und ich habe gesagt: Gott sei Dank, diesen Lebensabschnitt kann ich abhaken, nie mehr Krieg. Es wird keinen Krieg mehr geben, ich werde kein Blut mehr sehen und keine Toten mehr sehen. Wir können im Frieden jetzt wieder aufbauen. Ich wollte immer Tierarzt werden oder Architekt. Weil die Brauerei zu dreiviertel kaputt war, und mein Vater immerhin schon 65 Jahre alt war, habe ich gesagt: Es wird nichts mit dem Beruf Tierarzt oder Architekt.

Frage: Dann haben Sie das Unternehmen mit aufgebaut. Wie ging es weiter?

Neufang: Zehn Jahre, nachdem ich aus der Gefangenschaft zurückgekommen war und dachte, nun ist das Blutvergießen vorbei, begann hier der Abstimmungskampf. Da war man enttäuscht, dass die Hetzerei schon wieder los ging. Vorne trommelt einer, die Masse folgt. Und wieder schlagen sie sich die Köpfe blutig. Ich bin heute noch der Meinung, dass das Saarland eine Chance verpasst hat. Das Saarland hätte ein selbstständiges Land werden können, so wie Luxemburg.

Dieter Gräbner

Am 27. Januar 1945 befreite die sowjetische Armee das Vernichtungslager Auschwitz. Die Soldaten sahen Bilder, die noch nie Menschen vor ihnen gesehen hatten. Die Publizistin Lea Rosh beschreibt das Entsetzliche so: „Vor ihnen lagen Berge von Leichen, von Skeletten, Verhungerten, Erschossenen, Verbrannten, Erdrosselten und Verstümmelten. Die wenigen, die noch lebten, waren meistens unfähig, sich ohne Hilfe zu bewegen. Menschliche Wracks. Die sowjetischen Soldaten hatten den Vorhof zur Hölle betreten. Und doch war Auschwitz nur ein Teil des Grauens, wenn es auch bald das Synonym für den industrialisierten Massenmord in Krematorien und Gaskammern an sechs Millionen Juden sein sollte." Die Hölle von Auschwitz, das sollte sich bald herausstellen, war nur ein wenn auch grauenvoller Ausschnitt des ungeheuren und unbeschreibbaren Verbrechens am jüdischen Volk, das sich seit Kriegsbeginn im Osten Europas, vor allem in Polen und der ehemaligen Sowjetunion ereignete. 80.000 kamen in den Ghettos ums Leben. 1.300.000 Jüdinnen und Juden wurden an den Erschießungsgruben ermordet, manche mit Äxten erschlagen. Bei Riga wurden 30.000 Juden im Wald von Rumbula in zwei Erschießungsaktionen ermordet. Viele warteten im Freien bei minus 10 Grad eine Woche auf ihre Erschießung. Männer, Frauen, Greise und Kinder. Die Todesgruben mussten die Opfer selbst ausheben. Mütter mussten ihre Babys zur Erschießungsgrube tragen. Und bei Kiew, in der

Auswanderungsberatung 1936

 Schlucht von Babi Jar erschossen die Einsatztruppen 32.000 Juden. Lea Rosh, die Initiatorin der „Stiftung Denkmal für die ermordeten Juden Europas“ in Berlin, dazu in ihrem Vortrag „Der Mord an Juden Europas“ am 27. Januar 2005, dem Tag des Gedenkens an die Opfer

Angst und Schrecken. Zivilisten fliehen vor der Verfolgung

des Nationalsozialismus: „Die Erde in den Gruben, in die die Ärmsten hineingestoßen wurden, bebte noch eine Zeit lang, denn die, auf die mit Kugeln geschossen wurde, waren nicht alle getötet worden. Sie lebten noch, sie atmeten noch, sie versuchten wieder aus der Grube herauszukriechen, bis sie von anderen auf sie fallenden Leibern endgültig zugedeckt und erstickt wurden. Oder bis sie, wenn sie immer noch stöhnten, von deutschen SS-Männern oder deutschen Wehrmachtssoldaten, die zu den Opfern in die Gruben hinunter gestiegen waren, mit gezielten Pistolenschüssen ermordet wurden. Bis sie eben nicht mehr stöhnten in den Gruben von Babi Jar.“

Der Mord an den europäischen Juden ist einzigartig in der Weltgeschichte, einzigartig auch in seiner Grausamkeit, in seiner perfekten logistischen und bürokratischen Organisation und in seiner Dimension. Die Zeitzeugen Isak Wasserstein und Alex Deutsch berichten aus dem Vorhof der Hölle als sie auf der Rampe von Auschwitz standen und auf die richtige Seite, die Seite derer, die weiterleben sollten, „selektiert“! wurden. Isak Wasserstein, Jahrgang 1920, überlebte nicht nur Auschwitz. Er überlebte das Warschauer Ghetto, er überlebte Lager um Lager, Todesmärsche und Todeskommandos. Er versteckte sich unter Toten, weil er dies für das sicherste Versteck hielt. In seinem Tagebuch stehen – wer will es ihm verdenken – unversöhnliche Sätze wie dieser: „Ich konnte mich nur damit trösten, dass diese schauderhaften Verbrechen nicht ungesühnt bleiben würden. Die Welt würde keine Lebensberechtigung mehr besitzen, würde man nicht alle diese Mörder bestrafen.“ Und Alex Deutsch, der ebenfalls an der Todesrampe von Auschwitz stand, sagt: „Das Wort Wiedergutmachung ist für mich

Demütigung

Pogromfolgen

 wie ein Messerstich. Kein Geld der Welt kann gutmachen, was sie mir genommen haben – nämlich meine Familie."

Wer jüdisch war, wurde verfolgt, für ihn war der Tod bestellt und der Vollzug nur noch ein bürokratischer organisatorischer Akt, wenn ihn die Gestapo-Häscher und die SS festnehmen konnten. Es blieb nur die Flucht. Und die wurde immer schwieriger. Und es blieb der Heldenmut weniger, die Juden versteckten. Ein Heldenmut, den viele wiederum mit Verfolgung und mit dem Leben bezahlen mussten.

In den KZ's wurden neben den Millionen Juden und den Sinti und Roma aber auch Andersgläubige und Andersdenkende inhaftiert und umgebracht. Verfolgt wurde, wer nicht konformistisch die nationalsozialistischen Siegesparolen nachbetete, eine eigene Meinung hatte, und die auch sagte. Ein falsches Wort zum falschen Nachbarn genügte. Und schon kam die Vorladung zur Gestapo, schon war man in den Augen der braunen Machthaber ein unzuverlässiger Volksgenosse, einer, dem nicht zu trauen war. Ein Volksfeind. Oft genügte es „Feindsender" zu hören, um zum Verhör geholt zu werden. Die Zugehörigkeit – auch eine zurückliegende – zur sozialdemokratischen oder zur kommunistischen Partei war höchst verdächtig. Vaterlandsverrat war da nicht weit. Verfolgt wurde auch, wer beispielsweise wie die Zeitzeugin Jehanne Villeroy de Galhau, Jahrgang 1909, die falsche Staatsbürgerschaft hatte, nämlich die französische. Zwar lebten die Villeroy de Galhaus seit über zwei Jahrhunderten im Saarland im besten Einvernehmen mit ihren deutschen Nachbarn. Als 1935 die Bevölkerung des Saarlandes in einer Abstimmung sich mit der überwältigenden Mehrheit von 90,8 Prozent der abgegebenen Stimmen für die Rückgliederung an das Deutsche Reich entscheidet, war es mit dem friedlichen deutsch-französischen Zusammenleben in der Grenzregion vorbei. Frankreich ist plötzlich wieder der Erzfeind. Im Sommer 1939, bevor der Frankreichfeldzug beginnt, flieht Jehanne Villeroy de Galhau mit ihren vier Kindern aus dem saarländischen Wallerfangen ins Exil in

Ein Offizier verliest das Todesurteil des Standgerichtes

die Bretagne. Es sollen eigentlich zunächst nur Ferien werden. Zwei oder drei Wochen. Dann werden es sechs Jahre.
Zeitzeuge Werner Wilhelm, Jahrgang 1919, musste ebenfalls Deutschland verlassen und nach Frankreich ins Exil gehen. Werner Wilhelms Vater war Sozialdemokrat, Stadtrat im saarländischen Neunkirchen. Er war gegen die Rückgliederung des Saarlandes und sagte dies deutlich und laut. Und auch für den damals erst 15 Jahre alten Werner

 Wilhelm, der später 22 Jahre als SPD-Abgeordneter im Deutschen Bundestag war, stand schon damals fest: „Der Nationalsozialismus ist ein Terror-Regime. Und Hitler bedeutet Krieg.“ Wer solche Ansichten vertrat, der musste nach der Abstimmung 1935 im Saarland um sein Leben fürchten. Die Familie Wilhelm floh nach Frankreich – und kam erst 1946 zurück. Zeitzeuge Werner Wilhelm sagt: „Die Jahre im Exil hätten wir ohne die Résistance nicht überlebt.“
Auch Menschlichkeit und Nächstenliebe wurden verfolgt und bestraft. Die Zeitzeugin Helga Schneidewind berichtet, ihr Vater habe während des schweren Bombenangriffes am 5. Oktober 1944 in einem Saarbrücker Luftschutzkeller sein Vesperbrot mit einem Ausländer geteilt. Nach der Entwarnung wurde ihr Vater vor dem Bunker von einem

Vorbereitung für den Massenmord: Jüdische Gefangene müssen ihr Grab ausheben

Gestapo-Mann angesprochen und für den nächsten Morgen zur Vernehmung bestellt. Anstatt zur Vernehmung zu gehen, floh der Vater mit seiner Familie mit einem Handwagen ins Elsass und versteckte sich dort. Helga Schneidewinds Vater, ein hochangesehener Bürger, engagierter Christ, Filialleiter der Dresdner Bank in Saarbrücken, hatte allen Grund, die Gestapo-Vernehmung zu fürchten. Er hatte als Funker bei der Marine in Cuxhaven Kontakt zu zwei Kameraden gehabt, die in einer Kneipe offensichtlich angetrunken erklärt hatten, so „wie es unsere Nachrichten bringen, stimmt es nicht." Die beiden Funker wurden unverzüglich zum Tode verurteilt und hingerichtet. Helga Schneidewinds Vater, für den sich der örtliche Pfarrer einsetzte, kam – wohl auch, weil ihm nichts nachzuweisen war – mit dem Leben davon und wurde ins KZ Torgau eingesperrt und dann schließlich entlassen. Die Flucht ins Elsass zur Familie seiner Frau war zwar die Rettung – doch nur vorläufig. Dann kamen die Franzosen, die die Elsässer für Verräter hielten. Und Helga Schneidewinds Vater wurde ins KZ-Strutthof gesperrt. Helga Schneidewind sagt: „Mein Vater war nach dem Krieg krank an Leib und Seele. Er hat über seine Verfolgung und Leiden nie viel gesprochen. Er starb daran."

Jehanne Villeroy de Galhau, Jahrgang 1909:
„Wir spielten im Garten mit den Kindern. Da sauste irgendwo eine Granate nieder."

Dieter Gräbner

Jehanne Villeroy de Galhau, Jahrgang 1909, ist Französin. Aber sie lebt, mit kriegsbedingten Unterbrechungen zwischen 1939 und 1945, seit 1932 im Saarland im Schloss Villeroy in Wallerfangen, zwei Kilometer von Saarlouis entfernt. Das Villeroy-Schloss wurde im aufwändigen Stil französischer Landschlösser 1753 von Lasalle erbaut, der in Metz geboren wurde und der in dieser Zeit Besitzer der Dillinger Hütte war. Ein repräsentativer Bau in weitläufigen parkähnlichen Grünanlagen. Hier fühlt die Seniorchefin der Familie Villeroy de Galhau sich zu Hause.

Nicolas Villeroy hatte sich 1791 hier in Wallerfangen (französisch: Vaudrevange) angesiedelt und gründete hier eine Fayencerie. Sowohl Saarlouis wie auch Wallerfangen waren damals französisch. Und sie, Jehanne Villeroy de Galhau, Geburtsname Jehanne Bazin de Jessey, kam nach ihrer Heirat mit Henry Villeroy de Galhau aus der Bretagne nach Wallerfangen: „Ich fühle mich nicht als Deutsche", sagt sie, wenn man nach ihrer Nationalität fragt,„ich bin Wallerfangerin. Hier habe ich mein Leben verbracht."

Nach 1935, nach der, wie sie sagt, „schrecklichen" Abstimmung, bei der die saarländische Bevölkerung sich für den Anschluss an das Großdeutsche Reich entscheidet, wird die Situation für die französischen Einwohner im Grenzraum zwischen Frankreich und Deutschland immer schwieriger. In einem Brief ihrer Schwiegermutter aus dem Jahr 1935 heißt es: „Wir sind so lange wie möglich geblieben. Jetzt müssen wir gehen. Aber mit Ehre."

Im Sommer 1939 flieht Jehanne Villeroy de Galhau mit ihren vier Kindern in die Bretagne in das Haus ihres Vaters, Le Montmarin, in der Nähe von Saint Malo. Sie denkt zunächst, dass alles hoffentlich bald

vorbei ist. Es sollen eigentlich nur Ferien werden, 15 Tage vielleicht. Aus den zwei oder drei Wochen Urlaub werden sechs Jahre.
In der Bretagne will sie das Kriegsgeschehen abwarten. Ihr Mann Henry Villeroy de Galhau ist französischer Reserveoffizier. Natürlich muss auch er Wallerfangen verlassen: „Nur mit einem Koffer“, wie sie sich erinnert. Er arbeitet dann später in einem Dorf in der Bretagne in der Nähe von Saint Malo in der Bürgermeisterei als Dolmetscher und vermittelt zwischen den deutschen Besatzungstruppen und der französischen Verwaltung. Das Schloss in Wallerfangen wird beschlagnahmt. Der Hausverwalter bringt einige Möbel in Sicherheit. Und Luitwin von Boch-Galhau, der nach dem Krieg zum ersten Landrat des Landkreises Merzig-Wadern gewählt wird und 1952 einer der Mitbegründer der Universität in Saarbrücken ist, versuchte einen Teil des Hausrates in Sicherheit zu bringen: „Der Krieg hatte schon begonnen, da fuhr er mit 30 Kisten vor das Schloss und packte ein, was in die Kisten ging und brachte es in das Werk Villeroy & Boch nach Mettlach. Doch nur eine Kiste mit Tafelsilber bekamen wir nach dem Krieg zurück. Die anderen Kisten blieben verschollen. Man muss annehmen, dass sie gestohlen wurden“, erzählt sie.

Jehanne Villeroy de Galhau

Die Familien Villeroy und von Boch sind seit 1842 miteinander verwandt. Claude Villeroy de Galhau, der älteste Sohn von Jehanne Villeroy de Galhau, erklärt die komplizierten Familien- und Verwandtschaftsverhältnisse so: „Damals, 1842, heiratete ein Eugen Boch eine Octavie Villeroy. Seitdem sind die Villeroy und die von Boch Onkel und Tanten und Vettern und Nichten.“
Die Familie von Boch stammt aus Lothringen aus dem Dorf Audun-le-Tiche. Dort stellte der Eisengießer François Boch ab 1748 Kanonenkugeln her. Er verstand sein Handwerk. Er war königlicher Bombenbauer und nannte sich sogar „Bombardier du Roi“. Das war ein guter

 ordentlicher Broterwerb, wenn auch eine schwere Arbeit, damals zur Zeit Friedrich des Großen von Preußen, der Kaiserin Maria Theresia und des französischen Königs Ludwig XV. Da wurden Kanonenkugeln gebraucht. Auf vielen Kriegsschauplätzen.

Doch François Boch wollte weg vom kriegerischen Handwerk und begann mit seinen Söhnen Keramik herzustellen. Es war der Anfang der berühmten Fayencerie Villeroy & Boch, die sich nach der Fusion von Boch & Villeroy im Jahr 1832 zu einem Unternehmen mit Weltgeltung entwickelte. Irgendwann wurde die Familie von Boch deutsch. Die Villeroys blieben französisch. Während der letzten beiden Kriege 1914 bis 1918 und 1939 bis 1945 war das eine schwierige familiäre Situation, die Claude Villeroy de Galhau so erklärt: „Mitglieder der beiden Familien waren Offiziere in den gegnerischen Armeen. Mein Großvater war französischer Offizier in Verdun. Mein Vater hatte einen Bruder, der 1940 als französischer Offizier gefallen ist. Wahrscheinlich haben sich die Mitglieder der Familien von Boch und Villeroy nie im direkten Kampf irgendwo gegenüber gestanden. Aber ausschließen kann man das sicher nicht. Beide Familien haben auch während der Kriege Kontakt miteinander gehabt. Und Feindschaft gab es nie." Und Madame Jehanne Villeroy de Galhau ergänzt noch: „Noch schwieriger war es für Luitwin von Boch. Er diente im deutschen Afrikakorps unter Generalfeldmarschall Rommel. Seine Frau ist Engländerin. Sie hatte zwei Brüder in der britischen Armee."

Über 250 Jahre besteht Villeroy & Boch, eines der größten Unternehmen der Branche mit zeitweilig über 10.000 Mitarbeitern. Villeroy & Boch mit Stammsitz in Mettlach im Saarland ist nicht nur eines der ältesten Industrieunternehmen mit Weltgeltung, sondern auch ein Unternehmen, in dem die Unternehmensleitung sich fortschrittlichen sozialen und liberalen Grundsätzen gegenüber ihren Mitarbeitern verpflichtet fühlt.

Doch damals 1939, als Jehanne Villeroy de Galhau mit ihren vier Kindern aus Wallerfangen wegging und nach Le Montmarin in die

Nähe von Saint Malo zog, galten auch hier im deutsch-französischen Grenzgebiet andere Gesetze. Und hatten andere Herren das Sagen. Jehanne Villeroy de Galhau empfindet das alles auch heute noch als „eine schreckliche Zeit“. Auch wenn sie damals in ihrem elterlichen Schlösschen in der Nähe von Saint Malo vom Krieg nicht viel spürte: „Die deutschen Besatzer hielten sich zurück. Wir hatten so gut wie keinen Kontakt mit den Deutschen. Aber eines Tages sahen wir einen jungen deutschen Soldaten vor unserem Haus. ‚Was macht der da?‘, fragten wir uns. ‚Was will er?‘ Wir sahen, wie er lächelte. Er war der Bruder unseres Hausmeisters in Wallerfangen. Er war Luftwaffensoldat, gehörte zum Bodenpersonal. Nun war er 800 Kilometer von der Heimat weg, stand hier, wirkte ein wenig verloren. Als seine Familie in Wallerfangen hörte, dass er als Soldat nach Frankreich geschickt wurde, lachten die und sagten: ‚Du wirst nach Frankreich geschickt. Vielleicht triffst du Herrn Villeroy.‘ Und so war es dann auch. Es war an einem Sonntag. Die deutschen Soldaten marschierten. Mein Mann war in der Kirche in der Messe. Und als er aus der Kirche kam, sah der Soldat meinen Mann. Sie begrüßten sich. Er war sehr freundlich und nett, und er erzählte uns von Wallerfangen, wie es während unserer Abwesenheit dort zuging. Dann fuhr er in Urlaub nach Hause nach Wallerfangen und brachte uns schöne Äpfel mit. Das war für mich ein Zeichen des Lebens und der Liebe. Der arme Kerl wurde später nach Russland geschickt und kam dort ums Leben. Russische Partisanen ermordeten ihn im Schlaf. Für uns waren die Deutschen nie Feinde.“

Im Juli 1941 traf Jehanne Villeroy de Galhau ihren Vetter Luitwin von Boch in Paris. Frankreich war fest in deutscher Hand: „Wir waren in einem Restaurant und tranken ein Glas zusammen. Ich fragte ihn: ‚Winnie, was denkst du über den Krieg? Du musst als Deutscher doch sehr stolz sein. Die Deutschen haben ganz Europa besetzt.‘ Er lachte und sagte: ‚Dieser Krieg dauert noch drei oder vier Jahre. Und nach drei oder vier Jahren ist Deutschland so platt wie diese Tischplatte.‘

 Und dabei schlug er mit der flachen Hand auf den Tisch und sagte noch einmal: ‚So platt sieht Deutschland dann aus.' Das habe ich nie vergessen. Er sollte ja Recht behalten. Die Besatzungszeit war für alle Franzosen nicht sehr angenehm. Bei uns war es relativ ruhig. Wir waren auf dem Lande. Nur unter der Kälte haben wir im Winter gelitten. Wir waren in der Nähe von Saint Malo. 20 Kilometer um uns herum war miltitärisches Sperrgebiet. Wegen der Küste, die vor unserer Haustüre war. Soldaten waren bei uns nicht untergebracht. Einmal kam ein deutscher Offizier und sagte: ‚Wir wollen uns hier einquartieren.' Ich hatte vier Kinder. Und außerdem waren noch drei oder vier Nichten und Neffen da. Es war eine große Kinderschar, die bei uns rum tobte. Die Kinder rannten hin und her, rein in das Haus, raus aus dem Haus, als der Offizier die Räume besichtigte. Schließlich sagte er: ‚Das sind sehr viele Kinder hier. Ich glaube, hier können wir nicht bleiben.' Schon vor dem 6. Juni 1944, vor dem Tag der alliierten Invasion, sahen wir sehr viele Flugzeuge. Und wir dachten: Da wird bald etwas passieren und hofften: Bald werden wir befreit. Aber es dauerte noch Wochen. Saint Malo war eine Festung. Die Amerikaner waren schon fast in Brest, aber Saint Malo war immer noch von deutscher Wehrmacht besetzt. Zwei Wochen lang wurde es verteidigt, bis die deutsche Wehrmacht aufgab. Wir waren im Keller und haben auf die Befreiung gewartet. Unser Schlösschen wurde nicht angegriffen. Nur einmal traf eine Bombe ein Wirtschaftsgebäude. Die Kanonen schossen – aber immer über uns hinweg. Ein anderes Mal hatten wir großes Glück. Wir spielten im Garten mit den Kindern. Da sauste irgendwo eine Granate nieder. Ein Splitter schlug in der Nähe der Kinder ein. Zum Glück wurde niemand verletzt. Wir rannten zurück ins Haus in den Keller. Als die Amerikaner kamen, waren die erstaunt, wie arm wir waren, von wie wenig wir unser Leben fristen mussten. Wir wollten nicht betteln. Aber trotzdem fragte ich einen US-Soldaten, ob er nicht was für unsere Kinder zu essen habe. Der kam nach einer Stunde mit einer Dose Birnen wieder. Wir hatten Birnbäume in unserem Garten.

Aber das was wir wirklich brauchten, Zucker, Mehl, Seife – das hatte er nicht dabei. Vielleicht hatte er uns nicht richtig verstanden."
Bis zum Herbst 1945 blieb Jehanne Villeroy de Galhau in der Bretagne. Dann kehrte sie zurück. Das Leben normalisierte sich wieder. Sie erinnert sich: „Mein Mann war französischer Reserveoffizier und war im Herbst 1944 reaktiviert worden. Erst wurde er nach Metz kommandiert, dann war er in Saarlouis stationiert. Ich war mit den Kindern noch in der Bretagne. Er wollte in Wallerfangen nachsehen, ob unser Schloss noch steht. Die Leute aus Wallerfangen waren nach Hemmersdorf evakuiert worden. Er fuhr nach Hemmersdorf. Er rechnete damit, dass die Dorfbewohner ihm als französischem Offizier feindselig gegenüber treten würden. Eine Frau erkannte ihn und sagte: ‚Herr Villeroy ist da. Dann ist auch der Friede wieder da.' Ich sagte, als ich das hörte: ‚Wenn wir ein Symbol des Friedens sind, dann müssen wir nach Wallerfangen zurück.'"
Ihr Sohn Claude Villeroy de Galhau erlebte das Kriegsende in Nancy: „Ich war noch ganz jung, dreizehn Jahre alt. Ich bin am 7. Mai mit meinem Onkel aus Nancy mit einem Motorrad nach Wallerfangen gefahren, um hier meinen Vater zu treffen. Meine Mutter war noch nicht hier. Mein Vater war der verantwortliche Offizier in Saarlouis. Überall standen französische Wachtposten. Einer rief spät nachmittags meinen Vater an. Und sagte: ‚Hier ist ein Mann, der will auf sein Gut in Überherrn in der Nähe von Saarlouis fahren.' Damals war das Grenzzone und deswegen verboten. Mein Vater kam sofort und umarmte diesen Mann. Es war Franz Egon von Boch, der Vater des heutigen Villeroy & Boch Vorsitzenden Wendelin von Boch. Die französischen Wachtposten waren erstaunt, dass ein französischer Offizier einen deutschen Zivilisten umarmt. Vielleicht war diese Umarmung damals 1945 ein erstes Symbol für die Verständigung und den Frieden zwischen Deutschen und Franzosen."

Werner Wilhelm, Jahrgang 1919, SPD-Politiker, floh ins Exil:
„Die Jahre im Exil hätten wir ohne die Résistance nicht überlebt."

Dieter Gräbner

Ein Leben ohne Politik – das ist für Werner Wilhelm, Jahrgang 1919, aus Neunkirchen im Saarland undenkbar: „Man muss für seine Überzeugungen gerade stehen und auch kämpfen", sagt er. 22 Jahre war er SPD-Bundestagsabgeordneter, war Mitglied in vielen Ausschüssen, kam mit Staatspräsidenten und Ministern zusammen und hat wichtige politische Entscheidungen der Bundesrepublik mit vorangetrieben: „Mein politischer Weg war durch meine Jugend, und das, was ich als Emigrant erleben musste, sicher vorgezeichnet."

Elf Jahre, von 1935 bis 1946, war Werner Wilhelm mit seiner Familie in Frankreich im Exil: „Wir waren politische Flüchtlinge. Als die Wehrmacht dann Frankreich besetzt hatte, versteckte uns die Résistance, die französische Widerstandsbewegung. Das war unsere Rettung."

Werner Wilhelms Vater Friedrich war vier Jahre Frontsoldat im Ersten Weltkrieg gewesen, kam desillusioniert nach Hause. Er war Sozialdemokrat, Stadtrat in Neunkirchen. Und als 1933 „im Reich", wie man im Saarland heute noch sagt, die Nazis an die Macht kamen, bezog man im Elternhaus von Werner Wilhelm klare politische Position gegen den braunen Mob. Der braune Mob – der beherrschte auch im damaligen Saargebiet immer öfter das Straßenbild. Vor allem 1934 im Abstimmungskampf über die Zukunft des Saargebietes. Da waren Gewalt und Repression an der Tagesordnung.

SA-Banden zogen durch die Straßen mit symbolischen Galgen, an denen die politischen Gegner aufgehängt waren und die sie dann verbrannten. Und immer öfter kamen auch Emigranten ins Saargebiet, die vor dem Naziterror geflohen waren und berichteten, wie Juden und

politisch Andersdenkende verfolgt und in Konzentrationslager gesperrt wurden.
Werner Wilhelms Vater ließ sich nicht einschüchtern und sprach sich bei der Urabstimmung 1935 über die Zukunft des Saargebietes für den so genannten Status quo aus. Die Frage war: Sollte das Saargebiet dem Deutschen Reich angeschlossen werden, oder den so genannten Status quo behalten oder Frankreich angeschlossen werden? Unter dem Status quo verstand man damals die Beibehaltung der Regierung des Völkerbundes.
Schon für den damals 15-jährigen Werner Wilhelm, der sich in der sozialistischen Arbeiterjugend engagierte, war klar: Der Nationalsozialismus ist ein Terror-Regime. Und Hitler bedeutet Krieg. Das hörte er zu Hause immer wieder. Vor allem vom Vater, der diese Meinung auch in öffentlichen Veranstaltungen vertrat. Werner Wilhelm erinnert sich: „Er sagte, was in Hitlers ‚Mein Kampf' steht, bedeutet den Untergang Deutschlands und der Freiheit des Einzelnen. Er geißelte den Judenhass, die Kampagne gegen das Weltjudentum, den Rassenwahn, die These von der Überlegenheit der arischen Rasse. Und die Maxime vom Volk ohne Raum. Mein Vater sagte wörtlich: ‚Hitler bedeutet Krieg.' Für meinen sieben Jahre älteren Bruder Hugo und auch für mich war klar, dass wir mit dem Nationalsozialismus in einen Krieg steuerten. Als dann über 90 Prozent der Stimmberechtigten des Saargebietes 1935 für den Anschluss an das Deutsche Reich votierten, blieb uns nichts anderes übrig, als zu fliehen. Wir waren mit unseren Meinungen politisch so profiliert, dass die uns wegen Landesverrat oder wegen sonst was sofort ins KZ gebracht hätten, wie viele andere auch."

Werner Wilhelm

Werner Wilhelm, sein Vater, seine Mutter und

 sein Bruder flohen nach Frankreich, zunächst nach Forbach in Lothringen kurz hinter der deutschen Grenze. Werner Wilhelm hatte zuvor die Schule abbrechen und auch eine Lehre bei einem Saarbrücker Anwaltsbüro vorzeitig aufgeben müssen: „Es waren jüdische Anwälte. Und auch die mussten fliehen“, erinnert er sich. 1935 im Oktober wurde in Forbach das Flüchtlingslager aufgelöst, in dem sie Zuflucht gefunden hatten. Und die Familie wurde nach Blois an der Loire, südwestlich von Orleans, gebracht: „Wir mussten alle schwer arbeiten. Mein Bruder und ich arbeiteten im Forst in einem Steinbruch, mein Vater bei einer Baufirma. Wir lebten recht bescheiden in einer Zweizimmerwohnung. Finanziell ging es uns nicht schlecht. Wir hatten ja drei Verdienste. Die Franzosen waren freundlich und hießen uns willkommen. Der Bruder fand schließlich eine Anstellung in Monlucon in Mittelfrankreich, wo er als Angestellter bessere Möglichkeiten hatte. Wir folgten ihm. Von 1942 an arbeitete ich im französischen Dunlop-Werk. Ich musste täglich 30 Kilometer hin und zurück mit dem Fahrrad fahren. Im Oktober 1942 wurde das Werk von den Engländern bombardiert und völlig zerstört. Ich hatte in der Nacht des Angriffs zusammen mit sieben anderen Arbeitskollegen Nachtschicht und konnte nur mit größtem Glück dem Tod entrinnen. Von sieben Arbeitskollegen kamen fünf ums Leben. Nur zwei überlebten.“

Für die Familie begann die schlimmste und die gefährlichste Zeit ihres französischen Exils. Denn Vater, Bruder und Werner Wilhelm standen auf den deutschen Fahndungslisten. Mitglieder der Widerstandsorganisationen beschützten und versteckten sie. Nachts schliefen sie in Gartenhäuschen, in Scheunen und leer stehenden Hallen: „Meine Mutter ließ die Gestapo in Ruhe. Die durchsuchten unsere Wohnung nach Beweismaterial für unsere politische Tätigkeit. Wir hatten zur Tarnung in die Schubladen und Schränke deutsche Zeitungen gelegt. Als die Gestapo-Leute Ausgaben des Völkischen Beobachter fanden, schimpften sie: Diese Bande liest ja auch noch deutsche Zeitungen.“

1943 wurde Werner Wilhelm in Abwesenheit der „Gestellungsbefehl“ als „Reichsdeutscher“ zugestellt. Er sollte sich am nächsten Morgen in der Bürgermeisterei, in der gleichzeitig auch das Gestapo-Büro war, melden: „Das hätte für mich ganz eindeutig die Verhaftung bedeutet. Und dann KZ.“

Er tauchte unter. Wieder halfen ihm Widerstandskämpfer, die auch seinen Vater und seinen Bruder nachts versteckten. Er ging nach Clermont-Ferrand und arbeitete dort bei einem Freund in der Landwirtschaft: „Ohne die Hilfsbereitschaft der Franzosen hätten wir nicht überleben können. Die fragten nicht nach den Gefahren, die mit ihrer Hilfe für uns verbunden waren. Ihnen drohten Verhaftung oder Erschießen, wenn sie uns versteckten. Ich hatte inzwischen mehrere Gestellungsbefehle erhalten. Streng nach dem Gesetz war ich sogar ein Deserteur, der ohne Gerichtsverhandlung hätte erschossen werden können.“

1944. Der Hass der Franzosen auf die Vichy-Regierung und die Deutschen wird immer stärker, zumal die deutsche Wehrmacht sich auch immer mehr zurückziehen muss. Werner Wilhelm erinnert sich: „Die Vichy-Regierung hatte 10.000 französische Zwangsarbeiter rekrutieren wollen. Ein großer Teil ist in den Widerstand gegangen, hat sich versteckt und später die Deutschen angegriffen.“ Im Spätsommer 1944 dann die Befreiung. Die Résistance marschiert durch die Straßen. Unglaublicher Jubel. Die deutsche Wehrmacht zieht sich immer weiter zurück. Die Invasion in der Normandie bindet militärische Kräfte.

Zum ersten Mal seit nunmehr über drei Jahren kann Werner Wilhelm sich wieder als freier Mensch fühlen. „Das ist ein wahrhaft großartiges Gefühl, wenn man endlich eine Nacht ohne Nervosität und ohne Angst schlafen kann und nicht überall einen Häscher vermuten muss.“

Mai 1945. Kriegsende. Die Familie will zurück ins damals französisch besetzte Saarland. „Wir stellten Anträge für die Einreise. Wir brauchten eine so genannte Permis militaire. Doch wir erhielten keine Nachricht von der zuständigen Behörde. Das ging monatelang so. Dann sagte mein Vater: ‚Jetzt gehen wir aufs Ganze.' Wir kündigten unsere Wohnung, verschenkten die Möbel, fuhren nach Paris und gingen täglich dort zur zuständigen Behörde. Wir müssen die genervt haben. Jedenfalls hatten wir im Dezember 1946 unsere Einreisepapiere. Wir gingen zurück nach Neunkrichen, das zu 70 Prozent zerstört war. Mein Vater, inzwischen 60 Jahre alt, wurde bei der Verwaltung in Neunkirchen angestellt und war bald Gesamtbetriebsratsvorsitzender. Mein Bruder ging zum Landratsamt in Ottweiler. Und als 1947 die Stadtverwaltung Neunkirchen einen Übersetzer suchte, der die Berichte der Verwaltung an die französischen Behörden ins Französische übersetzt, bewarb ich mich und wurde genommen. Es war das Ende unseres Lebens in der politischen Illegalität und der ständigen Angst und Verzweiflung."

Werner Wilhelm legte bald die Prüfung zum mittleren und später zum gehobenen Dienst in der Verwaltung ab. Er traf sich mit politischen Freunden, engagierte sich in der Jugendarbeit und machte politische Karriere, zunächst in der SPS, der Sozialistischen Partei Saar. Später in der SPD, war Delegierter auf vielen internationalen Kongressen der Jungsozialisten, so auch zum Beispiel 1953 in St. Gallen auf dem Kongress der Schweizer Jungsozialisten. Dort berichtete er über die damaligen politischen Verhältnisse im Saarland, über dessen politische Zukunft 1955 wieder in einer Abstimmung entschieden werden sollte. Und als er zurückkam, musste er sich deswegen verantworten: „Ich war Beamter auf Widerruf. Und nur weil politische Freunde mich deckten, hatte meine Kritik keine beamtenrechtlichen Folgen. Ich war dafür, dass das Saarland zur Bundesrepublik kommt." Über die Zeit danach, über den demokratischen Wiederanfang in einem zerstörten Land und über die, die ihn und seine Familie damals aus politischen Gründen verfolgten, sagt er heute: „Viele haben danach begriffen, dass sie die Dinge damals falsch eingeordnet haben. Es gab ehemalige stramme

Nazis, die plötzlich sagten, sie seien schon immer unsere Freunde gewesen. Manchmal war ich schon in Versuchung, dem einen oder anderen eine rein zu hauen. Aber dann hat der Demokrat in mir gesiegt. Wir sind für einen demokratischen Rechtsstaat, in die Emigration gegangen. Ich finde heute, dass sich das gelohnt hat."

Helga Schneidewind, Jahrgang 1933, Theologin, Verlegerin:
„Herr, lass es Frieden bleiben. Und schenke mir ein dankbares Herz.“

Dieter Gräbner

Am 5. Oktober 1945, kurz nach 20.00 Uhr, erreichte die erste Angriffswelle des englischen Bomberpulks, dessen Ziel eigentlich die Bahnanlagen und der Hauptbahnhof waren, Saarbrücken. Die Alliierten vermuteten hier eine Nachschubbasis für die Westfront. Und die sollte zerschlagen werden. Doch der so genannte Masterbomber, der die Ziele mit Leuchtsignalen markieren sollte, verlor in diesiger Sicht die Orientierung. Oder er fand das Ziel aus anderen Gründen nicht. Jedenfalls drehte er ab. Und die ihm nachfolgenden Mosquitos, wendige zweimotorige Maschinen, die eine Bombenlast von 1.437 Kilogramm tragen konnten, klinkten ihre todbringende Fracht dort aus, wo sie sich gerade befanden. Die westlichen Teile der Stadt wurden getroffen. Viele Saarbrücker glaubten: „Das war es.“ Sie verließen die Schutzbunker. Dann kam die zweite Angriffswelle. 500 schwere Lancaster-Bomber warfen über 350.000 Stabbrandbomben ab, die die Stadt in eine Feuerhölle verwandelten. Helga Schneidewind, Jahrgang 1933, hörte das Detonieren der schweren Sprengbomben der ersten Angriffswelle, die über den westlichen Teil der Stadt niedergingen. Sie weiß noch genau, wie es war an jenem 5. Oktober 1944, als die zweite Angriffswelle anflog und Saarbrücken den schlimmsten Luftangriff seit Kriegsausbruch erlebte und sich der Himmel glutrot färbte von den Flammen der brennenden Häuser, die durch den Sog in die Höhe

Helga Schneidewind als kleines Mädchen

prasselten, wie eine feuerroter Kirchturm von der Ferne aussahen und die schöne alte Stadt in Schutt und Asche gebombt wurde. „Ich war zu Hause in Fechingen", schreibt sie in einem Brief. „Fliegeralarm. Meine Mutter rannte mit mir zur Heringsmühle in den großen Felsenbunker. Als mein Vater zu Fuß von Saarbrücken kam, gingen wir nach Hause, die Häuser Richtung Friedhof lagen in Schutt und Asche. Sie waren durch den Luftdruck (der explodierenden Bomben, Anm. d. Verf.) zerstört (worden). Nachts, bei heller Beleuchtung suchte man nach Verschütteten. Soviel ich weiß wurden drei Tote geborgen. Am nächsten Morgen brachen wir sehr früh auf und gingen mit einem Handwagen und meinem Schäferhund zu Fuß nach Saargemünd, fuhren mit dem Zug in das Heimatdorf meiner Mutter, nach Diemeringen ins Elsass, neun Kilometer von Sarreunion entfernt, wo meine Mutter in einer Bauernfamilie mit sieben Kindern aufgewachsen war. Dort wurde mein Vater in einem Gehöft versteckt. Warum? An genau jenem 5. Oktober 1944 war mein Vater während des Angriffs im Bunker in Saarbrücken. Als er seine Brote auspackte sagte jemand hinter ihm mit fremdem Akzent „Guten Appetit." Mein Vater teilte seine Brote mit dem Mann. Nach der Entwarnung beim Verlassen des Bunkers wurde er von einem Gestapomann angehalten. Er solle am andern Tag mit seinem Pass auf der Gestapodienststelle vorbeikommen."

Helga Schneidewind war damals elf Jahre alt. Und sie begriff zunächst überhaupt nicht, warum ihr Vater fliehen musste. Sie wusste nur, dass er schon einmal eingesperrt gewesen war. Das war lange her. 1940. Damals war sie sieben Jahre alt gewesen. Sie hatte nicht verstanden, warum man ihren Vater hinter Stacheldraht gefangen hielt. Sie war mit ihrer Mutter mit dem Zug quer durch Deutschland gefahren. Sie erreichten das riesige Wehrmachtsgefängnis und Zwangsarbeiterlager in Torgau, etwa 50 Kilometer östlich von Leipzig, in dem Helga Schneidewinds Vater einsaß. Das Kreisstädtchen lebte vom Militär. Hier befand sich ein großes Ausbildungszentrum der Wehrmacht und auch das größte Wehrmachtsgefängnis. Und internationale Schlagzeilen machte Torgau, weil sich hier im April 1945 russische und amerikanische Truppen trafen. Wie es ihre Mutter schaffte, dass sie mit ihrem Mann und Helgas Vater reden konnte – wenn auch nur durch den Stacheldraht des Lagerzaunes – weiß Helga Schneidewind nicht. Mutter und Tochter standen draußen vor dem Stacheldrahtzaun, der Vater drinnen. Sie weiß noch, dass der Vater „versuchte mich zu trösten. Das war eine halbe Stunde, länger war das nicht. Dann mussten wir wieder gehen. Ich weiß nur, dass ich ihm die Hand geben konnte, und er sie fest drückte und sie nicht mehr loslassen wollte. Wir konnten uns nicht einmal in den Arm nehmen. Und meine Mutter weinte auch", erinnert sie sich. Das war 1942. Warum der Vater jetzt, zwei Jahre später, zum Rapport zur Gestapo bestellt wurde, ahnte sie mehr, als sie es verstand: Das musste mit dem Mann zusammenhängen, mit dem er das Brot geteilt hatte. Ihre Familie lebte nach christlichen Grundsätzen. Und so wurde sie auch erzogen. Dass man sein Brot teilt – Helga Schneidewind wusste es als Kind nicht anders.

Wir sitzen in einem mit alten Bildern und Büchern vollgestopften Wohnzimmer. Helga Schneidewind erzählt, fast ohne Atempause. Plastisch schildert sie ihre Erlebnisse in diesen Jahren, manchmal überspringt sie Monate und Jahre, verwebt das alles, streut Details ein, damit der Zuhörer alles genau und richtig wiedergeben kann. Und entschuldigt sich dann: „Zuviel ist geschehen. Da springt die Erinnerung. Immer neue Bilder, die man nicht vergisst, kommen." Dann, nach einer kurzen Pause, in der sie in ihren Unterlagen blättert, erzählt sie weiter: „Wir hatten sehr viele Obstbäume. Und in den so genannten Kartoffelferien, also im Herbst, kochte meine Mutter Apfelmus und backte Pfannkuchen. Bei uns in Fechingen arbeiteten Gefangene des Gestapolagers Neue Bremm. Meine Mutter verpflegte die ausgehungerten Elendsgestalten. Und auch die Aufseher aßen mit. Es ist uns nichts geschehen, obwohl das streng verboten war." Die Gefangenen bauten übrigens an einer Stromleitung nach Saargemünd ins benachbarte Lothringen, etwa 15 Kilometer Luftlinie von Saarbrücken-

Fechingen entfernt. Eine V1, eine neue Wunderwaffe, sollte von dort abgeschossen werden. Tatsächlich wurde dann auch eine Rakete abgefeuert. Aber sie flog nicht nach England, sondern traf das Haus eines Arztes in dem Ort Heusweiler, etwa 15 Kilometer nordwestlich von Saarbrücken. Ein Dienstmädchen kam dabei ums Leben. Die Villa des Arztes wurde völlig zerstört.

Sicher spielte es eine große Rolle, dass Helgas Eltern hochangesehene Bürger waren, sich in der Kirche engagierten. Vermutlich wurden sie deswegen nicht denunziert und verfolgt. Denn: Im Gestapolager Neue Bremm zwischen Saarbrücken und dem heutigen französischen Forbach wurden zeitweilig mehrere hundert Gefangene gefangen gehalten, die meisten Widerstandskämpfer, Deserteure und Juden. Sie wurden gequält und misshandelt, mussten im Entengang stundenlang um einen Feuerlöschteich watscheln. Die Neue Bremm war ein Durchgangslager. Von hier aus wurden die Gefangenen weiter verschubt, die meisten in die Vernichtungs-Konzentrationslager.

Schon als kleines Kind lernte sie: Fremdarbeitern sollte man nichts geben. Das war verboten. Kein Stück Brot durfte man mit ihnen teilen. Nicht mal ein gutes Wort. Sonst wurde man zur Gestapo bestellt. Und doch hatten ihre Mutter und sie die Fremdarbeiter mit Obstkuchen verwöhnt.

Sie weinte und trottete neben ihrem Schäferhund und dem Handwagen her. Eine Familie auf der Flucht vor den Häschern. Der Vater und die Mutter versuchten sie zu trösten und drängten zur Eile und zur Vorsicht. Überall waren Gestapospitzel. Jetzt, am 6.Oktober 1944, einen Tag nach dem Bombenangriff, als sie nach Diemeringen flohen und der Vater sich versteckte, spürte sie, obwohl er nicht davon sprach, dass der Vater in Todesgefahr war. Und sie betete für ihn. Aber immer noch verstand sie das alles nicht.

Sie war traurig, dass sie die schöne Villa in Fechingen, heute ein Stadtteil von Saarbrücken, verlassen mussten, in der sie wohnten und die wegen des parkähnlichen Gartens und der vielen Rosen „Villa

 Rosarium“ hieß. Die großen Restaurants und Hotels in Saarbrücken kauften ihre „Konferenzzweige“ und Dekorationsblumen für große Gesellschaften und Veranstaltungen in der Villa Rosarium. Erst nach Kriegsende sollten sie ihr schönes Zuhause, in dem sie 1931 gewohnt hatten, wieder sehen – in einem miserablen Zustand freilich: „Fechingen sollte ein nationalsozialistisches Musterdorf werden. Unsere Villa hatte zwei runde Erker. Während unserer Evakuierung 1939, als viele Saarländer wegen des bevorstehenden Krieges mit Frankreich ihre Heimat verlassen mussten und das Land entlang der Grenze zur Roten Zone erklärt wurde, wurde das Haus umgebaut. Die runden Erker wurden abgerissen. Das Flachdach bekam ein Walmdach. Die große Freitreppe wurde entfernt. Es sollte wie ein Bauernhaus aussehen. Angeblich hat sogar Adolf Hitler, als er in Saarbrücken war, in unserer Villa gewohnt.“

Helga Schneidewinds Mutter Charlotte, Jahrgang 1898, war eine weitgereiste Frau. Sie war ausgebildete Hebamme und Kinderschwester, war Elsässerin, sprach daher deutsch und französisch und hatte auch zwei Pässe und zwei Staatsangehörigkeiten, was bei der dramatischen Familiengeschichte später von lebenswichtiger Bedeutung sein sollte. Sie war bei reichen und sehr angesehenen Familien lange Jahre die Kinderschwester. Sie begleitete die Kinder, die sie zu beaufsichtigen hatte, und deren Eltern nach Davos, nach Monte Carlo, Biarritz und Ostende. Und später, ab 1931, betrieb sie ein Kinderheim in der Villa Rosarium. Helga Schneidewind erinnert sich, dass immer vier bis fünf Kinder bei ihnen aufwuchsen. Wer die Kinder waren, deutet sie nur an: Die meisten Kinder wurden in Straßburg geboren und dann in die Villa Rosarium gebracht. Viele reiche und angesehene Familien ließen in der Villa Rosarium die unehelichen Kinder, die so genannten „Kinder der Schande“ aufziehen. Selbst königlicher Hochadel soll den nicht standesgemäßen Nachwuchs, von dem die Öffentlichkeit nichts erfahren durfte, in die Villa Rosarium in Saarbrücken-Fechingen von 1931 bis 1935 in Obhut gegeben haben. Dann, nach 1935, hatten die reichen französischen Familien Schwierigkeiten die Unterhaltskosten für ihre Kinder in der Villa Rosarium zu transferieren. Mutter Charlotte, deren französische Lizenz als Kinderschwester nach der Abstimmung „Heim ins Reich“ nicht mehr galt, eröffnete in der Villa ein Kinderheim. Helga Schneidewind erinnert sich an die Zeit: „Ich war immer die Kleinste. Aber wir hatten viel Spaß.“ Sie hatte eine behütete Kindheit in einem christlich orientierten Elternhaus. Sie wuchs zweisprachig, genau genommen, dreisprachig, auf. Von der Mutter lernte sie französisch und ihren elsässischen Dialekt. Ihr Vater Julius Freidinger, Jahrgang 1898, sprach hochdeutsch. Er war Leiter der Filiale der Dresdner Bank in Saarbrücken, ein hochangesehener Bürger, der sich in der evangelischen Kirche engagierte. Und nun sollte er nach der entsetzlichen Bombennacht, bei der in Saarbrücken 361 Menschen ums Leben kamen und die schöne alte Stadt zu 75 Prozent zerstört wurde, zur Gestapo ...

Die alte „Villa Rosarium“

Helga Schneidewind war ein aufmerksames wissbegieriges Kind. Trotzdem konnte sie nicht verstehen, warum ihr Vater fliehen musste. Sie zermarterte ihr Gehirn, und schließlich entschied sie für sich: Die Nazis sind böse Menschen.

Dass ihr Vater Julius Freidinger im Elsass untertauchte und sich in einem Gehöft versteckte – die kleine Helga wusste nicht wo, damit sie sich nicht verplappern konnte – hatte gute Gründe. Julius Freidinger musste tatsächlich fürchten, wieder eingesperrt zu werden. Es drohte ihm möglicherweise sogar die Todesstrafe, wenn er gefasst würde.

 Denn er war wegen angeblicher Wehrkraftzersetzung schon einmal verurteilt worden. Freidinger war bereits im Ersten Weltkrieg – als 17-Jähriger – Soldat gewesen. Und 1939 wurde er wieder eingezogen. Als Funker zur Marine. 1939 wurden im Saarland Hunderttausende evakuiert, die in der so genannten Roten Zone lebten. Zehn Kilometer dies- und jenseits der Grenze war Niemandsland. Betreten bei Todesstrafe verboten. Die Nazis bereiteten den Angriff auf Frankreich vor. Die Bewohner wurden evakuiert, nach Nordhessen, nach Bayern, in die Pfalz, sogar nach Norddeutschland. Helgas Mutter Charlotte sagte entschieden: „Ich lasse mich nicht verschicken." Sie schloss das Kinderhaus und mietete für sich und die kleine Helga in Frankfurt eine kleine Wohnung. Ihr Mann war als Funker nach Cuxhaven kommandiert worden. Funker hörten viel. Nicht nur die deutschen Sender. Außerdem hatten sie noch andere Nachrichtenquellen. Sie wussten vieles, was nicht mit den offiziellen Propaganda-Meldungen der Nazis übereinstimmte. Das Verhängnis begann, als zwei Kameraden von Julius Freidinger bei einem Wirtshausbesuch bei einer Diskussion über die Erfolge der deutschen Truppen – vermutlich angetrunken – einen einzigen Satz sagten, für den sie mit dem Leben bezahlen mussten: „Das stimmt so nicht was die in den Nachrichten bringen."
Die beiden Funker wurden sofort vor das Kriegsgericht gestellt, zum Tode verurteilt und hingerichtet. Julius Freidinger, damals 42 Jahre alt, war mit den beiden befreundet. Die Gestapo verhaftete ihn, unterzog ihn ihren brutalen Verhörmethoden, quälte und misshandelte ihn. Und wahrscheinlich wäre auch Julius Freidinger zum Tode verurteilt worden, wenn Pfarrer Arno Pötsch, ein aufrechter und mutiger Mann, der sich um die Gefangenen kümmerte und auch die zum Tode verurteilten auf ihrem letzten Weg begleitete, sich nicht für ihn eingesetzt hätte. Arno Pötsch kannte Julius Freidinger aus dem Kirchenchor seiner Gemeinde in Cuxhaven, wo der Unteroffizier Julius Freidinger Sonntag für Sonntag mitsang, so weit ihm das sein Dienst als Funker

erlaubte. Die beiden Männer hatten sich oft unterhalten und Freundschaft geschlossen. Pötsch, der sich auch als Lyriker hervortat, Kirchenlieder und später ein Gedicht über die „Madonna von Stalingrad“ schrieb, sagte für Freidinger vor Gericht aus: „Ich habe nie was von oder über Julius Freidinger gehört, was nachträglich wäre.“ Das rettete Julius Freidinger das Leben.

Statt vor ein Erschießungskommando kam der Funker Julius Freidinger in ein KZ. Und seine Tochter Helga erinnert sich, dass ihr Vater bei ihrem Besuch 1942 in Torgau nicht wie die anderen Häftlinge Sträflingskleidung trug, sondern seine Sommeruniform, allerdings ohne Epauletten und Rangabzeichen. Warum das so war, weiß sie bis heute nicht. Der Vater wurde 1943 entlassen. Er war schwer krank. Helga Schneidewind sagt: „Er taugte nicht einmal mehr zum Kanonenfutter. Die Nazis ließen ihn in Ruhe. Und er wurde Filialleiter der Dresdner Bank in Saarbrücken. Eigentlich hofften wir, dass der Krieg bald zu Ende geht. Die Front kam ja auch immer näher. Als wir aus Saarbrücken flohen, waren die Amerikaner schon in Metz.“

Sie blättert in alten Briefen und Dokumenten. Um uns wuseln zwei große Hunde herum. „Die tun nichts“, sagte sie und schaut prüfend rüber. „Wissen Sie, es ist unglaublich. Aber von Diemeringen aus wurde mein Vater wieder eingesperrt. Dieses Mal in einem Internierungslager. Dieses Mal durch die Franzosen. Die Front rückte immer näher. Die US-Truppen besetzten das Elsass, Ort für Ort. Als sie Diemeringen angriffen, dachten wir, jetzt wird alles gut. Wir saßen im Keller auf Kartoffelsäcken und warteten auf die Befreier.“

Es kam anders. Die US-Einheit errichtete in dem Bauernhof, in dem Helgas Mutter aufgewachsen war, ihr Hauptquartier. Alle Männer des Ortes wurden in der Kirche eingesperrt und bewacht. Drei Tage lang. Ein US-Offizier forderte Julius Freidinger auf, die US-Armee beim weiteren Vormarsch als Führer zu begleiten. Die US-Einheiten besaßen offenbar kein gutes Kartenmaterial und hatten Orientierungsschwierigkeiten. Julius Freidinger lehnte das höflich aber bestimmt ab: „Ich bin Deutscher. Bitte haben Sie Verständnis dafür, dass ich nicht helfen kann, dass Deutschland kapituliert“, sagte er zu dem US-Offizier. Wenig später kamen Männer der französischen Résistance nach Diemeringen. Helga Schneidewind erinnert sich: „Die hielten alle Elsässer für Verräter, hassten sie sogar. Viele kamen in Internierungslager. Meinen Vater schafften sie ins frühere KZ-Strutthof, in ein Vernichtungslager, das gerade von der US-Armee befreit worden war. Er musste dort mit anderen Gefangenen Leichen bergen. Er hat später erzählt, dass sie Leichen einfach aus ihren Unterkünften und Gräben und auch aus der Gaskammer rausschaufeln mussten. Meine Mutter fuhr nach Straßburg. Mit ihrem französischen Pass kam sie zur zuständigen Verwaltung durch. Dort saß ein Mann, der meine Mutter kannte. Er sah sie an und sagte: ‚Ich habe Ihren Pass damals unterschrieben und Ihnen geraten, Ihre französische Nationalität nicht aufzugeben.‘ Er gab ihr die Entlassungspapiere für meinen Vater mit. Als sie in Strutthof ankam, erfuhr sie, dass der Vater am Morgen nach Poitiers verschickt worden war. Wieder fuhr sie nach Straßburg. Wieder erhielt sie die Entlassungspapiere. Aber erst bei der dritten Fahrt nach Poitiers – zusammen mit meiner Nichte – konnte sie den Vater dort abholen. Das war 1946.“

Helga Schneidewind heute vor der alten Villa

Julius Freidinger kam als körperliches Wrack nach Hause, nach Diemeringen, schwer verwundet auch an seiner Seele. Wieder belud die Familie den Handwagen mit ihren Habseligkeiten und kehrte 1946 nach Fechingen in die Villa Rosarium zurück, und sie erlebten eine

Überraschung: „Das Haus war besetzt und war in einem erbärmlichen
Zustand. Ausgebombte Leute waren einquartiert. Die betrachteten das Haus schon als ihren Besitz und weitläufige Verwandte hatten angeblich schon entschieden, wie sie das unerwartete Erbe aufteilen würden. Sie waren sicher, dass wir nicht wiederkommen würden und rechneten sich Chancen aus, unsere Villa zu übernehmen."

Helga, inzwischen dreizehn Jahre alt, ging erst auf die deutsche Mittelschule in Fechingen, dann ein Jahr auf ein Mädchen-Gymnasium, später bis zum Abitur auf das Französische Lyzeum in Saarbrücken.

Ihr Vater war schwer krank. „An Leib und Seele", sagt Helga Schneidewind. „Er hatte einen Kropf, die Leber war durch die Mangelernährung schwer angegriffen. Nachts hatte er Albträume, fast immer regelmäßig um zwei Uhr nachts. Er schrie nur. Nie sagte er etwas, nie erzählte er über seine schlimmsten Jahre. Und wir fragten ihn nie. Meine Mutter und ich – wir nahmen ihn in den Arm und trösteten ihn. Dadurch wurde alles verdrängt. Heute weiß ich, dass es psychologisch besser gewesen wäre, er hätte über all das Schreckliche, das er erlebt hat, geredet. Mein Vater war sehr fromm. Er sagte nie etwas Böses – auch nicht über die Nazi-Schergen, die ihn gequält, misshandelt und gedemütigt hatten."

1960 starb Julius Freidinger: „Er litt entsetzliche Qualen. Er hatte Blutstürze, Leukämie. Seine letzten Jahre waren eine Tortur", erzählt sie. „Hinzu kamen wirtschaftliche Probleme. Seine Rentenansprüche waren nicht geklärt. So einen Tod hatte er nicht verdient."

Charlotte Freidinger betreute nach der Rückkehr nach Fechingen wieder kleine Kinder, und half als ehemalige Fürsorgerin und als Hebamme. Ihre Tochter sagt: „Sie versuchte ins Leben zurück zu finden. Aber auch sie hatten die Schrecken des Krieges, der Kampf um das Leben Papas, die Angst um mich gezeichnet und geprägt. Sie konnte hassen – anders als mein Vater."

Helga Schneidewind machte 1952 Abitur. Sie hatte nur einen Berufs-

 wunsch. Sie wollte Theologie studieren und dann nach Lambarene zu Urwaldarzt Dr. Albert Schweitzer, den ihre Mutter als Kind kennen gelernt hatte.
Sie war eine moderne junge Frau, die sich gern modisch kleidete. Eine Frau, die sich schminkte und ihre Fingernägel lackierte und mit „einer christlichen Vision. Ich wollte das Wort Gottes in Afrika verkünden." Sie beginnt ihre Ausbildung im Burckhardt-Haus in Gelnhausen, macht ein zweijähriges Praktikum in Aachen, unterrichtet dann in einer katholischen Kloster-Mädchenschule in Belgien. Wenn sie nach Hause zur Mutter kommt, hört sie Vorwürfe. „Meine Mutter war krank, hatte einen Wirbelsäulenschaden. Sie wollte oder konnte nicht allein sein. Sie beschwerte sich, dass ich immer weg sei. Einmal schrieb sie, weil ich beruflich in Paris war, an meinen Dienstvorgesetzten: Wie können Sie zulassen, dass meine Tochter nach Paris geschickt wird, während ich hier liege. Meine Mutter wollte sterben. Sie hatte ihr Leben gelebt und wollte, dass es zu Ende geht. 1985 starb sie. Eigentlich starb sie seit 1952. Sie hatte Depressionen, die man heute behandeln könnte."
In Fechingen lernt die junge Theologin Pastor Heinz Schneidewind, Jahrgang 1929, kennen. Sie heiraten 1957. 1958 kommt Sohn Friedhelm Schneidewind zur Welt, der Biologie studiert und später Verleger wird. 1959 wird Sohn Gottfried geboren. Er stirbt 1981. Und Tochter Evelyn, die 1963 geboren wird, stirbt 1994.
Ihr Mann Heinz Schneidewind stirbt kurz vor Weihnachten 2003. Sie lebt allein. Helga Schneidewind lehnt sich zurück und sieht mich prüfend an: „Es gäbe noch vieles zu erzählen. Vieles, das heute so ungeheuerlich erscheint, dass man es kaum glauben kann", sagt sie. Dann zieht sie Bilanz: „Der Krieg hat unser Leben bestimmt. Und auch danach. Ohne Krieg wäre sicher vieles anders gekommen. Aber ich will nicht undankbar sein. Ich hoffe nur eines und dafür bete ich auch: Herr, lass es Frieden bleiben und schenke mir ein dankbares Herz!"

Isak Wasserstein, Jahrgang 1920, KZ-Häftling, Kaufmann:
„Ich stand an der Rampe von Auschwitz."
Interview

Frage: Sie haben im Warschauer Ghetto gelebt, genau an der Grenze zum arischen Viertel?
Wasserstein: Ja, wir wohnten in einem großen Haus an einer breiten Straße, durch die die Straßenbahn fuhr. Um das Ghetto wurde die Mauer gezogen, so dass die eine Seite der Straße jüdisch war, die andere arisch.
Frage: Bevor das Warschauer Ghetto entstanden ist gab es ja ein durchaus nachbarschaftliches Zusammenleben und auch Freundschaften zwischen Christen und Juden. Und plötzlich stand da eine Mauer ...
Wasserstein: Wir waren Freunde, wir waren Nachbarn. Und plötzlich durfte der Eine nicht mehr mit dem Anderen verkehren. Wir waren nicht mehr zusammen, wir waren getrennt. Wir sahen die Leute, mit denen wir befreundet waren, nicht mehr. Und die sahen uns nicht mehr. Wir hatten den Kontakt verloren.
Frage: Das Leben und das Überleben im Ghetto war zeitweilig nur noch mit Lebensmittelschmuggel möglich. Sie selbst sind einmal wegen fünf Kilo Bohnen von einem Wachmann verfolgt worden und dann doch noch frei gekommen.
Wasserstein: Der Wachmann hat mich nach Hause begleitet. Er hat gesehen, dass ich Lebensmittel geschmuggelt habe. Er hat mich aus Angst begleitet, dass ich von einem anderen Wachmann erwischt werde. Er hat mir angedeutet, dass ich sicherer wäre, wenn er mich begleitet. Da könne mir nichts passieren.
Frage: War das ein SS-Mann?
Wasserstein: Ein polnischer Polizist.
Frage: Die SS hätte so etwas nicht getan?

Wasserstein: Nein, nein.

Frage: Wurden Sie zur Zwangsarbeit abkommandiert?

Wasserstein: Es mussten sich jeden Tag 20.000 Menschen auf einen bestimmten Platz stellen. Die Wehrmachtssoldaten holten die Leute ab und verteilten sie. Wir gingen zu Fuß oder wurden mit Lastwagen weit weg zu unseren Arbeitsplätzen transportiert. Wir mussten Waggons mit Kohle abladen, Straßen ausbessern, Verpflegung ausladen, und abends wurden wir ins Ghetto zurückgebracht.

Frage: Wann sind Sie aus dem Ghetto raus und in ein Lager gekommen ...

Wasserstein: Das war Ende Mai 1942.

Frage: Was war das für ein Lager?

Wasserstein: Es war ein großes Feld. Dort standen nur Pferdeställe der russischen Armee. Um das Feld war eine Umzäunung. Die SS ist immer um den Zaun herumpatrouilliert und hat aufgepasst. Wir wurden in den Pferdeställen untergebracht. In den Pferdeställen lag noch der Mist.

Frage: Was mussten Sie arbeiten?

Wasserstein: Gar nichts. Wir waren im Stall eingesperrt. Eine Woche lang. Es hat schrecklich gestunken. Wir hatten ja keine Toilette. Wir machten alles in den Eimer. Wir konnten nur durch ein kleines Fensterchen sehen, ob es Tag oder Nacht war. Eine halbe Stunde pro Tag waren wir vielleicht draußen in der Luft. Dann wurden wir die restlichen Stunden bis zum Abend wieder eingesperrt. Wir bekamen nur zweimal am Tag Brot mit Wasser. Die stellten einen Eimer mit Wasser in den Stall. Jeder bekam morgens und abends hundert Gramm Brot. Nach einer Woche gab es einen Zählappell. Wir waren zirka 1.000 Häftlinge. Man hat uns nach Berufen aufgeteilt; Schuster, Schreiner, Schneider. Alles musste in einer halben Stunde geregelt sein. Ich stand da, und wusste nicht, wo ich mich melden soll. Ich habe studiert. In den letzten zwei Jahren hatte ich in einer Stoffhandlung gelernt. So kam die Idee. Die Idee hatte meine nicht mehr lebende

Isak Wasserstein

Mutter. Sie sagte: Melde dich da.

Frage: Sie waren in insgesamt neun verschiedenen Lagern. Was erlebten Sie dort?

Wasserstein: Da wurde gestorben und umgebracht. Vorwiegend wurden die Häftlinge erschossen, einfach erschossen. Ohne jeglichen Anlass. Wir hatten keine Krankenbaracke, wir hatten keine Medikamente, wir hatten keinen Arzt. Wenn jemand einen Furunkel auf der Hand hatte, hat man ihn rausgeführt, und er wurde dann erschossen.

Frage: Mussten die Todeskandidaten nicht auch ihr eigenes Grab ...

Wasserstein: Es wurden Gräber ausgegraben, bevor man sie erschossen hat. Es gab immer offene Gräber.

Frage: Mussten die Opfer sich an das Grab stellen?

Wasserstein: Teilweise haben sie gestanden oder sie haben sich hingelegt.

Frage: Sie waren auch im Todeslager Auschwitz?

Wasserstein: Wir waren im Juni 1944 mit einem Transport unterwegs. Als der Zug anhielt, wusste keiner, wo wir waren. Einige wenige, die früher hier in der Umgebung gelebt hatten, vermuteten Auschwitz. Aber wir wussten nichts von Auschwitz. Auschwitz – das war uns damals so fremd, wie heute für mich Afrika ist.

Frage: Sie wussten auch nicht, dass Auschwitz ein Vernichtungslager war?

Wasserstein: Nein, nein, wir wussten das nicht. Als wir in Auschwitz ankamen, wurden wir selektiert, ausgesucht ...

Frage: Diejenigen, die sterben sollten in der Gaskammer?

Wasserstein: Rechts oder links. Wir waren zirka 200 Leute, die rechts auf ein Gleis zum Weiterleben geschickt wurden. Und so standen wir 36 Stunden.

Frage: Was vermuten Sie, warum Sie nach rechts selektiert wurden – zum Weiterleben konnten?

Wasserstein: Ich war 1,83 Meter groß. Weil ich in der Küche die schlimmste Zeit überstanden habe, war ich auch noch besser ernährt, als die anderen.

Frage: Was war das für eine Jahreszeit?

Wasserstein: Das war im Juni 1944. Jeden Tag kamen Transporte mit ungarischen Juden. Die kamen mit Gepäck. Man hatte ihnen eingeredet, dass sie nur umgesiedelt werden. Die hatten Bettwäsche und Kleidung dabei.

Frage: Waren es Familien, Männer, Frauen und Kinder?

Wasserstein: Ja, ja, es waren Familien. Die wurden getrennt. Die Kinder wurden sofort von ihren Müttern weggenommen. Das habe ich alles gesehen.

Frage: Und das war die Todesrampe von Auschwitz?

Wasserstein: Ja.

Frage: Sie sind dann über weitere Zwischenstationen nach Vaihingen bei Stuttgart gekommen. Was geschah dort?

Wasserstein: Wir haben in einer tiefen Fabrik gearbeitet. Wir waren vielleicht fünf Stockwerke tief unter der Erde und haben dort eine Halle gebaut, in der Flugzeuge hergestellt werden sollten.

Frage: Wie lange haben Sie da gearbeitet?

Wasserstein: Zirka fünf Monate. Dann war es schlimm. Wie man sich da retten konnte, wusste ich nicht. Kein Essen, es gab kaum Essen, ... aus der Luftwaffe. Und suchten Leute zum Arbeiten. Dann kam ich an die Reihe und es war wie immer, es war immer das Gleiche gewesen, man hat mich herausgeholt. Es waren so 200 Leute, die auch aus der Reihe geholt wurden, wir waren dann so 3.000 und ich sage, über die SS hat es immer geheißen, die Wehrmacht war nicht schlimmer als die SS, die gleichen Mörder. Sie kamen in Städte, aber die Wehrmacht hat alles schon besiegt, erledigt. Genauso brutal.

Frage: Sie waren am Schluss des Krieges in der Nähe von Stuttgart?

Wasserstein: Es war in der Nähe von Stuttgart. Das Lager in Vaihingen wurde aufgelöst.

Frage: Wann kamen dann die Amerikaner?

Wasserstein: Gegen elf Uhr, das war eine unübliche Stunde, wurden wir von der SS zusammengetrieben. Zehn Tage waren wir unterwegs. In der Nacht vom 27. zum 28. April 1945 waren wir in einem größeren Ort. Wir wurden in Scheunen aufgeteilt, die voll waren mit Stroh und Heu. Es hat geregnet. Gegen Morgen wurden wir unruhig. Es war keine SS mehr da. Wir wussten nicht, was das zu bedeuten hat.

Frage: Die SS-Wachmannschaften waren weg?

Wasserstein: Die haben wir nicht gesehen. Wir überlegten: Vielleicht warten die darauf, dass wir ausbrechen, damit sie uns abschießen können. Gegen sechs Uhr wurde an den Schlössern hantiert. Ich schaute raus und sah große alte Leute mit Gewehren. Sie brachen die Tür auf. Es war vermutlich eine Volkssturmeinheit. Die baten uns, dass wir schön zu fünft in einer Reihe gehen sollten. Und sie versprachen, sie würden uns in die Freiheit führen. Aber wir müssten uns dementsprechend benehmen. Manche haben das nicht geglaubt. Sie sahen die Chance der Freiheit und sind abgehauen. Die Männer mit den Gewehren haben die nicht erschossen. Die haben sie laufen lassen. Es waren nicht viele. Wir kamen in eine große Straße. Und ich konnte sehen, wie die Fliehenden von hohen deutschen Offizieren angesprochen wurden, die sie vermutlich fragten, wer wir sind. Ich habe es in der Mimik der Leute gesehen, dass man uns weiterziehen lassen würde.

Frage: Fürchteten Sie, dass Sie jetzt zum Erschießen fortgeführt werden?

Wasserstein: Das war ja naheliegend. Das war doch unlogisch, uns am Leben zu lassen. Die hatten so viele Menschen umgebracht, warum sollten die gerade uns nicht umbringen? Wir waren doch Zeugen. Wir hatten doch gesehen, wie sie jeden Tag Menschen umbrachten. Auf einmal kamen jede Menge Autos. Unsere Bewacher sagten: Dort sind die Amerikaner. Jetzt waren wir endlich frei.

Auszüge aus den Aufzeichnungen „Ich stand an der Rampe von Auschwitz" des Isak Wasserstein: ***„Die Toten wurden aus dem Schutt geborgen und in Massengräber verscharrt, ohne Namen und ohne Tränen."***

Es war Samstag gegen fünf Uhr morgens, als sich die schweren Gefängnistore öffneten. In der Totenstille waren nur die schweren Schritte der Marschierenden und die Kommandos der Gendarmerie zu hören.
Auf der Straße vor dem Gefängnis standen Angehörige, die, trotz des Ausgehverbotes, schon stundenlang gewartet hatten. Ich blickte in die Menge, ob vielleicht jemand aus meiner Familie darunter war. Die Menschen waren aber zu weit entfernt, ich konnte niemanden erkennen. Als sie versuchten, sich uns zu nähern, schoss die SS auf die Leute. Einige von ihnen fielen tot zu Boden, andere versuchten sich zu retten, indem sie davonliefen.

1. September 1939: Die Toten wurden aus dem Schutt geborgen und in Massengräbern verscharrt, ohne Namen und ohne Tränen
Eine Tante von uns, die ein kleines Kind bei sich hatte, war gerade bei uns zu Hause auf Besuch. Der Angriff war so stark, dass wir die Häuser verlassen mussten, um im Freien Schutz zu suchen. Wir hatten Angst, das Haus könnte jeden Moment einstürzen und uns unter seinen Trümmern begraben. Alle Familienmitglieder rannten aus dem Haus, jeder in eine andere Richtung. Ich trug das kleine Kind auf meinem Arm und lief zum jüdischen Friedhof, der nicht weit entfernt lag. Ich glaubte mich dort in Sicherheit bringen zu können, denn es wäre sinnlos, Grabsteine auf dem Friedhof zu bombardieren. So lief ich und die Bomben fielen um mich herum. Auf der Straße lagen Menschen und Tiere tot und verwundet.

Der schwache Widerstand der Polen brach völlig zusammen. Nach zwanzig Tagen waren die Polen verloren und es gab keine Armee, keine Regierung und keine Nation mehr. Der komplette Zusammenbruch. Die Kanonen schossen schließlich immer seltener, die Flugzeuge warfen keine Bomben mehr ab. Jedoch der Hunger und die Not wurden immer größer.
Die Toten wurden aus dem Schutt geborgen und in Massengräbern verscharrt, ohne Namen und ohne Tränen. Jeder versuchte, sein eigenes Ich zu bewahren. Mit versteinertem Herzen gingen die Leute an all dem Unglück vorbei, ohne großen Anteil an der anderen Menschen Leid.

Das Leben wurde abgestellt

Wie man sich an Leid im Laufe der Zeit gewöhnen kann, so begann man, sich an das Ghettoleben zu gewöhnen. Allmählich bekamen wir das Gefühl, als wäre es schon immer so gewesen. Es gab kein Kommen und Gehen mehr, das Leben wurde abgestellt. Es hatte für uns aufgehört, innerhalb dieser Mauer zu existieren. Es gab Tod, Trauer und Verzweiflung. Der Hunger breitete sich noch mehr aus.
Die Enge wurde größer, Krankheiten wurden häufiger, die Zwangsarbeit wurde fortgesetzt.

1941: Sie lebten und starben ohne Namen

Kinder, die versuchten, durch irgendeine Stelle auf die arische Seite zu gelangen, wurden zu Tode geprügelt. Und doch gerade die Kleinsten litten am Meisten von uns allen. Man sah sie auf der Straße, vom Hunger aufgedunsen, die Füße in Lumpen gewickelt, die Körper von Fetzen umhüllt, schmutzig und verwahrlost. Wie Leichen zogen sie blass durch die Straßen des Ghettos. Mit dem scharfen Blick eines Raubvogels, stürzten sie sich auf diejenigen, die ein Stück Brot hatten, um es ihnen zu entreißen. Im Scherz wurden sie auch von den

 Ghettobewohnern „Chappers“ genannt, die unglücklichen, einsamen, verwaisten, verlassenen, zerbrochenen jüdischen Kinder, die keine Freude erlebt hatten. Früh wurden ihnen die Eltern entrissen. Vater und Mutter hatten sie kaum gekannt. Man sah sie oft zu zweit oder zu dritt, es waren meist arme Geschwister. Die Größeren sorgten für die Kleineren, doch selbst die großen und älteren Kinder waren noch klein. Die Eltern waren verhungert oder waren erschossen worden. Alle Mühe, diesen Kindern zu helfen, scheiterte. Alle hungerten. Mit gebrochenem Herzen musste man zusehen, wie diese kleinen Kinder tot auf der Straße lagen. Die Gesichter waren mit Zeitungspapier zugedeckt. Steine beschwerten das Papier, damit es der Wind nicht wegblasen konnte. Diese unzähligen, namenlosen, kleinen jüdischen Kinder!
Man wusste nicht, woher sie kamen und wer sie waren. Sie lebten und starben ohne Namen. Jeden Tag wurden die kleinen Körper aufgesammelt, auf Fuhrwerke gelegt und zum Hauptfriedhof in der Genschastraße gefahren, wo sie in Massengräber gelegt wurden, genau wie ihre Eltern, die das gleiche Schicksal erlitten hatten. Niemand wird sich ihrer erinnern, niemand wird mehr an sie denken.

1942: Der Todeskandidat musste sich mit dem Gesicht nach unten in das Grab legen und wurde erschossen

Die Bestialität begann mit vielen Strafarbeiten, mit Exerzieren bis zur Erschöpfung, mit Erschlagungen und Erschießungen. Darauf spezialisierte sich einer, den ich unter dem Namen „Kreuzig“ gekannt habe. Wurde einer der Häftlinge krank, verletzte sich oder fühlte sich nicht wohl, wurde seine Nummer abgenommen. Er war ein toter Mann, denn anschließend wurden die Kranken gesammelt und ins Wäldchen getrieben. Es half auch kein Bitten und Weinen, die Nummer war weg und damit auch die Seele. Die Menschen versuchten im Bewusstsein dieser Gefahr, bei jeglicher Krankheit zur Arbeit zu gehen, um wenigstens noch für eine kurze Zeit ihr Leben zu erhalten.

Konnte der Betreffende dann nicht mehr selbst laufen, so wurde er ins Wäldchen getragen, das sich gleich außerhalb des Lagerzauns befand. Die Totengräber mussten das Grab ausheben, die Unglücklichen sich ausziehen und die Kleider säuberlich vor das Grab legen. Der Todeskandidat musste sich mit dem Gesicht nach unten in das Grab legen und wurde erschossen.

Drehte einer den Kopf zurück, dann hat er ihn brutal mit den Stiefeln getreten

Der Küchenchef hatte es eine Zeitlang auf mich abgesehen. Jeden Tag musste ich mich in der Küche nackt ausziehen; dann nahm er den Wasserschlauch, drehte das Wasser stark auf und bespritzte mich mit dem eiskalten Wasser solange, bis ich ohnmächtig wurde und zu Boden fiel.

Dann durfte ich mich wieder anziehen. Nein, Adolf Riemer, unser Küchenchef, war kein guter Mensch. Es schien, als wollte er sich hier rächen, für all das Gute, das Juden seinen Eltern in Schlesien getan hatten. Am Anfang, als er noch bei guter Laune war, erzählte er mir, dass sein Vater ein armer Arbeiter gewesen sei. Er hätte bei Juden gearbeitet, die ihm viel geholfen hätten. Doch danach wurde es von Tag zu Tag schlimmer mit ihm. Beim Essen verteilen schlug er mit seiner Peitsche jeden, der nicht korrekt in der Reihe stand. Drehte einer den Kopf zurück, dann trat er ihn brutal mit den Stiefeln. Manchmal hing er Gefangene an den Händen in der Küche auf.

Einige starben an Lungenentzündung, andere wurden erschossen

In der letzten der fünf Baracken mussten wir uns ausziehen und nackt bis zum Becken laufen. Es waren zirca 350 Meter, die wir nackt zurücklegen mussten. Es lag noch tiefer Schnee, es war eisig kalt. Dort standen einige SS-ler, die uns auspeitschten und verspotteten. Dann trieben sie uns zum Becken, die nächste Gruppe war an der

 Reihe. Die Kleider wurden desinfiziert und dann wieder an uns verteilt. Die Prozedur dauerte eine ganze Nacht. Alles spielte sich in einer eiskalten Baracke ab.
Am nächsten Morgen mussten wir alle, ohne geschlafen zu haben, wieder arbeiten. Einige starben an Lungenentzündung, andere wurden erschossen, so zum Beispiel der Physiker, unser Lieblingshäftling.

Es war schauderhaft, diese Gestalten als Frauen erkennen zu müssen

Jeden Abend, nach der Rückkehr ins Lager, spielten sich herzzerreißende Szenen ab, denn in dem gegenüberliegenden Frauenlager, das durch elektrischen Stacheldraht getrennt war, waren teilweise die Frauen und Töchter dieser Männer untergebracht. Gegenseitig suchten sich diese Menschen mit ihren Blicken, ob ihre Angehörigen noch am Leben waren.
Denn auch die Frauen genossen keinen Sonderstatus, sie wurden ebenso gepeinigt, wie wir im Männerlager. Sie waren kahl geschoren, ihre Kleidung war zerfetzt. Sie waren ausgemergelt und halb verhungert. Es war schauderhaft, diese Gestalten als Frauen erkennen zu müssen. Strümpfe gab es auch für Frauen nicht. Sie waren wandelnde Skelette. Männer und Frauen versuchten, etwas Essbares zu organisieren, um die Lebensmittel ihren Ehepartnern über den Zaun zuzuwerfen. Oft waren aber die Frau oder der Mann nicht mehr am Leben. Die Betroffenen erfuhren niemals, wann und wieso der Partner ums Leben gekommen war. Zerbrochen gingen sie dann in die Baracken, sie hatten keine Kraft mehr für Nachforschungen, keine Kraft mehr zum Klagen.

Ich versteckte mich unter den Toten

Der eigentliche Lagerkommandant, ein Hauptsturmführer, inspizierte zusammen mit seinem Adjutanten ab und zu das Lager. Beim Zählappell war er fast immer anwesend und es machte ihm besondere

Freude, wenn seine Adjutanten Auspeitschungen vornahmen. Einmal sah ich, wie der Hauptsturmführer selbst seine Pistole zog und einen Häftling erschoss.
Das war am Eingangstor zum Lager. Wie oft er sonst noch Menschen getötet hat, weiß ich nicht. Außerhalb des Lagers befand sich ein Massengrab, wo die Erschlagenen, Erschossenen und Verhungerten verscharrt wurden.
Unweit des Lagers standen einige Baracken, dort befand sich die ukrainische Mannschaft.
An einem Abend waren während des Zählappells auffallend viele SS-Leute im Lager. Es war selten vorgekommen, dass sie in einer so grossen Anzahl anwesend waren. Wir waren erschrocken, wie versteinert. Nach dem Appell wurden wir schnell in die Baracken getrieben. Die Türen wurden zugeschlagen und abgeschlossen. An jenem Abend gab es kein Essen. Es dauerte nicht lange, und bald kamen von allen Seiten Maschinengewehrsalven und peitschten über sämtliche Baracken. Ich erkannte sofort den Ernst der Stunde und sah das Ende kommen. Von allen Seiten schlugen Kugeln ungezielt in das Innere der Baracke. Schreie und Hilferufe, Tote und Verwundete überall und die Kugeln peitschten weiter. Ich hatte meinen Schlafplatz in der dritten Etage der Pritsche. Ich riss die Bretter der Pritsche weg und ließ mich tiefer fallen, bis ich auf dem Steinboden liegen blieb. Um mich herum war alles nass vor Blut. Ich versteckte mich unter den Toten, mit den Händen hielt ich den Kopf fest, um die Kugeln abzufangen. Einige Zeit lag ich so auf dem Fußboden. In Erwartung des Todes verabschiedete ich mich in meinen Gedanken von den Menschen und der Welt, die für mich bald zu Ende sein sollte. Ich dachte dabei an meine Familie, mit der ich nun bald vereint sein würde, falls sie nicht mehr am Leben war. Es dauerte noch einige Zeit, dann hörten die Maschinengewehrsalven auf. Ich hörte nur noch vereinzelte Schüsse. Das waren die SS-ler, die in die Baracken kamen, um den Verletzten den Gnadenschuss zu geben. Dann wurde es still. Der Lagerälteste ging von Baracke

 zu Baracke, beruhigte uns und befahl dem Barackenältesten, die Erschossenen zu sammeln und an die Türe zu legen, denn die Tore sollten wieder geschlossen werden. Die hell aufgedrehten Turmleuchten wurden wieder kleiner geschaltet und auf den elektrischen Zaun gerichtet. So verging eine Nacht, die viel Schrecken und Tod brachte.

An der Rampe von Auschwitz zwischen Leben und Tod

Auch dieser Transport wurde geschlossen ins Lager getrieben, anscheinend gleich zur Vernichtung. Wir standen noch immer mit den Frauen und Kindern zusammen und warteten, was mit uns geschehen würde. Dann wandte sich die Meute zu uns. Es wurde eine Selektion durchgeführt. Einer der SS-ler zeigte mit dem Finger nach rechts oder links. Frauen, Kinder und ältere Männer wurden gleich abgeführt. Dann kamen die Männer an die Reihe. SS-Posten schauten uns ins Gesicht. Einer entschied, ob wir nach rechts oder links abtreten sollten. Als ich an die Reihe kam, stand ich stramm und versteckte meinen amputierten Finger, damit er nicht auffiel.

Ich wurde auf die rechte Seite gewiesen, wo sich eine kleine Gruppe bildete. Natürlich wusste ich nicht, was das zu bedeuten hatte und was mit mir geschehen würde. Die andere Gruppe, Frauen, Kinder und wie Muselmänner aussehende Häftlinge, wurden ins Lager geführt. Es waren kurze, herzzerreißende Szenen, als man die Familien trennte. Denn zuvor waren sie wenigstens noch in der Nähe gewesen. Wir, eine Gruppe von etwa 200 Häftlingen, standen weiterhin in Reih' und Glied und warteten mit klappernden Zähnen auf unser Schicksal. Meine Blicke schweiften nach rechts und links. Es flößte mir Schrecken ein. Ununterbrochen kamen neue Transporte an, die Menschen wurden wie Vieh aus den Waggons getrieben.

Immer wieder lief dieselbe Prozedur ab. Ich konnte in das Innere des Lagers blicken, wo viele Baracken standen. Auch Häftlinge waren zu sehen. Eine Kolonne weiblicher Wesen zog gerade ein Fass, vermutlich ein Jauchenfass, wobei die Jauche oben herausspritzte und die

Frauen beschmutzte. Es waren etwa 10 Mädchen, einige waren wie Pferde an die Deichsel gespannt, die anderen schoben den schweren Karren. Ihre Häftlingskleidung war zerrissen. Sie waren halbnackt, hatten keine Schuhe an den Füßen, die Schädel waren kahl rasiert. Sie sahen aus wie Gespenster, wie Skelette klammerten sie sich an die stinkende Tonne, um sie mit letzter Kraft zu schieben. Ein weiblicher SS-ler schlug dauernd mit einer Peitsche auf die unglücklichen Gestalten ein. Ich stand auf der Rampe in der Reihe. Ich hatte Angst um mein Leben, aber ich kochte vor Wut. Hätte ich nur die Möglichkeit gehabt, ich hätte die SS-lerin in Fetzen zerrissen und die Mädchen befreit. Ich war aber selbst ein Gefangener, ich stand an der Rampe von Auschwitz, zwischen Leben und Tod. Ich konnte mich nur damit trösten, dass diese schauderhaften Verbrechen nicht ungesühnt bleiben würden. Die Welt würde keine Lebensberechtigung mehr besitzen, würde man nicht eines Tages all diese Verbrechen und all diese Mörder bestrafen.

Alex Deutsch, Jahrgang 1913, KZ-Häftling, Bäcker: ***„Das Wort Wiedergutmachung ist für mich wie ein Messerstich. Kein Geld der Welt kann gutmachen, was sie mir genommen haben – nämlich meine Familie."***

Interview

Frage: Sie sind Jahrgang 1913. Ihr Vater war Soldat im Ersten Weltkrieg. Wissen Sie noch, wo er eingesetzt wurde?

Deutsch: Nein. Er war verwundet. Er hatte Auszeichnungen, aber ich weiß nicht, was für Auszeichnungen das waren. Ich habe meinen Vater fast überhaupt nicht gekannt. Er hatte einen Herz- und Lungenschuss und ist an seinen Verletzungen gestorben. Aber wo er war, weiß ich nicht. Er war von Beruf Schneider. Er hat in Berlin für das Theater Kostüme ausgebessert und genäht. Ich kann mich nur an die Drahtgestelle erinnern, die es früher für die Anziehpuppen gegeben hat.

Alex Deutsch und seine Ehefrau Doris

Frage: Ihre Familie kommt aus Ungarn?

Deutsch: Nein, ich bin nicht aus Ungarn. Meine Mutter ist Ungarin. Mein Vater kam aus Österreich. Ich glaube, dass meine ersten drei Geschwister in Budapest gelebt haben und dort auch geboren wurden. Meine Eltern kamen erst 1905 nach Berlin. Das vierte Kind kam in Berlin 1907 auf die Welt. Die nächsten Geschwister wurden 1908, 1910, 1911 in Berlin geboren. Ich bin der Jüngste. Ich wurde am 7. August 1913 geboren. Wir waren acht Kinder. Zur Heimat meiner

Mutter oder meines Vaters hatten wir keine Verbindung. Ich habe niemals nach unseren Angehörigen geforscht. Ich habe weder meine Onkel oder Tanten, noch meine Nichten oder Neffen gekannt. Auch nicht meine Großeltern. Die Verbindung nach dem Ersten Weltkrieg war total abgebrochen.

Frage: Waren Sie eine orthodoxe jüdische Familie?

Deutsch: Nein. Eine sehr liberale Familie.

Frage: Aber trotzdem sind Sie regelmäßig in die Synagoge gegangen?

Deutsch: Nicht immer. Nein. Nur an den hohen Feiertagen.

Frage: Wo haben Sie in Berlin gewohnt, als die Nazis an die Macht kamen?

Deutsch: Bei meiner Geburt 1913 wohnten wir in der Nähe vom Alexander-Platz in der Landsberger Straße 34. Wir haben dort unter dem Dach gewohnt. Meine Mutter allein mit acht Kindern. Meine Mutter war behindert, von der Hüfte ab. Ich denke, sie müsste als Kind Polio oder sonst eine Kinderkrankheit gehabt haben. Und als der Umsturz war und unser Dachgeschoss kaputt geschossen wurde, sind wir in die Blumenstraße gezogen. Das war nach 1918.

Frage: Nochmal die Frage: Wo lebten Sie 1933?

Deutsch: In der Urbanstraße, in der Nähe vom Hallischen Tor.

Frage: Wann haben Sie das erste Mal gespürt, dass Sie verfolgt wurden, weil Sie Jude sind?

Deutsch: Das habe ich von 1933 an gespürt. Da war ich 20 Jahre alt. Ich habe Bäcker gelernt. Nachdem mein Vater verstorben war, litten wir sehr großen Hunger. Die erste Hilfe, die unsere Mutter erhielt, war, dass die zwei jüngsten Kinder in das zweite jüdische Waisenhaus der jüdischen Gemeinde aufgenommen wurden. Ich war dort von 1923 bis 1928. Mit 14 Jahren kam ich in die Lehre. Ich wollte Frisör werden. Ich musste aber das Bäckerhandwerk erlernen, weil ich dadurch noch mal drei Jahre bei meinem Lehrmeister bei freier Kost und Logis wohnen konnte. Das war in Berlin am Petersburger Platz.

Frage: Was geschah 1933?

Deutsch: 1931 habe ich meine Gesellenprüfung gemacht. Und habe dann als Bäckergeselle in Berlin gearbeitet. Als 1933 Hitler an die Macht kam, war es für die Juden, die zum Mittelstand gehörten, sehr schwer. Die Boykottierung der jüdischen Geschäfte, die Demütigung, die Hass-Propaganda von den Zeitungen ...

Frage: War Ihr Arbeitgeber auch jüdisch?

Deutsch: Nein. Ich habe 1935 Berufsverbot bekommen. Ich durfte als Jude nicht im Nahrungsmittelgewerbe tätig sein. Ich habe jede mögliche Arbeit angenommen, die ich bekommen konnte. Koffer getragen, von den Bahnhöfen zu den Autos, nur um ein paar Pfennige zu verdienen, um mich ernähren zu können.

Frage: Wann haben Sie geheiratet?

Deutsch: Ich habe 1938 in Berlin geheiratet. Nachdem unsere Familie sich aufgelöst hatte und schon einige Deutschland verlassen hatten, bin ich in Deutschland geblieben. Ein anderer Bruder und eine Schwester blieben ebenfalls. Es waren meistens die Kinder, die wegfuhren. Bei diesen Transporten habe ich auf den Bahnhöfen geholfen. Es waren Szenen, die ich nie vergesse: Eltern, die ihre Kinder für die Transporte über England nach Israel zum Bahnhof brachten. Bei dieser Arbeit habe ich auch meine erste Frau kennen gelernt. Sie hieß Thea. Sie war auch eine Jüdin. Wir haben 1938 geheiratet. Sie hatte bei einer jüdischen Firma gearbeitet. Und ich hatte zu dieser Zeit in einem Farbengeschäft gearbeitet. Bis der Chef mich auch nach dieser Kristallnacht entlassen musste. Ich habe von der Kristallnacht persönlich nicht viel mit bekommen. Wir wohnten in einer Gegend, in der sehr wenige Juden lebten. Es gab Leute, die haben uns mit vielen Sachen, die wir als Juden nicht bekommen konnten, geholfen. Für unser Baby, das am 12. Oktober 1940 geboren wurde, haben wir keine Babykleidung bekommen. Aber die Nachbarn haben uns viel gebracht. Sie haben es heimlich gemacht. Sie haben sich verstecken müssen, damit es kein anderer sehen konnte, wenn sie uns was gegeben haben. Sie haben es auch vor unsere Tür gelegt. Obst und Babynahrung zum Beispiel. Meine Frau durfte in den Nahrungsmittelgeschäften erst abends eine halbe Stunde vor Schluss einkaufen. Die hatten schon alles in eine Tüte gepackt. Wenn meine Frau nach Hause kam, fanden wir oft Sachen in den Tüten, die wir auf Marken überhaupt nicht bekommen konnten. Es gab Menschen, die geholfen haben.

Frage: Wie sind Sie ins Konzentrationslager gekommen?

Deutsch: Wie viele von den Juden, die noch in Berlin lebten, habe ich für eine Kohlefirma Zwangsarbeit verrichten müssen. Unsere Arbeit bestand darin, die Kohle, die nach Berlin hereinkam, von den Waggons auf Lastwagen zu verladen. Das war meine Arbeit bis zum 27. Februar 1943.

Frage: Was hat Ihre Frau gemacht?

Deutsch: Meine Frau war zu Hause. Sie hatte ihre Arbeit verloren. Wir haben in unserer Wohnung mit meinen Schwiegereltern zusammengewohnt. Wir waren sieben Personen in einer Dreizimmerwohnung.

Frage: Warum haben Sie 1943 die Arbeit verloren?

Deutsch: Ich bin am 27. Februar frühmorgens zur Arbeit gefahren, zum Bahnhof Grunewald, wo wir noch drei Waggons Kohle auf Lastwagen luden. Dann wurden alle Juden, die bei dieser Firma gearbeitet hatten, verhaftet und in ein Sammellager nach Berlin gebracht. Als wir dort ankamen, habe ich gefragt: Wo ist meine Familie? Die kommen alle dahin, wo ihr hinkommt, hieß es. Noch in dieser Nacht kamen wir nach Auschwitz-Birkenau, mit dem 33. Osttransport von Berlin nach Auschwitz-Birkenau. Wir kamen in Auschwitz in der Nacht vom 3. zum 4. März 1943 an. Zu unserem Transport gehörten 1.750 Menschen.

Frage: Was empfanden Sie?

Deutsch: Es war fürchterlich, es war unmenschlich. Ich habe in Amerika auch erlebt, dass Menschen unterdrückt werden. Aber nicht von der Regierung. Ich war in St. Louis/Missouri. In dieser Stadt haben viele schwarze Menschen gelebt. Sie wurden von den Weißen unterdrückt. In den Schulen separiert, Toiletten extra für Schwarze und für Weiße. Viele Restaurants durften die Schwarzen nicht betreten, auch in die Freibäder durften die Schwarzen nicht. Ich habe das nicht verstehen können. Ich habe in St. Louis versucht, mir ein neues Leben aufzubauen. Nachdem ich im Konzentrationslager erfahren hatte, dass meine Familie ermordet worden war, habe ich Rache geschworen. Ich wollte mich an denen, die uns das angetan hatten, rächen, wenn Gott mir die Kraft zum Überleben geben würde. Aber nach der Befreiung stand ich deutschen Menschen gegenüber, die beteuerten, dass sie von der Menschenvernichtung nichts gewusst hätten. Ich habe ihnen geglaubt. Weil ich selbst es nicht glauben konnte, dass deutsche Menschen das anderen Menschen antun könnten. Diesen Glauben hatte ich, bis ich dieses Vernichtungslager sah.

Frage: Noch einmal zurück nach Amerika. In St. Louis haben Sie erlebt, wie die Schwarzen diskriminiert wurden?

Deutsch: Ich habe 1948 in Amerika ein zweites Mal eine jüdische Frau geheiratet, habe versucht mit einem Partner ein kleines Lebensmittelgeschäft aufzubauen, was uns auch geglückt ist. Wir hatten sehr viele Raubüberfälle. Aber solange sie nur Geld wollten und die Ware genommen haben und sie keinem etwas antaten, wollten wir bleiben. Aber nachdem 1968 Dr. Martin Luther King ermordet wurde, wurden diese Raubüberfälle schlimmer und schlimmer. Nicht nur, dass sie Geld und Ware raubten. Sie sagten, ihr Weißen wollt keine Gleichberechtigung. Ihr habt unseren Führer ermordet. Früher waren wir für eine friedliche Revolution. Jetzt holen wir uns alles mit Gewalt. Da habe ich mich 1972 nach einem schweren Raubüberfall entschlossen, das Geschäft aufzugeben. Ich konnte nicht mehr. Ich habe Schutzgeld an eine Organisation der Schwarzen mit dem Namen Core bezahlt. Das Geld brauchten sie, um ihre Jugendlichen weiterzubilden. Ich habe bezahlt, aber die Raubüberfälle wurden schlimmer. Ich habe

dann noch fünf Jahre in Amerika gelebt. 1977 ist meine zweite Frau
verstorben. Ich hatte bisher an Deutschland keinen Wiedergutmachungsantrag gestellt, weil das Wort Wiedergutmachung für mich wie ein Messerstich war. Kein Geld in der Welt kann das gutmachen, was sie mir genommen haben – nämlich meine Familie.

Frage: Sie sind dann nach Deutschland zurück?

Deutsch: Ich habe an die Bundesversicherungsanstalt in Berlin geschrieben und gefragt, ob ich ein Anrecht auf Altersrente hätte. Die haben geantwortet, für die 13 Jahre von 1928 bis 1941, hätte ich einen Anspruch. Aber sie haben mir die Zeit bis 1945 angerechnet. Das sind 17 Jahre. Wenn ich drei Jahre nachbezahlen würde, hätte ich einen Rentenanspruch auf 238 DM. Und so habe ich die drei Jahre nachbezahlt. Nachdem ich ein Anrecht auf Altersrente hatte, bin ich nach Deutschland zurückgekehrt. Für mich war es hier in Deutschland nicht schlimmer als irgendwo anders. Meine erste Stadt war Neunkirchen im Saarland.

Frage: Hatten Sie eine besondere Beziehung zu Neunkirchen?

Doris Deutsch, seine Ehefrau: Ich habe ihn gesucht, weil mein erster Mann mit ihm in Auschwitz war. Mein erster Mann war aus Quierschied im Saarland. Er starb 1971 an den Folgen seiner Zeit im Konzentrationslager. Er war im Lager krank geworden. Ich habe gegen das Saarland prozessiert, konnte aber nichts ausrichten. Ich war noch zu jung. Ich sollte Zeugen bringen. Ich kannte Alex Deutsch, meinen jetzigen Mann, nur vom Namen und habe ihn als Zeugen gesucht. Und dann kam er.

Deutsch: Mich erreichte ein Brief einer Suchorganisation, dass mich jemand in Deutschland sucht. Ich bin hier geblieben. Wir haben 1983 geheiratet. Und ich lebe seitdem als ein glücklicher, zufriedener Mensch.

Frage: Es werden in Deutschland immer wieder jüdische Friedhöfe geschändet. Wir haben neue Nazis hier. Rechtsradikale sitzen auch in unseren Parlamenten. Wie empfinden Sie das?

240 **Deutsch:** Wenn für junge Menschen die Zukunft so schlecht ist, wie sie im Moment wieder ist, wird es immer wieder einige ewige Gestrige geben, die für ihr Versagen anderen die Schuld geben. Die Menschen, die mit Hass, Rache und Gewalt und Neid leben, haben keine Kraft, ihr eigenes Leben zu gestalten. Sie werden als Versager solchen Menschen hinterher laufen, die Hass und Gewalt gegen andere predigen.

Auszüge aus den Aufzeichnungen „Ich habe Auschwitz überlebt“ des Alex Deutsch: ***„Von Hunger und Kälte entkräftet brachen sie zusammen und wurden noch auf der Straße erschossen.“***

Ich, Alex Deutsch, wurde am 7. August 1913 als achtes Kind der Eheleute Josef und Rosa Deutsch geboren. Mein Vater war von Beruf Schneider und fertigte vornehmlich Theaterkostüme an. Mit sechs Jungen und zwei Mädchen war unsere Familie auch für die damalige Zeit kinderreich.
Mit der Einberufung unseres Vaters begann für uns das Elend. Damals gab es keine staatlichen Hilfen wie heute. Deshalb ernährten wir uns unter anderem von Obst und Gemüse, das wir Kinder in den großen Markthallen sammelten. Es war nicht mehr verkäuflich, aber die Mutter bereitete uns davon immer noch eine Mahlzeit zu.

Stumpfsinnigen Befehl-Gehorsam-Mechanismus im Waisenhaus gelernt

Die einzige Unterstützung war die Aufnahme meines jüngsten Bruders Moritz und von mir in ein jüdisches Waisenhaus (Pankow, Berliner Straße 120/121) im Jahr 1923.
Von meiner Familie getrennt, litt ich in dieser Zeit sehr und war in mich selbst verschlossen. Dies wirkte sich auch nachträglich auf meine schulischen Leistungen aus. Die Lehrer, die ebenfalls im Waisenhaus wohnen mussten, waren sicherlich nicht all zu streng, aber sie gaben mir kein Selbstvertrauen. Im Gegenteil: Für alles, was schief ging, machten sie mich zum Sündenbock. Immerhin bestand sonntags die Möglichkeit, die Familie zu besuchen, aber der Zwang, sich abends wieder verabschieden zu müssen, war eine Qual.
1928 wurde mir eine dreijährige Lehre zum Bäcker vermittelt. Ich wäre viel lieber Frisör geworden, wohl weil dieser in ständigem, engem

 Kontakt zu seinen Kunden steht. Nach meinem Berufswunsch wurde jedoch nicht gefragt, zumal mit der Annahme der Bäckerlehre auch ein Platz im Heim frei wurde ...
Den stumpfsinnigen Befehl-Gehorsam-Mechanismus, der ja keine Menschlichkeit duldet, hatte ich in den langen Jahren im Waisenhaus und in meiner Lehre längst verinnerlicht. So irrsinnig es sich anhört, dies half mir gleichwohl im Konzentrationslager zu überleben. Ich hatte gelernt, mich widerspruchslos anzupassen.

Berufsverbot im Nahrungsmittelgewerbe
In dieser Zeit lernte ich meine Frau kennen: Thea Cohn, geb. am 18.12.1913 in Czempin, Kreis Kosten, in Polen. Sie war in einem Büro tätig. Wir heirateten am 29. Juni 1938. Nach dem sich nur knapp fünf Monate später ereignenden Pogrom, der so genannten Reichskristallnacht, vom 9. auf den 10. November des gleichen Jahres, wäre ich keine Ehe mehr eingegangen. Ihre Eltern Philipp Cohn, geb. am 26.10.1881, und Luise, geb. Silberstein, geb. am 10.07.1879, wie auch ihre Geschwister Hertha, geb. am 18.12.1919, und Siegbert, geb. 18.04.1921, wurden später im Konzentrationslager ermordet. 1935 erließ die Reichsregierung unter dem Vorwand, Juden könnten Deutsche vergiften, eine Verfügung, in welcher allen Juden die Arbeit im Nahrungsmittelgewerbe verboten wurde. Danach arbeitete ich als Laufbursche, trug Vertretern den Koffer, reinigte die Straße und räumte im Winter Schnee weg. 1937 war ich zwangsverpflichtet bei einem Bauunternehmen tätig, das in der Wilhelmstraße, im Berliner Diplomatenviertel, Häuser abriss, um für den Bau des Reichsluftfahrtministeriums und der Reichskanzlei Gelände zu erhalten. Juden durften allerdings nur beim Abriss eingesetzt werden.

Unser Chef war ein hoher SS-Charge
Um die Jahreswende 1938/39 musste ich Zwangsarbeit in der Kohlefirma Ludwig verrichten. Jeweils in Gruppen von vier Personen aufge-

teilt, luden wir auf dem Güterbahnhof Kohle von den Waggons auf Lkw's um. Der Chef des Fuhrunternehmens war ein hoher SS-Charge, aber er war verträglich. Er sorgte dafür, dass auch wir Juden die „Schwerstarbeiterzulage" erhielten. Vor allem versprach er uns, uns solange als Arbeiter zu behalten, wie es ihm möglich sei. Er verstand es auch, einen Austausch gegen Zwangsarbeiter, die nur halb so schnell wie wir arbeiteten, zu verhindern. Wir schufteten allerdings Tag für Tag bis zu unserer Erschöpfung zehn, elf, zwölf Stunden lang. Der Chef sollte zufrieden sein. Demjenigen Juden, der entlassen wurde, drohte der Transport ins Konzentrationslager.

Am 12. Oktober 1940 wurde unser Sohn Dennis geboren. Trotz aller Bedrohungen und Diskriminierungen, die wir Juden bis zu Kriegsbeginn erleiden mussten, bedeutete die Geburt meines Kindes für mich keine weitere Belastung, sondern sie gab mir Hoffnung. Zu unserer Freude legten unsere deutschen Nachbarn, auch auf die Gefahr hin, wenn man sie dabei erwischte, ins Gefängnis oder ins KZ zu kommen, immer wieder nachts heimlich etwas vor unserer Tür ab: Nahrungsmittel, Süßigkeiten, Kleidungsstücke. Babykleider waren für uns nicht erwerbbar.

Verhaftung

Gegen Mittag des 27. Februar 1943 wurden wir ohne Angabe von Gründen bei der Entladung von Lkw's am Arbeitsplatz von SS-Leuten verhaftet. Mit dem Gesicht zur Wand und hochgehaltenen Händen mussten wir solange warten, bis der letzte Arbeitstrupp eingetroffen war. Am 1. März wurden wir in Güterwaggons abtransportiert. Dieser 33. Berlin-Osttransport kam in der Nacht vom 3. auf den 4. März in Auschwitz-Birkenau an.

Meine Frau und mein Kind wurden in die Gaskammer gebracht

In der Nacht zuvor waren meine Frau und mein knapp zweieinhalbjähriger Sohn ins gleiche Konzentrationslager gebracht worden. Da sich meine Frau wohl nicht von ihrem Kind trennen wollte, wurden sie beide gleich in die Gaskammer geschickt. Davon habe ich etwa 14 Tage nach meiner Ankunft auf geheimen Informationswegen erfahren. In diesem Augenblick fühlte ich Hass und schwor Rache. Dafür wollte ich überleben.

Der Daumen des SS-Mannes nach links bedeutete Arbeitslager, der Daumen nach rechts Gaskammer. Aber das wusste ich damals nicht. Die „arbeitsfähigen" Männer, zu denen auch ich gehörte, wurden wiederum auf Lkw's zum Arbeitslager Auschwitz-Monowitz, dem Arbeitslager der IG-Farben Chemie, transportiert. Vor dem Block aufgestellt, begrüßte uns der Blockälteste: Ihr wisst, weshalb ihr hier seid: Vernichtung durch Arbeit. Solange ihr arbeitet, werdet ihr leben. Ansonsten kommt ihr nicht mehr lebendig hier raus.

Ich war die Nummer 105613

Nachdem wir uns in der Kälte entkleidet, und unsere Habseligkeiten auf einen Haufen geworfen hatten, wurden wir von anderen Häftlingen desinfiziert, abgebraust und am ganzen Körper kahl geschoren.
Schließlich wurden uns Nummern eintätowiert. Ich war die Nummer 105613, den Menschen Alex Deutsch gab es nicht mehr. Auf die blauweiß gestreifte Häftlingskleidung mit dem Judenstern wurde die Nummer ebenfalls aufgetragen. Zum Schluss wurden wir in Arbeitskommandos eingeteilt und uns die Baracken, in welchen dreistöckige Betten standen, zugewiesen.

Der zivile Vorarbeiter verbot während der Arbeit den Kapos, uns zu schlagen. Wäre dabei ein Maschinenteil zerbrochen, hätte man es ihm nämlich als Sabotage angekreidet. Damals blieb mir unklar, ob dies aus menschlichem Mitgefühl oder menschenverachtender Zweckrationalität geschah. Um dies zu klären, nahm ich später Kontakt zu ihm auf und merkte, dass er uns wirklich helfen wollte. Es blieb uns während

der Arbeitszeit die Qual, von den Kapos willkürlich verprügelt zu werden, erspart. Da wir bereits tagsüber bei der Arbeit keine Nahrung bekamen, ließ er uns heimlich etwas zukommen, und das war für uns eine große Hilfe zum Überleben. Nicht wenige Häftlinge wurden in den anderen Arbeitskommandos von den Kapos totgeschlagen. Diese Toten, wie auch diejenigen, die abends zum Marschieren zu schwach waren, mussten wir ins Lager zurücktragen. Beim Appell hatte die gleiche Anzahl wie am Morgen vorhanden zu sein.
Unter diesen brutalen Umständen hegten viele Fluchtgedanken, ich niemals, denn meine fehlenden polnischen Sprachkenntnisse hätten mich auf der Flucht verraten. Im Falle eines Fluchtversuches eines Häftlings hatten wir solange auf dem Appellplatz auszuharren, bis dieser gefasst worden war. Er wurde in den Bunker gesteckt, das war eine Kiste, in der er zusammengekauert übernachtete. Diese Strafe war weiterhin bei Schmuggel, Beleidigung von Zivilpersonen und Einbruch in die Vorrats- oder Kleiderkammer vorgesehen. Sonntags mussten wir im Anschluss an die Arbeit, die um 12.00 Uhr beendet war, auf dem Appellplatz antreten. Es wurden diejenigen aufgerufen, die sich während einer Woche etwas zuschulden haben kommen lassen. Zur Strafe wurden sie vor aller Augen aufgehängt oder auf dem Bock mit 10, 20, 30 Schlägen traktiert; manchmal auch solange, bis der Tod eintrat.

Auf Schmuggel stand die Todesstrafe

Im Lager hatte sich ein Schwarzmarkt entwickelt, der durch die Sonderkommandos eingerichtet worden war. Die neuen Häftlinge mussten bei ihrer Ankunft im KZ ihren Schmuck, Ringe, Broschen, Ketten sowie Uhren und auch Geld abgeben. Dabei gelang es den Sonderkommandos, die selbst Häftlinge waren, solche Wertgegenstände heimlich an sich zu nehmen und sie an die Arbeitskommandos weiterzugeben, die zu Zivilpersonen Kontakt hatten. Im Tausch erhielten so die Häftlinge zusätzliche Nahrungsmittel wie trockenes Brot,

 Zwiebeln, Knoblauch. Auf diesen Schmuggel stand zwar die Todesstrafe, die angesichts der täglichen Lagerration aus einem Liter Suppe und 300 Gramm Brot, bei der man aber nach zwei, drei Monaten den Hungertod starb, ihre Bedrohlichkeit verloren hatte. Zum Überleben waren die Häftlinge auf diese Sonderrationen angewiesen. Jeden Monat wurde ein Arbeitskommando nahezu ganz mit neuen Häftlingen aufgefüllt.

Der Todesmarsch

Am 18. Januar 1945 mussten wir am Spätnachmittag entgegen dem sonst üblichen Tagesablauf auf dem Arbeitsplatz antreten. Bevor Befehl zum Verlassen des Lagers gegeben wurde, wurde selektiert. Die zur Arbeit nicht mehr Fähigen blieben im Lager zurück. Was mit diesen Menschen geschah, weiß ich nicht. Den Grund für den dreitägigen Marsch Richtung Gleiwitz kannten wir nicht. Trotz der Bombardierungen, die auch von uns nicht unbemerkt blieben, waren wir über den aktuellen Stand der militärischen Ereignisse vollkommen uninformiert. Da die Brutalität von Seiten der KZ-Führung gegen Ende des Jahres 1944 etwas gemindert worden war, ahnten wir allenfalls etwas von den Kriegsgeschehnissen.

Der Marsch nach Gleiwitz war für viele der Todesmarsch. Von Hunger und Kälte entkräftet, waren sie den Anstrengungen nicht mehr gewachsen, brachen zusammen und wurden noch auf der Chaussee erschossen. Nach der Ankunft am Abend in Gleiwitz wurden wir auf Güterwaggons verladen und nach Buchenwald transportiert. Das dauerte immerhin bis zum 26. Januar. Vor der erneuten Zuweisung zu Blocks wurden wir in Desinfektionsräume geschickt. Alle hatten entsetzliche Angst, es könnten die todbringenden Gaskammern sein, von denen wir nunmehr wussten. Hatte ich so viele Brutalitäten überlebt, um doch noch zuallerletzt das Schicksal meiner früheren Mithäftlinge zu erleiden? Ich hielt die Luft an, bis aus den Duschen Wasser strömte. Die Gefühle der Todesfurcht in diesen Sekunden kann ich nicht beschreiben.

Die Flucht

Seit dem 19. März lag Magdeburg unter schweren Bombardierungen. Deshalb wurden wir in dieser Stadt zu Aufräumarbeiten auf Straßen und Gleisen eingesetzt. Bewacht wurden wir nicht mehr von SS-Leuten, sondern vom Volkssturm. Uns begleitete ein älterer Reichswehrsoldat, der uns erstmals vom Zusammenbruch der Ostfront berichtete. Ferner habe die SS bereits ihre Uniformen ausgezogen und laufe in Zivil umher.

Zurückweichende Soldaten, sowie die immer rascher sich auflösende Ordnung und Kontrolle in unserem Lager, in das wir noch jeden Abend geführt wurden, bestätigten uns diese Aussagen. Ich fasste auch in diesen Tagen Mut, um den uns bewachenden Reichswehrsoldaten zu fragen, was mit ihm geschehe, wenn wir uns abends in den Trümmern versteckten und nicht mehr ins Lager zurückkehrten. Er erwiderte: „Ja das geht in Ordnung, weil am Tor keine Kontrollen mehr gemacht werden. Die Kommandos gehen raus und abends rein, und es ist keiner mehr da, der abzählt, wie viel da kommen."

Als am 15. April Alarm gegeben wurde und die SS flüchtete, versteckte ich mich mit drei Kameraden in den Trümmern. Wir hatten Angst, dass das Lager umstellt würde und alle, die noch darin waren, erschossen würden.

Am 20. April waren unsere Essensvorräte aufgebraucht. Deshalb verließ einer von uns als scheinbar Verwundeter, dem wir den Kopf verbanden und einen Arm in eine Schlinge legten, das Versteck, um Essen zu organisieren. Nach einer gewissen Zeit sahen wir verwirrt, wie er zu uns zurückrannte. Da wir nicht verstanden, was er rief, versteckten wir uns wieder. Schließlich verstanden wir, was er schrie: „Kommt raus, kommt raus, die Amerikaner sind schon hier." Ich wusste zwar, die Zeit, kein Mensch zu sein, war vorüber, aber ich begriff es nicht. Wir hatten Hunger.

Die amerikanischen Soldaten, die wir anhielten, schickten uns ins Lager zurück, dessen elektrischer Zaun allerdings inzwischen entfernt worden war. Dort wurden wir von einem amerikanischen Kommando registriert. Wir erhielten eine „Allied Registration“-Karte, wieder mit einer Nummer, aber auch mit unserem Namen: „B 001 67488 Alex Deutsch“. Dieser Pass war für mich eine Genugtuung: Ich hatte wieder einen Namen, ich war keine Nummer mehr. Ich war wieder ein Mensch. Endlich gab es wieder ausreichend zu essen. Eine Stimme in mir sagte: „Sei vorsichtig und iss nicht zu viel!“ Einige starben, weil sie zu viel aßen.

Nachwort

Als deutscher Jude habe ich meine Erlebnisse in Auschwitz der Nachwelt hinterlassen. Im Gedenken an meine erste Frau Thea Deutsch, geb. Cohn, und meinen geliebten Sohn Dennis Deutsch, geboren 1940, beide ermordet im März 1943 in Auschwitz-Birkenau. Was in allen Konzentrationslagern von 1933 bis 1945 Menschen aller Nationen, Religionen und Weltanschauungen angetan wurde, kann und darf nie ausgelöscht werden.

Niemand kann den Menschen, die in all den Lagern ermordet und vergast wurden, ihr Leben zurückgeben.

All diese Stätten sollen den nachgeborenen Generationen vor Augen halten, was Menschen durch politische Verführung zu Hass gegen bestimmte Gruppen, Anderen antun können.

Alle, die überlebt haben, als Opfer und Täter, sind es den vielen Millionen ermordeter Menschen schuldig dazu beizutragen, dass so etwas sich nicht wiederholen darf.

Der Widerstand

Dieter Gräbner

Wenn über den Widerstand gegen das NS-Regime diskutiert wird, ist meist von dem gescheiterten Attentat auf Adolf Hitler am 20. Juli 1944 durch Claus Schenk Graf von Stauffenberg und seine Mitverschwörer die Rede. Wer sich über den deutschen Widerstand insgesamt informieren will, der sollte dringend, die „Gedenkstätte Deutscher Widerstand" im so genannten Bendlerblock in der heutigen Stauffenbergstraße in Berlin besuchen. Hier ist nicht nur der Ehrenhof, der an das Schicksal der hier erschossenen Widerstandskämpfer Graf von Stauffenberg, Friedrich Olbricht, Albrecht Ritter Mertz von Quirnheim, Werner von Haeften und an Generaloberst Ludwig Bach erinnert, dem „ehrenhalber" ein Revolver überreicht wurde. Nachdem er sich auch mit einem zweiten Schuss nicht tödlich getroffen hatte, wurde er von einem Mitglied des Wachkommandos erschossen. Neben bekannten Widerstandskämpfern wie den Mitgliedern der „Weißen Rose", den Geschwistern Sophie und Hans Scholl, Alexander Schmorell, Christoph Probst, Kurt Huber und Willi Graf, dessen Schwester Helga Knoop-Graf als Zeitzeugin in diesem Buch berichtet, werden viele tausend Widerstandskämpfer aus fast allen Gesellschaftsschichten und Gruppierungen vorgestellt und umfassend Motive, Methoden und Ziele des Kampfes gegen den nationalsozialistischen Unrechtsstaat dokumentiert. Das

Hans Scholl

Sophie Scholl

Christoph Probst

Willi Graf

Kurt Huber

Alexander Schmorell

Tröstliche an einem Besuch der Ausstellung ist, dass man die Gewissheit mit nach Hause nimmt, dass der deutsche Widerstand gegen das NS-Regime größer und breiter und auch entschiedener war, als es gemeinhin bekannt ist und, dass es viele tausend Menschen gab, die bereit waren unter Einsatz ihres Lebens das mörderische System zu unterlaufen oder zu bekämpfen.

Bereits 1932 hatte der liberale Publizist und Verleger Theodor Wolff im Falle eines nationalsozialistischen Wahlsieges vorausgesagt: „Wenn heute der Nationalsozialismus triumphiert, dann werdet ihr, solange diese Herrschaft dauern wird, nicht mehr zur Wahl gehen, nicht mehr eure Meinung in die Waagschale werfen dürfen – dann wird man die letzten Reste eurer Freiheiten und eurer Bürgerrechte zerschlagen und, mit den brutalen Mitteln, die ihr kennt, euch zu dumpfem Gehorsam, zu schweigender Unterwerfung zwingen.“ Und nach 1933 begann dann auch die Unterdrückung aller oppositionellen Gruppen mit allen Machtmitteln, die den Nazis zur Verfügung standen – und auch der Widerstand in allen seinen Formen. Andersdenkende, Kommunisten, Sozialdemokraten, Liberale und Anhänger der Zentrumspartei wurden verfolgt. Führende Mitglieder wurden verhaftet oder entrechtet. Gewerkschaften wurden aufgelöst und verboten, Parteiorganisationen ebenso wie kirchliche Jugendorganisationen. Presseorgane wurden eingestellt und gleichgeschaltet. Vor allem Kommunisten versuchten sich zunächst zu wehren. Im Untergrund erschien zwischen 1933 und 1935 das Zentralorgan der kommunistischen Partei Deutschlands

16. Jahrg. – Nr. 37 – Preis 15 Pfennig

Berlin, Sonntag/Montag, 26. u. 27. Februar 1933

Die Rote Fahne

Zentralorgan der Kommunistischen Partei Deutschlands (Sektion der Kommunistischen Internationale)

Liste 3

Die Parole des Tages:
Der Friede ist der größte Feind Hitlers!

Jahrgang 1936 – Nr. 4

Die Rote Fahne

Zentralorgan der Kommunistischen Partei Deutschlands (Sektion der III. Internationale)

Preis 15 Pfg.

Seid einig, einig gegen Hitler!

Für Volksfront zur Rettung Deutschlands vor der Katastrophe des Krieges

Der gemeinsame Aufruf

Unterschriften:

Sozialdemokraten:

Kommunisten:

Funktionäre der SAP:

Vertreter der freiheitlichen Intelligenz und des freiheitlichen Bürgertums:

Die Rote Fahne – eine Zeitschrift des Widerstandes

Abschied in München 1942: Die Studentenkompanie ist zum Sanitätsdienst in die Sowjetunion abkommandiert. Hubert Furtwängler, Hans Scholl, unbekannt Alexander Schmorell (v.l.n.r.), Sophie Scholl (hinten)

„Die Rote Fahne". Aber die Nazis schlugen zurück. Im Sommer 1933 bereits befanden sich 15.000 kommunistische Funktionäre oder Parteimitglieder in „Schutzhaft". Sozialdemokraten verteilten Flugblätter gegen den Nationalsozialismus und halfen rassisch und politisch Verfolgten. Die Gestapo belegte eine dieser Gruppen mit dem Sammelbegriff „Rote Kapelle". 130 Mitglieder der Roten Kapelle wurden verhaftet. 39 wurden umgebracht. Widerstand gab es auch in der Jugend. Die Edelweißpiraten oder die so genannte „Swing-Jugend" – das waren Jugendliche, die sich dem „Dienst" in der Hitlerjugend zu entziehen versuchten, die ihre eigenen Lieder singen, ihre eigenen

Fahrten unternehmen, oder „Negermusik" hören wollten. Sie trugen als gemeinsames Erkennungszeichen ein Edelweiß. Sie waren nicht organisiert, hatten ihre geheimen Treffpunkte, Erkennungszeichen und Rituale. Sie wurden brutal verfolgt. Die NS-Behörden stuften diese Gruppen als staatsfeindlich und landesverräterisch ein. Es gab eigene Konzentrationslager und Haftanstalten für aufsässige Jugendliche – und auch Prügelstrafen, die mit besonderer Brutalität und Grausamkeit vollzogen wurden. Ein jugendlicher Zeitzeuge berichtet in der Ausstellung Gedenkstätte Deutscher Widerstand in Berlin über den Vollzug so: „Als Krönung gab es die Prügelstrafe, 15 bis 25 Doppelschläge, die immer am Sonntag verabreicht wurden. Der Betreffende musste sich öffentlich zu seinen Schandtaten bekennen. Dann musste er sich über einen Schemel legen und mit den Händen die Schemelbeine festhalten. Zwischen die Zähne bekam er ein Stück Holz, auf das er beißen musste." In Frankfurt gehörten der Jazz-Posaunist Albert Mangelsdorff und der Bildhauer Hans Steinbrenner zu den Edelweißpiraten. Sie wollten sich nicht unterordnen, nicht im Gleichschritt mitmarschieren – wie ihnen das gelang, erzählen die beiden Zeitzeugen in diesem Kapitel: „Der Widerstand".

Widerstand gab es auch in den Kirchen. Bischof Clemens August Graf von Galen von Münster griff in mehreren Predigten die nationalsozialistische Terrorherrschaft an und geißelte die Euthanasie, den Massenmord an so genanntem „unwerten Leben". Als bekannt wurde, dass in Heil- und Pflegeanstalten in Nordrhein-Westfalen 70.000 Pflegekranke im Rahmen des Euthanasie-Programmes ermordet worden waren, wandte er sich mit scharfen Worten „gegen die Gewährung des Gnadentodes" und erstattete Strafanzeige wegen Mordes nach Paragraf 211. Seine Predigten wurden als Flugblätter verteilt. Die Nazis schreckten vor der Verhaftung des populären Kirchenführers zurück. Dafür nahmen sie den Berliner Dompropst Bernhard Lichtenberg, der öffentlich die Deportation von Juden angeprangert hatte, fest. Lichtenberg starb auf dem Weg in das Konzentrationslager Dachau am 5. November 1943.

Widerstand gab es vor allem auch in der evangelischen Kirche. Einer der konsequentesten Nazi-Gegner war der Berliner Pfarrer Martin Niemöller, der im September 1933 den Pfarrer-Notbund gründete. Niemöller predigte gegen die Einführung des „Arier-Paragraphen" in Kirchenämtern und die Entlassung von Geistlichen jüdischer Herkunft. Aus dem Notbund ging später die „Bekennende Kirche" hervor, die sich vor allem mit den nationalsozialistisch orientierten „Deutschen Christen", die sich als die „SA Jesu Christi" verstanden, anlegte. Wiederholt setzte Niemöller sich für die Unabhängigkeit der Kirche von Staat und NSDAP ein. 1937 wurde er verhaftet, in verschiedenen Konzentrationslagern als „persönlicher Gefangener" Hitlers gefangen gehalten. 1945 wurde er aus dem KZ Dachau nach Südtirol verschleppt, wo ihn alliierte Soldaten befreiten. Die Zeitzeugin Elsie Steck war die Gemeindesekretärin von Niemöller, und später auch von Pastor Helmut Gollwitzer, als dieser Nachfolger von Niemöller in der Gemeinde der Bekennenden Kirche in Berlin Dahlem wurde. Sie erzählt – zum ersten Mal – wie mutige Christen Juden versteckten und ihnen zur Flucht ins Ausland verhalfen.

Sowjet-General Georgi K. Shukow im Mai 1945 im Innenhof des Bendlerblocks

Der Widerstand gegen Adolf Hitler, das waren natürlich auch – neben den vielen unbekannten Frauen und Männern, die sich verweigerten oder im Untergrund arbeiteten, die mit der Waffe in der Hand in Frankreich und sonst wo gegen die Nazis kämpften – Männer, um nur einige zu nennen, wie der nationalkonservative Leipziger Oberbürgermeister Carl Friedrich Goerdeler, der aus Protest gegen den Antisemitismus zurücktrat. Im Kreisauer Kreis, benannt nach dem niederschlesischen Gut Kreisau, wurden von Helmuth James Graf von Moltke, seit 1940 Konzepte für eine staatliche, wirtschaftliche und soziale Neuordnung Deutschlands nach dem Sturz der Hitler-Diktatur diskutiert. Moltke wurde 1944 verhaftet. Einige Mitglieder des Kreisauer Kreises schlossen sich der Gruppe um Claus Schenk Graf von Stauffenberg und Goerdeler an und wirkten an den Vorbereitungen für das Attentat auf Hitler am 20. Juli 1944 mit. Das gescheiterte Attentat löste dann in den folgenden Tagen und Wochen eine Verhaftungswelle von Regimekritikern in ganz Deutschland aus. Die Gestapo schleppte Zigtausende zu den Verhören. Man schätzt, dass 5.000 hingerichtet wurden oder starben.

Ehrenhof Gedenkstätte Deutscher Widerstand

Die Edelweißpiraten: *„Sie wollten sich nicht unterordnen und nicht im Gleichschritt mitmarschieren. Sechs wurden gehängt."*

Dieter Gräbner

Sie trafen sich in Wohnungen und Versammlungsräumen, an fest verabredeten Plätzen in Parks, meist heimlich. Und am Wochenende gingen sie auf Fahrt. Ihre Leitbilder waren die Bündische Jugend und die Wandervogelbewegung. Und mit der Hitlerjugend wollten sie nichts zu tun haben. Die Edelweißpiraten, die sich vor allem im Ruhrpott, im Rheinland aber auch im Frankfurter Raum ohne organisatorische Strukturen zusammenfanden und stolz waren, statt des HJ-Emblems ein Edelweiß am Hemd oder der Jacke zu tragen, waren Jugendliche, vorwiegend aus dem Arbeitermilieu, die sich dem HJ-Drill widersetzten oder ihn zu unterlaufen versuchten. Seit einiger Zeit wird unter Historikern nun diskutiert: Waren die „Edelweißpiraten" Widerstandskämpfer? Waren sie Gegner des Regimes? Oder einfach Nonkonformisten, die sich der Gleichschaltung in der Hitlerjugend entziehen wollten? Seit am 25. Februar 1939 die Freiheiten der Jugendlichen durch die so genannte Jugenddienstpflicht immer mehr eingeschränkt worden waren, nahmen auch die Formen der Verweigerung und des Widerstandes zu. Viele Jugendliche schlossen sich in „wilden Jugendgruppen" zusammen. Die Edelweißpiraten wurden die bekannteste Gruppierung. Ihre Zahl wird zeitweilig auf über 10.000 Jugendliche im Alter zwischen 14 und 17 Jahren in Deutschland geschätzt, die sich der Hitlerjugend auf mannigfaltige Weise zu entziehen versuchten. Im Unterschied zur strengen Geschlechtertrennung in Schule und bei den nationalsozialistischen Jugendorganisationen HJ und BDM (Bund Deutscher Mädchen) gingen bei den Edelweißpiraten Jungen und Mädchen gemeinsam auf Fahrt. Für die NS-Machthaber galten die

Edelweißpiraten als, „verlottert“ und „verwahrlost“. Verstärkt wurden Hilfspolizei, vor allem aber auch der so genannte „HJ-Streifendienst“ und staatliche Organe, auch die Gestapo, eingesetzt, um die Edelweißpiraten zu überwachen.

Am 10. November wurden sechs Jugendliche in Köln-Ehrenfeld gehängt. Unser Foto zeigt die Erhängung russischer Fremdarbeiter an der selben Stelle drei Wochen zuvor

258 Am 25.10.1944 wurden „Richtlinien zur Bekämpfung jugendlicher Cliquen“ erlassen. Ein Gesetz, das in letzter Konsequenz Jugendliche, die sich nicht in die HJ einreihten, mit Staatsfeinden und Hochverrätern gleichstellte. Hinzu kam noch die Gefahr wegen „Wehrkraftzersetzung“ angeklagt zu werden, da sich diese Jugendgruppen oft auch gegen den Krieg aussprachen. Es gab sogar das „Jugend-KZ Moringen“, in dem unangepasste Jugendliche dauerinhaftiert und misshandelt wurden. In Moringen, einer Kleinstadt mit 4.700 Einwohnern 20 Kilometer nordwestlich von Göttingen, gab es mitten im Ortskern drei Konzentrationslager. Ein Männer-KZ, das 1933 aufgelöst wurde. Ein Frauen-KZ, das von 1933 bis 1938 bestand, in dem 1.350 Frauen zwischen zwölf und 22 Jahren inhaftiert waren, vorwiegend Angehörige der Arbeiterbewegung, Mitglieder der Zeugen Jehovas, Prostituierte und rassisch und religiös Verfolgte. Unter der Bezeichnung „polizeiliches Jugendschutzlager“ wurde in Moringen 1940 ein Konzentrationslager für männliche Jugendliche eingerichtet, das bis 1945 bestand. Die Initiative ging von SS-Obergruppenführer und General der Polizei Reinhard Heydrich aus, der spezielle Lager für „verwahrloste“ Jugendliche forderte. Ein Blocksystem selektierte die Jugendlichen nach vermeintlichen charakterlichen und biologischen Merkmalen und Eigenschaften. Die Inhaftierten gehörten zu rassisch, religiös oder weltanschaulich verfolgten Gruppen. Zur politisch-oppositionell eingestuften Gruppe gehörte auch die so genannte „Swing-Jugend“. Die Jugendlichen waren brachialer Gewalt ausgesetzt. Sadistische Quälereien gehörten zum Alltag. Besonders gefürchtet waren das „Strafstehen“, der „Strafsport“ und der „Blutacker“. Viele Jugendliche wurden auf Grund von „erb- und kriminalbiologischen Gutachten“ zwangssterilisiert. In Moringen waren 1.500 Jugendliche inhaftiert. Viele von ihnen waren Edelweißpiraten, vor allem aus dem Rheinland. Die Forschungen gehen davon aus, dass mindestens zehn Prozent der Jugendlichen das Lager nicht überlebten. Die genaue Zahl der Opfer ist nicht bekannt.

Den meisten Edelweißpiraten war offenbar nicht in aller Konsequenz klar, in welcher Gefahr sie sich bewegten. Die Gestapo war überall. Und selbst Nachbarn standen unterm Fenster, um zu hören, ob nicht in einer Wohnung Feindsender gehört wurden. Hinzu kam der alleinige Anspruch der HJ auf die Führung und Organisation der Jugend. Auf den Wochenendfahrten kam es oft zu regelrechten Straßenschlachten und gewalttätigen Auseinandersetzungen zwischen den Edelweißpiraten und der HJ. Im Ruhrgebiet und im Raum Köln haben die Edelweißpiraten aktiven Widerstand gegen das NS-Regime geleistet. Sie verteilten Flugblätter, verübten Sabotage-Akte und griffen HJ-Führer an. Das NS-Regime schlug erbarmungslos zurück. Am 10. November 1944 wurden sechs Jugendliche – der jüngste war 16 Jahre alt – und sieben Erwachsene im Kölner Stadtteil Ehrenfeld gehängt. In einem Zeitzeugenbericht heißt es: „Die haben einige der Edelweißpiraten in Ehrenfeld an der gleichen Stelle aufgehängt, wie drei Wochen vorher die Fremdarbeiter. Anschließend soll ein Gestapo-Mann verkündet haben, dass es sich um ganz gewöhnliche Verbrecher gehandelt habe, die zum Schutz der öffentlichen Ordnung hätten aufgehängt werden müssen. Viele Menschen haben zugesehen. Aber niemand hat sich getraut etwas zu sagen. Denn das Gelände war schwer bewacht. Überall SS und Gestapo mit Maschinengewehren im Anschlag. Die Leichen haben fast den ganzen Tag am Strick gehangen, bis zum nächsten Luftangriff. Dann wurden sie erst abgenommen.“

260 Hans Steinbrenner, Jahrgang 1928, Edelweißpirat, Bildhauer:

„Wir gingen nicht zur Hitlerjugend. Wir wollten unsere eigenen Fahrten machen und unsere eigenen Lieder singen.“

Eigener Bericht

Unsere Gruppierung kam aus der Wandervogelbewegung. Wir waren kein fester Zusammenschluss. Aber wir haben uns alle gekannt. Mit zehn Jahren, also 1939, kam ich zum Jungvolk. Aber ich hatte nie eine Uniform, weil mir meine Mutter nie eine Uniform gekauft hat. Ich bin zu den Jungvolk-Abenden einfach nicht hin gegangen. Und auch später nicht zu den Veranstaltungen der HJ. Meine Mutter war total gegen die Nazis, von Anfang an. Meine Eltern haben nichts gegen die Edelweißpiraten gesagt. Die haben mich machen lassen. Der Großvater meiner Mutter war jüdischer Abstammung. Mein Vater kam aus einem sehr deutsch nationalen Elternhaus aus der Pfalz. Zwei seiner Brüder waren im Ersten Weltkrieg gefallen, als Offiziere gegen Frankreich. Mein Vater ist 1934/35 in die Partei eingetreten, weil er das beruflich musste. Der war Buchhalter bei einer staatlichen Versicherung. Er war lange arbeitslos. Sein Parteieintritt war eine Katastrophe bei uns zu Hause. Meine Mutter war über eine Woche lang weg. Aus Enttäuschung.

Wir haben uns in Wohnungen getroffen und haben unsere Lieder gesungen. Das waren die alten Wandervogellieder. Wir haben aber auch selbst Lieder geschrieben und uns am Wochenende im Taunus mit anderen Gruppen getroffen. Die haben dann unsere Lieder mitgesungen. Der Albert hat die Melodien komponiert und auf Gitarre dazu gespielt. Und ich habe die Texte gedichtet. Ein Lied ging so: *In Colorados hohen steilen Bergen, zogen wilde Gesellen dahin, verfolgt von Häschern und von Schergen, ein freies Leben war ihr Sinn.* Ich bin in die Westen-Mittelschule gegangen. Da war auch bekannt,

Hans Steinbrenner (zweiter von links) im Kreise seiner Freunde, der Frankfurter Edelweißpiraten

dass wir nicht zur HJ-Veranstaltungen gingen. In der HJ musste jeder Mitglied sein. Da konnte man machen, was man wollte. Aber wir sind einfach nicht in den so genannten „Dienst“ gegangen. Wir waren 16, 17 Jahre damals.

Unsere Mädchen waren auch dabei, wenn wir auf Fahrt gingen. Unsere Freundinnen waren katholische Mädchen von der katholischen Jugendorganisation. Ihren Eltern war es lieber, dass sie mit uns in den Taunus gefahren sind, als „zum Dienst“ zum BDM zu gehen. Die kamen aus Frankfurt-Sossenheim und sind in Eschborn in den Zug gestiegen. Wir kamen aus den Frankfurter Stadtteilen Hausen, Bockenheim, Westend und Rödelheim. Wir haben uns da immer in einer Kneipe im Taunus getroffen. Die Leute, die da beim Apfelwein saßen, haben sich immer gefreut, wenn wir kamen. Sie nannten uns nur „die Sänger“. Die waren ganz begeistert. Wir wollten singen, frei sein, keine Nazi-

 Lieder singen. Wir waren keine Widerständler. Bei uns zu Hause und bei vielen meiner Freunde wurden zu Hause Feindsender gehört. Wer dabei erwischt wurde, wurde hart bestraft. Ich würde heute sagen: wir waren oppositionell. Wir wollten nichts mit den Nazis und der Hitlerjugend zu tun haben. Wir verstanden uns als Künstler. Der Albert wurde ja später ein weltberühmter Jazz-Posaunist. Jetzt begleitete er unsere Lieder auf der Gitarre. Und ich wurde Bildhauer. Wir hatten Auseinandersetzungen mit der HJ. Wir waren nun wirklich keine Schläger. Und trotzdem mussten wir uns immer wieder prügeln. In Kronberg im Taunus haben wir uns immer wieder mit der HJ rumschlagen müssen. Jeden Sonntag, wenn wir abends aus dem Taunus zum Bahnhof in Kronberg kamen und nach Hause fahren wollten, stand da schon der HJ-Streifendienst mit so einem dreckigen Nazi-Ortsgruppenleiter. Schmidt hieß der. Vier Stunden stand ich einmal am Rathaus in Kronberg am Pranger. Vier Stunden lang haben die mich als Anti-Nazi gequält. Das Kronberger Rathaus hat für mich deshalb heute noch eine besondere Bedeutung. Wenn ich da heute vorbei gehe, muss ich an diese schlimme Zeit denken. Ich will nicht sagen, dass wir anarchistisch waren. Aber wir waren gegen die Nazis. Und gegen die HJ-Führer.

Mitte März 1945 wollten sie uns als letztes Aufgebot nach Süddeutschland transportieren. Wir sollten das Reich verteidigen. Am Südbahnhof in Frankfurt war Sammelpunkt. Wir trugen auch an diesem Tag das Edelweiß, statt des HJ-Emblems. Wir hatten von den schwarzen HJ-Windjacken vorne die Knöpfe abgemacht und einen Reißverschluss reingenäht. Das waren ja dann Windjacken. Und keine Uniformjacken. Wenigstens sahen wir das so. Wir sind am Südbahnhof ausgeschert. Die Brücken über den Main waren noch intakt. Aber auf den Brücken lagen schon die Bomben, um sie zu sprengen. Wir waren zu viert, der Albert Mangelsdorff, ein Freund, dessen Vater von den Nazis umgebracht worden war, ich und noch ein anderer. Wir sind dann über

Rödelheim zu Fuß in den Taunus. Es war nachts. Hinter Kronberg, am Altkönig, haben wir nächtelang kampiert. Zum Glück war es ein milder März. Der Albert hatte Zigarettenhülsen. Und ich hatte Brombeerblätter. Wir haben das Zeug geraucht wie die Schlote. Und unten an der Landstraße zogen die deutschen Soldaten vorbei. Das war deprimierend anzusehen, wie die zurück sind. Wir hatten von zu Hause Verpflegung dabei. So konnten wir es ein paar Tage aushalten. An die Details kann ich mich heute nicht mehr erinnern. Wir haben gelebt. Das war wichtig. Bei uns zu Hause, das haben wir später erfahren, stand die SS vor der Tür und wartete, dass wir zurückkommen. Die Mutter von unserem Freund, dessen Vater die Nazis umgebracht hatten, hatte furchtbare Angst. Ihren Mann hatten sie umgebracht. Und nun stand die SS wieder bei ihr vor der Tür. Aber die SS wartete vergeblich. Und auch beim Albert warteten die SS-Leute vor dem Haus. Aber seine Eltern waren wegen der Luftangriffe im Luftschutzbunker. Meine Mutter wurde von den SS-Leuten gefragt: „Wo ist ihr Sohn?" Sie antwortete: „Der ist doch beim Südbahnhof. Der soll doch das Reich verteidigen." Die ahnte natürlich sofort, was wirklich los war. Im März 1945 besetzten die Amerikaner Frankfurt. Wir fuhren wieder nach Hause. Eine neue Zeit begann für uns alle.

Albert Mangelsdorff, Jahrgang 1928, Edelweißpirat, Jazzposaunist, Komponist: ***„Eine Gruppe von SA-Leuten stellte uns. Wir sind abgehauen. Die haben hinter uns hergeschossen.“*** Interview

Albert Mangelsdorff, Jahrgang 1928, war bis zum Sommer 1944 in Pforzheim bei seinem Onkel, der dort Konzertmeister am Theater war. Sein musikalisches Talent war schon früh erkannt worden. Mangelsdorff stammt aus einer musikalischen Frankfurter Familie. Drei seiner Onkel spielten Violine; der Vater, ein Buchbinder, liebte Mozart. Und Albert Mangelsdorffs drei Jahre älterer Bruder Emil wurde später ein bekannter Jazz-Saxophonist. Albert Mangelsdorff sollte bei seinem Onkel Geige lernen. Er übte fleißig, mehrere Stunden am Tag. Außerdem lernte er Harmonielehre und Musiktheorie. Er war bereits in Frankfurt am Konservatorium angemeldet, doch als er dann nach Frankfurt kam, fand wegen des Krieges an der Musikhochschule kein Unterricht mehr statt.
Mangelsdorff arbeitete stattdessen in einer mechanischen Werkstatt.

Frage: Wie kamen Sie zu den Frankfurter Edelweißpiraten?
Mangelsdorff: Mein Onkel in Pforzheim befürchtete, dass er bald eingezogen wird. Und deswegen bin ich zurück nach Frankfurt. In unserem Vorort Praunheim wussten wir, wer gegen die Nazis war. Und auch wer zu den Edelweißpiraten gehörte. Auch in der Schule wusste man, wer Eltern hat, die Kommunisten oder Sozialisten waren. Meine Mutter war nicht sehr politisch. Aber als die Nazis 1933 an die Macht kamen, sagte sie: Jetzt gibt es Krieg. Und mein Vater machte kein Hehl daraus, dass er gegen die Nazis eingestellt war. Jeder musste damals in die HJ gehen. Ich habe versucht, den Dienst zu schwänzen. Aber die kamen ja auch zu uns nach Hause und fragten meine

Eltern, warum ich nicht zum Dienst gekommen sei. Mein Vater sagte dann: Der ist doch hingegangen. Ich bin dann doch ein paar Mal dort gewesen, weil es nicht anders ging. Bei der HJ gab es einen Spielmannszug. Da sollte ich mitmachen. Die gaben mir eine Flöte. Mit einer Flöte konnte ich nicht viel anfangen. Dann sagten sie: Dann lernst du halt trommeln. Aber es gab keine Trommel. Die konnten mir nur die Trommelstöcke geben ... Da bin ich dann nicht mehr hingegangen. Und wenn mich einer gefragt hat, habe ich gesagt: ‚Ich bin Mitglied in der HJ in Pforzheim.' Im Herbst 1944 wurden wir zum Schanzen und Ausheben von Panzergräben nach Wiltingen in der Nähe von Saarburg an den Westwall abkommandiert. Das war eine üble Zeit. Wir hatten nicht genug zu essen. Wir waren eine Clique und versuchten so wenig wie möglich zu arbeiten und hielten uns immer im Hintergrund. Das war auch richtig. Denn wir wurden bei den Schanzarbeiten von Tieffliegern beschossen. Zum Glück ist uns nichts passiert.

Frage: Und wie ging es dann in Frankfurt mit den Edelweißpiraten weiter?

Mangelsdorff: Hans Steinbrenner kannte ich schon. Sonst kannte man sich irgendwie vom Sehen. Wir trafen uns. In unserer Gruppe waren wir fünf, sechs Mann. Wir hörten die ausländischen Sender. Nicht nur wegen der Nachrichten, sondern auch wegen der Musik. Wir waren schon damals am Jazz interessiert. Ich ging auch zusammen mit meinem älteren Bruder Emil zum Frankfurter Hot Club, in dem sich Freunde von mir trafen, um die damals verbotene Jazz-Musik zu hören. Mir gefiel vor allem die Musik von Roy Edlridge, Benny Carter, Coleman Hawkins, Lester Young und der Sound der Big Band von Count Basie und Duke Ellington. Die sind im Grund bis heute meine musikalischen Vorbilder geblieben. Es war bekannt, dass wir im Hot Club Jazz hörten. Man ließ uns gewähren. An Sonntagen fuhr ich mit den Praunheimer Edelweißpiraten vom Bahnhof Rödelheim in den

 Taunus. In Rödelheim war der Zug schon gerammelt voll. Die meisten hatten umgenähte HJ-Uniformen an – mit einem Edelweißemblem. Ein Grund am Wochenende in den Taunus zu fahren, war, dass man für den HJ-Dienst unauffindbar war. Und dass wir unsere eigenen Lieder singen und uns nicht der HJ, dem ganzen Drill und Zwang anpassen wollten. Intern nannten wir uns alle Edelweißpiraten. Die meisten Gruppen hatten einen dabei, der Gitarre spielen konnte. Ich hatte mit der Gitarre angefangen und konnte unsere Lieder begleiten. In Kronberg stiegen wir alle aus.

Albert Mangelsdorff

Frage: Hans Steinbrenner erzählt, dass es regelmäßig zu Zusammenstößen mit dem HJ-Streifendienst gekommen sei.

Mangelsdorff: Natürlich, das war so. Der HJ-Streifendienst hat überall kontrolliert. Auch im Taunus. Die standen manchmal schon am Bahnhof und warteten auf uns. Einmal sind sie hinter uns her. Es gab eine Schlägerei. Sie wollten unsere Ausweise sehen und unsere Namen wissen. Unsere Freundinnen haben uns geholfen. Wir sind denen entwischt und dann einen anderen Weg zu einem anderen Bahnhof gegangen, um ihnen nicht noch einmal in den Weg zu laufen. Einmal sind wir mit einer HJ-Formation aneinander geraten, weil die sauer waren, dass wir ihre Fahne nicht gegrüßt hätten. Da gab es auch eine Schlägerei. Aber wir waren keine Helden, keine Widerstandskämpfer im eigentlichen Sinn. Wir wollten den Zwang nicht. Und hatten politisch mit denen nichts am Hut. Manchmal haben wir bei ein paar Nazis nachts die Scheiben eingeschmissen. Verglichen mit den Kölner Edelweißpiraten waren wir harmlos. Wir haben uns der HJ und den Nazis zu entziehen versucht. Wir haben auf die Nazis geschimpft und Informationen ausgetauscht, die wir von Feindsendern gehört hatten. Oder man tauschte mit den anderen Gruppen Nachrichten über die HJ-Streifendienste aus. Wir waren keine politische Bewegung, die organisiert oder geeint war. Von den Kölner Edelweißpiraten wussten wir damals nichts. Da gab es nur Gerüchte. Wir haben keine Sabotage-Akte verübt. Am Arbeitsplatz haben wir getrödelt oder Sachen bewusst kaputt gehen lassen. Ich hatte ohnehin kein Interesse an einem mechanischen Beruf. Das war meine Form von persönlichem Widerstand. Wir waren eine kleine Gruppe von vielen. Solche Gruppen gab es in fast allen Stadtteilen. Es gab bestimmt auch Gruppen, die mehr Widerstand geleistet haben.

Frage: Sie sollten dann zwei Monate vor Kriegsende mit ihren Freunden zusammen in Süddeutschland das Großdeutsche Reich verteidigen. Ihr habt euch aber abgesetzt.

Mangelsdorff: Ja, das war so. Wie Hans Steinbrenner erzählt, sollten wir uns alle am Südbahnhof in Frankfurt treffen, um dann mit dem Zug abtransportiert zu werden. Wir waren uns einig, dass wir uns in den Taunus absetzen würden. Das haben wir dann auch gemacht. Ich weiß nicht mehr über welche Mainbrücke wir geflohen sind. Aber auf jeden Fall war das keine leichte Sache. An den Brücken standen auf beiden

 Seiten Wachen. Alle Brücken waren zum Sprengen vorbereitet. Auf den Brücken lagen die vorbereiteten Sprengsätze, die gezündet werden sollten, wenn die Amerikaner einrücken. Wir mussten über die Brücke. Immer einzeln sind wir rüber. Wenn der Wachtposten zur einen Seite patrouillierte, ging einer von uns los. Der musste dann an der anderen Seite warten, bis er wieder eine Chance hatte, an dem Wachtposten vorbei zu kommen. In Rödelheim hat uns dann eine Gruppe SA-Männer gestellt. Wir sind abgehauen in eine Ziegelei. Die haben hinter uns her geschossen. Zum Glück konnten wir entkommen. Wir haben uns dann etwa zwei Wochen im Taunus versteckt bis die Amerikaner in Frankfurt einmarschiert sind. Es ging in diesen Wochen nur noch ums Überleben. Jeder wusste, dass der Krieg verloren ist und wollte mit heiler Haut davonkommen. Bei all unserem jugendlichen Leichtsinn, müssen wir froh sein, davongekommen zu sein. Denn auch Leute wie wir landeten in Konzentrationslagern. So harmlos war das alles nicht. Zum Glück ist das nun alles vorbei. Und hoffentlich wird sich ähnliches nie wiederholen. Das ist mein Wunsch.

Trampen wir durchs Land.
Und ziehen durch die Wälder hin,
wer fragt dann noch, wer fragt dann noch,
nach des Lebens Sinn.
Trampen wir längs der Chaussee,
da kommt der Streifendienst, oh weh,
sieht er die alten, die zünftigen Gestalten,
dann wird ihm Angst und Weh, ja weh!
Und der gute Axmann spricht,*
ja meine Leut', das lieb ich nicht,
Jagt die Hunde, hetzt die Bande,
bis ihr sie erwischt.
Und so trampen wir einher,
ja, durch die Lande kreuz und quer!
Lasst sie toben, lasst sie schreien,
wir werden immer mehr!
Kurze Haare, große Ohren,
so ward die HJ geboren.
Lange Haare, Tangoschritt,
da kommt die HJ nicht mit!
Oho, oho!
Und man hörts an jeder Eck -
Die HJ muss wieder weg!
Oho, oho!

* Axmann war Reichsjugendführer

Willi Graf, Jahrgang 1918, Student, Widerstandskämpfer, Ehrenbürger der Stadt Saarbrücken: ***„Hitler ist ein Massenmörder.“***

Dieter Gräbner

Am 12. Oktober 1943 wurde der Widerstandskämpfer Willi Graf im Alter von 25 Jahren in München hingerichtet. Willi Graf war Mitglied der Widerstandsgruppe „Weiße Rose“ und war sechs Monate zuvor mit Professor Kurt Huber und Alexander Schmorell am 19. April 1943 vom Volksgerichtshof unter Roland Freisler zum Tode verurteilt worden. Kurt Huber und Alexander Schmorell wurden am 13. Juli 1943 hingerichtet.

Willi Graf starb vier Monate später unter dem Fallbeil des NS-Scharfrichters, weil man aus ihm noch in monatelanger Einzelhaft Namen von Mitwissern und Freunden herauspressen wollte. Er schwieg.

Willi Graf wurde am 2. Januar 1918 in Kuchenheim bei Euskirchen im Rheinland geboren. 1922 zog die Familie nach Saarbrücken. Der Vater übernahm im dortigen „Johannishof“, einem Haus, in dem viele Veranstaltungen stattfanden, die Geschäftsführung einer AG für Weingroßhandel und Saalvermietung. Willi Graf verbrachte seine Kindheit und Jugendzeit gemeinsam mit seinen beiden Schwestern Mathilde und Anneliese in Saarbrücken. Die Eltern waren gläubige Katholiken. Von 1928 an besuchte er das Ludwigsgymnasium in Saarbrücken. Er war Mitglied in der katholischen Jugendorganisation „Neudeutschland“, die sich der Tradition der Wandervogelbewegung und der „Bündischen Jugend“ verpflichtet fühlte. Als 1934 die konfessionellen Jugendverbände aufgelöst wurden, schloss er sich dem so genannten „Grauen Orden“ an, dessen jugendliche Mitglieder sich für eine Erneuerung der katholischen Liturgie und eine Reform der katholischen Kirche einsetzten. Sie waren der Überzeugung, dass „Christsein und Menschsein eine Einheit“ bilden.

Und daraus ergab sich für sie die Erkenntnis, dass Nationalsozialismus und Christentum nicht miteinander vereinbar seien. Willi Graf, der der Hitlerjugend – trotz massiver Drohungen – nie beigetreten ist, wurde 1938 mit 17 weiteren Mitgliedern des Grauen Orden vor dem Sondergericht in Mannheim nach drei Wochen Untersuchungshaft wegen „bündischer Umtriebe" angeklagt. Das Verfahren wurde auf Grund der Amnestie im Zusammenhang mit dem „Anschluss" Österreichs an das Großdeutsche Reich eingestellt.

Nach einem halben Jahr beim Reichsarbeitsdienst (RAD) begann er 1940 ein Medizinstudium in Bonn. Im selben Jahr noch wurde er zur Wehrmacht eingezogen und als Sanitäter an der Kanalküste und in Südfrankreich eingesetzt. Im März/April 1941 nahm er am Jugoslawienfeldzug teil und von Mai 1941 bis zum April 1942 war er als Sanitätssoldat in Russland. Er wurde Zeuge von Kriegsgräueln, die von Wehrmachtsangehörigen an der Zivilbevölkerung verübt wurden. „Ich wünschte, ich hätte das nicht sehen müssen, was sich in meiner Umgebung zugetragen hat", schreibt er am 1. Februar 1942 an seine Schwester Anneliese. Im April 1942 wird er zur 2. Studentenkompanie in München beurlaubt, damit er sein Medizinstudium fortsetzen kann. Mitte Juni 1942 lernt er die Geschwister Scholl, Alexander Schmorell, Christoph Probst und später auch Professor Kurt Huber kennen. Und auch im Bach-Chor und beim Sportfechten trifft er auf Kommilitonen, die seine kritische Haltung gegenüber dem Nationalsozialismus teilen. In den ersten Flugblättern der Widerstands-

Willi Graf

gruppe Weiße Rose, die von München aus per Post verschickt werden, wird die „verantwortungslose und dunklen Trieben ergebene Herrscherclique“ kritisiert und an die „ehrlichen Deutschen“ appelliert, sich auf die „verlorene Freiheit“ zu besinnen. Willi Graf hilft das fünfte und das sechste Flugblatt herzustellen und zu verteilen. Unter dem Eindruck der Nachrichten aus dem Kessel von Stalingrad malen Hans Scholl, Alexander Schmorell und Willi Graf Parolen wie „Freiheit“, „Hitler ist ein Massenmörder“, „Nieder mit Hitler“ an die Wände der Münchner Universität. Und Willi Graf übernimmt die Aufgabe, den Widerstand über München hinaus auszuweiten und zu organisieren. Er versucht in Saarbrücken, in Freiburg, Köln, Bonn und Ulm aus dem alten Freundeskreis der „Bündischen Jugend“ Helfer zu gewinnen. Im Januar 1943 trifft er in Saarbrücken die Brüder Heinz und Willi Bollinger, Helmut Bauer und Rudi Alt. Willi Bollinger war damals Sanitätssoldat im Reservelazarett Heilig Geist in Saarbrücken. Er vervielfältigte und verschickte Flugblätter. Heinz Bollinger und Helmut Bauer wurden später im so genannten zweiten Weiße-Rose-Prozess zu sieben Jahren Zuchthaus verurteilt.
In einem Flugblatt zum sinnlosen Sterben deutscher Soldaten im Kessel von Stalingrad heißt es: „ ... dreihundertdreißigtausend deutsche Männer hat die geniale Strategie des Weltkriegsgefreiten sinn- und verantwortungslos in den Tod gehetzt. Führer, wir danken dir.“ Als Hans und Sophie Scholl diese Flugblätter in den Lichthof der Münchner Uni warfen, wurden sie verhaftet. Noch am selben Tag wurden Willi Graf und seine Schwester Anneliese, die in München studierte, ebenfalls festgenommen.
Willi Graf wurde am 12. Oktober 2003, an seinem 60. Todestag, posthum zum Ehrenbürger von Saarbrücken ernannt. Seine sterblichen Überreste wurden im November 1946 nach Saarbrücken auf den Alten Friedhof von St. Johann überführt.

Anneliese Knoop-Graf, Schwester des hingerichteten Widerstandskämpfers Willi Graf: ***„Sag dem Vater, es war kein Dummejungenstreich. Er wird einmal stolz auf mich sein."***

Interview

Frage: Sie wurden zusammen mit Ihrem Bruder verhaftet ...

Knoop-Graf: Ja, ich war in München. Ich habe bei meinem Bruder in München gewohnt. Meine Eltern und meine ältere Schwester Mathilde lebten in Saarbrücken, Mainzer Straße 30.

Frage: Als Ihr Bruder verhaftet wurde ...

Knoop-Graf: Ich bin mit ihm zusammen verhaftet worden. Am 18. Februar 1943, als morgens in der Universität die Geschwister Scholl die Flugblätter in den Lichthof der Universität warfen, am Abend dieses Tages bin ich mit meinem Bruder in unserer gemeinsamen Wohnung in der Mandlstraße am Englischen Garten festgenommen worden. Wir wurden erst mal mit dem Auto von zwei Gestapo-Beamten in die dortige Gestapo-Leitstelle München und dann ins Untersuchungsgefängnis gebracht.

Frage: Wie wurden Sie verhört?

Knoop-Graf: Natürlich wurde ich von Anfang an verhört, auch nachts und mehrere Tage hintereinander. Ich wusste von den Aktionen meines Bruders nichts. Wirklich nichts. Das habe ich auch im Laufe der Monate der Gestapo glaubhaft machen können und nach vier Monaten wurde ich dann wieder entlassen.

Frage: Wissen Sie, warum er Ihnen nichts von seiner Arbeit im Widerstand erzählt hatte?

Knoop-Graf: Er fand, dass das nichts für Frauen sei. Aber er war kein Macho, er war das Gegenteil von einem Macho. Er war zeitbedingt unemanzipiert.

 Frage: Sind Sie, als Sie aus dem Gefängnis entlassen wurden, zu Ihren Eltern nach Saarbrücken gefahren?

Knoop-Graf: Mein Bruder war im April zum Tode verurteilt worden. Ich war immer noch im Untersuchungsgefängnis. Und Willi ist dann erst im Oktober hingerichtet worden. Als ich im Juli 1943 aus dem Gefängnis entlassen wurde, bin ich zunächst zu meinen Eltern nach Saarbrücken gefahren und habe bei meinen Eltern gelebt, habe dann im Oktober in Freiburg weiter studieren dürfen. Mein Fach war Deutsch und Französisch für das höhere Lehrfach.

Frage: Hatten Sie die Möglichkeit, sich zu schreiben?

Knoop-Graf: Mein Bruder durfte alle 14 Tage auf vorgedrucktem Papier einen Brief an die Familie schreiben.

Frage: Wie nahm Ihre Familie die Nachricht vom Todesurteil auf?

Knoop-Graf: Meine Eltern sind in Saarbrücken verhaftet und getrennt abgeführt worden und waren vier Wochen in Untersuchungshaft. Meine Mutter auf der „Lerchesflur" in Saarbrücken und mein Vater in Zweibrücken. Meine ältere Schwester war hochschwanger. Ihr Mann war an der vordersten Ostfront. Sie wurde nicht verhaftet, musste sich aber ständig melden.

Frage: Was wussten Ihre Eltern? Hatten sie eine Ahnung oder Vermutung, dass Ihr Bruder zum Widerstand gehörte? Wie ertrugen Ihre Eltern das alles?

Knoop-Graf: Unsere Eltern waren im weitesten Sinn autoritätsgläubig. Kanzel und Kirche galten ihnen als oberste Instanz. Zwar lehnten sie den Nationalsozialismus ab. Doch weniger, weil sie ihn als politisches System und weltanschauliche Struktur verabscheut hätten, sondern weil sich das Regime zunehmend als kirchenfeindlich erwies. Sie waren, wie viele andere auch der Meinung, es sei Widerstand genug, am katholischen Glauben, an Gottesdiensten und an kirchlichen Riten festzuhalten. Mein Bruder war den übrigen Familienmitgliedern in seiner radikalen Entschiedenheit, seiner Überzeugung gemäß zu leben, weit voraus. Und er konnte auch nicht mit ihrem Einverständnis rechnen. So ist auch zu erklären, dass er seine Angehörigen nicht in seine Widerstandspläne eingeweiht hat. In den langen Monaten der Einzelhaft hat ihn dann die Frage beschäftigt, wie die Eltern wohl über sein Tun dachten. Meiner Schwester flüsterte er bei einem Gefängnisbesuch zu: „Sage dem Vater, es war kein Dummejungenstreich. Er wird einmal stolz auf mich sein."

Frage: Noch einmal die Frage: Wie ertrugen Ihre Eltern, die ja ebenfalls inhaftiert waren, das Todesurteil für ihren Sohn und dass auch Sie, die jüngere Schwester, vier Monate in Untersuchungshaft einsaßen?

Knoop-Graf: Vor kurzer Zeit – nach über sechzig Jahren – wurde dank einer sorgfältigen Recherche im Landesarchiv Saarland ein Brief meines Vaters gefunden, den er am 17. April 1943 aus dem Gefängnis – also unter Zensur – an mich geschrieben hat. Mich, die ich in jener Zeit im Gestapo-Gefängnis in der Brienner Straße in München war, hat dieser Brief nicht erreicht. Mein Vater wurde wenige Tage später unmittelbar nach dem zweiten Weiße-Rose-Prozess aus dem Gefängnis entlassen. Er schreibt mir unter anderem: „Für mich war es der einzige Trost, dass ich von alledem, was vorgefallen sein mag, nichts weiß und noch weniger als nur die geringste Ahnung hatte. Wir müssen aber schwer darunter leiden." Diesen Brief nach so langer Zeit zu lesen, bewegte mich zutiefst – vor allem der letzte Satz: „Mutter und ich mussten nun bald sechzig Jahre alt werden, um noch mit dem Gefängnis bekannt zu werden, ein Ort, den wir doch nur vom Hörensagen gekannt haben. Ich weiß noch gar nicht wie ich mich in der Öffentlichkeit zurecht finden soll." Willi aber hoffte zuversichtlich auf die Stärke unserer Eltern; wie sonst hätte er in seinem Abschiedsbrief an sie schreiben können: „Alles, was ich bin, verdanke ich Euch; denn Ihr gabt mir alle Freiheit und Möglichkeiten mit auf den Lebensweg. Wir empfangen Leid und Freud aus der Hand des Allmächtigen, und so wollen wir auch diesen Schmerz tragen und daran wachsen."

Frage: Wie haben die Nachbarn in Saarbrücken reagiert?

Knoop-Graf: Es hat niemand in der Nachbarschaft zu meinen Eltern gesagt, das war ja toll, was Ihr Sohn gemacht hat. Aber da war mal ein Händedruck, ein Blick. Es waren ja nur Äußerlichkeiten. Aber ich erzähle sie gerne. Gegenüber von uns in der Mainzer Straße in Saarbrücken war eine Bäckerei, in der wir unsere Brötchen kauften. Meine Eltern waren gerade aus dem Gefängnis entlassen worden. Da wurde von der Bäckerei eine Tüte mit Stückchen gebracht, mit einem schönen Gruß von der Familie. Das war etwas Tolles. Denn es gab ja nichts zu essen. Insofern waren die Stückchen schon etwas besonderes. Das habe ich nie vergessen. Diese Begebenheit zeigt eine gewisse Solidarität, auch Respekt vor unseren Eltern und auch Respekt vor ihrem Sohn. Die Familie Scholl ist ganz schlecht behandelt worden von der Nachbarschaft. Sie sind mit der ganzen Familie in den Schwarzwald geflüchtet auf einen Bauernhof. Meine Eltern hatten im Grunde keine Spur von Achtung verloren.

Frage: Wie ging es weiter?

Knoop-Graf: Nach Kriegsende war ich nicht in Saarbrücken. Da war ich in einer Internats-Schule im hohen Norden, in der Nähe von Lüneburg. Dort habe ich geheiratet und dann zusammen mit meinem Mann diese Schule geleitet. Die Engländer kamen und wollten diese Schule besetzen. Ich erzählte ihnen, was wir in der Nazizeit erlebt haben. Wir wurden mit großem Respekt behandelt. Die Diskussion um meinen Bruder und alles was sich in der Öffentlichkeit dazu abgespielt hat, habe ich in Norddeutschland nicht mitbekommen. Ich habe mit meinen Eltern damals nur selten gesprochen. Von Hamburg nach Saarbrücken – das war damals eine große Entfernung. Mein Vater ist schon in den fünfziger Jahren gestorben. Auch damals wurde vielfach die Meinung vertreten, dass man so was, was mein Bruder Willi getan hat, nicht tut. Das galt noch immer als Verrat.

Auszüge aus der Rede von Anneliese Knoop-Graf anlässlich der Verleihung der Ehrenbürgerwürde der Stadt Saarbrücken posthum an ihren Bruder Willi Graf zu dessen 60. Todestag am 12. Oktober 2003: ***„Jeder Einzelne trägt die ganze Verantwortung."***

„Das Telegramm an den Volksgerichtshof in Berlin, das der Oberstaatsanwalt in München am Abend des 12. Oktober 1943 aufgeben ließ, hatte die vorgeschriebene Unauffälligkeit: ‚Angelegenheit heute ohne Zwischenfall erledigt.' Was ‚erledigt' war, wurde am nächsten Tag in vorschriftsmäßiger Protokollierung auf den Postweg gegeben, mit allen Aktenzeichen und Vermerken in der ‚Strafsache gegen Graf, Wilhelm': ‚Der Hinrichtungsvorgang dauerte vom Verlassen der Zelle an gerechnet eine Minute, elf Sekunden, von der Übergabe an den Scharfrichter bis zum Fall des Beiles elf Sekunden. Vorkommnisse von Bedeutung sind nicht zu berichten.' So schlug sich im internen Amtsdeutsch der NS-Justiz die Vollstreckung des sechsten Todesurteils aus den beiden Prozessen gegen den inneren Kreis der Weißen Rose nieder.

Anneliese Knoop-Graf

Alles sorgfältig abgestempelt, besiegelt, abgeheftet. Willi Graf starb einen einsamen, lang erwarteten Tod. Acht Monate, 250 Tage lang, Kampf gegen die Angst, geheime Hoffnung, Gebete, Vertrauen auf Gott, Gedanken der Liebe an die Angehörigen und Freunde. Ein einsamer Tod, fern von den Mitstreitern der Weißen Rose. Durfte er sie überleben? Würde das Gericht Milde walten lassen, dem Gnadengesuch der Eltern stattgeben? Keineswegs! Willi Graf wurde nur geschont, weil man von ihm Auskünfte über das Umfeld der Weißen

 Rose erwartete. Willi gab keine Namen preis und viele der saarländischen Freunde blieben dadurch von dem Zugriff der Gestapo bewahrt. Das Gnadengesuch unserer Eltern war längst, von Hitler persönlich unterschrieben, abgelehnt worden. Ein halbes Jahr warten auf das letzte Sich-Öffnen der Zelle, auf die Ankunft des Vollstreckungsbeamten, den Eintritt des Gefängnisgeistlichen ... allein in der Todeszelle am Tag und in den langen Nächten. Und dann – dieser Tod. Wir Angehörigen erhielten keine Nachricht. Nach einigen Wochen wurde uns eine formale Urkunde übersandt, die Spalte ‚Todesursache' trug die lakonische Eintragung ‚Enthauptung'. Der Staatsanwalt hatte sich geirrt: Der Fall Willi Graf und der seiner Freunde aus der Weißen Rose war nicht ‚erledigt'. Wie wenig, das zeigt die Tatsache, dass die Weiße Rose – als Sinnbild des unerschrockenen Gewissens unter der Diktatur – zu den stärksten Manifestationen des Widerstandes im Dritten Reich gehört ... Und wenn Willi Graf posthum zum Ehrenbürger der Stadt Saarbrücken ernannt wird, so wird damit ein äußeres Zeichen gesetzt, dass die Saarbrücker stolz sind auf ihren Bürger Willi Graf, der lauten Protest gegen Tyrannei und Massenmord erhob ... Er hat sich im Sommer 1942 der Weißen Rose angeschlossen; im Saarland hat er während der Weihnachtsferien 1942/43 alte Freunde als Helfer zu gewinnen versucht und Ende Januar ein Vervielfältigungsgerät weitergegeben. Er hat Flugblätter verteilt, Briefumschläge besorgt und Geld gestiftet. Er hat mit anderen zusammen Freiheitsparolen – wie ‚Nieder mit Hitler' – an Gebäude der Münchner Innenstadt gepinselt, und er war an der Herstellung und Verbreitung des letzten Flugblattes beteiligt. Er hat also öffentlich bekundet, was er fühlte und dachte.

Dafür musste er im Alter von 25 Jahren sterben – hingerichtet von einem Regime, das er und seine Freunde in ihren Flugblättern als einen ‚verbrecherischen Gewaltstaat' entlarvt hatten, was die so Angeprangerten nur mit Mord zu beantworten wussten.

In Saarbrücken hat Willi den größten Teil seines kurzen Lebens verbracht. Hier wuchs er auf, nachdem unsere Familie 1922 nach Saarbrücken übergesiedelt war, wo der Vater die Geschäftsführung des ‚Johannishof' übernommen hatte ... Willi besuchte bis zum Abitur 1937 das Ludwigsgymnasium ... Er lehnte alles ab, was in seinen Augen ‚gut bürgerlich' war und entwickelte in Kleidung, Wortwahl und Briefstil ein entschiedenes Anderssein. In seiner unkonventionellen, alle starren Klischees ablehnenden Art war er seiner Zeit – auch seiner Familie – weit voraus, ohne aber mit ihr auf Kollisionskurs zu gehen. Er weigerte sich erfolgreich, in die Hitlerjugend einzutreten, obwohl dadurch Abitur und Studium gefährdet waren ... Bereits 1938 machte er erste Erfahrungen mit Gestapo und Gefängnis ... Er war ein Meister im Verschweigen von allem, was er nicht sagen wollte ... Der Kampf gegen das Dritte Reich war für Willi die zwangsläufige Folgerung einer Maxime, die er am 6. Juni 1941 formuliert hatte – und die auf der Gedenktafel am Johannishof zu lesen ist: ‚Jeder Einzelne trägt die ganze Verantwortung!'

Die Erlebnisse in dem 1939 beginnenden Krieg, in dem Willi als Sanitäter eingesetzt worden war, verfestigten seine Haltung. Als er im Frühjahr 1942 nach München zur Weiterführung seines Medizinstudiums beurlaubt wurde, traf er Alexander Schmorell und Hans Scholl, die sich bereits seit einigen Wochen mit Widerstandsaktionen – die Herstellung und Verbreitung von Flugblättern – beschäftigt hatten. Willis moralische Verpflichtung zum Widerstand war zu dieser Zeit bereits so bindend, dass er sich dieser Gruppe rückhaltlos anschloss. Er erklärte sich bereit, in seinem Freundeskreis Helfer zu gewinnen, um ein Netz von Widerstandsgruppen zu knüpfen.

Als er während der Weihnachtsferien 1942/43 in Saarbrücken war, sondierte er zunächst die Einstellung der saarländischen Freunde ... Nur von vieren konnte Willi eine Zusage erhalten; von Heinz und Willi Bollinger, Helmut Bauer und Rudi Alt (Heinz Bollinger und Helmut

 Bauer wurden im zweiten Weiße-Rose-Prozess zu sieben Jahren Zuchthaus verurteilt). Den meisten der von Willi Angesprochenen schien der Einsatz zu hoch.

Was mein Bruder in seinen letzten Stunden fühlte und dachte, sollen einige Worte aus seinem letzten Brief an mich verdeutlichen: ‚Die Gespräche unserer letzten Wochen sollen Dir Hilfe und Inhalt für Dein zukünftiges Leben sein. Ich werde bei Dir sein, auch wenn ich nicht mehr im Leben an Deiner Seite stehen kann ... Du weißt, dass ich nicht leichtsinnig gehandelt habe, sondern aus tiefster Sorge und in dem Bewusstsein der ernsten Lage gehandelt habe.'"

Elsie Steck, Jahrgang 1912, Theologiestudentin, Gemeindesekretärin: ***„Eines Tages kam ein Mann zu Gollwitzer in die Sakristei und sagte: ‚Ich weiß, dass die Juden vergast werden.'"***

Interview

Frage: Frau Steck, Sie kommen aus dem Baltikum. Sie wuchsen bis zu ihrem fünften Lebensjahr, wie Sie in unserem Vorgespräch sagten, als Gutsbesitzertochter Elsie von Stryk in Livland auf einem Gut im späteren Lettland auf. 1918 musste Ihre Familie plötzlich fliehen. Warum?

Steck: Wir lebten auf unserem Gut wirklich gut mit den Letten zusammen, weil sich meine Mutter immer sehr um sie gekümmert hatte. Aber 1918 wurde es reichlich unruhig. Die Russen hetzten die Letten gegen die baltischen Gutsbesitzer auf. Wir hatten, wie fast alle adligen Familien, eine Stadtwohnung in Riga, in die wir aus Sicherheitsgründen flohen – meine Mutter, mein Vater, ich und meine zwei kleineren Brüder. Mein Vater wurde als Deutscher gesucht. Er hat jede Nacht woanders geschlafen, oft unter Brücken oder wo auch immer er einen Platz fand. Es waren wirklich unsichere Zeiten. Es gab Bandenüberfälle, auch in den Wohnungen. In unseren Kissen waren Silberbestecke eingenäht, und auch in unseren Puppen waren Wertsachen versteckt. Meine Mutter erklärte uns immer: Die Russen und die Letten haben kleine Kinder gern. Wir waren darauf dressiert, ein freundliches Gesicht zu machen und zu lächeln, wenn die kamen, damit sie uns nichts tun. So lernt man fürs Leben. Eines Nachts kamen sie und holten meine Mutter weg. Ich wusste auch schon mit fünf Jahren durchaus, was das bedeutet. Und ich überlegte die ganze Nacht, wie ich das meinen kleinen Brüdern erklären soll. Aber dann kamen auch wieder Letten, die in unserem Haushalt gearbeitet hatten, brachten uns was zu essen und kümmerten sich um uns. Sechs Wochen war meine Mutter im bolschewistischen Gefängnis in Riga. Das Gefängnis wurde von deut-

Elsie Steck

schen Truppen befreit. Meine Mutter war tatsächlich unter den acht Personen, die lebendig wieder rauskamen. Alle anderen wurden erschossen. Und plötzlich an einem Abend standen meine Mutter und mein Vater an unseren Betten. Sie packten uns und die wenigen Habseligkeiten, und wir flohen, wie sie später sagten, mit drei Kindern und drei Koffern mit dem letzten Schiff. Das war im November 1918. Ich erinnere mich genau an die entsetzliche sechstägige Überfahrt mit ständiger Seekrankheit. Wir kamen als ganz arme Flüchtlinge nach „Reichsdeutschland", wie man das damals bei uns nannte. Anfangs kamen wir an der Ostseeküste unter, bis uns die Familie von Bülow in Schleswig-Holstein aufnahm. Mein Vater ging nach Berlin und baute dort zusammen mit einem Vetter eine kleine Immobilien-Maklerfirma auf. Als die lief und wenigstens ein schmales Einkommen abwarf, konnten wir endlich nach Berlin-Dahlem nachkommen. Die Familie des damaligen Staatssekretärs Fischer, der im Auswärtigen Amt für Außenminister Stresemann arbeitete, hatte zwar selber sieben Kinder, aber trotzdem stellten sie einen Teil ihres Hauses der Flüchtlingsfamilie von

Stryk zur Verfügung. Das war eine wirklich schöne Zeit. Wir waren zusammen zehn Kinder bei sehr liberalen und netten Leuten. Ich ging in Dahlem zur Schule, machte Abitur und studierte vier Semester Theologie. Bis dann die Nazizeit begann und ihre Bedrohlichkeit im Jahre 1934 immer deutlicher wurde. Martin Niemöller, damals Pfarrer der evangelischen Gemeinde von Berlin-Dahlem, erklärte mir klipp und klar: Jetzt wird nicht mehr studiert. Jetzt ist Kirchenkampf, jetzt wird was gemacht. Und Adolf Hitler mit seinem Rassenwahn ist ein Unglück für Deutschland und die Menschheit. Niemöller stellte mich als Gemeindehelferin an. Von da an arbeitete ich in der Dahlemer Gemeinde. Niemöller hat uns alle überhaupt erst auf die Spur gebracht. Er hielt jede Woche Offene Abende ab, bei denen er uns über die politische Lage und über Aktionen informierte.

Frage: Wann war das?

Steck: Das war 1934, nach der Machtergreifung der Nazis. Niemöller hat sich schon früh und äußerst energisch den „reichskirchlichen Bestrebungen" der so genannten „Deutschen Christen" widersetzt, die sich Richtung Nationalsozialismus orientierten. Er war der Motor der Bekennenden Kirche, in der sich die evangelischen Gegner der Nazis zusammenfanden.

Frage: Und nun widersetzte er sich in seiner Gemeinde in Berlin-Dahlem auch den Nazis?

Steck: Ja. Die Nazis waren schon an der Macht. Er kämpfte dagegen, dass der sogenannte Arier-Paragraph auch in der Kirche gelten sollte. In der Gemeinde Berlin-Dahlem wohnten damals sehr viele auch einflussreiche Juden. Und wir waren fortan eingebunden in die Fürsorge für die jüdischen beziehungsweise nicht-arischen Familien, die als „Sternträger" schon früh ganz erheblichen Repressionen ausgesetzt waren.

Frage: Sie waren damals eine junge Frau, Mitte Zwanzig, Christin. Waren Sie sich nicht der Gefahr bewusst, in die Sie sich mit Pastor Niemöller begaben?

Steck: Bewusst waren wir uns der Gefahr schon. Nur hat sie uns keine lähmende Angst eingeflößt. Das ist nicht leicht zu erklären, aber bedenken Sie, wie jung wir waren. Außerdem wußten wir ja nicht und konnten uns im Grunde auch nicht vorstellen, wie entsetzlich sich die Dinge entwickeln würden. Aber gefährlich war es. Es gab auch Denunziationen. Einer schrieb an die Gestapo eine Karte, auf der es hieß: Fräulein von Stryk verkehrt mit Nicht-Ariern. Und da wurde ich zur Gestapo bestellt. Da spielte sich eine Groteske ab. Der vernehmende Beamte hat das Wort „verkehrt" auf Geschlechtsverkehr bezogen. Ich habe unter „verkehrt" verstanden, dass man mit Juden zum Gottesdienst und zum Abendmahl geht und normal mit ihnen umgeht. Zum Schluss der Vernehmung sagte der Beamte: Das hat ja überhaupt keinen Zweck. Ich wurde entlassen wegen Ahnungslosigkeit.
Frage: Auch wenn Sie das als Groteske bezeichnen – zum Lachen war das ja nun eigentlich nicht. Das war doch brandgefährlich, was man Ihnen da vorwarf. Dafür hätten Sie leicht ins KZ kommen können!
Steck: Ja, sicher. Inzwischen war Krieg, mein Vater war tot und meine beiden jüngeren Brüder Wilhelm und Hans waren in Russland und Frankreich gefallen. Ich war mit meiner Mutter allein in Dahlem. Wir lebten in einem kleinen Haus, in dem wir Juden verstecken konnten: Man nahm sie nur für Tage auf. Sie wurden weiter gereicht, von einer Familie zu anderen und von einem Versteck zum anderen. Sie lebten mit von unseren Lebensmittelkarten.
Frage: Wer leitete zu dieser Zeit die Gemeinde der Bekennenden Kirche in Berlin-Dahlem? Pastor Niemöller war

Pfarrer Martin Niemöller mit Gemeindemitgliedern in Berlin

doch 1937 verhaftet und nach einem Sondergerichtsverfahren 1938 zu sieben Monaten Festungshaft verurteilt worden. Später wurde er in den Konzentrationslagern in Sachsenhausen und Dachau eingesperrt, bevor er nach Südtirol verschleppt wurde, wo er 1945 aus SS-Hand befreit wurde.

Steck: Ja, das ist richtig. Wir waren in Moabit bei Niemöllers Prozess. Wir dachten, er kommt wieder. Wir warteten in seiner Wohnung auf ihn und hatten alles vorbereitet. Aber er kam nicht.

Frage: Hatten Sie jetzt nicht auch Angst, dass Sie von der Gestapo verfolgt und vor Gericht gestellt würden?

Steck: Überhaupt nicht. Das ist eben das Bemerkenswerte. Wir fühlten uns einfach im Recht gegen den Unrechtsstaat.

Frage: Wenn Sie von wir sprechen – wer war „wir"?

Steck: Das waren meine Berliner Freunde, aktive Gemeindemitglieder, ein so genannter Helferkreis und auch und vor allen Dingen Helmut Gollwitzer. Also Angst hatten wir in dem Alter gar nicht. Es war einfach so, auch wenn es im Rückblick und mit dem heutigen Wissen kaum zu glauben ist.

Frage: Helmut Gollwitzer war nach der Verurteilung Martin Niemöllers neuer Pfarrer in Berlin-Dahlem geworden. Auch er setzte sich öffentlich gegen die Verfolgung der Juden und gegen die nationalsozialistische Verfälschung des Glaubens ein. 1940 wurde er sogar mit einem Redeverbot belegt, bevor er als Sanitäter zur Wehrmacht eingezogen wurde und später in russische Kriegsgefangenschaft geriet. Also auch mit Helmut Gollwitzer als Gemeindepfarrer, der nicht weniger entschieden als Niemöller gegen die Deutschen Christen und gegen die Nazis antrat, waren Sie doch als Gemeinde-Assistentin ständig im Focus der Gestapo?

Steck: Ich musste von Haus zu Haus rennen. Ich musste die jüdischen Gemeindemitglieder trösten, die natürlich total verängstigt waren. Und ich musste bestimmte Kreise leiten, Jugendveranstaltungen organisieren und solche Sachen machen. Wir hatten einen Arbeitskreis in der Gemeinde. Montags kamen wir zusammen und teilten uns die Aufgaben.

Frage: Ich komme nochmal darauf zurück: Sie hatten also überhaupt keine Angst? Oder haben Sie ihre Angst verdrängt?

Steck: Die tatsächlichen täglichen Aufgaben und der Umgang mit den Menschen – das war einfach so intensiv. Und man hat den damaligen Staat einfach gehasst.

Frage: Sie haben dann 1942 geheiratet. Wo und wie haben Sie Ihren Mann kennen gelernt?

Steck: Gollwitzer hatte einen Freund. Der hieß Karl Gerhard Steck und schrieb besonders nette Briefe. Ich habe zu Gollwitzer gesagt: Ich möchte auch deinen Freund Steck mal kennen lernen. Er meinte gleich: Das kommt nicht in Frage. Sonst läufst du sofort zu dem über. Und so war es dann auch. Karl Gerhard kam und hielt eine Predigt. Ich habe ihn kennen gelernt, und es hat ziemlich schnell gefunkt. Wir haben 1942 geheiratet. Berlin wurde da schon heftig bombardiert. Mein Mann wollte mich deshalb aus Berlin weghaben. Er sagte, er hätte eine Pfarrstelle in der bayrischen Oberpfalz. Da hat er mich hin verschleppt. Der Ort hieß Sulzbach-Rosenberg, ziemlich bekannt durch das Stahlwerk Maxhütte. Da kam ich in eine völlig andere Welt. Man muss sich vorstellen: Ich komme aus Berlin-Dahlem, wo in unserem Umfeld niemand etwas Positives über Hitler sagte und man natürlich meint, alle Menschen dächten so. Und dann kommt man in so ein bayrisches Städtchen. Da habe ich die Bilder von Hitler und Göring erst mal von der Wand genommen. Prompt kamen die Frauen von der Gemeinde und sagten: Frau Pfarrer, das dürfen Sie nicht. Seien Sie doch bitte vorsichtig. Da spürte ich zum ersten Mal Gegenwind gegen meine politische Überzeugung. Ich hielt Religions- und Konfirmandenunterricht und war im Übrigen mit vielen Dingen ganz gut beschäftigt.

Frage: Sie hatten vier Semester Theologie studiert, hatten aber, weil Niemöller Sie als Gemeinde-Assistentin holte, kein Examen?

Helmut Gollwitzer

Steck: Ich habe noch ein Jahr eine sogenannte Bibelschule drangehängt und auch Examen gemacht. Da konnte ich Unterricht erteilen. Mein Mann war eingezogen, als Sanitäter. Er war in Frankreich und dann in Russland.

Frage: Ist die Oberpfalz nicht eine sehr katholische Gegend?

Steck: Ja, aber es waren doch sehr viele Flüchtlinge einquartiert. Im September 1945 kam dann mein erstes Kind, eine Tochter. Das war sehr schwierig, mit Kaiserschnitt. Wenige Tage später sagte ich: Heute habe ich das Gefühl, dass mein Mann kommt. Tatsächlich. Einige Tage nach der Geburt seiner Tochter Sybille erschien er plötzlich an meinem Bett im Krankenhaus. Er war kahl geschoren. Meine Tochter hatte durch die Unvorsichtigkeit des Personals eine Furunkulose und sah auch ziemlich schrecklich aus. Das Kind wurde mir auf das Bett gelegt. Und daneben saß mein kahlköpfiger und halb verhungerter Mann. Ich dachte in dem Moment nur: Das ist jetzt deine Familie.

Frage: Was haben Sie empfunden, als Sie nach dem Krieg hörten, dass Millionen Juden umgebracht wurden? Das wussten Sie doch während des Krieges nicht, oder?

Steck: Nein, anfangs wussten wir davon überhaupt nichts. Man hätte sich so was auch niemals denken können. Es gab durchaus viele, die abgeholt wurden. Die bekamen, was man sich heute auch nicht vorstellen kann, vorher eine Nachricht. Gollwitzer und ich sind am Abend vorher immer zu denen gegangen. Ich schleppte das Abendmahl-Köfferchen von Gollwitzer. Da haben wir dann feierlich ein Abschieds-Abendmahl zelebriert. Manche schulten wir, dass sie in den KZs auch eine Art Bibelarbeit machen konnten. Eines Tages kam ein Mann zu

 Gollwitzer in die Sakristei und sagte: Ich halte das nicht mehr aus. Ich weiß, dass die Juden vergast werden. Und so hatte ich dann auch zum ersten Mal davon gehört. Wir waren in einer extremen Situation. Wir waren abends bei den Menschen, die am anderen Morgen abgeholt wurden. Furchtbar und schrecklich war das. Aber die nächsten standen schon wieder auf der Liste. Man kam von einer Familie, die ins KZ abtransportiert wurde in die andere. Und wir erlebten schlimme Einzelschicksale.

Frage: Wie war das nach dem Krieg, als das nun alles auch offiziell bekannt wurde? Da gab es doch nun die Entnazifizierungsverfahren. Wie haben Sie das erlebt?

Steck: Da kamen sie natürlich reihenweise an und wollten von meinem Mann bestätigt haben, dass sie keine Nazis waren. Er sollte für sie aussagen.

Frage: Hat er das getan?

Steck: In einem Fall hat er es gemacht – mit langen Zähnen. Aber sonst hat er es abgelehnt, an der allgemeinen Beschönigung und Verniedlichung mitzuwirken.

Frage: Hatten Sie nach dem Krieg wieder Kontakt mit Niemöller und Gollwitzer?

Steck: Aber ja, bis sie starben.

Frage: Nochmal zurück zu Ihrer Zeit in Berlin-Dahlem. Was waren das für Menschen, die sich dort um die Juden kümmerten?

Steck: Die waren sehr stark voneinander abgeschottet. Da gab es vielleicht drei, die gemeinsam Pässe fälschten oder andere illegale Sachen machten. Aber davon wussten die anderen nichts. Ich habe zum Beispiel später erfahren, dass eine Frau, die um die Ecke von uns wohnte, ganz in dieser Arbeit drin war. Damals wusste ich davon nichts.

Frage: Wer hat denn das alles organisiert? Pastor Niemöller oder Gollwitzer? Wer war der strategische Kopf?

Steck: Organisiert haben das die Frauen. Und das war der Einfluss Niemöllers, der die Gemeinde in diese Richtung beeinflusst hatte.

Dahlem war eine reiche, aber auch intellektuelle Gemeinde. Da waren viele, die weiter dachten: Wenn Niemöller im KZ ist, dann machen wir diese Arbeit. Jeden Abend war ein Gottesdienst und jeden Morgen eine Morgenwache. Alles wurde von Laien organisiert. Da wurden dann Nachrichten weitergegeben, und es gab eine sogenannte Fürbittenliste.

Frage: Die Gestapo war aber doch überall.

Steck: Ja, die saß auch bei uns im Gottesdienst. Niemöller sagte einmal vor seiner Verhaftung ganz offen zum Kirchendiener: Geben Sie bitte den beiden Gestapo-Leuten da hinten ein Gesangbuch, damit sie am Gottesdienst teilnehmen können, wenn sie schon mal hier sind. Ganz souverän hat der das gemacht.

Frage: Sie mussten aber doch damit rechnen, dass sie jederzeit von der Gestapo entdeckt und verhaftet werden?

Steck: Ja, sicher. Einmal gab es einen Gottesdienst, der denen nicht gepasst hatte. Als wir aus der Kirche kamen, standen da zwei große Busse und fast alle Gottesdienstbesucher – ich habe mich da gerade noch verdrückt – wurden zur Gestapo gefahren und über Nacht dabehalten und verhört.

Frage: Aber sie wurden am andern Tag wieder frei gelassen?

Steck: Ich glaube ja. In anderen Fällen wurden viele verhaftet und haben sehr lange eingesessen.

Frage: Wie Sie die Gemeindearbeit und die Hilfe für die Juden schildern, hatte das ja durchaus geheimdienstähnliche Züge. Der eine weiß nichts vom anderen, um nichts verraten zu können, wenn er in Schwierigkeiten kommt. Wer hat sich das ausgedacht?

Steck: Das hat sich einfach so ergeben. Es waren viele Politiker unter den Gemeindemitgliedern. Alle, die politisch nachdachten und gegen das Regime waren, hatten sich unter die Fittiche der Kirche begeben, auch wenn sie vorher keine Kirchengläubige waren. Die haben natürlich auch ihre politische und sonstige Erfahrung eingebracht. Dass wir uns in einer großen Gefahr befanden – darüber haben wir gar nicht nachgedacht. Wir waren einfach fromm, manchmal fast schon bigott. Wir haben alles Gott anheim gestellt.

Frage: Kann man das so interpretieren: Ihre kritische Haltung gegenüber dem Nationalsozialismus und ihr Widerstand war im Gehorsam gegenüber Gott begründet?

Steck: Ja.

Frage: Und Sie haben deswegen auch über die möglichen Konsequenzen und Folgen nicht nachgedacht? Haben Sie gedacht, ich bin in Gottes Hand?

Steck: Ja, genau so war es. So habe ich es damals empfunden.

Flucht aus dem brennenden Inferno

Die Heimatfront

Dieter Gräbner

Spätestens mit dem offiziellen Kriegsbeginn 1939, als die deutsche Wehrmacht in Polen einmarschierte, begann für die Zivilbevölkerung auch der Krieg an der Heimatfront.

Überall wurden Luftschutzbunker gebaut und die Keller in den Häusern wurden als Luftschutzkeller eingerichtet. Deutschland bereitete sich auf den Bombenkrieg vor. Dass bei den Bombenangriffen auf deutsche Städte, die mit zunehmendem Kriegsverlauf an Intensität und Häufigkeit zunahmen, trotzdem immer mehr Zivilisten ums Leben kamen, war kein Zufall. Schon lange vor Kriegsbeginn hatten sowohl deutsche als auch englische Generalstäbe geplant, mit Bomben nicht nur militärische Ziele zu zerstören, sondern auch die Zivilbevölkerung zu treffen, sie zu demoralisieren und so ein Klima der Unruhe, vielleicht sogar des Widerstandes gegen die politisch Verantwortlichen zu schaffen.

Die deutsche Luftwaffe griff 1940 London an, an manchen Tagen gleich zweimal. Bei Angriffen auf die Stadt Coventry starben 568 Menschen im deutschen Bombenhagel. Die britische Luftwaffe flog ebenfalls 1940 ihre ersten Angriffe auf deutsche Städte. Der deutsche Historiker Jörg Friedrich zitiert den englischen Premierminister Winston Churchill so: Churchill habe bereits lange vor Kriegsbeginn bei einem Lunch mit seinem damaligen Rüstungsminister Beaverbrook erklärt: Man habe keine Armee auf dem europäischen Festland. Und wenn Hitler sich nach Osten wende, also die UdSSR angreife, könne man ihn nicht aufhalten: „Aber es gibt eine Sache, die ihn zurückholt. Und das ist ein absolut verwüstender Ausrottungsangriff (exterminating attack) durch sehr schwere Bomber."

Die britischen Angriffe galten zunächst sowohl militärischen Zielen, also Bahnhöfen, Brücken, Straßen und Fabriken, aber auch der Zivilbevölkerung. Und mit zunehmendem Kriegsverlauf wurden die Wohnviertel und die Zivilbevölkerung immer mehr erklärtes Angriffsziel. Eine Stadt nach der anderen versank im Feuersturm in Schutt und Asche. Verantwortlich für das Inferno in den deutschen Städten war Luftmarschall Arthur Harris, der am 22. Februar 1942 zum Chef des britischen Bomberkommandos ernannt worden war. Er war ein Stratege des Luftkrieges und ein Buchhalter des Todes, der die Erfolge der britischen Angriffe in Statistiken auswertete. Sein Spitzname war „Bomber Harris“ und „Harris, der Schlächter“.

In einer Rundfunkansprache erklärte er, er werde Deutschland in eine Wüste verwandeln. Es gibt Unterlagen der R.A.F. (Royal Air Force), die davon ausgehen, dass mit 4.000 Bombern und dem Abwurf von monatlich 650.000 Bomben 43 deutsche Städte mit je über 100.000 Zivilisten zerstört werden könnten. Das waren rechnerische Zahlenspiele, die so nicht realisiert werden konnten, weil es den Briten an Flugzeugen und auch an ausgebildetem Personal fehlte. Trotzdem – die Furie des Bombenkrieges, mit der Harris Deutschland überzieht, brennt die schönen alten Städte nieder und verwandelt sie in Ruinenfelder. Zuerst trifft es Lübeck. Lübeck ist eine Art Testfall. Harris geht kein Risiko ein. Lübeck hatte keine kriegswichtige Industrie. Also konnte man davon ausgehen, dass die Stadt nicht optimal verteidigt wurde.

Harris schickte 1942, in der Nacht zum Palmsonntag, 234 Flugzeuge mit 400 Tonnen Bomben in die Lübecker Bucht. Die hochgiebeligen Altstadthäuser brannten wie Zunder. 130 Kilometer Straßenfront gingen in Flammen auf. 62 Prozent aller Häuser wurden beschädigt. 320 Einwohner wurden getötet. Das zweite Angriffsziel der britischen Bomber sollte Hamburg sein. Hier war Industrie, der wichtige Hafen. Hier wurden jährlich 100 U-Boote gebaut. Doch das Wetter war ungünstig. Harris entschied sich für Köln. 1.046 britische Bomber greifen in der Nacht vom 30. auf den 31. Mai 1942 die Stadt an. Der Angriff auf Köln geht als „1.000 Bomber Angriff“ in die Kriegsgeschichtsschreibung ein und ist der fürchterliche Auftakt für die Flächenbombardements auf deutsche Städte. Es folgen Rostock, Danzig, Kassel, Pforzheim, Frankfurt, Düsseldorf, Saarbrücken. Jede Stadt ein brennendes Fanal. Und dann Dresden. In Dresden starben beim schlimmsten Bombenangriff des Zweiten Weltkrieges am 13. Februar 1945 mindestens 35.000 Menschen.

Warum Dresden so kurz vor Kriegsende? Angeblich wollte Churchill dem russischen Diktator Josef Stalin mit dem Angriff auf Dresden zeigen, dass auch die Briten der Roten Armee bei ihrem Vormarsch geholfen hatten. Die Opfer bei den Angriffen auf deutsche Städte waren in erster Linie Frauen und Kinder. Und die Alten und die Kranken, die nicht mehr „kriegsdienstverwendungsfähig“ waren, wenigstens nicht bis zum Herbst 1944, als der größenwahnsinnige Adolf Hitler dann sein letztes Aufgebot zusammenstellte und 14-jährige Schulbuben und alte Männer als „Volkssturm“ in die Schlacht gegen vorrückende Russen, Amerikaner und Engländer schickte. Wer nach dem Bombenkrieg über Deutschland unverletzt aus den Luftschutzkellern kam, war zunächst froh, dass er überlebt hatte. Die offiziellen Zahlen der Opfer des Bombenkrieges in Deutschland unter der Zivilbevölkerung schwanken

Alltag im Nachkriegsdeutschland:
Obdachlose suchen Schutz in Notunterkünften

 zwischen 420.000 und 570.000. Unter ihnen 74.000 Kinder, die in der Gluthölle der bombardierten Städte verbrannten, erstickten oder von zusammenstürzenden Trümmern erschlagen und begraben wurden. Hinter diesen bedrückenden Zahlen verbirgt sich die Todesangst der Eingeschlossenen in den Luftschutzkellern, das Schreien und Weinen der Kinder, die sich an ihre Mütter klammern. Nach den Angriffen versuchten 14-jährige Hitlerjungen und Greise Leichen und Verwundete zu bergen und Trümmer wegzuräumen und Brände zu löschen. Was die Menschen im Bombenkrieg erlebten und erleiden mussten, war so grauenhaft und entsetzlich, dass Frontsoldaten auf Heimaturlaub sagten: „Was die Heimatfront im Bombenkrieg aushalten muss, ist schlimmer als ein Fronteinsatz in Russland. Da weiß man, wo der Gegner ist. Im Luftschutzkeller sitzt du und hoffst und betest. Mehr kannst du nicht tun."

Die Zeitzeugin Waldtraud Schuh, Jahrgang 1925, erlebte den Bombenkrieg in Saarbrücken, auch den fürchterlichen Angriff vom 5. Oktober 1944, als die schöne alte Stadt in Schutt und Asche versank und 361 Menschen in dem Inferno starben. Die Zahl der Verletzten ist bis heute nicht bekannt. Waldtraud Schuh hatte im Schwimmbad ihren späteren Mann Eduard, genannt „Edi" kennen gelernt. Edi war bei der Luftwaffe, beim fliegenden Personal, Bordfunker, Einsatzgebiet vorwiegend Osteuropa und Russland. Waldtraud, genannt „Daut", und Edi, der Bordfunker, schrieben sich über tausend Briefe. Sie berichtete über das Leben an der Heimatfront, er über den Wahnsinn des Kriegs im Osten. Die Briefe sind ein Zeitdokument. Manchmal euphorisch und hoffnungsfroh, manchmal niederschmetternd und verzweifelt schreiben sie sich und erzählen sich, was sie erleben und dabei empfinden. Das Elend des Krieges an der Front und an der Heimatfront beschrieben zwischen zärtlichen Liebesschwüren und der Hoffnung auf ein baldiges Wiedersehen, vielleicht beim nächsten Heimaturlaub an der Heimatfront.

Flucht und Vertreibung: In der Stunde Null sind 25 Millionen heimatlose Deutsche unterwegs

An der Heimatfront werden 16-jährige Oberschüler als Flaksoldaten eingesetzt. Schulbuben schießen mit Kanonen auf britische und amerikanische Bomber, solange bis die Schüler der nächsten Klasse alt genug sind und an die Flakkanonen nachrücken. Und die bisherigen Flakhelfer zum Volkssturm gerufen wurden. Manche melden sich gar als Kriegsfreiwillige. Der Zeitzeuge Jupp Derwall, der spätere Trainer der deutschen Fußball-Nationalmannschaft, wollte Pilot werden. Er meldete sich als Kriegsfreiwilliger zur Luftwaffe zum fliegenden Personal. Er hatte Glück, dass er als 17-Jähriger 1945 nicht in russische, sondern in amerikanische Gefangenschaft geriet.
Als sich der Krieg dem Ende näherte, waren rund vierzehn Millionen Deutsche auf der Flucht. Sie verließen in Panik ihre Heimat und flohen vor der Roten Armee aus Ostpreußen, aus Pommern, aus Schlesien und aus dem Sudetenland, aus der Tschechoslowakei und aus Polen und anderen Gebieten Osteuropas, die die deutsche Wehrmacht erobert hatte und aus denen sie sich nun geschlagen zurückziehen musste. Die russischen Soldaten nahmen grausame Rache für die Gräueltaten der SS und auch verschiedener Wehrmachtseinheiten an russischen und jüdischen Zivilisten: Erschießungen, Vergewaltigungen, Überfälle, Misshandlungen überall. Dazu der Beschuss durch Artillerie und Angriffe von Tieffliegern auf die Flüchtlingskolonnen. Man

Flucht aus den zerbombten Städten – nach Möglichkeit aufs Land

schätzt, dass rund zwei Millionen die Todesmärsche durch Eis und Schnee nicht überlebten. Wer sie überlebte, war entwurzelt, hatte Verwandte und Freunde – und auch die Heimat verloren. Wie die Zeitzeugen Georg Ulbrich und Harry Leist. Georg Ulbrich, damals 14 Jahre alt, beschreibt wie russische Soldaten zwei Mädchen vergewaltigten und seinen Vater erschossen, weil er auf ein Flugblatt zeigte, das die Russen abgeworfen hatten und in dem stand, dass die Zivilbevölkerung von den Soldaten der Roten Armee nichts zu befürchten habe. Der Zeitzeuge Harry Leist war 15 Jahre alt, als er aus seinem Heimatdorf Gönnern in Pommern fliehen musste. Er schloss sich einer Artillerieeinheit an und geriet mit dem Leutnant in einen Hinterhalt polnischer Partisanen. Die Partisanen wollten beide erschießen, bis einer von ihnen Harry Leist erkannte, weil dessen Eltern die polnischen Zwangsarbeiter gut behandelt hatten. Die Partisanen ließen beide ziehen.

Die Flucht und die Vertreibung waren für die Menschen ein Albtraum ohne Ende. Heimatlos, das bedeutete auch, dass die Flüchtlinge von Polizei und Behörden in Unterkünfte eingewiesen werden mussten. Kaum jemand konnte oder wollte sie aufnehmen. Man hatte mit sich selbst genug zu tun.

Deutschland und die Heimatfront, das waren in der Stunde der Niederlage ein zerstörtes Land, das aus hunderttausenden Wunden blutete und Menschen, die beteten und hofften, dass das was sie erleben mussten bald ein Ende haben und sich nie wiederholen würde.

In vielen Städten und Dörfern der Heimatfront tobte die Kriegsfurie manchmal bis zum sprichwörtlich letzten Tag. Die Bäuerin Anne Scheyer war ein 17 Jahre altes Mädchen, als sie im lothringischen Dorf Erching-Guiderkirch, im Bombenkeller auf einer Kiste sitzend, niederschrieb, was sie erlebte und beobachtete. Erching-Guiderkirch, 800 Meter von der deutschen Grenze entfernt, war 14 Wochen lang Hauptkampflinie, so genannte HKL. Mit einer klaren, präzisen Sprache, mit Mutterwitz und mit unbestechlicher Beobachtungsgabe beschreibt die 17-Jährige wie mal deutsche Soldaten der SS-Panzergrenadier-Division Götz von Berlichingen die Besatzer waren, und mal Soldaten amerikanischer Infanterie-Einheiten. Von den 500 Dorfbewohnern überlebten knapp 160 die Tragödie. Allein am 23. Februar 1945 starben an einem einzigen Tag durch einen amerikanischen Bombenangriff 45 Dorfbewohner, unter ihnen 21 Kinder, das jüngste war ein Jahr alt. Die Amerikaner hatten in dem Dorf eine letzte Kommandostelle deutscher Einheiten vermutet und einen massiven Luftangriff geflogen, bei dem die letzten noch halbwegs intakten Häuser gezielt bombardiert wurden. Als die US-Soldaten das Dorf dann endgültig besetzten, waren noch sieben junge SS-Soldaten, kaum einer älter als 18 Jahre, in einem Keller. Die US-Soldaten forderten sie auf, sich zu ergeben. Sechs kamen, einer nach dem anderen, mit der Waffe in der Hand aus dem Keller. Die Amerikaner erschossen alle sechs. Der siebte kam mit erhobenen Händen und ohne Waffe aus dem Keller. Als er sah, dass seine Kameraden tot waren, nahm er militärische Haltung an und sagte: „Ich sterbe für Adolf Hitler." Die Amerikaner erschossen auch ihn.

Ähnliches hat auch die Zeitzeugin Agnes Cirksena, Jahrgang 1930, erlebt. Ihr Heimatdorf Düppenweiler im Saarland lag drei Monate unter Granatbeschuss. Nicht nur, dass die Bewohner jeden Tag Unsägliches erdulden mussten. Wie überall gab es auch in Düppenweiler hundertfünfzigprozentige Nazis, die trotz Granatenbeschuss ihre Mitbürger bespitzelten und denunzierten. In Düppenweiler zeigte ein so genannter ehrbarer Bürger zwei russische Fremdarbeiter wegen angeblichen Diebstahls an. Die beiden Russen wurden sofort erschossen. Hunger und Not waren überall.

Zeitzeuge Holger Börner, Jahrgang 1931, der spätere SPD-Politiker und Hessische Ministerpräsident, war das älteste von drei Geschwistern. Er musste der Mutter helfen, die Familie durchzubringen. Sein Vater war, nachdem er wegen seiner Zugehörigkeit zur sozialdemokratischen Partei zwei Jahre in einem Konzentrationslager eingesperrt war, in Smolensk bei einem Einsatz für die Organisation Todt gefallen. Der 15-Jährige sammelte Ähren auf Roggenfeldern, die zu Hause gemahlen wurden.

Wer an den Siegesmeldungen und NS-Parolen zweifelte, gar heimlich Fremdsender hörte, oder den Parteiorganisationen und Institutionen, wie beispielsweise der Hitlerjugend nicht den nötigen Respekt entgegenbrachte, lebte sehr gefährlich. Der Vater von Walter Wallmann, dem späteren CDU-Politiker, ehemaligen Hessischen Ministerpräsidenten und Bundesumweltminister, war Lehrer und Mitglied der Bekennenden Kirche. Zeitzeuge Wallmann berichtet wie sein Vater, sonst ein geduldiger und behutsamer Pädagoge, einen Schüler geohrfeigt

Berlin am Ende: Im verwüsteten Tiergarten sammelt eine alte Frau Brennholz und blühende Frühlingszweige. Im Hintergrund die Ruine des Reichstages

habe, der in der Uniform der Hitlerjugend am Unterricht teilnahm und sich abfällig über einen jüdischen Mitschüler geäußert hatte. Ausgerechnet dieser Schüler war der Sohn eines nationalsozialistischen Reichstagsabgeordneten. Monatelang lebte die Familie Wallmann in Angst vor der Gestapo ... Die Gestapo kam nicht. Wallmann nimmt an, dass der Vater des Jungen von einer Anzeige absah.

Schlange stehen nach Lebensmitteln

Kinder an der Heimatfront – was sie, was diese Kriegskinder ertragen haben, wie sie mit dem Grauen und dem Entsetzen um sich fertig werden mussten – darüber gibt es viel zu wenig Literatur und wissenschaftliche Untersuchungen. Und psychologische Betreuung, wie sie heute üblich wäre, gab es damals nicht. Obwohl sie dringend jemand gebraucht hätten, der Zeit und Geduld hatte, mit ihnen über ihre

schrecklichen Erlebnisse zu reden. Aber wer hatte damals Zeit für
diese Kinder und ihre seelische Not. Der Wiederaufbau begann. Jetzt galt es zurück ins Leben zu finden, ein Existenz aufzubauen. Der Krieg hatte sich einfach in das Leben dieser Kinder geschlichen, und bald war der Krieg so alltäglich, wie die Schule. Nur dass die Schule manchmal ausfiel, weil wieder mal Alarm war und alles in die Luftschutzkeller rannte. Oder das Schulhaus von einer Bombe getroffen worden war. Sie, die Kriegskinder, haben das alles staunend beobachtet. Geweint haben sie selten. Sie sollten tapfer sein, hatte man ihnen immer wieder gesagt.
Geweint haben sie, wenn die Nachricht aus dem Krieg kam, dass der Vater irgendwo in Russland gefallen war. Aber dann haben sie ihre Mutter umarmt und haben versucht, sie zu trösten. Und wenn dann jemand sagte: „Du musst jetzt tapfer sein. Und auch auf deine Geschwister aufpassen und deiner Mutter helfen“, dann haben sie genickt. Tapfer sein, das wollten sie. Und wenn sie weinten, dann weinten sie heimlich. Sie sind eine Generation, die schon mit zwölf Jahren lernte, wie man mit einem Gewehr schießt. Ständig hatten sie Hunger, Hunger nach Brot, nach Leberwurst, nach Kartoffeln. Und weil die ganze Familie hungerte, lernten sie „organisieren“, wie man stehlen damals nannte. 2,5 Millionen Kinder hatten nur noch ein Elternteil. 100.000 waren Vollwaisen. Und nach dem Krieg? Da wollten und da sollten sie auch vergessen, was sie erlebt hatten. Das Grauen und das Entsetzen, das in ihren Träumen aufstieg, sollte verschwinden. Für immer. Nur nicht weinen, nur nicht zurückdenken. Tapfer sein. Viele von ihnen mussten erleben – umso mehr das Kriegsende nahte – wie man sie noch in den letzten Kriegswochen an die Front schicken wollte, sogar als Soldaten der Waffen-SS. Mit der so genannten „Kinderlandverschickung“ wurden Kinder und Jugendliche aus Großstädten und Gebieten, die häufig Ziel von Luftangriffen waren, auf das Land verschickt: Klar, dass es dort nicht nur Schul-

 unterricht gab, sondern auch paramilitärische Ausbildung und politische Indoktrination mit NS-Parolen zum täglichen Programm gehörten. Mit allen Mitteln wollte man aus den Kindern Kindersoldaten machen. Der Zeitzeuge Günther Schacht, später CDU-Politiker, Gewerkschaftsfunktionär und Umweltminister des Saarlandes, beschreibt, wie er zusammen mit anderen aus einem Kinderlandverschickungslager in ein Wehrertüchtigungslager nach Berchtesgaden eingezogen wurde. Günther Schacht war 15 Jahre alt, als er dort vor eine Kommission treten musste, um sich zur SS zu melden. Er hatte Glück. Am gleichen Tisch saß ein Wehrmacht-Oberst, der sich seine Papiere geben ließ und feststellte, dass sich Schacht schon zuvor freiwillig zur Wehrmacht gemeldet hatte. Der Oberst schrie: „Der Mann hat sich zur Wehrmacht gemeldet. Wieso ist er in einem SS-Lager. Er fährt sofort nach Hause.“ Günther Schacht sagt heute: „Was mit dem Oberst geschehen ist, weiß ich nicht. Ich bewundere ihn noch heute.“ Das war im Januar 1945. Am 8. Mai 1945 war der Krieg zu Ende.

Agnes Cirksena, Jahrgang 1930, Hausfrau: ***„Wir lagen vier Monate unter Granatbeschuss. Manchmal dachten wir, die Welt geht unter.“***

Eigener Bericht

Ich wurde am 26. Januar 1930 in Düppenweiler bei Dillingen/Saar geboren. Unser Dorf hatte damals 1.800 Einwohner. Als der Krieg anfing war ich neun, und als er zu Ende war 15 Jahre alt. Als zu Kriegsanfang Soldaten in unser Dorf kamen, war das für uns Kinder ein tolles Erlebnis. Wir konnten nicht begreifen, warum die Älteren so besorgt waren. In den Schulen und Sälen der Gaststätten wurden die Soldaten untergebracht. Ich kann mich noch erinnern, dass dort dreistöckige Feldbetten standen. Auch in Privathäusern waren Einquartierungen. Mittags gab es für alle Verpflegung aus der Gulaschkanone. In der Zeit war die Verpflegung noch sehr gut und die Marketenderwaren reichlich. Wir hatten monatelang schulfrei. Als dann die deutsche Armee in Frankreich vorrückte, wurden die Soldaten so nach und nach aus unserem Dorf abgezogen. Von da an zog die „Normalität“ wieder bei uns ein. Weil die meisten Männer eingezogen waren, wurde die Landwirtschaft größtenteils von Frauen verrichtet.

Einer half dem anderen, wenn Not am Mann war. Im Sommer bekam mein Vater 14 Tage Ernte- und am Jahresende 14 Tage Weihnachtsurlaub. Er war als Sanitäter bei der Organisation Todt in der Normandie eingesetzt. 1942 brachte er uns an Weihnachten eine kleine Kiste Apfelsinen mit. Ich kann mich daran noch so gut erinnern, weil es die ersten waren, die ich in meinem Leben gegessen habe. So allmählich musste man sich für die Lebensmittel anstellen, die Zuteilungen wurden immer kleiner. Im Winter wurde schon ein Zuckervorrat angelegt, damit man in der Einweckzeit etwas hatte. Familien mit kleinen Kindern bekamen doppelte Zuckerration.

Da kam es schon mal vor, dass wir Brotmarken gegen Zuckermarken tauschten. Irgendwie kam man immer zurecht, man musste nur bescheiden leben und einteilen. Wir hatten etwas Ackerland und alles musste angegeben werden, was angepflanzt wurde. Auf Vordrucken wurde aufgelistet, wie viel Roggen, Weizen, Gerste, Hafer, Rüben und Zuckerrüben angebaut wurden. Danach wurde dann berechnet, was man bei der Ernte abgeben musste. Da traute sich keiner, zu mogeln. Darauf standen Haftstrafen. Pro Kuh musste im Jahr eine bestimmte Menge Milch abgegeben werden. Wenn bei Stichproben festgestellt wurde, dass sie mit Wasser verdünnt war, gab es ohne Pardon Gefängnis. Wir haben noch erlebt, was Diktatur bedeutet. Die Schweine wurden vor dem Schlachten gewogen. Sie mussten ins Dorf zur Viehwaage gebracht werden und dementsprechend wurden die Zuteilungen auf den Fleischmarken gekürzt.

Wer clever war und gute Nachbarn hatte, brachte ein kleines Schwein zur Waage und ein dickes wurde geschlachtet. So kam es vor, dass von drei Nachbarn das kleine Schwein drei Mal gewogen wurde. Man musste bloß dichthalten. Es konnte auch keines unterschlagen werden, weil jedes Jahr zweimal Viehzählung war.

Wenn die Mädchen aus der Schule kamen, mussten sie ein Landjahr ableisten. Sie kamen in Haushalte, in denen drei und mehr Kinder waren.

Die Buben wurden den Bauern zugeteilt. Da gab es Arbeit genug, weil die Männer Soldaten waren. Die Frauen wurden dienstverpflichtet und in „kriegswichtigen“ Betrieben eingesetzt. Nur Mütter und „werdende“ Mütter wurden freigestellt. Bummeln gab es nicht. Auch bei Krankheit wurde kontrolliert, ob der Krankenschein berechtigt war. Sonst drohte Strafe.

In den Städten wurden überall Splittergräben gebaut. Vor Bomben schützten sie nicht, aber vor den Angriffen der Jabos. Wenn die im Anflug waren, gab es Voralarm. Dann konnte sich jeder in Sicherheit bringen, Luftschutzwarte achteten darauf, dass niemand mehr auf der Straße war.

Die Wochenschau zeigte glückliche und lachende Soldaten. Aber wenn sie mal auf Urlaub kamen, war das, was sie erzählten, sehr ernüchternd. Da war nichts von Euphorie zu spüren. Sogar der Rückzug an allen Fronten wurde noch schön geredet. Dass es KZ-Lager gab, haben wir nach dem Krieg erfahren. Wir waren entsetzt über die Bilder in den Illustrierten.
Ende September 1944 wurde dann der Volkssturm als letztes Aufgebot gegründet. Alle Männer von 16 bis 60 Jahren, die laufen konnten, wurden eingezogen. Wollte man damit noch den Krieg gewinnen? Die Armee war fast ausgeblutet, die Bevölkerung demoralisiert und viele Generäle von der Sinnlosigkeit des unnötigen Blutvergießens überzeugt. Von der Ostfront kamen nur negative Meldungen, schön ausgeschmückt, um die Bevölkerung bei Laune zu halten. Sagen durfte man nichts, wenn man nicht in Schwierigkeiten kommen wollte.
Immer öfter kamen Meldungen über Vermisste und Gefallene. Anfangs wurde der Verlust eines Kameraden den Angehörigen vom Kompaniechef persönlich mitgeteilt. Immer standen ein paar tröstende Worte in dem Brief und meistens wurden noch einige persönliche Sachen des Gefallenen zurückgeschickt. Später bekam unser Lehrer Schommer den Auftrag, den Angehörigen die traurige Nachricht zu überbringen. Der war damals Ortsgruppenführer. Wenn er abends in seiner SA-Uniform sein Haus verließ, gab es ein sorgenvolles Raunen unter den Frauen: „Wo wird er heute hingehen?“ Und jede war dankbar, wenn er an ihrem Haus vorüberging. Unsere Oma sagte oft: „Der arme Lehrer Schommer, ich möchte nicht in seinen Schuhen stecken.“
Jetzt war auch oft in der Nacht Fliegeralarm. Die Menschen suchten Schutz in den Bunkern, die bis dahin leer standen. Es gab dann Luftkämpfe, die oft zu Abstürzen führten. Aber am meisten setzten uns die Jabos zu. Die kamen immer in Staffeln, viermal vier Flugzeuge. Es kam nicht selten vor, dass sogar die Leute bei der Feldarbeit mit Bordwaffen beschossen wurden. Am 18. November 1944 war eine Instand-

 setzungseinheit, die mit schweren Kettenfahrzeugen ausgerüstet war, auf dem Weg zur Front. Gegen 22 Uhr hatten sie unser Dorf erreicht und Halt gemacht. Es müssen sehr viele Fahrzeuge gewesen sein. So wie Frau Müller mir berichtete, standen sie bis zum Kreuz „Am Gericht". Die Soldaten verteilten sich in den letzten Häusern in der Außener Straße, um dort zu übernachten. Es war damals keine Seltenheit, dass von einer Minute zur anderen, Einquartierung kam. Wo Platz war, bekamen sie ein Bett, aber sie schliefen auch im Stroh. Die waren damals alle so übermüdet, dass sie froh waren, irgendwo liegen und schlafen zu können. Dabei war auch eine Drillingsflak. Als nun die Jabos sonntagmorgens im Anflug waren, wurden sie von den Soldaten gleich angegriffen. Daraufhin kamen die im Sturzflug runter und schossen zurück. Der Pilot in der einen Maschine konnte das Höhensteuer nicht mehr bedienen und blieb mit dem Fahrwerk in der Hochspannung hängen. Daraufhin sollen sich die Bomben gelöst haben. Eine lag als Blindgänger im Heu und die andere explodierte. Das Flugzeug raste in den nahe gelegenen Mühlenberg. Die Bombe explodierte im Hinterhaus, wo mein Vetter gerade beim Anziehen war. Er wurde so zerfetzt, dass man draußen auf der Wiese nur noch sein Holzbein und ein Stück seines Brustkorbes fand. Er war fünf Jahre fast nur an der Front und hatte 1944 in Russland sein Bein verloren. Seit einigen Monaten war er erst wieder zu Hause. Die anderen drei, die mit ihm im Haus waren, mein Onkel, meine Tante und meine Cousine, konnten noch im Keller Schutz suchen. Sie wurden dort im Vorderhaus vermutet, wo

Agnes Cirksena als junges Mädchen

man einen ganzen Tag nach ihnen suchte. Später kam jemand auf die Idee, dass sie vielleicht im Keller des Hinterhauses sein könnten. Dort wurden sie auch am nächsten Spätnachmittag gefunden. Sie lagen da, in einem fast unbeschädigten Raum und waren vollkommen unversehrt. Nur an ihren Lippen hingen ein paar Blutstropfen. Ihnen waren wahrscheinlich die Lungen geplatzt. Weil mein Vetter sonntags schon gefunden wurde, hatte der Schreiner für ihn noch einen normalen Sarg. Man legte sein Holzbein und das gefundene Stück von seiner Brust hinein. Für die anderen drei Toten waren nur „Rohlinge" da. Särge ohne Farbe und Innenausstattung. Sie lagen da drin, als hätte man sie einfach nur in Holzkisten gelegt. Weil niemand in der Nachbarschaft Platz für vier Särge zur Verfügung hatte, stellte man sie hinter das Haus auf die Wiese. Dort standen sie die ganze Nacht im Regen. Der Pilot des abgestürzten Flugzeuges war schwer verwundet. Man brachte ihn ins Dorf, wo er ärztlich versorgt wurde. Eine aufgebrachte Menge wollte ihn lynchen. Zum Glück stellte sich Lehrer Schommer schützend vor ihn und mahnte die Leute zur Vernunft. Danach kam der Verletzte ins Lazarett und später in Gefangenschaft. Bei der Beerdigung kreisten unentwegt die Jabos über uns. Wir hatten große Angst. Normalerweise hätten die bei der Menschenmenge angegriffen. Es kam öfter vor, dass Leute bei Beerdigungen beschossen wurden und hinter den Grabsteinen Schutz suchen mussten.
Aber es tat sich nichts. Ob die schon von den Vorkommnissen im Dorf informiert waren und wussten, wer da beerdigt wurde?
Von da an verließen viele Leute das Dorf. Die meisten suchten Unterschlupf bei Verwandten und Bekannten, die in entlegenen Ortschaften wohnten, wo es noch relativ ruhig war. Frauen mit kleinen Kindern gingen schon im Sommer fort. Sie fuhren zum Teil bis nach Mitteldeutschland, um dort Schutz zu suchen. Zu der Zeit war man schon fast nirgendwo mehr sicher. Weil wir unser Vieh nicht im Stich lassen wollten, sind wir daheim geblieben.
Unser Dorf lag in einer Schlucht, nach Westen offen, und war das

 letzte im Westwall. Etwa zehn Bunker standen noch im und um den Ort. Weil unser Haus am Berg stand, der mit hohen Tannen bewachsen war, fühlten wir uns relativ sicher. Weil die Alliierten sich von Anfang Dezember 1944 den Winter über bis zum 14. März 1945 eingeschanzt hatten, lagen wir die ganzen Monate unter Artilleriebeschuss. Das Unterdorf war fast völlig zerstört. Einige Frauen mit Kindern, die nicht weg wollten, suchten bei uns Schutz. (Die Männer waren beim Militär.) So kam es vor, dass wir oft mit zehn bis zwölf Personen im Haus waren. Weil unser Keller in den Berg hineingebaut und mit dicken Baumstämmen abgestützt war, fühlten wir uns dort einigermaßen sicher. Im Falle eines Treffers wären Fluchtmöglichkeiten vorhanden gewesen. Die Auflagen aus den Betten wurden nach unten gebracht und auf eine Lage Stroh gelegt, darauf schliefen dann die Älteren. Für uns Kinder wurden die Nischen dick mit Stroh ausgepolstert und wir fühlten uns gar nicht so unwohl auf unserem Lager. Wir schliefen immer in voller Kleidung weil man nie wusste, was passiert. Strom gab es schon lange nicht mehr. Wir behalfen uns mit Karbidlampen oder Hindenburglichtern. Die Petroleumlampe wurde für die Arbeit im Stall gebraucht. Mit allem ging man sehr sparsam um, weil man nicht wusste, wann man Nachschub bekam. Hindenburglichter besorgten uns die Soldaten.

Zwischendurch gab es immer wieder einen Granateneinschlag. Dann waren wir für eine Weile ganz still und jeder versuchte seine Angst zu überwinden. Manche Nächte waren relativ ruhig, da gab es nur zehn oder zwölf Einschläge. Dann kam es aber auch vor, dass die ganze Nacht geschossen wurde. Man konnte fast die Uhr danach stellen, alle fünf Minuten einen Einschlag. Dann war an Schlaf nicht zu denken. Tagsüber war es nicht viel besser. Morgens um 7 Uhr wurde in der Kapelle eine Messe gelesen.

In einer Nacht wurde ziemlich viel geschossen und wir hatten nicht viel Schlaf bekommen. Trotzdem stapften Oma und ich morgens durch

den frisch gefallenen Schnee zur Kapelle. Mitten im Dorf stolperte ich über etwas und fiel der Länge nach hin. Bei genauem Hinsehen stellten wir fest, dass ich über den Fuß eines toten Pferdes gefallen war. Nachts wurden mit Planwagen Verpflegung und Marketenderwaren an die Front gebracht.
Das Pferd muss wohl von einem Granatsplitter getroffen worden sein. Von dem Fuhrwerk war nichts mehr zu sehen.
Unser Vater war seit Kriegsbeginn Sanitäter bei der Organisation Todt. Er war Bergmann, hatte Staublunge und wurde wegen seines Leidens nicht zum Militär eingezogen. Er war vier Jahre in der Normandie und wurde immer weiter zurückgezogen. Jetzt war er seit einigen Wochen in Hüttersdorf, etwa acht Kilometer von unserem Dorf entfernt. Dort wurden die unteren Räume des Nonnenklosters als Krankenrevier umfunktioniert, wo verwundete und kranke Soldaten behandelt wurden. Nun hatte er Weihnachtsurlaub und war zu Hause.
Unsere „Untermieter" waren größtenteils für kurze Zeit zu ihren Verwandten gezogen, um mit ihnen das Weihnachtsfest zu feiern. Schon länger ging das Gerücht, dass Weihnachten Waffenruhe wäre. Wie gerne hätten wir das geglaubt, aber wir hatten Zweifel. In der Nacht zum 24. Dezember 1944 fiel der letzte Schuss. Wir konnten es gar nicht fassen. Einen ganzen Tag lang ohne Granateneinschläge und Angst. Die Menschen wagten sich noch etwas scheu und vorsichtig auf die Straße. Es war ein unbeschreibliches Gefühl. Wenn wir sonst tagsüber raus mussten, liefen wir immer dicht an den Häusern entlang, weil man sich dort sicherer fühlte. Und jetzt konnte man so über die Straße laufen. Um 23 Uhr war die Christmette angesagt. Wir brachen beizeiten auf, weil man bis dahin eine gute halbe Stunde laufen musste. Es war eine ganz klare Mondnacht. Unterwegs sagte mein Vater mehr zu sich selbst: „Was für eine stille Nacht!" Es hatte sich wohl bei den Soldaten rumgesprochen, dass Christmette gefeiert wird. Als wir zur Kapelle kamen, war die schon fast voll. Da konnte

 man sehen, wie viele Leute noch im Dorf geblieben waren. Die Älteren saßen in den Bänken und wir Jüngeren und die Soldaten standen im Mittelgang.

Dann traten wir den Heimweg an. Mein Vater bot einem Soldaten an, mit uns den Abend ausklingen zu lassen. Etwas zögernd sagte der, dass er mit einem Kameraden hier sei. Es war selbstverständlich, dass beide mitkamen. Unsere Oma, die an diesem Abend zu Hause geblieben war, hatte die Stube schön warm geheizt. Die letzten Kerzenstummel am Weihnachtsbaum wurden wieder angezündet. Es gab schönen heißen Kaffee aus gerösteter Gerste. Der tat uns jetzt gut! Die selbst gebackenen Plätzchen aus Roggenmehl waren ein Genuss! Wie war man so bescheiden.

Dann wurde erzählt: Wir erfuhren, dass der Soldat – Wilhelm hieß er – seit Wochen keine Nachricht von seiner Familie erhalten hatte. Seine Frau war mit den beiden Kindern und den Eltern auf der Flucht vor den Russen.

Trotz Artilleriebeschuss und Jagdbombern ging es uns gut. Die Ernte war im Haus, wir hatten ein Schwein geschlachtet, Holz und Kohlen waren genügend im Keller und unsere zwei Kühe versorgten uns mit Milch. Aber das Wichtigste war: Wir waren daheim und hatten ein Dach über dem Kopf. Wenn auch die meisten Fenster mit Sperrholz und Pappe vernagelt waren und die Ziegel ständig gerichtet werden mussten, weil sie von den dauernden Erschütterungen verrutschten. Wir waren zu Hause und lebten noch. Das alleine zählte. Nur die Sorgen um unsere Angehörigen, die im Feld waren, konnte uns keiner nehmen. Aber wer hatte die damals nicht?

Einmal in der Woche war Lebensmittelaufruf, der in der Zeitung bekannt gegeben wurde. Obwohl wir schon lange Zeit keine Zeitung mehr bekamen, wussten wir, dass mittwochs Waren geliefert wurden. Es gab Margarine oder Butterschmalz, Mehl, Zucker, Streichkäse, Marmelade (aus Runkelrüben), manchmal Malzkaffee, selten mal Grieß oder andere Teigwaren. Mit viel Glück konnte man auch hin und

wieder eine Schachtel Streichhölzer, ein Stück Seife oder eine kleine Dose Schuhcreme ergattern. Für alles musste man sich anstellen und stand oft stundenlang in der Warteschlange. Wenn es um 14 Uhr Waren gab, standen einige schon um 12 Uhr vor der Ladentür.
Es war meistens schon dämmrig, wenn wir in den Wald kamen, so konnten wir den geraden Weg nehmen. Das Beobachtungsflugzeug, von uns auch „der langsame Heinrich" genannt, das von morgens bis abends umher flog, war dann auch nicht mehr da. Dem entging nichts. Wenn es etwas Auffälliges sah, ging sofort an die Bodenstation Meldung und spätestens nach zehn Minuten waren die Jabos da. Die beschossen alles, was sich bewegte mit Bordwaffen. Das Heulen, wenn sie nach unten kamen, war fast so beängstigend, wie der Beschuss. So kam es, dass in der Jahnstraße zwei Häuser fast ganz zerstört wurden. An dem Tag wurden die Marketenderwaren ausgegeben. In Schwarzen's Haus (heute Casper) war die Schreibstube und auf der anderen Seite bei Kell das Depot. Nun mussten die Soldaten zuerst auf der Schreibstube den Schein für ihre Zuteilung und dann auf der anderen Seite die Sachen abholen. Dadurch war viel Bewegung auf der Straße. Wahrscheinlich hat der langsame Heinrich seine Beobachtungen gleich weitergefunkt und innerhalb kurzer Zeit waren die Jabos da. Erst wurde mit Bordwaffen geschossen, dann fielen zwei Bomben dicht hinter den Häusern Birk und Kell. Menschen kamen Gott sei Dank nicht zu Schaden, aber die Häuser waren doch arg ramponiert.
In dieser Zeit glaubte man noch, mit Panzersperren den Feind aufhalten zu können. Auf allen Zufahrtsstraßen wurden rechts und links meterlange Baumstämme in die Erde gerammt. In der Mitte blieb noch so viel Platz, dass ein Fuhrwerk hindurch konnte. Im Falle eines Panzerangriffs sollten diese Lücken schnell geschlossen werden. Die Arbeiten wurden ausschließlich von russischen Gefangenen ausgeführt. Die armen Menschen standen da, ausgehungert und ausgemergelt. Um die Füße hatten sie wegen der Kälte Lumpen gewickelt.

 Eigenartigerweise wurden diese Baustellen nie von den Jabos angegriffen. Die Amis mussten gewusst haben, dass dort Gefangene arbeiten. Wir waren der festen Meinung, dass die genau über alles informiert waren. Meistens waren ältere Soldaten als Wachposten dabei. Wir stellten immer ein Körbchen mit Äpfeln oder Kommissbrot hin. Obst hatten wir reichlich. Wenn das der Posten sah, nahm er das Körbchen und teilte die Sachen auf, damit die auf der anderen Seite auch etwas bekamen. Wenn man dann sah, mit welchem Heißhunger diese armen Menschen in einen Apfel oder ein Stück Kommissbrot bissen, bekam man Herzbluten.

Einmal mussten wir erleben, wie ein junger Wachposten die Sachen einfach über den Zaun in Nachbars Garten schmiss. Auf unseren Protest hin beschimpfte er uns als Kriegsverräter und drohte mit Meldung. Er war kaum 18 Jahre alt.

Ende Januar schlug eine Granate in Nachbars Schuppen ein. Dabei wurde eine Kuh getötet. Von dem Fleisch bekamen wir auch etwas ab. Wo sollte man es aufbewahren? Einmachgläser waren soweit voll, es gab ja schon jahrelang keine neuen mehr. Kühlschränke gab es damals noch nicht. Zum Einpökeln fehlte das Salz. Wie oft mussten wir damals das Essen mit nur wenig Salz kochen, weil Salz nicht zu bekommen war. Also kochte meine Mutter jeden Tag einen großen Topf Rindfleischsuppe mit selbst gemahlenem Gerstenmehl angedickt. Das Fleisch wurde in Stücke geschnitten und kam hinein. Der Topf wurde in die Nähe der Kriegsgefangenen gebracht und die Löffel in Zeitungspapier dazu gelegt. Meistens musste der Wachposten dann gerade in der Zeit zu den Nachbarn zur Toilette. Nach kurzer Zeit holten wir den leeren Topf wieder ab, oder er stand beim Haus. Zum Glück waren da überwiegend ältere Wachposten. Die Jüngeren spielten sich so wichtigtuerisch auf, als könnten sie den Krieg noch gewinnen.

Damals ereignete sich in unserem Dorf etwas Unmenschliches. Ein so genannter ehrbarer Bürger ließ zwei junge Russen erschießen, weil

sie ihn angeblich bestohlen hatten. Der Ortskommandant wollte die Sache noch schlichten, aber dem drohte der gute Mann mit Meldung nach oben.
Die beiden mussten sich an den „Haferstücken“ ihr eigenes Grab schaufeln und wurden erschossen. Später guckten die Füße noch aus dem Boden. Es war der 10. Januar 1945, der Tag, als im RAD-Lager außerhalb unseres Dorfes das Munitionsdepot bombardiert wurde. Wir dachten damals, die Welt geht unter. Das war so ein ohrenbetäubender Lärm, dass wir anschließend nichts mehr hören konnten. Wir wollten schnell in den Keller. Ich war die Letzte und flog von der Druckwelle die Treppe hinunter. Zum Glück stand meine Mutter unten und fing mich auf. Den ganzen Nachmittag hörte man erst das Pfeifen und dann die Explosionen.
Da sind infolge der Hitzeentwicklung immer wieder Geschosse explodiert. Dazu kamen die ständigen Granateneinschläge. In dieser Nacht haben wir das erste Mal in Wildschneid im Stollen geschlafen. Obwohl wir den damals mitgebaut hatten, also auch Anrecht auf einen Platz hatten, bekamen wir nur noch einen Sitzplatz direkt an der Tür. Wir hatten Wolldecken dabei, aber trotzdem froren wir ganz jämmerlich. Die Tür war nicht ganz dicht. Sie wurde damals aus feuchten Brettern gezimmert, die sich im Laufe der Zeit zusammenzogen. Darum zog es da ganz fürchterlich, draußen war es sehr kalt. Ich kuschelte mich dicht an Oma und wir wärmten uns gegenseitig. Wir sind die nächste Nacht doch lieber wieder in unserem Keller geblieben. Der Stollen war voll besetzt. Da „hausten“ mindestens 30 Personen. Dorthin brachten sich viele in Sicherheit, die sonst nirgends hin konnten. Die wenigsten waren aus unserem Dorf.
Sie lebten da von November bis März. Das ist heute fast unvorstellbar. Weil wir von unseren zwei Kühen Milch genug hatten, brachten wir jeden Morgen einen Eimer voll hin, der auch dankbar angenommen wurde, zumal dort auch Frauen mit Kindern waren. Zwischendurch kamen immer mal welche, um sich bei uns zu waschen. Unten in der

 Waschküche wurde im Waschkessel Wasser heiß gemacht und eine große Zinkwanne hingestellt.

Bei manchen war es bitter nötig, dass sie sich mal baden konnten. Ab und zu wuschen sie auch ihre Wäsche bei uns, die dann im Schuppen trocknen musste. Draußen an der Leine war es zu gefährlich, weil wir Angst hatten, dass sie von Fliegern gesehen wird. Die Wäsche wurde dann in der Waschküche nachgetrocknet. Wir machten da nachmittags immer ein bisschen den Ofen an, damit der Keller nicht so auskühlte, weil wir ja auch da schlafen mussten. Tote Zivilisten waren nach dem 18. November durch Bombenangriffe nicht zu beklagen, wohl aber durch Granaten. So fand man Weber Anna neben dem Haus mit einem Splitter im Hals und verblutet. Die zwei Freunde Hubert Leidinger und Herbert Görgen wurden am 10. Januar 1945 buchstäblich zerfetzt. Sie standen draußen bei den Fahrrädern, als eine Granate neben ihnen einschlug. Herbert flog durch die Kellerluke seiner Mutter direkt vor die Füße. Ein zerfetztes Kind kommt der Mutter entgegen geflogen – wir fanden das damals so grausam. Sie wurden in einer Nacht- und Nebelaktion beerdigt, weil sich kein Mensch tagsüber auf die Straße traute.

Der ganze Spuk dauerte noch bis zum 14. März 1945. Die Bunker wurden schon nachts geräumt und das Militär abgezogen. Am frühen Morgen verließen die Herren der Ortskommandantur und Militärpolizei das Dorf.

Weil wir am Dorfausgang wohnten, konnten wir den ganzen Hergang beobachten. Wir ahnten schon, was da im Gange war. Gegen 13 Uhr ging das Gerücht, dass auf dem Weg von Reimsbach nach Düppenweiler Panzer unterwegs wären. Ich lief mit unserer Nachbarin durch den Wald auf den Mühlenberg, und von dort konnte man sehen, wie sie langsam auf unser Dorf zukamen.

Mittags hing an der Ruine des Kirchturms ein weißes Bettlaken. Irgendein Mutiger hatte es dort angebracht. Düppenweiler wurde Gott sei Dank kampflos übergeben. Wir wagten uns ins Dorf, wo schon einige Zivilisten standen. Vier deutsche Soldaten, sehr junge Menschen, saßen als Gefangene bei Roos auf der Mauer. Zu unserer Erleichterung wurden sie sehr human behandelt. Sie bekamen sogar Zigaretten, was zu der Zeit Mangelware war. Uns wurde der Feind jahrelang als roh und brutal geschildert, zum Glück hat es sich nicht bewahrheitet. Für uns war der Krieg zu Ende. Das Lazarett in Hüttersdorf wurde aufgelöst und mein Vater kam am nächsten Tag nach Hause. Am 7. Mai 1945 war dann die bedingungslose Kapitulation. Die meisten fanden ein zerstörtes Zuhause vor. Trotzdem kamen alle unter. Wo noch ein Haus bewohnbar war, wurden sie aufgenommen. Oft wohnten bis zu fünf Personen in einem Zimmer. Manche wohnten auch im Keller. Alles war mit Brettern und Pappe abgedichtet, soweit man was ergattern konnte. Als Tür diente oft eine alte Pferdedecke. Wo noch ein Bild heil geblieben war, wurde das Glas für die Fenster verwandt, damit etwas Licht in den Räumen war. Damals half jeder jedem. Es hatte ja niemand viel. Später mit dem Wohlstand kam dann auch die Eigensucht und der Neid. So langsam kamen die Gefangenen zurück. Zuerst die Verwundeten und später die aus den Lagern. Die meisten hatten nur noch das, was sie auf dem Leibe trugen.

Wie lange dauerte es aber noch, bis die Gefangenen aus Sibirien zurückkamen. Die Menschen sind dort durch die Hölle gegangen. Wer da überlebte, hatte Glück. Wie viele Soldaten sind in der Gefangenschaft an Unterernährung und Epidemien gestorben. In unserem Dorf hatten wir 168 Gefallene zu beklagen und 18 tote Zivilisten. Später wurden noch etliche Menschen verstümmelt, weil sie auf Minen getreten waren.

316 Georg Ulbrich, Jahrgang 1930, Unternehmer: ***„Die Russen vergewaltigten meine Tante und zwei Mädchen. Und sie erschossen meinen Vater."***
Interview

Der Großangriff auf die eingeschlossene Stadt Breslau endete nach elfwöchiger Belagerung, nach Straßen- und Häuserkämpfen am 7. Mai 1945. 80 Prozent der Stadt waren zerstört. Die Opfer unter der Zivilbevölkerung und den Verteidigern werden auf über 80.000 Tote geschätzt. Im letzten Bericht des OKW (Oberkommando der Wehrmacht) vom 9. Mai 1945 heißt es, die „Verteidiger von Breslau, die über zwei Monate lang den Angriffen stand hielten, erlagen in letzter Sunde nach heldenhaftem Kampf der feindlichen Übermacht." Georg Ulbrich war 14 Jahre alt, als die russische Armee die Außenbezirke von Breslau einnahm.

Frage: Herr Ulbrich, Bettlern, das Dorf, in dem Sie geboren wurden und aufgewachsen sind, liegt etwa zehn Kilometer von der Stadtmitte von Breslau entfernt. Anfang 1945 wohnten 950 Menschen in Bettlern. Die russische Armee war auf dem Vormarsch. Und im Februar 1945 erreichte ein Vortrupp der russischen Armee das Haus, in dem Sie mit Ihren Eltern wohnten. Was passierte dann?
Ulbrich: Die russischen Soldaten kamen in den Hof, sahen sich in den Ställen und in der Scheune um und überprüften, ob deutsche Soldaten da waren. Sie schlugen mit dem Karabiner an die verschlossene Haustür. Mein Vater ging hin und öffnete. Die Russen fragten: Nix deutsche Soldat? Mein Vater verneinte. Und dann gingen sie wieder. Aber nach ungefähr einer Stunde kam der Tross der russischen Armee und unser Elend begann. Die ersten, die reinkamen, verlangten: Uri, Uri!. Die wollten Uhren haben. Wir saßen im Keller. Wir waren rund zehn Personen. Meine Mutter mit meinen zwei Geschwistern und mir.

Georg Ulbrich

Ich war der Älteste. Dann waren da noch mein Opa, meine Tante, meine Cousine, ein fremder Mann und zwei Mädchen aus Oberschlesien. Die Russen vergewaltigten meine Tante und die zwei Mädchen aus Oberschlesien. Die sagten einfach: Du Frau komm. Und dann mussten die Frauen mit ihnen gehen. Das war gegen neun oder zehn Uhr. Um elf Uhr nahmen sie auch noch das Pferd meines Vaters mit. Mein Vater war aufgeregt, weil seine Schwester vergewaltigt wurde. Er zeigte den russischen Soldaten in der Küche Flugblätter, die die Russen für die deutsche Bevölkerung abgeworfen hatten. Auf den Flugblättern stand in deutscher Sprache, dass die Zivilbevölkerung nichts zu befürchten habe. Die russischen Soldaten konnten aber den Text gar nicht lesen. Mein Vater hat laut gesprochen und gestikuliert. Sie nahmen ihn mit. Er kam nicht mehr zurück. Nach etwa einer Stunde sagte meine Mutter, ich soll mal zum Haus meiner Oma gehen und schauen, was dort passiert ist. Ich ging raus auf die Hauptstraße und sah, wie die Russen einen Gefangenen mit erhobenen Händen wegführten. Auf einmal knallte es.
Der Mann fiel hin. Die haben ihn einfach erschossen. Ich hatte so eine große Angst, dass sie mich auch erschießen. Ich ging nicht zum Haus meiner Oma. Dann hörte ich noch einmal Schüsse. Und wie ich um die Ecke gehe, sehe ich: Da liegt mein Vater auf der Straße. Die hatten auch meinen Vater erschossen.
Frage: Haben Sie gesehen, wo er verwundet war?
Ulbrich: Nein. Er lag da und hatte den Kopf in seinen Händen. Er war tot. Das sah ich. Ich rannte nach Hause. Und erzählte es. Meine Mutter weinte und schrie. Es war um die Mittagszeit. Das Essen stand schon auf dem Tisch. Die Russen kamen wieder in unser Haus und kommandierten: Alles raus, alles raus! und fuchtelten mit ihren Waffen rum. Meine Mutter sagte: Junge, gehe in den Keller und hole ein paar

 Gläser von den eingemachten Pfirsichen, damit wir was zu essen dabei haben. Ich holte fünf oder sechs Gläser. Meine kleine Schwester, sie war drei Jahre alt, legten wir in einen Handkarren. Ihre Beinchen waren in Gips. Sie hatte sich die Hüfte ausgekugelt und hatte einen Gipsspreizverband. Und so zogen wir los.

Frage: Und Ihr toter Vater?

Ulbrich: Wir gingen an ihm vorbei. Wir konnten nichts tun. Er lag da auf der Straße. Meine Mutter weinte und schrie vor Schmerz. Es war entsetzlich. Eine Familie schloss sich uns an, die ihren Jungen verloren hatte. Wir waren eine Kolonne von ungefähr 15 Personen. Dann kam uns ein russischer Reiter entgegen. Der ritt mit uns bis zum ersten Haus des nächsten Dorfes. Er dirigierte uns in den Keller. Wir dachten: Hier geht es zu Ende mit uns. Die werden uns erschießen. Die holten die Frauen einzeln raus und vergewaltigten sie, während wir, die Kinder und die anderen, in dem Keller festgehalten wurden.

Frage: Sie waren vierzehn Jahre alt. Was empfanden Sie?

Ulbrich: Ich weiß nicht, was ich empfand. Wut, Hilflosigkeit, Angst? Trauer um meinen Vater. Wir sind dann wieder raus dem Keller und Richtung Ortsmitte gelaufen. Aber hier war kein Durchkommen. Hier vereinigten sich die Soldaten der russischen Westfront mit den Einheiten der Ostfront. Ich konnte in das Feuerwehrgerätehaus sehen. Da lagen etwa 80 tote deutsche Soldaten, aufeinander gestapelt wie die Ölsardinen. Die hatten das Dorf verteidigen sollen. Wir waren dann sechs Wochen auf der Flucht. Irgendwie wurden wir immer im Kreis herumgeführt. Die Russen wussten offenbar auch nicht, wo sie uns hintreiben sollten. Dann kamen wir wieder in unser Dorf Bettlern. Unser Vater lag immer noch tot auf der Straße. Nach sechs Wochen. Über ihn waren die Russenautos und die Fuhrwerke hinweggefahren. Ein Mensch galt nichts damals. Dann kam die Anordnung, dass alle Toten beerdigt werden sollten. Wir haben meinen Vater in ein Bettlaken eingewickelt. Und meine Mutter und ich haben ihn auf dem Friedhof beerdigt. Wir sind dann untergekommen bei der Familie

Hahn. Das war die Familie, von der ich vorhin sprach, die ihren Sohn verloren hatte. Der Sohn hieß Otto. Seine Mutter nannte ihn „Ottel". Er war ungefähr 30 Jahre alt. Er stand plötzlich in der Stube. Die Mutter stieß einen Freudenschrei aus und umarmte ihn. Der Sohn fing an zu weinen. Er sagte: Mutter, willst du mal sehen, was die mit mir gemacht haben? Er knöpfte das Hemd auf. Er hatte vier Bajonetteinstiche auf der Brust und drei im Rücken.

Frage: Wie ging es mit Ihnen weiter?

Ulbrich: Wir konnten Monate später in unser Haus in Bettlern zurück und blieben dann bis 1947. Ich arbeitete bei den Russen. Wir lebten von ihren Abfällen. Das ganze Vieh aus der Umgebung wurde hier in unserem Dorf zusammengetrieben und für die Soldaten geschlachtet. Da blieb schon mal ein Rinderkopf oder ein Schweinskopf übrig. Wir waren 15 Personen in unserem Haus. Und die haben alle davon gelebt, was meine Mutter und ich organisierten. Meine Mutter hat sich das Gesicht mit Ruß geschwärzt, dass sie aussah wie eine alte Frau und hat so getan, als hätte sie einen Buckel. Die ist überall rumgelaufen und hat geguckt, wo es was zu organisieren gab. Sie stieg in die Keller der leer stehenden Häuser und suchte Kartoffeln und eingemachtes Obst oder Fleisch in Gläsern. 1947 sind wir dann weg. Wir wurden vertrieben. Die Polen kamen in unser Dorf.

Von Breslau wurden wir in Viehwaggons nach Hoyerswerda bei Dresden transportiert. Von da kamen wir nach Tauscha, einem Dorf in der Nähe von Radeburg. Wir sollten in einem Bauernhaus wohnen. Aber der Bauer ließ uns nicht rein. Die Polizei hat uns dann mit Gewalt in ein Zimmer eingewiesen. Wir waren herzlich willkommen. Wir durften nicht auf die Toilette. Wir mussten am Straßenrand unser Geschäft erledigen. Auch nachts. Uns war klar, dass wir hier weg mussten. Unsere Oma war im Kreis Nordhausen im Harz. Sie war mit einem der ersten Flüchtlingstransporte dorthin gebracht worden. Meine Mutter sagte: Junge, hier können wir nicht bleiben. Hier ist nur Sand und Wald. Hier gibt es nichts zu essen. Meine Mutter fuhr zur Oma. Und traf dort auch andere Leute aus unserem Dorf. Sie kam zurück und sagte: Da werden wir satt. Da müssen wir hin. Wir sind dann da hingefahren. Es gab Vieh dort. Es gab Felder. Hier fiel immer irgendwo etwas zu essen ab. Aber ich wollte mehr. Ich wollte einen ordentlichen Beruf lernen. Ich bin dann erst mal von der russischen in die britische Besatzungszone. Das war illegal. Aber noch nicht so schwierig, wie später. Im Kreis Peine und in Hannover waren meine Onkel. Und die wollten mir auch helfen. Der eine wollte mir eine Lehrstelle besorgen. Aber das klappte nicht. Der andere sagte: Junge, du hast keine Lebensmittelkarten. Du musst zum Bauern, damit du was zu essen hast. Ich habe dann bei einem Bauern als Knecht gearbeitet.

Frage: Wie ging es dann weiter?

Ulbrich: Ich blieb drei Jahre bei verschiedenen Bauern. Bei einem Bauern lebten zwei Flüchtlingsfamilien. Einer der Söhne ging nach Essen und arbeitete dort im Bergbau. Der kam auf Urlaub und sagte: Mensch Schorsch, für die paar Kröten hier schuften? Komm doch nach Essen. Das habe ich dann auch gemacht. Habe gutes Geld verdient, später meine Frau kennen gelernt, ein eigenes Geschäft, einen Landwarenhandel aufgezogen. Wir haben acht Kinder und siebzehn Enkel. Unsere Kinder sind alle was geworden. Und wir halten als Familie zusammen.

Frage: Sie sind in einem Alter, in dem man eine Lebensbilanz zieht, sich an die schlimmsten und die schönsten Stationen auf dem Lebensweg erinnert?

Ulbrich: Ich bin stolz auf meine Familie. Und freue mich an den Kindern und Enkelkindern. Aber nie werde ich vergessen können, wie sie meinen wehrlosen Vater erschossen haben und wie ich ihn als 14-Jähriger mit meiner Mutter in einem Bettlaken zum Friedhof getragen und dort begraben habe. Erzähl mir keiner was vom Krieg.

Ludwig Harig, Jahrgang 1927, Hitlerjunge, Schriftsteller:

„Es gibt ein Reich des Spiels, in dem der Mensch die Fesseln seiner Verhältnisse verliert."

Interview

Frage: Herr Harig, als der Krieg begann, waren Sie zwölf Jahre alt. Wie erlebten Sie den Nationalsozialismus zu Hause und in der Schule?
Harig: Ich stamme aus einer Handwerkerfamilie. Mein Urgroßvater gründete ein Maler- und Anstreichergeschäft. Und das besteht immer noch – in der fünften Generation. Wir waren eine deutsch-nationale Familie. Mein Vater war Soldat im Ersten Weltkrieg. Er hat seine deutsch-nationale, man kann auch sagen, monarchistische Welteinstellung behalten. Im Dritten Reich war er Mitläufer. Wir führten ein unauffälliges Leben, und so ist auch meine Kindheit eigentlich unspektakulär gewesen. 1933 kam ich in Sulzbach im Saarland in die Volksschule. Auch mein Lehrer war deutsch-national. Man kann sagen: Der Boden war fruchtbar für die Einsaat des nationalsozialistischen Ideengutes. Ich bin mit zehn Jahren ins Jungvolk gekommen. Als ich 1941 mit der Volksschule zu Ende war, fragte mich mein Lehrer, ob ich nicht auch Lehrer werden wolle.
Frage: Wie kam es dazu? Waren Sie ein besonders guter und im nationalsozialistischen Sinn auch pflichtbewusster Schüler?
Harig: Es kann nicht anders gewesen, ich muss ein Musterschüler gewesen sein. Sonst hätte er mich nicht gefragt. Es war ja nicht möglich, Kinder auf eine nationalsozialistische Schule zu schicken. Wer dorthin wollte, musste einen Ausleselehrgang machen. Danach wurde ausgewählt, wer auf die Adolf-Hitler-Schule oder die Napola, oder wie ich auf die Lehrerbildungsanstalt nach Idstein im Taunus geschickt wurde. Es gab dort eine hessische Klasse, ein Klasse, in der nur Schüler aus Frankfurt waren und eine saarländische Klasse. Ich kannte nur zwei meiner Mitschüler. Aber im Nu waren wir eine Klassen-

 gemeinschaft. In diese Richtung lief ja auch die Erziehung. Das Gemeinschaftsgefühl übertrug sich bald auf die ganze Klasse. Das war eigentlich auch alles ganz unspektakulär. Wir hatten Schule, wir hatten Sport ...

Frage: Aber auch Drill ...

Harig: Ja, wir machten auch Gepäckmärsche. Wir hatten Drill. In einem gewissen Sinn war das eine vormilitärische Ausbildung.

Frage: Gehörte auch Schießen zur Ausbildung?

Harig: Das gehörte dazu, ja. Das war der Weg in eine Indoktrination hinein, zu der es keine Alternative gab. Die Eltern waren keine Alternative, denn sie kamen aus den deutsch-nationalen Kreisen. Der Volksschullehrer war keine Alternative. Sogar der Sulzbacher evangelische Pfarrer, der mich konfirmiert hatte, war keine Alternative. Denn der gehörte zu den Deutschen Christen, die ja damals als Protestanten auf der Seite des Nationalsozialismus standen. Ich hatte nicht die Möglichkeit etwas anderes zu denken, etwas anderes für richtig zu halten als das, was mir aus diesem nationalsozialistischen Ideengut vermittelt wurde.

Frage: Wie lange waren Sie dort?

Harig: Nach den Sommerferien 1944, als wir wieder in die Schule zurückkamen, hieß es: Wir werden am Westwall schanzen. Wir kamen an den damals stark zu befestigenden Orscholzer Riegel. Die Amerikaner waren aus den Ardennen vorgerückt ...

Frage: Waren Sie uniformiert?

Harig: Wir trugen graue Drillichanzüge, mit denen wir auch täglich in die Schule gingen. Man muss sich das so vorstellen: Wir waren eine Schule, in der uns die innere Bereitschaft vermittelt werden sollte, dass wir Lehrer werden. Und zwar ganz im nationalsozialistischen Sinn. Und es wurde uns auch irgendwie mitgeteilt, dass es wahrscheinlich nicht so kommen würde, hier in Deutschland ein schönes Leben zu haben. Uns wurde gesagt, dass wir in die noch zu erobernden und schon eroberten Ostgebiete gehen sollten, um dorthin das nationalsozialistische Gedankengut weiter zu tragen.

Frage: Sie waren 17 Jahre alt, als Sie zum Schanzen kommandiert wurden?

Harig: Da war ich 17 Jahre alt, ja. Wir waren zuerst im Besseringer Schulhaus, dann in der Jugendherberge von Dreisbach untergebracht, haben dort gegessen und geschlafen, und tagsüber haben wir geschanzt.

Frage: Gab es auch Tieffliegerangriffe?

Harig: Ja, die gab es täglich. Das war sehr gefährlich. Aber wir wussten auch, wie wir uns zu verhalten hatten. Wir sind diese Tieffliegerangriffe mit sportlichem Ehrgeiz angegangen. Wenn die zum Angriff ansetzten und mit ihren Bordwaffen schossen, haben wir im Quergraben Deckung gesucht. Wir haben uns so bewegt, dass wir geschützt waren. Es ist niemandem von uns etwas passiert. Als der große Bombenangriff am 5. Oktober 1944 auf Saarbrücken war, sind wir auf einen Berg gestiegen und haben aus der Ferne Saarbrücken brennen sehen. Das war ein sehr überwältigendes und ergreifendes Erlebnis für uns. Ich wusste, dass meine Mutter in Saarbrücken war. Sie war kriegsdienstverpflichtet und bei der Post im Fernmeldedienst eingesetzt. Mein Vater war als Schießausbilder in einem Wehrertüchtigungslager in Harburg in Schwaben. Meine Mutter war alleine zu Hause. Mein Bruder war auf der Napola in St. Wendel. Ich hatte Angst, dass da etwa geschehen war, bin mit den anderen nach Hause gefahren. Wir gingen durch das brennende Saarbrücken, das Herz schlug mir bis zum Hals. Aber meiner Mutter ist zum Glück nichts passiert.

Frage: Wie erlebten Sie das Ende des Krieges? Das Tausendjährige Reich hatte ja nur ein paar Jahre existiert. Aus und vorbei mit den Nazi-Parolen. Mit der Überlegenheit der arischen Rasse, Deutschland in Trümmern. Und nun der Neuanfang?

Harig: Mit dem Ende des Krieges ist ja Deutschland besiegt gewesen an allen Fronten. Und der Nationalsozialismus ist zusammengebrochen. Dies war für mich auch der Zusammenbruch der Weltanschauung.

Frage: Und auch Ihrer beruflichen Perspektive?

Harig: Ja, das war alles zu Ende. Und das wurde von mir auch sofort akzeptiert. Ich kann nicht sagen, dass ich meine weltanschaulichen Ansichten, die ich im Kopf hatte, in irgendeiner Weise weiter in das neue Leben hineintransportiert habe. Es war für mich ein Schlusspunkt unter meine Kindheit und Jugend und zugleich der Anfang eines neuen Lebens. In gewisser Weise habe ich an meine frühe Kindheit angeknüpft. Schon als Kind hat mich das Lesen und das Schreiben geprägt. Das ist von eh und je ein Teil meines Lebens gewesen und auch geblieben. Die Frucht des Lesens hat mich zum Begreifen gebracht. Die Frucht des Lesens hat mir eine neue Erkenntnis vermittelt.

Frage: Haben Sie nach dem Krieg etwas anderes gelesen als vorher?

Harig: Wir konnten während des Dritten Reiches ja nur das lesen, was kanonisiert war. Wir hatten nur das, was von der nationalsozialistischen Propaganda freigegeben war. Blut- und Boden-Romane und Parteilyrik. Das haben wir auch in der Schule gelesen. Wir hatten keine Ahnung vom Expressionismus, keine Ahnung von einer Gegenwelt, die andere Vorstellungen vom Leben hätte vermitteln können. Aber – ich habe drei Bücher aus der Zeit vor dem Kriegsende mitgebracht. Sie sehen wie zerlesen die sind. Das ist einmal „Aus dem Leben eines Taugenichts“ von Joseph von Eichendorff. Das haben wir in der Schule gelesen. Und das hier ist die Feldausgabe, also die Tornisterausgabe von Friedrich Hölderlin. Das Büchlein habe ich mir 1943 gekauft. Es ist die Ausgabe von Friedrich Beißner, dem vielleicht bedeutendsten Hölderlin-Forscher überhaupt. Dieses Buch hat er im Auftrag des Hauptkulturamtes der NSDAP herausgegeben. Das dritte Buch, das ich mitgebracht habe, habe ich mir damals auch gekauft, für 80 Pfennig. Es heißt „Über das Schöne“ von Friedrich Schiller. Aus diesen Büchern, habe ich aus der Frucht des intensiven Lesens heraus zu begreifen gelernt, was Freiheit ist. „Das Schöne“ von Friedrich

Ludwig Harig

Schiller wurde im Nationalsozialismus
verkauft. Und darin las ich den folgenden Satz: „Mitten in dem furchtbaren Reich der Kräfte und mitten in dem heiligen Reich der Gesetze baut der ästhetische Bildungstrieb unvermerkt an einem dritten fröhlichen Reich des Spiels und des Scheins, worin er dem Menschen die Fesseln aller Verhältnisse abnimmt und ihn von allem was Zwang heißt, sowohl im physischen als moralischen, entbindet.“ Ein geradezu anarchistischer Satz für ein Buch, das während des Nationalsozialismus zu kaufen war.

Ich habe immer schon jedes Wort auf die Goldwaage gelegt. In dieser Feldausgabe der Hölderlin-Gedichte, die jeder Soldat erwerben konnte, las ich einen Auszug aus dem „Empedokles“, in dem nicht die Schwerter klirren und die Jünglinge am Opferhügel fallen. Ich las über den Menschen: „Viel vermag er und herrlich ist sein Wort, er wandelt die Welt.“ Vielleicht hat das Kulturamt der NSDAP diese Stelle übersehen oder nur in ihrem engen propagandistischem Sinn verstanden. An einer anderen Stelle in seiner Werkausgabe, wo er von einem „immerwährenden Frühling“ spricht, liegen die Jünglinge beglückt im Gras. Es sind nicht mehr siegend sterbende Knaben wie in anderen Gedichten. Hölderlin formuliert einen kühnen Gedanken über den „Wechsel der Verhältnisse“ und schreibt wörtlich: „Kinder des Glücks, die Schicksalstage vergessend.“ Ich habe das aufmerksam gelesen und mich gefragt: Bin ich auch ein Kind des Glücks, dem es vergönnt ist, die Schicksalstage zu vergessen. Es ist immer die Rede davon, dass man eigentlich nicht vergessen soll, was die Schicksalstage waren oder sind. Hier ist Hölderlin ein wahrer, ein geläuterter Anarchist. Im Taugenichts von Joseph von Eichendorff heißt es am Anfang: Der will nix mehr schaffen, ist abgefahren mit der Kutsche und links und rechts hat er die alten Bekannten gesehen, wie sie gestern und vorgestern und immerdar zur Arbeit hinausziehen. In dem Gedicht auf der zweiten Seite heißt es: „Die Trägen, die zu Hause liegen, erquicket nicht das Morgenrot. Sie wissen nur vom Kinderwiegen, von Sorgen, Last und Not um Brot.“ Wir lesen hier von einem Taugenichts, der im Grunde alles das verweigert, was auch die gesamte NS-Ideologie gelehrt und was mich die Schule hat lehren wollen. Mit Lesen erreicht man einen Wandel, auch innerlich einen Wechsel, eine Änderung der Erkenntnisse. Und das ist bei mir geschehen.

Frage: Das haben Sie in der Nazizeit gelesen. War Ihnen damals nicht schon klar, dass die Thesen des Nationalsozialismus mit Ihrem Lesestoff nicht übereinstimmten?

Harig: Ich bin trotz dieses Wissens und Begreifens nie ein Widerstandskämpfer oder ein Deserteur gewesen. Oder ein junger Mann gewesen, der seine Zweifel, die er durch das Lesen gewonnen hatte, öffentlich bekundet hätte. Das ist ein ganz verinnerlichter Vorgang gewesen. Ich habe immer gelesen und auch geschrieben. Ich habe mit dreizehn Jahren, noch in der Volksschule, für einen Wettbewerb eine Geschichte geschrieben, in der ich erzählt habe, wie ein einziges deutsches U-Boot die gesamte englische Flotte versenkt. Meine Geschichte wurde preisgekrönt und war auch meine erste Veröffentlichung in einer damaligen Jugendzeitschrift.

Frage: Haben Sie Ihre Erkenntnisse aus Ihren Büchern nach dem Krieg nochmals nachgelesen, sozusagen als Bestätigung Ihrer Zweifel?

Harig: O ja. Keine meiner drei- oder viertausend Bücher sind mehr zerlesen und mehr zusammengeklebt, als diese drei Bücher. Was Schiller mich damals gelehrt hat, dass es zwischen diesem furchtbaren Reich der Kräfte und diesem heiligen Reich der Gesetze ein drittes Reich des Spiels gibt, in dem der Mensch allein die Fesseln seiner Verhältnisse verliert – das hat mich geprägt bis heute. Meine frühe experimentelle und auch meine spätere autobiografische Literatur sind – obwohl von erzähltem Leben erfüllt – vom Spiel mit der Sprache geprägt. Diese Prägung geschah schon in dieser Zeit des Zusammenbruchs der nationalsozialistischen Idee.

Frage: Wie ging es bei Kriegsende weiter?

Harig: Nach dem Schanzen am Westwall und zwei Monaten Reichsarbeitsdienst war ich bei meinem Vater im Wehrertüchtigungslager von Harburg. Wir sollten in die Alpen verlegt werden. Dort sollten wir noch das Vaterland retten. Aber wir gerieten schon in amerikanische Gefangenschaft, bevor wir die Alpen erreicht hatten. Ein Kamerad und ich sprangen von dem amerikanischen Auto ab, das uns in ein Gefangenenlager nach Heilbronn bringen sollte. Ich suchte nach meinen Eltern und meinem Bruder – , eine verwickelte Geschichte, die ich in meinem Vaterroman erzähle. 1946 wurde das Lehrerseminar eröffnet. Ein Jahr war ich auf dem Seminar in Blieskastel, ein Jahr in Saarbrücken, und dann in Ottweiler. 1949 wurde ich Lehrer. Da war ich 22 Jahre alt. Ich erhielt die Gelegenheit als Assistant d'allemand nach Lyon zu gehen. Dort habe ich Franzosen kennen gelernt, die ein oder zwei Jahre jünger waren als ich. Ich war Deutschlehrer. Einer blieb mein Freund bis zu seinem Tod vor vier Jahren. Ich schreibe derzeit an einem biografischen Roman über diesen Freund. Der Arbeitstitel heißt „Kalahari", wie die Wüste. Kalahari ist für mich der Zaubername für Wünsche, für ein Wunschland, wo man hingeht, und wo man machen kann, was man eigentlich in den Zwängen der sonstigen Arbeitswelt nicht tun kann. Dieser Freund hat mit mir und meinem Bruder zusammen diese sich ähnelnde Lebensmaxime gehabt. Mein französischer Freund hatte von seinem Vater die Lebensmaxime, ein Wort von Molière, gelernt: „Ich nehme mir das meine, wo ich es finde." Das ist für mich Kalahari, ein unerforschtes Land, das der Eine mit seinen Füßen betreten kann, der Andere in seiner Fantasie, so wie ich.

Alwin Brück, Jahrgang 1931, Hitlerjunge, SPD-Politiker, Journalist:
„Der Gendarm zog den Familien-Reisepass ein. Ohne den konnten wir den Onkel nicht besuchen.“
Interview

Frage: Bei Kriegsende 1945 waren Sie dreizehneinhalb Jahre alt. Wie erlebten Sie den Nationalsozialismus und den Krieg?
Brück: Ich komme aus einer sozialdemokratischen Familie. Mein Vater war Bergmann und Gewerkschaftsmitglied. Er war Kassierer des so genannten Alten Verbandes, der nach dem Krieg dann als IG-Bergbau wieder gegründet wurde. Und er hat mir natürlich viel erzählt, wie das früher war vor der Volksabstimmung 1935, bei der 92 Prozent der Saarländer für die Angliederung des Saargebietes an das Deutsche Reich stimmten. Einer meiner Onkels ist bei der Volksabstimmung offen für den Status quo, also gegen die Rückgliederung des Saargebietes an Hitlerdeutschland, eingetreten. Er musste Deutschland verlassen, hat dann in Falkenberg, französisch Faulquemont, in Lothringen gewohnt. Nach dem Einmarsch der Wehrmacht in Frankreich floh er ins Innere des Landes. Die Nazis haben ihn festgenommen und wegen Hochverrats zu einer mehrjährigen Haftstrafe verurteilt. Er saß in Saarbrücken und in Frankfurt am Main im Gefängnis. Einer der Saarbrücker Gefängniswärter war aus unserem Heimatort Holz bei Heusweiler. Der hat dann ein bisschen die Hand über ihn gehalten. Mein Onkel kam dann irgendwann wieder frei. Der Ehemann der Schwester meiner Tante hingegen kam wegen seiner kritischen Haltung gegenüber dem Nationalsozialismus in das Konzentrationslager Mauthausen. Er ist dort gestorben. Nähere Einzelheiten weiß ich nicht. Meine Tante hat nicht viel darüber erzählt.
Frage: Wurde auch Ihr Vater wegen seiner politischen Überzeugung verfolgt?
Brück: Nein, direkt nicht. Aber es gehört zu meinen Kindheitserin-

nerungen, dass wir meinen Onkel in Faulquemont besuchen wollten. Das war vor dem Krieg. Wir brauchten einen Reisepass, um nach Frankreich fahren zu können. Ich saß bei uns zu Hause in der Badebütte. In einer Zinkbadewanne, die in der Küche stand, wie das damals so üblich war. Badezimmer gab es damals nicht in Bergarbeiterfamilien. Der Gendarm, so sagte man damals zu den Polizisten, kam in die Küche und zog den Familien-Reisepass ein. Ohne Pass konnten wir meinen Onkel nicht besuchen, obwohl Faulquemont nicht mehr als vierzig Kilometer Luftlinie von unserem Heimatort Holz entfernt liegt. Später nach dem Krieg hat dann einer aus dem Dorf, der bei der NSDAP war, gesagt, der Gendarm hätte den Pass einkassiert, um zu verhindern, dass wir nach Faulquemont fahren, weil uns das dann in noch größere Schwierigkeiten gebracht hätte. Wir waren, sozusagen zu unserem Schutz, Mitglied in der NSV, in der Nationalsozialistischen Volksfürsorge, der Wohlfahrtsorganisation der Nazis. Meine jüngere Schwester wurde ausgerechnet am 20. April 1937, also an Führers Geburtstag, geboren. Da gab es für die Neugeborenen immer einen Wäschekorb. Den wollten die Parteibonzen uns wegen unserer politischen Überzeugung nicht geben. Dann haben sie uns den Korb doch gebracht. Wohl, weil mein Vater politisch nicht mehr aktiv war. Wir haben das Wäschepaket angenommen. So was konnte man ja damals gut gebrauchen.

Frage: Sie traten dann wie alle Zehnjährigen ins Jungvolk ein. Wie hat Ihr Vater reagiert?

Brück: Er hat nichts gesagt, weil ich im Jungvolk war. Er hat immer gesagt, dass wir diesen Krieg verlieren werden. Das Jungvolk hat mir Spaß gemacht. Ich war auch irgendwie der Meinung: Das System ist gar nicht so schlecht. Zumal es dafür gesorgt hat, dass ich eine ein wenig höhere Schulbildung bekommen konnte. Als ich zehn Jahre alt war und, wenn es nach meinen Noten gegangen wäre, auf das Gymnasium hätte gehen können, ging das nicht. Das Gymnasium kostete Schulgeld. Bei uns zu Hause war kein Geld da, denn die Schulden auf

Alwin Brück (in der mittleren Reihe hockend der zweite von links) bei einem Zeltlager der Jugendgruppe „Die Falken“ in Österreich

unserem Bergmannshaus mussten abbezahlt werden. Das hat mich später auch geprägt in meinem Leben und in meiner politischen Arbeit. Was ich heute noch für eines der wichtigsten Reformgesetze halte, war Bafög, also das Gesetz über die finanzielle Förderung von Studierenden aus bedürftigen Familien. Ich weiß ja, wovon ich rede. Ich habe selbst sehr darunter gelitten, dass ich keine Chance hatte, ein Gymnasium zu besuchen. 1941 gab es die so genannte Hauptschule mit dem Lehrstoff der Mittelschule. Das war vergleichbar mit einer Realschule – und kostete nichts. Ich ging seit 1941 auf diesen Schulzweig. Und ich war den Nazis dankbar, dass ich da hingehen konnte. Wir waren der erste Jahrgang. Wir waren zehn Jahre alt. Die Volksschullehrer hatten den Auftrag die Besten auszusuchen. Das ging bis 1944. Ich habe gerne und gut gelernt. Ich war sogar Klassenbester. Dann kamen die Bombenangriffe. Ab Sommer 1944 hatten wir so gut wie keine Schule mehr.

Frage: Wurde Ihr Vater nicht zur Wehrmacht eingezogen?

Brück: Mein Vater war im Ersten Weltkrieg Soldat. Er wurde nicht eingezogen, weil er doch schon relativ alt war. Er war Jahrgang 1893. Außerdem war er ja Bergmann, und die wurden nicht eingezogen. Er musste in Munsterlager einmal eine Übung absolvieren.

Frage: Was wussten Sie 1944 über den Kriegsverlauf?

Brück: Mein Bruder ist Jahrgang 1925, also sechs Jahre älter als ich.

Der war Soldat, hatte sich sogar freiwillig gemeldet. Er hatte als Bergmann unter Tage gearbeitet. Das gefiel ihm nicht und deswegen meldete er sich als Kriegsfreiwilliger. Er ging zur Unteroffiziersschule, absolvierte diese Ausbildung, und meldete sich dann freiwillig zu den Fallschirmjägern. Meine Mutter starb fast vor Angst und Kummer, weil ein Vetter von mir in Korinth als Fallschirmjäger gefallen war. Und jetzt geht der Bub zu dieser Einheit, weinte sie. Ich war richtig stolz auf meinen Bruder: Fallschirmjäger, das waren doch Elitesoldaten. Dann kommt dieser Bruder 1944 auf Urlaub aus Italien nach Hause. Er war in Italien bei Netturno eingesetzt gewesen, wo die Amerikaner einen Brückenkopf gebildet hatten. Mein Bruder schilderte, wie das an der Front wirklich war. Wie die Amerikaner Bombenteppich auf Bombenteppich auf die deutschen Stellungen warfen, dann schoss die Artillerie, dann griffen die Jabos an und dann kamen die Panzer. Sie waren zum Schluss nur noch 14 Mann von ihrer Kompanie, die aus dieser Hölle lebend herausgekommen sind. Mein Bruder hat wörtlich gesagt: Wer glaubt, dass wir den Krieg gewinnen, hat keine Ahnung. Das kommt anders. Diesen Krieg verlieren wir. Und zwar bald. Und da habe ich gedacht: Mensch, der Vater hat doch von Anfang an gesagt, dass wir diesen Krieg nicht gewinnen können. Und der hat doch immer schon auf Hitler geschimpft.

Frage: Wie ging es mit Ihrer Schulausbildung weiter?

Brück: Bis dahin hatte ich geglaubt, das sei alles gut mit den Nazis. Ich konnte ja auf die Schule gehen. Und ich hatte sogar eine Prüfung für die Adolf-Hitler-Schule abgelegt, hatte weder Schwierigkeiten bei der theoretischen und auch nicht bei der sportlichen Prüfung. Aber ich war zu klein. Und außerdem, wie man so sagt, ein Strich in der Landschaft. Und war deswegen von der Körpergröße her nicht gerade das Idealbild Adolf Hitlers von einem deutschen Jungen und Schüler einer Eliteschule. Der musste doch groß sein. Ich bin wohl bei der ärztlichen Musterung durchgefallen. Dann kam mein Onkel aus Russland zurück und erzählte, die SS erschieße Gefangene. Das passte ja nun gar nicht in das Weltbild, das mir die Nazis von sich vermittelt hatten. Und dann erlebte ich, dass 1944 eine der zuerst zurückströmenden Einheiten aus Frankreich eine Waffen-SS-Einheit war. Und da habe ich beim Dienst im Jungvolk in der Jungvolk-Uniform gesagt: Das habe ich gerne. Wehrlose Gefangene erschießen und dann vor dem Feind abhauen. Da begann bei mir das Umdenken. Und ich fragte mich, ob mein Vater, der immer auf die Nazis schimpfte, nicht doch Recht hatte.

Frage: Ende 1944 kam der Krieg immer näher, auch im Saarland. Wie ging es bei Ihnen weiter?

Brück: Wir wurden evakuiert. Mein Vater blieb zu Hause weil er Bergmann war und auf der Grube arbeiten musste. Außerdem musste er die Ziegen versorgen. Wir waren bei Verwandten in Undenheim in Rheinhessen. Das war im Dezember 1944. Meine Mutter wollte immer nach Hause, um den Vater nicht alleine zu lassen. Ich sagte im Januar 1945 zu meiner Mutter: Entweder stimmt das, was die uns von den neuen Wunderwaffen erzählen. Oder es stimmt nicht. Und wenn es nicht stimmt, ist im März der Ami da und der Krieg ist zu Ende. Und das war ja dann auch so. Wir lebten ja ständig unter Jabo-Überwachung. Was ich auch heute noch vor mir sehe, war die Evakuierung 1939 im Rahmen der Aktion Rote Zone. Damals musste ja ein breiter Streifen diesseits und jenseits der französischen Grenze geräumt werden. Die Einwohner wurden evakuiert. Ich sah, wie die Leute mit ihren Kühen bei uns durch das Dorf zogen. Das waren sehr einprägsame Bilder für mich, die ich nie vergessen werde. Jetzt, bei unserer zweiten Evakuierung saßen ein Vetter und ich auf dem vorderen Kotflügel des Omnibusses, mit dem wir fuhren, um die Jabos rechtzeitig zu sehen und alle zu warnen. Wir kannten alle Flugzeugtypen, die Lightnings, die Thunderbolts und die Mosquitos, auch die großen Halifax und Lancaster. Da gab es sogar Bücher drüber, die von den Nazis herausgegeben wurden. Wir kannten die alle, so wie die Buben heute alle Automarken kennen. Wir mussten auch nicht die Hoheitszeichen sehen. Wir wussten, wer uns angriff. Ich hatte inzwischen eine Prüfung für die Lehrerbildungsanstalt gemacht und bestanden. Ich wollte eigentlich kein Lehrer werden, sondern Journalist – aber ich dachte: Ergreife erst mal diese Chance. Dann werden wir weitersehen. Ich erhielt einen Bescheid, dass ich ab April 1945 die Lehrerbildungsanstalt in Kaiserslautern besuchen könnte. Aber da gab es sie schon gar nicht mehr.

Frage: Sie haben sich nach Kriegsende sehr schnell bei den Sozialdemokraten engagiert.

Brück: Ich war zuerst bei der evangelischen Jugend. Aber das hat mir nicht so gefallen. Ich war an politischer Jugendarbeit interessiert. Es war dann logisch, dass ich 1946 zur sozialistischen Jugend „Die Falken" ging. Mein Vetter und ich – wir machten eine Gruppe auf. Als im Oktober 1945 der Schulunterricht begann, gab es meine alte Schule nicht mehr. Es gab nur noch die Möglichkeit zur Mittelschule in Saarbrücken zu gehen. Aber der Besuch dieser Schule kostete Schulgeld, das meine Eltern nicht aufbringen konnten. Mein Vater war gesundheitlich nicht mehr so auf der Höhe und war schon 1945 pensioniert worden. Ich dachte, ich bekomme vielleicht eine Lehrstelle bei der Firma Hochtief. Aber damit war auch nichts. Ich habe dann bei Hochtief als Laufbursche und Gehilfe gearbeitet. Ein entfernter Verwandter besorgte mir den Job. Ich habe auch auf dem Bau auf dem Schloss Halberg gearbeitet, das damals umgebaut wurde. Das hatte den großen Vorteil, dass es dafür auch Zusatzverpflegung gab. Da ich mittlerweile Geld verdiente, konnte ich das Schulgeld für die Mittelschule selbst bezahlen. Bis Oktober 1946 hatte ich den Rückstand aufgeholt. 1946, als die ersten freien Wahlen waren, habe ich angefangen im Wahlkampf zu helfen. Damals noch für die SPS, die Sozialdemokratische Partei Saar. Ich war dann Hilfsarbeiter am Bau, bis ich 1949 ein Volontariat bei der Saar-Volksstimme erhielt.

Anne Scheyer, Jahrgang 1927, Bäuerin:

„Da unten ist noch ein Dorf. Die müssen alle tot sein."

Dieter Gräbner

Anne Scheyer

Das Dorf Erching-Guiderkirch liegt im nördlichen Lothringen. Man erreicht es, wenn man die Route N 62 zwischen Sarreguemines und Bitche entlang fährt. Schilder weisen dann ungefähr auf halber Strecke zwischen Bitche und Sarreguemines nach Erching. Bäuerliche Anwesen wechseln sich mit Einfamilienhäusern ab, die sich die Dorfstraße entlangziehen. Auf dem Hügel steht im Ortsteil Guiderkirch eine große Kirche. Ansonsten gibt es in Erching nicht viel Sehenswertes zu entdecken. 500 Einwohner leben hier ruhig und beschaulich. Soviel waren es auch im Herbst 1944, bevor das Dorf Erching-Guiderkirch französische Kriegsgeschichte schrieb.

Vierzehn Wochen lang war Erching HKL, Hauptkampflinie. Mal bezogen hier Soldaten der SS-Panzergrenadier-Division Götz von Berlichingen, mal US-Infanteristen Stellung. Erching-Guiderkirch lag damals zwischen Siegfriedlinie und der Maginotlinie. 14 Wochen erlebten die Menschen ein grausames Martyrium und die ganze Brutalität des Krieges, bis Erching als letzte französische Ortschaft befreit wurde. Wer den Friedhof besucht, dem fällt auf, dass auf vielen Grabsteinen das Datum 23. Februar 1945 eingraviert ist. An diesem Tag starben mehr als 40 Menschen – kleine Kinder, Mütter, Väter, Großmütter und Großväter, ganze Familien – bei einem Bombenangriff amerikanischer Jagdbomber. Die Bauerstochter Anne Scheyer, damals 17 Jahre alt, schrieb in deutscher Stenogrammschrift zwischen Allerheiligen 1944 und der Befreiung des Dorfes am 25. März 1945 unter abenteuerlichen Umständen auf, was sie und wie die Dorf-

bewohner die Hölle des Frontenkrieges erlebt und überlebt haben.
Vierzehn Wochen protokollierte sie nicht nur, was geschah. Sie beschreibt auch, was sie selbst dachte und empfand im Angesicht des Todes. Anne Scheyer war Waise, ein Mädchen, das sich nicht anpassen wollte, das aufsässig war, vor allem gegenüber den Nazis. Und deswegen von der Gestapo in einem Heim untergebracht wurde. Das Heim wurde von Nonnen geführt. Waisenkinder und die ausgebombten Kriegskinder, deren Eltern in Krankenhäusern lagen oder vermisst waren, wurden in dem Heim untergebracht. Die Kinder wurden gut behandelt. Anne Scheyer lernte Schreibmaschine schreiben und Stenografie. Sie wurde weil sie Vollwaise war – ihr Vater war 1934 und ihre Mutter 1942 gestorben – im Dezember 1944 aus dem Heim Maria Rosenberg zu ihrem Onkel und Vormund Jean Beck entlassen. Als der Krieg sich seinem Ende näherte, erlebte sie die schlimmste Zeit ihres

Vier Wochen nach dem schweren Angriff können endlich die Toten geborgen werden

 Heimatdorfes im Keller von Jean Beck und seiner Frau Regine, ihrem Onkel und ihrer Tante. Die Tagebuchaufzeichnungen von Anne Scheyer erschienen zunächst in Metz im Verlag Serpenoise unter dem Titel „Les quartorze vendredis“ und später unter dem deutschen Titel „Die vierzehn Freitage“ im Logo-Verlag und eine Neuauflage im Eigenverlag. Anne Scheyer ist eine wichtige und vielgefragte Zeitzeugin im deutsch-französischen Grenzland zwischen Lothringen und dem Saarland.

Frage: Rimlingen, das Dorf, in dem Sie geboren wurden und aufwuchsen, ist nur wenige Kilomter von Erching-Guiderkirch entfernt und liegt an der deutsch-französischen Grenze. Waren Sie vor dem Krieg französisch oder deutsch?
Scheyer: Unsere Eltern sprachen kein französisch. Sie sprachen deutsch. Von 1918 an waren wir französisch. Und dieser Lehrer hier bei uns im Dorf, ich habe keinen anderen gekannt, der hat uns französisch gelehrt und den französischen Patriotismus beigebracht. Wir haben die Marseillaise gesungen. Dann kam der Krieg. Von 1940 an waren wir deutsch.
Frage: War das im Rahmen der so genannten Roten Zone, bei der entlang der deutsch-französischen Grenze Hunderttausende vor dem Einmarsch der deutschen Wehrmacht evakuiert wurden?
Scheyer: Ja, das war die so genannte Rote Zone. Wir wurden evakuiert. Wir waren ein Jahr in der Charente und wurden dann von den Deutschen zurückgeholt in unser Dorf Rimlingen. Unser Dorf lag zwischen der Maginotline und der Siegfriedlinie. Das kam mir als Kind komisch vor. Die Leute sagten: „Wir sind ausgeschlossen. Wir gehören nirgendwo hin. Wir sind Kanonenfutter.“ Unser Gebiet war sehr umstritten. Die Kultur war deutsch, aber unsere Nationalität war französisch. Unser Schullehrer, der uns vor dem Krieg französisch und die Marseillaise gelehrt hatte, war wieder da. Früher hatten wir vor dem Unterricht ein Gebet gesprochen. Und im Klassenzimmer hing ein

Kreuz. Als wir nach der Evakuierung im Herbst 1940 in die Schule kamen, war das Kruzifix weg. Stattdessen hing ein Hitlerbild über dem Pult. Und der Lehrer sagte: „Schluss mit dem Gebet. Wir sagen jetzt Heil Hitler." Ich konnte nicht verstehen, dass dieser Mann, der doch vorher ein französischer Patriot war, nun alles vergessen hatte und zu Hitler stand. Dann sagte er: „Morgen bringt ihr alle eure französischen Schulbücher mit." Das haben wir getan. Die Bücher wurden alle in den Schulhof getragen und verbrannt. Das war schlimm. Wir hatten ja nichts zu lesen. Es gab nur die Schulbücher und zu Hause das ‚Metzer Katholische Volksblatt'. Sonst hatten wir nichts. Wir lernten jetzt nach deutschen Büchern. Dann kam die Zeugnisvergabe. Der Lehrer machte daraus eine kleine Feier. Das ganze Dorf war eingeladen. Wir mussten alle ein schönes Gedicht lernen. Ich habe mein Gedicht aufgesagt. Dann hat er mich vorgerufen. Er hatte das Zeugnis in der Hand. Und dann sagte er zu mir: „Hebe die Hand zum Hitlergruß!". Ich legte meine Hände auf den Rücken.

Frage: Was geschah dann?

Scheyer: Der Lehrer sagte, wenn du ‚Heil Hitler' sagst, bekommst du das Zeugnis. Dann legte er es in die Pultschublade.

Das war vor den Osterferien 1942. Ich war 14 Jahre alt. Ich brauchte das Zeugnis. Das war eine wichtige Unterlage. Man musste ja damals ein so genanntes Pflichtjahr machen. Da musste man das Zeugnis auf dem Arbeitsamt vorlegen. Mein Vater war 1934 gestorben. Meine Mutter war ängstlich. Sie sagte: „Geh zum Lehrer und hole das Zeugnis." Im Dorf gab es schon vier oder fünf Leute, die Nazis waren. Die hatten das ganze Dorf in der Hand. Und vor denen hatte meine Mutter Angst. Man redete schon vom Konzentrationslager. Man hatte keine Ahnung, wie so was ausgehen konnte. Meine Mutter sagte: „Du bringst mich noch nach Schirmeck." Das war das Konzentrationslager im Elsass. Ich ging also zu dem Lehrer nach Hause und sagte nicht „Heil Hitler", sondern „Guten Tag, Herr Lehrer, ich möchte Sie bitten, mir mein Zeugnis zu geben. Ich brauche es." „Komm runter in den

338 Schulsaal“, sagte er. Er ging runter, machte die Schublade des Pults auf, hielt mir das Zeugnis hin und sagte: „Jetzt sagst du aber ‚Heil Hitler‘.“ Ich war aufsässig und sagte: „Herr Lehrer, Sie können das Zeugnis behalten.“ Es ging nicht. Ich konnte nicht ‚Heil Hitler‘ sagen. Ich sah immer diesen Mann vor mir, der uns die Marseillaise gelernt hatte und nun ‚Heil Hitler‘ von mir verlangte.

Frage: Rimlingen, ein vormals französisches Dorf, das damals etwa 500 Einwohner hatte, wurde nun deutsch. Wie muss man sich das vorstellen?

Scheyer: Die französischen Briefkästen wurden abgehängt. Es kamen deutsche Briefkästen dahin. Wir wollten uns damit nicht abfinden. Wir waren eine kleine Bande von Jungen und Mädchen und haben an die Briefkästen ein Lothringer Kreuz gemalt. Die anderen sind immer schnell verschwunden. Aber ich war von dieser Herde das dümmste und langsamste Kind. Ich habe mich immer erwischen lassen. Dann kam der Ortsgruppenleiter und hat meine Mutter gewarnt, dass es mit mir nicht so weitergehen dürfe.

Frage: Hatten Sie keine Angst?

Scheyer: Doch. Ich dachte, dann haue ich ab nach Frankreich. Ich wollte zurück in die Charente, wo wir evakuiert waren. Ich packte heimlich meinen Koffer und klaute meiner Mutter 20 Mark. Ich brauchte doch Geld für die Fahrkarte. Ich kam bis nach Elfringen. Dort war die Grenze. Da schnappte mich die Gestapo. Die haben mich verhört. Ich habe denen nicht gesagt, dass ich nach Frankreich wollte, sondern nach Saarburg in Lothringen, das jetzt deutsch war. Dort lebte eine Schwester von mir. Ich musste die ganze Nacht im Büro der Gestapo bleiben. Dann wurde ich nach Saarburg zu meiner Schwester gebracht. In Rimlingen hatten sich die jungen Männer aus dem Dorf zusammengefunden, die zur Wehrmacht sollten. Die haben dem Lehrer gedroht. Und der bekam es mit der Angst. Das hörte ich. Und ich sagte mir, dann bleibst du doch besser in Saarburg. Obwohl es mir hier jetzt nicht mehr so gefiel wie früher. Es war nicht das gleiche Leben, wie es früher war. Ich schrieb an die Leute in der Charente, wo wir evakuiert waren, ob ich nicht kommen könnte. Dann schrieb meine Mutter, dass ich nach Hause kommen sollte. Sie bräuchte mich. Ich bin dann nach Hause gefahren.

Frage: Aber Sie wollten doch in die Charente?

Scheyer: Das ging nicht. Morgens, am 3. August, kamen zwei Herren mit einem Auto. Die kamen aus Sarreguemines. Auf Deutsch heißt das Saargemünd. Dort war das Gestapobüro. Die sagten, ich könne nicht zu Hause bleiben. Sie würden mich in ein Heim bringen, wo ich etwas lernen könnte. So kam ich ins Erziehungsheim Maria Rosenberg in der Nähe von Pirmasens. Das Heim wurde von Franziskanerinnen geführt. Die behandelten uns gut. In dem Heim waren 200 Kinder. Waisen und Kinder, deren Eltern ausgebombt waren und die kein Zuhause mehr hatten. Es gab auch misshandelte Kinder in dem Heim und Kriegskinder mit schlimmen Schicksalen. Dort lernte ich Stenografie und Schreibmaschine schreiben, und erhielt eine kaufmännische Ausbildung. Mit Steno habe ich mein Tagebuch geführt, als Erching-Guiderkirch Hauptkampflinie war.

Frage: Wann kamen die Amerikaner nach Erching-Guiderkirch?

Scheyer: Die Amerikaner kamen am Freitag, dem 15. Dezember 1944. Und am Freitag, dem 8. Dezember sind wir in den Keller. Die Amerikaner waren da. Und auf einmal waren sie wieder weg. Als die Amerikaner da waren, durfte man nicht aus dem Keller raus. Dann kam das Gerücht, die Deutschen sind durchgebrochen. Bei uns wäre die Front so dünn, wie ein Stück Zeitungspapier. Es gab immer Leute, die irgendwas erzählten. Aber Genaues wusste man nicht. Es gab ja keinen Strom mehr, keine Post, keine Zeitung. Wir lebten in Kellern. In unserem Haus waren Soldaten in amerikanischen Uniformen. Aber das waren keine Amerikaner. Das war ein deutscher Vorposten. Die sagten wir sollten weggehen. Die wussten schon ganz genau, dass die Front hier stehen bleiben würde bis zum Frühjahr. Wir waren zu sechst, der Beck Jean, das ist mein Onkel, mein Bruder, ich und die Flüchtlinge, die beim Beck Jean waren. Einer der Flüchtlinge war französischer Offizier, er war ein Elsässer. Der wurde 1940 entlassen. Er musste sich aber verpflichten, nicht nach Frankreich zu gehen. Der Beck Jean sagte: „Ihr werdet sehen. Die Front bleibt hier den ganzen Winter stehen. Der Amerikaner ist nicht so blöd und setzt sich im Winter im Feindesland fest." Der Mann sagte: „Ich geh fort." Wir gingen mit ihm. Wir gingen Richtung Sarreguemines, dort war der Amerikaner. Wir gingen einfach los. Ein Kilometer vom Dorf entfernt waren die Amerikaner und nahmen uns fest. Die brachten uns erst nach Rimlingen und dann nach Montbronn. Das liegt ungefähr zehn Kilometer Luftlinie von unserem Dorf entfernt. Dort waren wir den ganzen Winter. Wir hatten kein schlechtes Verhältnis zu den Amerikanern. Sie haben uns ernährt. Einer wollten wissen, was ich schreibe. Aber ich habe nur ein paar Wörter verstanden.

Dann habe ich ein Schulbuch geholt. Und da meinte der, ich sei eine Lehrerin. Ich habe alle meine Hefte aufgehoben. Als der Krieg zwei Jahre vorbei war, hatte ich erst das Papier, um meine Hefte abzuschreiben.

Frage: Sind Sie dann von Montbronn wieder nach Erching zurück?

Scheyer: Das war am 22. März.

Frage: Wann war der fürchterliche Angriff auf das Dorf?

Scheyer: Am Freitag, dem 23. Februar 1945. Es war der zwölfte Freitag in der Leidensgeschichte des Dorfes, wie beim Kreuzweg Christi. An der zwölften Station wird Jesus zu Grabe getragen. Der zwölfte Freitag. An diesem Tag wurde das ganze Erching-Guiderkirch zu Grabe getragen. Ich habe die Flieger von Montbronn aus gesehen. Es war ein schöner Tag. Die Väter sind zum ersten Mal seit dem 8. Dezember mit den Kindern aus den Kellern, damit sie wieder mal das Tageslicht sehen. Dann sahen wir die Leuchtkugeln. Ich dachte erst, es ist zu weit weg. Es ist nicht unser Dorf. Ein Volltreffer. Es

Bergung der Toten

waren noch eine Hand voll von SS-Soldaten in Erching-Guiderkirch. Die haben geholfen, die Toten auszugraben. Der Kommandeur saß in einem Keller. Die Leute in dem Dorf waren ja allein. Erching-Guiderkirch ja Niemandsland. Die Amerikaner waren 30 Meter von unserer Kirche weg. Die sahen alles. Die Leute gruben ihre Toten aus.

Die deutschen Soldaten halfen. Auf einem Keller lag schräg eine Bombe. Die Soldaten sagten: „Wir können nicht weiter. Die Bombe könnte rutschen.“ Sie holten die Leute raus, die sie rausholen konnten. Sieben blieben unter den Trümmern. Die lagen dort tot bis in den Sommer hinein. Und im Sommer waren es wieder die Überlebenden, die die Toten ausgegraben haben. Da kam keine Kommission. Die Amerikaner hatten gezielt die Häuser bombardiert, wo sich in den Kellern die Menschen aufhielten. Die wussten ja, wo die Keller sind. Sie waren ja vorher da. Im Beck Jean seinem Keller war der Gefechtsstand. Auf den Heuschober vom Beck Jean fiel eine Bombe. Die ist aber in dem fünf Meter hohen Heuschober stecken geblieben. Sie explodierte nicht. Auf das Wohnhaus fiel keine Bombe. Die Wände vom Nachbarhaus sind vom Luftdruck der explodierenden Bomben umgefallen. Als der Angriff vorbei war, fingen die Überlebenden sofort an zu suchen. Es war grausam, was sie erlebten. Und von dem größten Keller, in dem die meisten Kinder waren, war überhaupt nichts mehr zu sehen. Von den SS-Leuten sah man nichts. Waren die geflohen? Oder was ist ihnen passiert. Die Amerikaner lagen keine 800 Meter vom Dorf entfernt. Zwei deutsche Soldaten patrouillierten. Zwei Männer aus dem Dorf gingen zu einem zerstörten Keller. Die Soldaten sagten: In diesem Keller müssen alle tot sein. Wir vermissen vier von unseren Kameraden. Die waren in dem Keller. Einer legte sich auf den Boden und horchte. Und er glaubte ein Rufen zu hören. Das war dann auch so. Alle Bewohner wurden zusammengetrommelt. Auch die Soldaten. Sie räumten Stein um Stein weg. Der Schutt lag vier Meter hoch. Die Soldaten sagten: „Wir müssen eine Öffnung, ein Loch machen, damit wir einen Schlauch nach unten bringen. Damit Luft rein kommt. Und Wasser." Die Soldaten waren der Meinung, dass sie gehört hätten, dass die Verschütteten nach Wasser gerufen hätten. Dann kamen die Jabos. Die Männer hissten eine weiße Fahne. Die Jabos schossen trotzdem. Es gab Verletzte. Was ist das? Ist das die Befreiung? Die sahen doch, dass die Menschen versuchten, die Trümmer wegzuräumen. Es war noch ein deutscher Sanitäter da. Der schaute jeden Tag nach den Verletzten. Er hatte aber keine Medikamente mehr. Der Sanitäter sagte. „Ihr müsst die Verletzten wegbringen." Ja, wohin? Da drüben ist der Amerikaner. Der Sanitäter sagte: „Das nächste Krankenhaus ist in Homburg." Er wusste: Wenn der Amerikaner kommt, werden die die Deutschen für die Verletzten im Keller verantwortlich machen. Die Soldaten kamen mit Tragbahren und trugen die Verletzten durch die Frontlinie ins Tal. Und wieder kamen die Jabos und schossen auf sie.

Frage: Und wie ging es weiter?

Scheyer: Die Bewohner wissen nur, dass auf einmal die Kirchentür aufgesplittert ist. Und da waren die Amerikaner. In Sarreguemines hatte man von zwei amerikanischen Soldaten gehört, ‚da unten ist noch ein Dorf. Die müssen alle tot sein.' Die Toten wurden nicht auf dem Friedhof bestattet, sondern in Gärten. Die haben die Toten, oder man muss sagen, die Teile, die von den Toten übrig waren, in Säcke gewickelt und in den Gärten begraben. Oder in Bombentrichter gelegt. Die Leute konnten ja nicht zum Friedhof. Das war Frontlinie, lag ja ständig unter Beschuss. Man konnte ja nicht einmal die Nase vor die Kellertüre halten. Da wurde sofort geschossen. Als alles vorbei war, haben die dann die Toten wieder ausgegraben. Sie teilten sich auf in drei Gruppen. Die einen gruben die Toten aus. Die anderen nagelten aus Brettern und Dielen Kisten zusammen. Und die dritte Gruppe hob auf dem Friedhof ein Massengrab aus. Und an das erinnere ich mich auch noch: In einem Keller waren noch sieben SS-Leute. Alles junge Kerle. Die Amerikaner umstellten das Haus und forderten sie auf herauszukommen. Einer nach dem andern, insgesamt sechs, kamen die Treppe hoch, mit der Waffe in der Hand. Die US-Soldaten erschossen alle sechs. Der siebte kam mit erhobenen Händen und ohne Waffe. Als er seine toten Kameraden sah, nahm er die erhobenen Hände runter und legte sie in militärischer Haltung an die Hosennaht und rief: „Ich sterbe für den Führer." Und dann erschossen sie auch ihn. Als der Krieg lange vorbei war, sagte mein ältester Sohn: Warum redet ihr nur immer vom Krieg? Was war los in dem Dorf? Ich holte die Hefte hervor und übersetzte sie ins französische. Und meine Kinder kauften mir eine Schreibmaschine und ich schrieb alles ab. Und als mein Sohn das las, sagte er: „Mutter, das ist alles so wichtig. Daraus musst du ein Buch machen."

„ ... ehe sie sich im Sturzflug hernieder stürzen auf die wehrlosen Opfer, die wie hypnotisiert an den Boden gekauert der erbarmungslosen Vernichtung preisgegeben sind.“

Montag, 13. November 1944

Ein jeder weiß, was es bedeutet, wenn die Kanarienvögel im Fortgehen sagen: „Wir werden wiederkommen, dann muss das Nest ausgeräuchert werden!“ Vor zwei Wochen hatte in Rimlingen solch eine Razzia einen tödlichen Ausgang. Um seinem gebrechlichen Vater behilflich zu sein, beim Ausbringen der Herbstsaat, ist der Sohn, ein sogenannter Wehrdienstverweigerer, heimlich während der Nacht nach Hause gekommen.

Am frühen Morgen des letzten Oktobertages, es ist fast noch dunkel draußen, sitzt die Familie in der Küche beim Morgenkaffee, als auf dem Hof ein Stiefelgetrampel laut wird. Der Vater, der neben dem Fenster sitzt, späht vorsichtig hinaus. Es entfährt ihm ein leiser Pfiff, den der Sohn sofort versteht. Er springt aus dem entgegengesetzten Fenster hinaus, um in der Dunkelheit unterzutauchen. Schon kommen die Häscher zur Haustür herein, nachdem sie das Schloss zertrümmert haben. Die Mutter sitzt am Küchentisch, vor Schreck ist sie wie gelähmt. Auf dem Tisch steht eine, mit dampfendem Kaffee gefüllte überzählige, Tasse. Diese Tasse sollte den Leuten zum Verhängnis werden, ebenso das „Bibelekäsebrot“, das die verstörte Mutter mit einer ungeschickten Geste unter ihrer breiten Küchenschürze zu verstecken versucht ... „Leider zu spät!“, sagt einer der SA-Männer, indem er ihre Hand festhält. ...

Die arme Frau kommt in den gelben Bus, ebenso der jüngere Sohn. Der Vater bekommt den Befehl, sich „einstweilen“ um das Vieh zu kümmern, das noch im Stall ist ... damit es nicht verhungert(!) ...

In dem gelben Bus befindet sich schon ein anderes Ehepaar: Die alte Dorfhebamme und ihr Gatte, ebenfalls Eltern eines „Versteckelten“. Es ist dies ein wahres Unglück, was diesen Menschen zugestoßen ist, wo doch der Krieg und die Nazidiktatur vor dem Zusammenbruch stehen. Ein jeder weiß es, aber viele wollen es sich nicht eingestehen, dass der Führer sie nur belogen und geschunden hat. Andere wieder getrauen es sich nicht, es zu bekennen, denn keiner will aufgehängt werden, jetzt noch, wo doch das Ende der Knechtschaft so fassbar nahe liegt. Die Hebamme und ihr Gatte werden in das Gefängnis von Saargemünd eingesperrt. Drei Wochen später sind sie entkommen; ein Gefängniswächter hatte „vergessen“ ihre Zelle und auch das Gefängnistor zu verriegeln, ehe er selber untergetaucht ist. Der hatte es gewagt zu bekennen, auf seine Art ... Die Frau des Bauern und deren Sohn aber, die finden keinen, der Erbarmen mit ihnen gehabt hätte. Sie werden interniert, zuerst in das Übergangslager (Peinigungslager) „Neue Bremm“, um zwei Monate später im Konzentrationslager zu sterben; die Mutter in Ravenbrück am 13. Januar 1945, der Sohn in Dachau am 16. Januar 1945. Der Vater ist am 6. Januar während den Befreiungskämpfen um Rimlingen tödlich verwundet worden, als er damit beschäftigt war, das Vieh zu füttern.

Mittwoch, 15. November 1944

Nein, so was haben die Bauern noch nicht erlebt, in ihrem kleinen, weltentlegenen Dörflein des Bitcherlandes. Das Vieh! Die Kühe werden jetzt auch noch aus dem Stall geholt! In aller Frühe heute Morgen sind plötzlich ein Feldwebel und ein Trupp Soldaten in unserem Dorf aufgetaucht. Die Hälfte des vorhandenen Rindviehs wird beschlagnahmt; das ist Befehl. Das Vieh muss heute noch abgetrieben werden – ins Reich!

Montag, 20. November 1944

Heute haben sie einen neuen Befehl erlassen: Alle Männer im Alter von 16 bis 60 müssen schanzen gehen! Gräben müssen ausgehoben werden, um die Panzer der Amerikaner aufzuhalten. Sofort müssen sich alle auf den Weg machen, zur 18 Kilometer entfernten Schanzstelle, am Saarufer entlang, im Raum von Saargemünd-Saareinsmingen. Nach den letzten, nicht kontrollierbaren Meldungen heißt es, die Befreiungsarmee sei nur 30 Kilometer von uns entfernt. Diese Strecke könnten sie in einer Tagesetappe bewältigen ...

Freitag, 1. Dezember 1944

Zuerst sind es einige Kraftwagen, die sich durch den Schlamm, der sich in dem ausgefahrenen Feldweg gebildet hat, im Schneckentempo vorwärts bewegen. Ihnen folgen Motorräder, Bauernwagen, von abgemagerten, struppigen Pferden gezogen, denen man den Mangel an Pflege und Hafer ansieht. Hinter dem Wagen lassen sich müde Kühe nachschleppen. Wahrscheinlich eine letzte, in irgendeinem Dorf auf dem Rückzug durch das Lothringer Land beschlagnahmte Beute. Auf dem Wagen sitzen Soldaten ohne Stiefel, ohne Schuhe. Die meisten haben an den Füßen blutverkrustetes Verbandszeug. Den Höhepunkt des Umzuges bildet ein Personenwagen. Acht Mann strengen sich an, ihn vorwärts zu schieben. Wahrscheinlich ist ihm das Benzin ausgegangen ... Als sie unter meinem Fenster vorbeikommen, sehe ich den Feldwebel, der im Auto sitzt, vielleicht ist auch er verwundet und kann nicht mehr laufen. Welch ein trauriges Ende kündigt sich an für die einst so stolze Wehrmacht! ...

Freitag, 8. Dezember 1944

Heute sind wir mitten in den Kriegsstrudel hineingerissen worden. Freilich rechneten wir in den letzten Tagen immer mehr mit dem Herannahen der Front. Nun aber scheint es, dass sie da ist, die FRONT, fast in unseren Häusern ... und der Kampf beginnt um uns herum. Eigentlich habe ich noch nie so recht daran gedacht, dass unsere Befreiung mit Kugeln und Granaten geschehen könnte, obwohl ich sehr oft versucht habe, mir vorzustellen, was das ist, das die Soldaten HAUPT-

KAMPFLINIE nennen: Die HKL! Das Gewehr haben sie lose über die
Schulter hängen und die Hände in den Manteltaschen vergraben. Sie gehen immer zwei und zwei nebeneinander her, mit ihren genagelten Stiefeln hart auf das Pflaster aufstampfend, so, als könnten sie durch den verursachten Lärm die Geister der Front verscheuchen. Die Granaten der Amerikaner fliegen über unser Dorf hinweg! Nun bin ich bei den andern – im Keller! Für wie lange wohl? Für eine Stunde oder für den Rest des Tages? Womöglich kommen die Amerikaner heute schon! ...

Sonntag, 10. Dezember 1944

Der Ami ist pünktlich! Zwischen sieben und acht Uhr fangen die Kanonen wieder an zu donnern, und die Geschosse pfeifen nur so um die Wette über uns hinweg. Einige, so um die zwanzig, schlagen in unserer Kellernähe ein. Sand und Mörtel rieseln von der Decke in mein Gesicht; ich rühre mich trotzdem nicht und bleibe auf meiner Pritsche neben der Sauerkrautbütte liegen, von dem Gedanken gequält: Wie lange wird unser Keller dem Granatregen trotzen können? Der Wecker zeigt 19 Uhr an, als Motorengebrumme und Kettengerassel vor dem Haus laut werden. Marcel macht die Kellertür einen Spalt auf und schaut hinaus, um zwei Panzer und einen Funkwagen zu entdecken. Beide manövrieren, um in die Nähe der Hauswand zu kommen. Wir strecken alle den Kopf hinaus, um die beiden Ungetüme anzusehen. Aber Marcel drängt uns in den Keller zurück und sagt mit ernster Stimme: „Da draußen vor der Tür ist jetzt die Front!"

Montag, 11. Dezember 1944

Den Platz in unserem Keller, der dem Kommandanten nicht zusagte, hat ein Stabsarzt eingenommen. Ein richtiger Arzt und zwei Sanitäter; kurz gesagt: Ein authentisches Feldlazarett! Vor dem Keller an dem Geländer der Haustreppe flattert an einer langen Stange die Fahne mit dem roten Kreuz. Es ist beruhigend und beängstigend zugleich, denn wo ein Arzt und Sanitäter an der Front sind, dort wird es wohl auch Arbeit für sie geben. ...

Dienstag, 12. Dezember 1944

Bin ich wirklich eingeschlafen oder war ich so sehr in meinen Gedanken versunken? Auf jeden Fall schrecke ich heftig auf, als plötzlich das Donnern der Kanonen losbricht. Der Stabsarzt schlägt sein Buch zu, als ein Beben unseren Keller erschüttert sodass Kalk und Mörtel von der Decke rieseln. Er schaut mich an und fragt: „Haben Sie Angst, Fräulein?“ – „Nein, ich habe keine Angst!“ – „Der Amerikaner greift an!“ – „Aha!“, ist alles, was ich hervorbringe, ehe ich rasch irgendwohin schaue aus Furcht, der Stabsarzt könnte die Genugtuung, die seine Worte bei mir hervorrufen, in meinen Augen lesen. Es tritt wieder Stille ein, bis zur nächsten Explosion. Ich bedaure die Soldaten, die in das mörderische Artilleriefeuer hinausmüssen, und frage mich, was uns bevorsteht ... Wenn dieser Arzt zwei Tage früher gekommen wäre, hätte die Lantons Madeleine nicht im Kindbett sterben müssen. Als sie die ersten Wehen verspürt hatte, dachte sie, es seien falsche Wehen, da die Niederkunft erst in einigen Wochen sein sollte. Und wo jetzt eine Hebamme finden? Die Gestapo hat doch die Ortshebamme mitgenommen ... und ein Arzt? Der nächste ist auf der anderen Seite der HKL, dort sind die Amerikaner, und keiner darf durch die Frontlinie ... Schließlich haben die Wehrmachtssoldaten einen Militärwagen auftreiben können und einen Fahrer, der nach Zweibrücken ins Krankenhaus mit verwundeten Soldaten fahren wird. Aber um eine Zivilperson in einem Militärfahrzeug zu transportieren, muss zuerst eine Genehmigung vom Kommandeur her. Auf diese Weise sind immerhin achtzehn Stunden vergangen, seit die Madeleine die ersten Wehen verspürt hatte. Endlich liegt sie in dem Lastwagen, auf einer Seegrasmatratze, umringt von verwundeten Soldaten, wovon keiner auch nur das Geringste für sie tun kann. Der Ehemann darf nicht in das Militär-

fahrzeug. In seiner Not besteigt er das Fahrrad und folgt dem Auto.
Als er im Krankenhaus ankommt, zwei Stunden nach seiner Frau, da ist diese längst tot.

Schrecklich alleine, inmitten der hilflosen Soldaten, hat sie unterwegs Zwillinge zur Welt gebracht. Zwei Buben hat sie das Leben geschenkt und dabei ihres geopfert ...

Mittwoch, 13. Dezember 1944

Den ganzen Tag bin ich nicht aus dem Keller, obwohl heute das Donnern der Kanonen etwas gedämpfter ist und die Granaten etwas weiter drüben, längs der „Burg", explodieren. Die Front scheint etwas zur Ruhe gekommen zu sein. Aber das Wehklagen und das Jammern der Verwundeten, die auf dem Stroh liegen, will nicht aufhören. Um mehr Platz zu haben, hat der Schoumichel das Mutterschwein mit seinen Jungen in der Scheune untergebracht ...

Donnerstag, 14. Dezember 1944

Kurz vor dem Morgengrauen sind die letzten Wehrmachtsoldaten weggegangen. Sie haben das letzte Dorf in Frankreich, zwischen Maginot- und Siegfriedlinie gelegen, aufgegeben. Der Totenschein für Tante Regina, den der Stabsarzt Doktor Robert Lorenz unterschrieben hat, ist auf dem Tisch liegen geblieben, neben dem Buch „Der Zauberberg" von Thomas Mann. Dieses Buch zu lesen ist von Hitler verboten worden. – Warum, weiß ich nicht! ...

Unter diesen herrenlosen Scharen befindet sich ein Einzelgänger, der aufbegehrender und anspruchsvoller ist, als die zuvor hier weilenden Fahnenflüchtigen. Es ist ein blutjunger Soldat. An seiner strapazierten Uniform prangt das Eiserne Kreuz, das EK. Er ist gut ausgerüstet mit Gewehr und Munition. Er möchte seine Uniform gegen Frauenkleider eintauschen, damit er bei uns bleiben kann – unerkannt, in Grenznähe! Marcel verspricht ihm Zivilkleider, wenn er gewillt ist, Gewehr

350 und Munition dagegen einzutauschen. Dieser Vorschlag versetzt ihn in Wut. – „Seid ihr jemals einem Werwolf begegnet? – Nein!? – Also gut, ich bin ein Werwolf, ich lege meine Waffe nicht nieder und werde jeden Yankee, der in diesen Keller kommt, niederknallen. Den ersten von euch, der versucht, diesen Keller zu verlassen, werde ich ebenfalls umlegen. Ich bin fest entschlossen, mich zu verteidigen bis zur letzten Kugel, so wie ich es unserem Führer versprochen habe!" ...

Freitag, 15. Dezember 1944

Da kommt auch schon über den Bergrücken eine dichte Nebelwand angerollt, direkt auf uns zu, es könnte auch Rauch sein. Hinter dieser Rauchwand ist ein Zischen, Knattern und Fauchen zu hören. Der Schoumichel, der zuweilen gerne daran erinnert, dass er dabei war in Verdun, damals, von Februar bis Dezember 1916, sagt wichtigtuend: „Das ist ein Infanterie-Angriff. Der Rauch kommt von den Nebelgranaten, die sie beim Vorstoß loslassen, damit keiner auf sie schießen kann!" Ein Angriff der Infanterie der Amerikaner! Die letzte Phase des Befreiungskampfes! Wie wird sie sich abspielen? Rasch müssen wir in den Keller zurück, da die Kanonen zu donnern anfangen, so heftig wie noch nie. Der Boden unter meinen Füßen zittert und das Gewölbe bebt über meinem Kopf. Dies ist der Beweis, dass die Bomber schwer beladen sind ... und was noch schlimmer ist, dass sie tief fliegen. Sie werden doch nicht ihre Bomben auf uns werfen wollen! Eine einzige würde genügen, um das ganze Haus hinwegzublasen. Ich höre Martha sagen: „Anne, so wache doch auf! Die Amerikaner sind da!" Die Amerikaner sind da! Und ich bin nicht tot und auch nicht beim Teufel in der Hölle, ich bin überhaupt nicht verwundet und es sind keine Bomben gefallen. Es ist 14 Uhr und 20 Minuten am 15. Dezember 1944. Wir sind befreit! Gerade diesen Augenblick, der mir tausendmal im Geiste herumgeschwebt ist, als das Ereignis meines Lebens, habe ich verschlafen! ...

In unserem Keller wimmelt es nur so von schwarzen und auch weißen Männern in khakifarbener Uniform. Eine Gruppe Soldaten steht um den Beck Jean, der die Schnapsflasche in der Hand hat. „Schnaps, Schnaps", sagen näselnd die Soldaten der US-Army. Der Beck Jean schenkt ihnen Schnaps in die Becher.

Montag, 18. Dezember 1944

Seit dem frühen Morgen befinden wir uns wieder unter heftigem Artilleriebeschuss. Daraus lässt sich schließen, dass es dem Ami noch nicht gelungen ist, die deutsche Frontlinie bis zur anderen Seite der Siegfriedlinie zurückzudrängen!
Als gegen elf Uhr die Schießerei aufhört, kommt der Dorfbüttel mit seiner Schelle durch die Straßen und Gassen, um bekannt zu machen: Jeder Familienvorstand müsse ab sofort und spätestens bis zum „Couvre-Feu", das heißt bis 16 Uhr, auf dem Bürgermeisteramt vorstellig werden, um alle Personen einschreiben zu lassen, die er unter seinem Dach beherberge, ob Familienmitglied oder nicht.

Dienstag, 19. Dezember 1944

Heute ist der fünfte Tag der Befreiung und noch immer hausen wir im Keller. Der Ami hat uns untersagt, das Untergeschoss zu verlassen, um ins Haus zu gehen, oder gar uns auf der Straße blicken zu lassen.

Mittwoch, 20. Dezember 1944

Alle wehrfähigen Männer sollen sich sofort auf dem Büro der Zivilverwaltung melden, um sich unter den Schutz der Alliierten zu stellen ... sie werden aus dem Kampfgebiet evakuiert. Verpflegung und Kleider brauchen sie nicht mitzunehmen; alles wird ihnen am Bestimmungsort zur Verfügung gestellt. Der Bestimmungsort muss vorerst noch geheim gehalten werden.

Donnerstag, 21. Dezember 1944
Der Ami geht fort! Das liegt ja in der Logik, er kann ja nicht ewig an dem kleinen Landstreifen zwischen Maginot- und Siegfriedlinie hängen bleiben. Acht Kilometer! Es wird vorbei sein mit den Kämpfen um uns herum.

Freitag, 22. Dezember 1944
Nur mehr eine Hand voll Soldaten, ein Haufen Trümmer erinnern uns an den Krieg und das zermürbende Kellerleben. Wir sind seit einer Woche schon befreit, aber wohnen immer noch im Keller, obwohl nicht mehr geschossen wird. Das Haus ist noch nicht bewohnbar, die Schäden sind weit schlimmer, als es den Anschein hatte. ...

Samstag, 23. Dezember 1944
In der vergangenen Nacht mussten wir zu unserem großen Schrecken feststellen, dass die deutschen Kanonen wieder näher gerückt sind. Etliche Schüsse sind in das Dorf gefallen. Vielleicht waren es nur Panzerkanonen ...

Sonntag, 24. Dezember 1944
Es ist eine Tradition, alle Menschen wissen es, und es erfüllt die Herzen mit reiner Freude, allem Kriegsleid zum Trotz, dass in der Heiligen Nacht auf der ganzen Welt alle Waffen schweigen werden! Dieser Waffenstillstand in der Heiligen Nacht ist unantastbar. Selbst die Nazis haben an dieser Tradition in all den Kriegsjahren festgehalten. ... Die Amerikaner haben das Feld geräumt und uns im Unglück zurückgelassen, wo es doch für sie eine leichte Sache gewesen wäre, mit ihren großen Wagen, uns zu evakuieren. Wenigstens die Verwundeten, die alten Leute und die Kinder hätten sie mitnehmen sollen, nicht nur die jungen, wehrfähigen Männer!

Montag, 25. Dezember 1944

Der Weihnachtstag steigt auf und mit der Dunkelheit verschwinden auch die Frontgeister. Während der ganzen Heiligen Nacht sind die Geschosse jeglichen Kalibers ohne Unterlass über uns niedergegangen. Sobald es Tag geworden ist, sind wir aus dem Keller heraus, um die Gräuel der Verwüstung zu schauen. Unser Haus ist noch ziemlich gut davon gekommen – nur eine riesige Bresche in der Vorderfront ... Friede auf Erde sollte doch sein! Nein, kein Weihnachtslichtlein sollte in der Nacht für uns leuchten. Aber Häuser, lichterloh brennend, sollten wie Feuerfackeln die Heilige Nacht erhellen. Keine funkelnden Sterne glänzen zu uns friedlich hernieder, sondern Flammen und Feuer ragen zum Himmel empor und überschütten die ganze Gegend mit ihrer Höllenglut, von einer undurchdringlichen Rauchwand umwoben ...

Mittwoch, 27. Dezember 1944

Aus dem Bickenalbachtal dröhnt Panzerrollen herauf, so stark, dass der gefrorene Boden unter unseren Füßen bebt. Die Front verschiebt sich! Zwar wissen wir noch nicht, in welche Richtung, aber eines ist sicher: Der Ami ist fort! Die Nazis werden bald wieder da sein! Es besteht kein Zweifel mehr: Die Nazis haben den Gegenangriff gestartet und sie haben schon auf der ganzen Linie Raum gewonnen. Wir befinden uns mitten drin, im Hexenkessel. Es scheint, als sei unser Haus in der heutigen Nacht zur Zielscheibe geworden ...

Sonntag, 31. Dezember 1944

Es ist Silvesterabend! Ein kalter, unfreundlicher Abend. Wir allerdings sind im warmen Zimmer und haben ein angenehmes Nachtlager. Wieder einmal geht ein Jahr zu Ende und es ist immer noch Krieg! Ich bin ungeduldig, von hier fortzukommen. Nur fort, soweit wie möglich von der Front weg, um ja nie wieder Kanonen donnern zu hören.

Montag, 1. Januar 1945

„Sind das die Refugiers, die nach Saarburg evakuiert werden sollen?" – „Oui Commandant!", antwortet der Kapitän. – „Nur der Offizier, der aus Straßburg stammt, wird mit seiner Familie nach Saarburg gebracht. Die anderen bleiben hier. Wo sollen wir denn mit all den Leuten hin? Die Flüchtlingslager sind überfüllt. Der Krieg ist in kurzer Zeit vorbei, dann können die von Erching wieder in ihr Dorf zurück. Bis es soweit ist, sind sie hier ganz gut aufgehoben. – Steigt aus, ihr anderen!", befiehlt der Amerikaner. Der französische Kapitän steht da und schaut so betroffen, als ob ihm alle Felle davon geschwommen wären. Als dann am Abend die Pioniere fort waren, da ist der F.F.I. zu uns gekommen und hat uns warme Nahrung gebracht und für jeden eine Bettdecke. Beim Fortgehen ist er auf der Türschwelle stehen geblieben und hat etwas gezögert, bevor er sagt: „Ich möchte, dass ihr sorgfältig mit den Sachen umgeht, die in der Wohnung sind. Die Eigentümer sind in Dachau."
Die traurige Wirklichkeit, die auf diesem Ort lastet, legt sich mir schwer aufs Gemüt. Verfolgt uns denn der Wahnsinn des Nazismus überall, ganz gleich, wohin wir gehen?

Dienstag, 2. Januar 1945

Durch die offen gebliebene Kammertüre sehe ich den Captain vor dem Spiegel des Toilettentisches stehen, auf dem etliche Kerzen brennen. Er rasiert sich, ohne damit aufzuhören, seinen Kaugummi im Mund hin- und herzuschieben. Als sie eine halbe Stunde später fort gehen, da hat keiner von den beiden den Mund aufgemacht, außer, um ein neues Blättchen Kaugummi zwischen die Zähne zu schieben. Als sie fort waren, habe ich mein Schreibheft aus seinem Versteck hervorgenommen, um all das hineinzuschreiben, was mein Herz belastet. Die ganze Nacht über hat mich derselbe Traum gequält. Es war, als ob ich immer wieder die Stimmen höre, die gebettelt haben, als wir von daheim fort gegangen sind: „Bleibt doch hier ... Der Winter ist da ...

Die Amerikaner werden niemals zulassen, dass die Nazis wiederkommen ...!"

Wenn wir doch nur eine Botschaft da hinunter schicken könnten, um ihnen zu sagen, dass es uns gelungen ist, durch die HKL zu entkommen, dass wir das Abenteuer gut überstanden haben, dass es eigentlich gar nicht so schwierig war ...! Vielleicht könnte sie das ermutigen, ebenfalls in das No Man's Land zu kommen, bevor es zu spät geworden ist.

Samstag, 6. Januar 1945

Lange sitzen wir beieinander um den Ofen, der eine angenehme Wärme spendet; wir, die Refugiers, und die beiden Soldaten der US-Army. Ich erzähle ihnen von unserer gewagten Flucht durch die HKL und schildere ihnen die dramatische Lage, der die armen Leute daheim ausgeliefert sind, falls die Nazis einen Gegenangriff machen ...
Der kleine Chauffeur war sehr gerührt, der Captain begnügte sich, zu sagen: „Que voulez-vous, c'est la guerre, Ann, c'est la guerre!" („Was wollen Sie, das ist der Krieg, Anne, das ist der Krieg!") Jedenfalls ist es so, dass am anderen Morgen, als die zwei Soldaten von ihrer Mission zurückkommen, der Captain die Tür aufmacht und ruft: „Paps wants coffee?" Er lädt uns ein, mit ihm und seinem kleinen Chauffeur (er ist tatsächlich klein) das Frühstück zu teilen; das Eis ist gebrochen!

Montag, 15. Januar 1945

Ein Name mit dicken schwarzen Buchstaben gedruckt, zieht meinen Blick wie einen Magnet an: Erching. Darunter ein Datum: 2. Januar 1945. Dieses auf Englisch gedruckte Zeitungsblatt ist schon 14 Tage alt. Ich bitte den kleinen Chauffeur, der mit dem Coffee zur Tür hereinkommt, mir zu übersetzen, was da geschrieben steht. Der kurze Frontbericht, den er übersetzt hat, lautet so: „Die Gegenoffensive G.V. RUNDSTEDT hat in den letzten Stunden des 13. Dezember 1944 begonnen. Sie wurde ohne Artillerieeinsatz gestartet. Einheiten der

 17. Panzerdivision der Waffen-SS haben das Dorf in derselben Nacht besetzt. Unseren Vorposten ist es gelungen, die Offensive rechtzeitig auf der Côte 382 zu stoppen."

Samstag, 20. Januar 1945

Mit jedem Bündel schmutziger Kleider bekomme ich ein dickes Stück Seife. Einer der Soldaten hat mir sogar eine Wurzelbürste geschenkt, damit es etwas leichter ist, das Waschen – oder damit es schneller geht. Wenn die Soldaten ihre Kleider gewaschen und gebügelt in Empfang nehmen, bekomme ich jedes Mal einen Dollarschein. Ich, die niemals auch nur einen einzigen Sou, keinen Pfennig gehabt habe, besitze jetzt Dollars! Ich habe nicht einmal eine Brieftasche, in der ich sie unterbringen könnte, deshalb lege ich sie in mein Schreibheft, in dem es kein einziges leeres Blatt mehr gibt.
So leben wir denn nun mit den Soldaten der US-Army, die ganz komfortabel in ihrer Winterstellung installiert scheinen, in der second line, der „zweiten Frontlinie", auch „Hinterfront" oder „blaue Linie" genannt, weil sie auf den Karten blau eingezeichnet ist.
Aber zu unserem Glück muss ich sagen, denn sie sorgen für uns: Sie geben uns das Brot, das wir essen und alle anderen Nahrungsmittel.

Freitag, 23. Februar 1945

Als ich da so vor dem Fenster stehe, und mit heimwehschwangerem Herzen dorthin schaue, wo ich unser Dörflein vermute, fliegen Bombenflugzeuge über uns hinweg. Sie fliegen nicht direkt über das Dorf Montbronn, sie halten sich auch abseits des Zeltdorfes der US-Fliegerabwehr. Sie fliegen langsam, sich in einem engen Korridor zwischen zwei Waldungen haltend. Es sind mehrere Geschwader. Das schwere Brummen und der enge Flug sind Beweis dafür, dass die Bomber schwer beladen sind. Sie haben Kurs nach Nord-Westen eingeschlagen. Ich verfolge den Flug mit dem Fernrohr und denke dabei: „Die werden wohl einen Großangriff auf die Siegfriedlinie

Zerstörte Häuser in Erching-Guiderkirch

fliegen – oder gar auf Zweibrücken oder Kaiserslautern. Saarbrücken kann es nicht sein, das liegt weiter drüben!"
Aber – ihr Ziel scheinen sie schon erreicht zu haben. Sie fliegen einige Runden, so wie Geier, wenn sie das Aas am Boden entdeckt haben. Sie kreisen und ziehen einen immer enger werdenden Ring, dann auf einmal scheinen sie zu schweben, als wollten sie sich mit dem unbeschreiblichen Gefühl der schrankenlosen Freiheit dort oben in den grenzenlosen Gefilden voll saugen, ehe sie sich im Sturzflug niederstürzen auf die wehrlosen Opfer, die wie hypnotisiert an den Boden gekauert der erbarmungslosen Vernichtung preisgegeben sind. Dies ist ein Massenangriff, aber nicht auf die Betonklötze der Siegfriedlinie, die liegt viel weiter drüben. Dieser Angriff kann nur auf ein Objekt gewesen sein, das keine 20 Kilometer von hier entfernt liegt, dies bestätigt der gewaltige Luftdruck. Dieser heftige Luftangriff kann doch nicht auf eines der kleinen Dörflein gewesen sein, wo es doch kein einziges strategisches Ziel gibt? Unser Dörflein womöglich? ...

Montag, 5. März 1945

Eine große Wut auf die Amerikaner steigt in mir auf. In meiner Bitternis überschütte ich den Captain und seinen kleinen Chauffeur mit den heftigsten Vorwürfen. Es waren ihre Flieger, die die Bomben auf die wehrlosen Zivilisten geworfen haben, die in den, schon ohnedies durch den Krieg erschütterten Kellern saßen. Es sind ihre Geschütze, die mit Eisen und Feuer unser Dorf überschüttet haben, Tag für Tag, nun schon fast drei Monate lang. Mein Zorn ist so heftig, dass ich mich dazu hinreißen lasse, sie als Barbaren zu bezeichnen. In meiner Verzweiflung klage ich sie als einzige Verantwortliche für dieses sinnlose Morden und Blutvergießen an. Sind es nicht ihre Granaten gewesen, die Tante Regina getötet haben?

Mittwoch, 14. März 1945

Mein Herz ist so voller Trauer und Harm wegen den armen Menschen, die der Krieg umgebracht hat ...
Kaum zwei Stunden später sind alle unsere Soldaten wieder da – aber das Trommelfeuer tobt unvermindert weiter. Eine andere Gruppe Boys hat die Ablösung übernommen. Wo diese Sintflut von Feuer und Eisen niedergeht, bleibe keine Maus mehr am Leben ... Es nervt – dieses Trommelfeuer! Der Captain versucht uns immer wieder zu beruhigen: „Ann, nichts mehr Granat von den Germans, nichts mehr Soldier. Nazi – finish la guerre. Hör zu, Ann!“

Freitag, 16. März 1945

... „Hello Ann! Mein Captain und ich, wir gehen nach Germany. Der Captain hat gesagt, bald finish la guerre! Ann, sie sind kaputt, die Krauts!“

Samstag, 17. März 1945

... Dann höre ich Paul reden, ganz ruhig, fast teilnahmslos, ist seine Stimme. „Sie ist tot, meine Frau. Ich weiß es schon seit gestern, seit ich den Gendarm beobachtet habe, als er so diskret dem Nicolas diesen Brief da gezeigt hat!“

Ja, sie ist tot, Pauls Elise! Am 21. Februar ist sie umgekommen durch eine Granate, im Keller des Jagdhauses, in dem sie mit dem Töchterchen Klara Unterschlupf gefunden hatte. Einmal musste er es ja erfahren, auf die eine oder die andere Art. Niemand hat das Recht, es ihm länger zu verschweigen.

Donnerstag, 22. März 1945

Als sie dort angekommen sind, wo einst die Knabenschule stand, der Kirche gegenüber – oder, genauer gesagt, den Mauerresten gegenüber von dem, was einst die Kirche war – stehen sie ganz unerwartet vor schwarz gekleideten Menschen: Männer, Frauen und einige Kinder – alles alte Leute, könnte man meinen. Alle haben dieselben, ausdruckslosen, schwarzumrandeten, tief in ihren Höhlen liegenden Augen, alle Gesichter sind geprägt von denselben Spuren von Kummer, Leid und Entbehrung. Alle Gesichter tragen die Zeichen des gleichen Entsetzens, dessen Spuren im Antlitz des Pater Benno eingegraben sind. Dies sind die Geretteten, die Überlebenden der Tragödie, die es noch nicht erfasst haben, welchem Wunder oder welchem Zufall sie es zu verdanken haben, dass sie noch am Leben sind. Diese schwarzen, umrandeten Augen schauen wie abwesend den Ankömmlingen entgegen. Vor ihren Füßen, auf dem Boden des Schulhofes, wo einst flinke Kinderbeinchen hin und her gelaufen sind, die lustig lärmenden, im Schulhof spielenden Kinder, dort stehen sorgfältig aneinandergereiht, eine Anzahl von länglichen Kisten, roh zusammengezimmert aus groben Dielen und Brettern. In diesen Kisten sind die Toten, in jedem Kasten mehrere. Die Menschen, die um diese Kisten herum stehen, stumm und starr, haben keine Tränen mehr in den umschleierten Augen, um ihre brennende Qual im Herzen zu löschen. Es sind die Eltern der toten Kinder, Witwer und Witwen und Kinder, die zu Waisenkindern geworden sind.

Das Drama

Das kurze Aufklaren in der letzten Nacht des alten Jahres, war nur ein vorübergehendes Zerreißen der bleiernen Wolkendecke – ein Aufklaren, das gerade ausreichte, um der 17. Panzergrenadier-Division der Waffen-SS, der „Götz von Berlichingen", den Durchbruch in Richtung Vogesen zu ermöglichen und eine Bresche von 16 Kilometern Breite in die Verteidigungslinie der Amerikaner zu schlagen, in dieser Neujahrsnacht!
Diese Überraschungstaktik hat es ihnen dann auch ermöglicht, in einer kurzen Zeitspanne 700 Soldaten der US-Army gefangen zu neh men und die wehrlose Zivilbevölkerung, die in dem schmalen Gebietsstreifen zwischen Maginot- und Siegfriedlinie eingeklemmt ist, einem ungewissen Schicksal auszuliefern, deren einziger Fehler doch war, sich nicht von ihrem Heimatboden loslösen zu können.

In dem annektierten Guiderkirch, wo sich das Pfarrhaus mit der gegenüberliegenden Knabenschule und die Kirche befinden, wimmelt es nur noch von SS-Männern. Es sind mehr als 200, die sich um den „Sammelpunkt Pfarrhaus" scharen, zum Ansturm bereit. 200, mehr nicht, obwohl der Kommandeur behauptet, es seien derer 2.000.
Vor Tagesgrauen, an diesem fünften Januar, ziehen sie los, einer nach dem andern, jeweils mit einem Abstand von einigen Metern, gegen Süden, genau dorthin, wo die Kolonne, die vom Sammelpunkt in Erching hin ist – dorthin, wo die Stellung der Amerikaner sich befindet, an der Flanke der Anhöhe.
Was aus denen geworden ist, die von Erching ausgezogen sind, vermag im Augenblick niemand zu sagen: Keiner ist zurückgekommen!

Als es Tag geworden ist, erscheint im Pfarrhauskeller ein Trupp Soldaten, die ihre verwundeten Kameraden mit sich schleppen. Ein besonders harter Tag beginnt für den Pater Benno, der nun auf einmal nicht nur der Seelenarzt für seine gläubigen Schäfchen ist, er ist zum

Helfer für die Verwundeten geworden und zum Seelenarzt für die sterbenden SS-Soldaten. Es ist ja nun kein Doktor Robert Lorenz mehr da, um den Verwundeten Pflege angedeihen zu lassen. Die SS-Männer haben keinen Feldgeistlichen, um die Sterbenden aufzumuntern und ihnen ein Wort des Trostes auf den Weg in die Ewigkeit mitzugeben – es gibt nur mehr Geschrei und Fluchen. Ein Überlebender, der seinen toten Kameraden – wessen Bruder, Vater oder Sohn mag es wohl sein? wessen Mädchens Herzallerliebster? – hinter sich herschleppt, kommt in den Keller und schreit: „Leute dieses verfluchten Dorfes, ihr sollt wissen: Die Anhöhe ist mit Toten übersät! Der Schnee dort oben ist rot gefärbt, rot durchdrängt vom Blut meiner Kameraden!“ Die meisten waren kaum 17 oder 18 Jahre alt.

Eine bedeutende Truppenverstärkung macht sich an den darauffolgenden Tagen im Ort bemerkbar; es ist eine weitere Staffel der 17. SS-Panzergrenadier-Division. Sie wird in die vom Ami geräumte Stellung auf der Côte 382 einziehen.

Der 22. Februar ist dann wieder ein sonniger Tag, aber trotzdem bleiben sie im Keller. Keiner wagt sich aus dem Unterschlupf heraus; der Befehl ist deutlich und klar: „Es ist der Zivilbevölkerung strengstens untersagt, ihre Behausungen zu verlassen. Die Soldaten haben darauf zu achten, dass die Verordnung eingehalten wird.“
Den ganzen Tag über sind die Kanonen schweigsam geblieben; dies kann womöglich ein Zeichen dafür sein, dass die SS-Soldaten ihren Abzug vorbereiten.
Deshalb legt sich an diesem Abend ein jeder auch mit einem gewissen Optimismus auf seine Pritsche, zumal kein einziger Soldat im Keller ist. Das Herz des Schoumichel ist voller Zuversicht; er ist fest davon überzeugt, dass in dieser Nacht die letzten Nazis verduften werden. Sogar den Riegel an der Kellertür schiebt er vor – aber sein Optimismus sollte nur von kurzer Dauer sein.

362 Als das Geratter der Maschinengewehre und das Prasseln der Geschosse aufgehört hat, nachdem das Dröhnen der Bomber in der Ferne untergegangen ist, steigt ein Stöhnen und Wehklagen aus dem Untergrund empor und wirft einen schaurigen Widerhall gegen die rauchenden Ruinen. Es sind die verzweifelten Hilferufe der zu Tode gemarterten Menschenkinder. Es ist das schreckliche Gewimmer und Gewinsel der gequälten Tiere – es ist das herzzerreißende Stöhnen all der zu Tode getroffenen Kreaturen.

Sie drückt das Büblein ganz fest an sich, während sie die andere Hand ausstreckt, um auf was zu deuten, das sie im Keller sieht: „Pierre! Pierre! Schau dort: Eine Feuerkugel!" – „Hinaus! Alle Hinaus!", schreit Pierre. Im selben Augenblick schleudert ihn ein heftiger Luftdruck in das Treppenhaus zurück. Ein Orkan fegt durch den Keller, so rasend wie ein Blitz. Aus dem Erdboden steigt eine Feuersäule empor und durchbohrt das Kellergewölbe in Sekundenschnelle. Im selben Augenblick, wie aus einer einzigen Kehle, hallt ein markerschütternder Schrei durch den Raum.
„Jesus, Maria und ..." – der Schrei bricht ab, ebenso jäh, wie er begonnen hat. Oben auf dem Treppenabsatz steht die Tante von Joseph reglos, wie an den Boden festgenagelt. Sie hatte nicht mehr die Zeit, die Kellertreppe hinunterzueilen. Vor ihren Augen spielt sich alles in Schwindel erregender Eile ab. Das Kellergewölbe steigt in die Höhe ... Wie durch eine breite Glasscheibe sieht sie die Straße draußen ... dann senkt sich die Kellerdecke wieder langsam herab und deckt alle, die im Keller sind, zu. Der Frau auf dem Treppenabsatz entfährt derselbe Schrei, den die anderen nicht mehr hatten vollenden können: „Jesus, Maria und Joseph! Sie sind alle tot!" Diese Frau und Josephs Vater sind die einzigen Überlebenden von zwanzig Personen, die im Keller waren.
In einem anderen Keller befinden sich an diesem Morgen kurz vor dem Drama acht erwachsene Personen und 15 Kinder, von denen das älteste 14 Jahre alt ist.

Die Mutter kann für ihr Kind das Kerzlein nicht anzünden, sie kann ihm auch nicht helfen, sie kann nichts anderes tun, als weiter beten – und ist doch nahe bei ihrem Kind. Sie müsste nur die Hand ausstrecken, um das Haar ihres Kindleins, dessen Kopf auf ihrem Schoß ruht, tröstend zu streicheln. Sie kann es aber nicht, sie ist von den Trümmern festgehalten. Ihre Arme und Beine sind wie in einem Schraubstock eingezwängt. Nach einer kurzen Pause fängt das Kind wieder an zu flehen: „Mutter du sollst doch nicht aufhören mit dem Beten!" – Und sie fängt wieder an zu beten – unterdessen stirbt ihr Kind; ihm war der Arm abgerissen worden.

Die SS-Soldaten sind immer noch da und teilen mit den Zivilisten den letzten Rest Kartoffeln. Die Soldaten sind befangen: Das Weinen der Waisenkinder, ihre verstörten Augen, das erbärmliche Schluchzen der Erwachsenen, dieser Frauen und Männer, die von der unbeschreiblichen Teilnahmslosigkeit befallen sind, dieser so grausam geprüften Menschen – dies alles stört die abgebrühten Krieger, denen es so nach und nach zum Bewusstsein kommt, dass auch sie nur Opfer sind – willenlose Opfer einer grausamen Diktatur.

„Komm, Bauer!", sagt der junge Melder. Im blauen Lichtschein einer Taschenlampe, die im Gefechtsstand während der überstürzten Räumung zurückgeblieben war, nimmt Herr Falendin Kenntnis von dem unversiegelten – streng geheimen – Befehl: „28/02/1945: Ein strenges Disziplinverfahren der Zivilbevölkerung erweist sich als unumgänglich, da ein gewisser Joseph Reinhard, von der Bevölkerung Pater Benno genannt, mit einigen anderen Ortsbewohnern zum Feind übergelaufen ist. Die Gesamtheit der Bevölkerung übt ständig Verrat an dem Militär aus. Dies erklärt die jüngsten Geschehnisse. Infolgedessen werden ab sofort folgende unumgängliche Maßnahmen getroffen:

1.) Alle Einwohner des Ortes Guiderkirch sind auf dem schnellsten Weg aus dem Ort zu entfernen. Sie haben sich unverzüglich am Treffpunkt Jagdhaus einzufinden, ohne Gepäck, da die Transportmittel beschränkt sind.
2.) Für die Einwohner von Erching gilt die gleiche Verordnung. Jedoch ist ihr Sammelpunkt an dem Treffpunkt Schiffersmühle, und zwar genau eine Stunde nach Ausführung des Befehls, der den Ortsteil Guiderkirch betrifft, damit kein Kontakt mit den Einwohnern der verschiedenen Ortsteile hergestellt werden kann.
3.) Vom jeweiligen Sammelpunkt werden die Ausgewiesenen von der Feldgendarmerie weiterbefördert. Von zwei Panzerwagen begleitet, werden sie aus dem Bereich der Hauptkampflinie gebracht. Über den Bestimmungsort ist ausschließlich die Feldgendarmerie informiert.
4.) Für die Anwohner des Ortsteils Guiderkirch, wo Spionage und Sabotage für die Militäroperationen besonders schwerwiegend waren, ist eine besondere Maßnahme getroffen: Jeder zehnte Mann muss im Dorf zurückbleiben, um der totalen Zerstörung des Ortsteils beizuwohnen. Sie werden die Aufgabe haben, selbst das Feuer zu legen. Nach der Operation werden sie erschossen. In Bezug auf den Ortsteil Guiderkirch widerruft die Verfügung vom 02/027/1945."

Die Granate, welche die Frau getötet hat, hat ihr die Hand abgerissen. Der Ehering, der noch am Finger steckt, lässt keinen Zweifel: Es ist die Hand von Pauls Frau. Seit dem 22. Februar, seit einem Monat schon, ruht Pauls Frau auf dem Friedhof, in aller Eile von Nachbarn beigesetzt. Aber ihre Hand, die linke Hand mit dem Ring, in welchem ihr und Pauls Name eingraviert sind und den sie seit ihrem Hochzeitstag am Finger trägt, diese Hand bleibt im Keller zurück, damit Paul, könnte man fast glauben, sie noch einmal, zum letzten Abschied, in seine Hand nehmen kann.
Paul gräbt mit seinen Händen ein Loch in den Hügel, unter dem seine Elise ruht und legt ihre Hand hinein. Die zwei Pilger, arme, heimatlos

umherirrende Pilger, machen sich wieder auf den Weg, der aus den Ruinen herausführt. Ein Ekel erregender Verwesungsgeruch schwebt über den Ruinen und begleitet die beiden. Tote liegen noch überall unter den Trümmern. Besonders sind es die Kadaver der Tiere, die die Luft verpesten. Überall liegen sie herum, in den Granatenlöchern und Bombentrichtern, unter den eingestürzten Scheunen und Stallungen. Um dem Bild der Zerstörung und des Grauens einen besonderen Stempel aufzudrücken, sind die Mücken da: Legionen von dicken, schwarzgrünlich schimmernden Schmeißfliegen!

Freitag, 23. März 1945

Als es Nacht geworden ist, bleibt uns keine andere Wahl, als im Keller mit den etwa vierzig Überlebenden zu schlafen. Drüben im Garten, unter dem zerschundenen Fliederbusch auf dem Steinhaufen, der von der Gartenmauer übrig geblieben ist, liegt eine „Dreitonnenbombe". Jedes Mal, wenn ich in unserer „Kammer" aus dem „Fensterloch" hinausschaue, fällt mein Blick auf das glänzende Stahlungeheuer. Da überkommt mich stets ein Gruseln: Wenn dieses Ungeheuer, das so herausfordernd in der warmen Sonne blinkt, explodieren würde, bliebe nichts mehr von uns übrig.

Im Laufe des Sommers haben wir dann auch die letzten Opfer unter den Ruinen hervorgeholt. Dafür musste man abwarten, bis ein Entminungskommando kam, um die nicht explodierten Bomben und Granaten zu entschärfen. Dies sind die einzigen Opfer des Befreiungskampfes um unser Dörflein, die begraben wurden, so wie es sich für Christenmenschen geziemt: Mit einem Priester, der die Totenmesse las und dann das „Libera me" anstimmte. Aber genau wie die anderen wurden auch sie in roh zusammengenagelten Kisten in die Erde gebettet.

Jupp Derwall, Jahrgang 1927, Kriegsfreiwilliger, Fußballer, Trainer der Deutschen Fußball-Nationalmannschaft:

„Alemannia Aachen wollte mich haben. Ich sagte: ‚Leute ich komme zu euch. Unter einer Bedingung: Mein Vater muss entnazifiziert werden.'"

Interview

Frage: Sie wuchsen in Würselen in der Nähe von Aachen auf. Die kleine Stadt war 1944 wochenlang heiß umkämpft.

Derwall: Würselen hatte damals 6.000 Einwohner. Etwa dreißig Mal wechselten im Jahr 1944 die militärischen Besatzer. Mal waren es die Amerikaner, die die Stadt erobert hatten, mal die Deutschen. An jeder Tür hing eine Mine. Es gab richtige Straßenkämpfe. Aber das habe ich alles erst später erfahren von Freunden, die mir davon berichtet haben. Einer meiner Freunde hatte durch eine Mine ein Bein verloren.

Frage: Wo waren Sie und wo war Ihre Familie zu dieser Zeit?

Derwall: Mein Vater war bei der Reichsbahn und war nach Cloppenburg versetzt worden. In Würselen gab es keine Bahn mehr. Ich habe mich als Kriegsfreiwilliger gemeldet, weil ich zur Luftwaffe wollte. Ich wollte zum fliegenden Personal. Da musste man erst mal in Celle bei Hannover jede Menge Tests machen. Ich war beim Reichsarbeitsdienst in Altenburg, als ich den Bescheid erhielt, dass ich die Tests bestanden hätte und mich bei der Luftwaffe zur Musterung in Berlin melden sollte. Ich wurde zur Ausbildung zum fliegenden Personal eingeteilt. Das war Ende 1944. Wir wurden von Berlin nach Braunschweig und von da nach Goslar zur Flugzeugführerschule A 52. verlegt. Man hat an der Stimmung gemerkt, dass es mit Deutschland immer mehr bergab ging. Die Luftwaffe wurde nicht mehr so häufig eingesetzt wie früher. Es gab einfach zu viele Abschüsse. Flugstunden im eigentlichen Sinn hatten wir keine. Wir haben nur hinten drin gesessen, in den ME 110 und wie die anderen Flugzeugtypen alle hießen, und haben zugehört, was der Flugzeugführer gesagt hat. Das war Anfang 1945. Die Front kam immer näher. Der Flughafen Goslar wurde total geräumt. Und alles was laufen konnte, wurde in den Harz in Marsch gesetzt. Wir sollten jetzt zu Fuß das Vaterland verteidigen. Unser Zugführer war ein Hauptfeldwebel der Fallschirmjäger, der auch im Kreta-Einsatz dabei gewesen war. Mit dem haben wir uns auch unterhalten und ihn auch fragen können: Was kommt jetzt? Sind wir jetzt Schießbudenfiguren? Lasst mal Jungens, lasst mich mal machen. Wir kommen schon hier gut raus. Dafür will ich sorgen, sagte der. Uns gegenüber lagen die Amerikaner. Wir mussten Waffen und Munition zu einer Waffen-SS-Einheit bringen. Ich bekam von dem SS-Mann eine österreichische Flinte und der SS-Mann erhielt von mir ein MG. Später waren wir in dem Städtchen Elend am Brocken im Harz. In einer Nacht – es war saukalt – waren wir auf dem Brocken und haben wieder mit der SS die Waffen getauscht und sind dann in das Städtchen Elend und quartierten uns in der Schule ein. Einer neben mir sagte: Die Russen sind höchstens einen Kilometer von uns entfernt. Und es hat keine zwei Stunden gedauert, und da waren wir gefangen. Gottlob aber waren es Amerikaner, und nicht Russen. Wir hatten Glück. Ich hatte mich verletzt, eine Wunde am Knie, die ich mir beim Überqueren eines Stacheldrahtzaunes zugezogen hatte. Man brachte mich ins Lazarett, wo meine eiternde Wunde behandelt wurde. Und von dort kam ich in ein Gefangenenlager.

Frage: In welches Lager?

Derwall: Nach Kassel. Es war Ende Februar oder Anfang März 1945. Es regnete. Wir lagen im Freien auf Wiesen im Schlamm. 6.000 Gefangene waren in dem Lager. Es gab kaum was zu essen. Viele erkrankten an Ruhr. Jeden Tag starben mindestens zehn Gefangene. Plötzlich hieß es, es würden Bergleute für die französischen Kohlegruben gesucht. Und da habe ich mich mit zwei anderen Kameraden gemeldet. Ich war kein Bergmann. Ich sagte mir, nur weg hier, hier musst du raus. Wir wurden in offene Güterwagen gepfercht. Nach einer Nacht und einem Tag, die wir irgendwo auf einem Gleis standen, fuhr der Zug los in Richtung Frankfurt. Einige wollten abhauen. Die sprangen aus dem Waggon. Sie wurden sofort von der US-Militär-Polizei festgenommen. Und zur Strafe mussten die ein Grab schaufeln.

Jupp Derwall

Frage: Die Militär-Polizei zwang sie ihr eigenes Grab zu schaufeln?

Derwall: Ja. Ich sagte zu meinen Kameraden: Ich glaube nicht daran, dass die Amerikaner die Leute erschießen. Das können die Amis sich nicht erlauben. So war es dann auch. Die mussten ihr Grab wieder zuschaufeln und in die Waggons zurückkehren. Das war irgendwo auf freier Strecke zwischen Fulda und Frankfurt. Der Zug fuhr weiter. Ich sagte zu meinen Kumpels: Wenn wir jetzt nichts unternehmen, sind wir bald in Frankreich. In der Abenddämmerung sind wir dann über die Wände des Güterwagens geklettert und aus dem fahrenden Zug gesprungen und haben uns von einer Rasenböschung runterrollen lassen. Wir fanden ein Haus, in dem Licht brannte. Eine alte Frau öffnete und sagte: Kommt rein. Mein Mann und meine Söhne sind auch im Krieg. Die Frau gab uns Zivilkleidung. Die holte alles, was ihrem Mann und ihren Söhnen gehörte, raus und kleidete uns ein. Wir blieben zwei Tage dort. Wir sind dann von Bauernhof zu Bauernhof immer Richtung Norden durch den Taunus Richtung Siegen gewandert. Dort war ein großes Lager mit russischen Gefangenen. Die Frauen in den Bauernhöfen waren froh, wenn wir kamen. Die hatten unter den Russen, die ja nun freigelassen waren, zu leiden.

Frage: Gab es Vergewaltigungen?

Derwall: Ja. Die Frauen lebten in Angst. Irgendwann sind wir dann weitermarschiert, in Richtung Hagen. Dort griffen uns die Amerikaner auf und nahmen uns mit.
Frage: Wurden Sie nun wieder gefangen genommen?
Derwall: Ja, man brachte uns in ihr Quartier. Da habe ich Schuhe geputzt für die Amerikaner und Hilfsdienste verrichtet. Das gefiel ihnen ganz gut. Aber eines Tages sagten meine zwei Kumpels: Jetzt hauen wir ab. Ein amerikanischer Militärlaster nahm uns mit Richtung Hagen. Einer der Kameraden ist abgesprungen. Er war aus dem Rheinland. Er wollte nach Köln. Wir sind dann – meistens zu Fuß – bis Osnabrück. Da hat sich mein zweiter Kamerad verabschiedet. Mit Jochen aus Hamburg bin ich weitermarschiert. Er wollte nach Hause nach Hamburg. Ich bin weiter bis nach Cloppenburg, wo meine Eltern evakuiert waren.
Frage: Wo waren Sie am 8. Mai, als der Krieg offiziell zu Ende war.
Derwall: Bei einem Bauern in der Nähe von Bremen. Für den habe ich den Milchwagen in die Meierei gefahren. Ich habe gearbeitet, um was zu essen zu bekommen.
Frage: Bevor Sie sich als Kriegsfreiwilliger meldeten, waren Sie, wie alle damals, bei der Hitlerjugend, genauer, bei der so genannten Flieger-HJ. Und während ihrer Jugend haben Sie jede Menge nationalsozialistische Propaganda über sich ergehen lassen müssen. Nun war der Krieg vorbei und Deutschland lag in Trümmern. Und von den Nazis wollte plötzlich keiner mehr was wissen. Und keiner wollte dabei gewesen sein. Was haben Sie da empfunden?
Derwall: Auf der einen Seite hat uns das bei der Hitlerjugend Spaß gemacht. Auf der anderen Seite war das Betrug an uns selbst. Natürlich haben wir im Freundes- und Familienkreis nach dem Krieg darüber diskutiert. Aber es war kein großes Thema. Man wollte vergessen und neu aufbauen. Man half sich gegenseitig. Man hat das Gefühl gehabt: Jetzt ist alles vorbei. Und jetzt fangen wir neu an. Meine Eltern waren

 national-konservativ. Mein Vater schwebte während der Nazizeit zwischen Himmel und Erde. Er war Bahnbeamter, also angestellt beim Staat. Er hat die Nazis nicht verteidigt. Er hat vielen Menschen in der Not geholfen. Vor allem älteren Leuten. Er hat dafür gesorgt, dass die Menschen in den zerschossenen Häusern wieder ein Bett bekamen und Baumaterial. Er hat geholfen und war immer unterwegs. Nach dem Krieg versuchte er, sich entnazifizieren zu lassen. Er wurde nicht entnazifiziert, weil jemand gesagt hatte, mein Vater habe Uniform getragen und sei ein großer Nazi gewesen. Das war aber nicht so. Mein Vater hatte seine Reichsbahn-Uniform getragen. Aber sein Bruder war Fahnenträger beim Reichsparteitag in Nürnberg gewesen. Der Mann, der meinen Vater beschuldigt hatte, war der Bruder des Bürgermeisters in Würselen. Es kehrte trotzdem so was wie Normalität ein. Wir versuchten die zerstörten Häuser wieder aufzubauen. Die kleine Stadt sah furchtbar aus. Die Menschen rückten zusammen. Man half sich gegenseitig.

Frage: Wann fingen Sie wieder an, Fußball zu spielen?

Derwall: Das war 1946. Die Kriegsgefangenen kamen langsam nach Hause. Wir spielten gleich wieder bei Rhenania Würselen und zwar sehr erfolgreich. Wir hatten gute Spieler. Einer hatte bei St. Pauli gespielt, einer bei Rapid Wien. Und ich war das Küken unter denen, der Jüngste. Aber ich habe viele Tore gemacht. Wir sind aufgestiegen bis in die Oberliga West. Das war damals die höchste Spielklasse. Aber zuerst mussten wir mal unseren Platz herrichten. Ich habe mit einem Mitspieler unseren Fußballplatz von den Granatsplittern gesäubert, die überall rumlagen. Wir fanden sogar eine Granate, etwa 40 Zentimeter lang. Wir haben eine Schubkarre geholt und das Ding weich auf Draht gelegt und weggefahren. Unser Eröffnungsspiel machten wir gegen Schalke 04, gegen die Fußballlegenden Szepan umd Kuzzora. Wir haben das Rückspiel in Schalke 3:2 gewonnen. Ich habe alle drei Tore geschossen. So kommt man natürlich ins Gespräch. Dann kam die Alemannia Aachen. Und wollte mich unbedingt haben. Ich war bei den Zuschauern zu Hause in Würselen sehr beliebt. Trotzdem sagte ich zu: Leute, ich komme zu euch. Unter einer Bedingung. Mein Vater muss entnazifiziert werden. Und ich brauche eine Wohnung mit einem Schlafzimmer für meine Eltern. Das haben die dann auch gemacht. Und ich bin zu Alemannia Aachen. Aber in Würselen fanden sie das gar nicht gut, dass ich zum Erzrivalen wechselte. Man hielt mich für einen Verräter.

Frage: Und wie ging das aus mit der Entnazifizierung Ihres Vaters?

Derwall: Das ging gut aus. Mein Vater wurde entnazifiziert. Von da an bekam er Rente. Das war lebenswichtig. Und ich arbeitete in einem Ingenieurbüro als technischer Zeichner. Aber der Fußball war mein Leben.

372 Harry Leist, Jahrgang 1929, Hitlerjunge, Bundesbahnamtmann:

„Der Leutnant stürzte getroffen vom Pferd. Die Partisanen wollten ihn erschießen.“

Dieter Gräbner

Harry Leist, 75, ist vermutlich der jüngste Deutsche, der im Zweiten Weltkrieg mit dem EK 2 „ausgezeichnet“ wurde. Genau genommen, ist er nicht ausgezeichnet worden, sondern ein verwundeter Leutnant hat ihm den Orden geschenkt, weil er ihm das Leben gerettet hat. Es war im März 1945.
Harry Leist war gerade 15 Jahre alt. Und wie Hunderttausende im Osten des vormals Großdeutschen Reiches auf der Flucht vor der russischen Armee. Und immer wieder dazwischen die langen Kolonnen der deutschen Wehrmacht. Harry hatte sich einer bespannten Artillerieeinheit angeschlossen, die Richtung Westen unterwegs war. Die Trosswagen wurden von Pferden gezogen. Harry Leist war Hitlerjunge, aber kein Soldat. Fast sechs Wochen war er jetzt schon unterwegs. Weil russische Artillerie die Straße zu seinem Heimatdorf Gornitz beschoss und er nicht mehr zurückkonnte, war er auf der Flucht. Auf einer Zwischenstation fragte ihn ein junger Leutnant: „Kannst du reiten?“ Harry war in Gornitz in Ostpommern auf einem landwirtschaftlichen Nebenerwerbsbetrieb aufgewachsen. In der Hitlerjugend, bei der HJ, hatte er schießen und reiten gelernt. Der Leutnant sagte: „Wir müssen die Pferde bewegen. Die stehen sich die Beine in den Bauch.“ Sie ritten in ein Waldstück. Und wurden von polnischen Partisanen unter Feuer genommen. Der Leutnant stürzte vom Pferd. Wie sich später herausstellte, war seine Lunge getroffen worden. Er blutete, war aber bei Bewusstsein. Harry Leist hatte es ebenfalls erwischt. Oberschenkeldurchschuss. Die Partisanen kamen aus dem Wald. Einer fragte Harry erstaunt: „Mensch, wo kommst du denn her?“ Der Mann war als polnischer Zwangsarbeiter auf einem Bauernhof in

Gornitz, dem Heimatort von Harry Leist, gewesen. Dem Mann und den anderen polnischen Zwangsarbeitern ging es dort nicht gut. Der Bauer war ein Leuteschinder. Später wurde er deswegen von ehemaligen polnischen Zwangsarbeitern erschossen. Harrys Mutter hingegen hatte dem Mann geholfen, sogar einen Volksempfänger hatte sie ihm gebracht, damit er Nachrichten hören konnte. Harry hatte sich mit dem Mann sogar angefreundet. Und nun trafen sie sich hier wieder. Die Partisanen wollten den Leutnant erschießen, ließen dann aber davon ab. Harry kletterte mit seinem zerschossenen Bein wieder auf das Pferd. Und nahm den blutenden Leutnant vor sich. Sie ritten ohne Sattel zurück. Der Leutnant kam in ein Lazarett. Harrys Wunde heilte schnell. Der Leutnant schenkte Harry sein EK 2. Zum Hauptmann sagte er: „Weil der Junge mir das Leben gerettet hat, hat er einen Orden verdient.“ Harry trug die Ordensschleife stolz an seinem Hitlerjugendhemd.

Harry Leist hat diese Begebenheit beinahe vergessen, als er über seine abenteuerliche Flucht vor den Russen und das Schicksal seiner Familie berichtet: „Da kommt so viel zusammen, so viel ist passiert. Wo fängt man da an?“ Harry spricht bedächtig und langsam. Jedes Wort wägt er ab. Und dann erzählt er was heute so ungeheuerlich erscheint, was damals aber, damals kurz vor Kriegsende, Hunderttausende so oder so ähnlich erlebten: „Ich habe zwei Brüder. Mein Bruder Gerhard wurde 1921 geboren. Er fiel 1944 in den Ardennen bei der Rundstedt-Offensive. Mein Bruder Joachim, geboren 1927, kam in russische Gefangenschaft, wurde 1946 entlassen. Wir hatten einen kleinen Bauernhof in Gornitz, wo ich auch geboren wurde. Ich war 1944 Metallflugzeugbauer-Lehrling bei der Firma Messerschmidt in Schneidemühl. Dort wurde der erste Düsenjäger gebaut, der hieß ME 262. Der wurde bei uns auch eingeflogen. Der Flugplatz Schneidemühl gehörte zu dem Werk. Mein Vater war Maurer, Fliesenleger und Ofensetzer. Der war ständig fort. Und von der Front merkten wir Anfang 1945 nur etwas durch die vielen Flüchtlingstrecks, die durchzogen und bei uns übernachten wollten. Eine Frau mit ihrer Tochter hatte einen Planwagen, der war fast leer. Die wollte unbedingt, dass wir mitkommen. Meine Mutter aber wollte bleiben. Vor allem, weil ja mein Vater nicht gewusst hätte, wo wir zu finden sind. Mein Vater war herzkrank, deswegen war er nicht Soldat. Aber er baute in Wolfsburg mit am neuen VW-Werk. Ende Januar 1945 sollten sich drei Männer zum Volkssturm melden. Die fuhren mit dem Pferdeschlitten Richtung Schneidemühl. Meine Mutter sagte, ich solle mitfahren, mein Fahrrad mitnehmen und in Schneidemühl meine Sachen holen und wiederkommen. Doch schon vor Schneidemühl wurde die Straße von den Russen mit Artillerie beschossen. Die Männer sagten: „Junge, setz dich auf dein Fahrrad und fahr heim. Mach, dass du weg kommst."

Harry versuchte das. Unterwegs traf er eine Kindergartenschwester aus seinem Heimatort. Die nahm er auf seinem Fahrrad mit. Sie saß auf dem Sattel – einen Gepäckträger hatte das Rad nicht – und Harry trat stehend in die Pedale: „Plötzlich ein Rauschen in der Luft. Mindestens zehn russische Panzer schossen auf einen Flüchtlingszug, etwa 400 Meter entfernt. Die trafen die Lok. Die explodierte und flog in die Luft. Die Flüchtlinge stürzten raus und warfen sich in den Schnee." Harry und die Kindergärtnerin konnten fliehen und schlossen sich der bespannten Artillerieeinheit an, deren Leutnant ihm später sein EK 2 schenkte. Harry legte sein Fahrrad auf einen Wagen. Es sollte ihm später noch gute Dienste leisten. Die Russen kamen immer näher. Ein Soldat fragte Harry: „Jung, du kennst dich doch hier aus. Wie kommen wir jetzt hier weg." Harry führte sie die nächsten Tage, immer Richtung Westen, Richtung Stettin. Sechs Wochen lang war er mit der Einheit unterwegs. Anfang März lagen sie vor Stettin. Harry war 15 Jahre alt. Er wusste nicht, was aus seiner Mutter geworden war. Und auch nichts über den Vater und die Brüder. Bei den Soldaten fühlte er sich sicher: „Das war besser als auf so einem Planwagen der vielen Flüchtlingstrecks", erinnert er sich. „Ich trug die Winteruniform der

Harry Leist: Ausweise und Dokumente aus einer schweren Zeit

Hitlerjugend, hatte die Bluse, eine dicke Skihose und feste Schuhe an ... Zu essen hatten wir satt. In den verlassenen Bauernhöfen fand man genug, was die Flüchtlinge nicht mitgenommen hatten. Überall waren Flüchtlingstrecks unterwegs. Einen überholten wir, der aus unserem Ort war. Die wollten mich auch mitholen.

Aber ich blieb lieber bei den Soldaten. Dann kam der Hauptmann und sagte: ‚Harry, wir müssen an die Front. Wenn du bei uns bleiben willst, müssen wir dich einkleiden. Wenn die Russen dich so erwischen, wirst du sofort erschossen. Du musst eine Uniform anziehen.‘ Ein Soldat, dem ich geholfen hatte, das Sattelzeug für die Pferde in Ordnung zu halten, sagte: ‚Junge, sei nicht so blöd. Setz dich auf dein Fahrrad und fahr gen Westen.‘ Der packte mir noch Brot und Wurst in den Rucksack. Ich fuhr mit dem Fahrrad nach Stettin und meldete mich bei einer Stelle, die sich um Flüchtlinge kümmerte. Die gaben mir einen Freifahrschein nach Recklinghausen. Dort wohnte meine Tante. Ich fuhr mit einem Güterzug, saß im Bremserhäuschen. In dem Bremserhäuschen saß auch noch ein Süßwassermatrose. Bei einer Kontrolle auf einem Bahnhof nahmen ihn die Kettenhunde, die deutsche Feldgendarmerie, fest. Mein Fahrrad war auf dem Tender der Lok. Bei Diepholz war Fliegeralarm. Alles raus aus dem Zug, hieß es. Das dauert bestimmt eine Stunde. Ich hing meinen Rucksack, in dem die Wurst und das Brot waren, auf einen Zaun. Auf einmal hieß es: Der Zug fährt weiter. Ich sprang rauf auf den Zug. Und da fällt mir ein: Der Rucksack! Ich sprang wieder runter, um meinen Rucksack zu holen. Da war der Zug weg und mein Fahrrad auch."

Im März 1945 kam Harry Leist in Recklinghausen an. Dort erhielt er die Nachricht, dass er nun Soldat werden sollte und sich zur Musterung in Ahlen/Westfalen einfinden sollte. Harry erinnert sich: „Wir waren zu zweit. Ein Kamerad und ich, der ebenfalls einrücken sollte. Wir gingen zu Fuß. Es dauerte zwei Tage bis wir in Ahlen waren. Wir waren drei Stunden dort – dann war der Ami da. Wir sind nicht verhaftet worden. Wir sind zu Fuß wieder zurück nach Recklinghausen. Es ging uns ja nur ums Überleben. Meine Tante hatte drei Jungens in meinem Alter. Ihr Mann war in Gefangenschaft in Norwegen. Wie sollte die uns durchbringen? Das war unmöglich. Ich ging zum Bauern arbeiten. Ich kannte mich ja ein bisschen in der Landwirtschaft aus. Zu Hause hatte ich melken gelernt. Es gab zu essen und ein paar Mark Taschengeld." Beim Bauern wollte Harry nicht bleiben. Das war keine Arbeit für ihn. Aber wohin? Es war 1947.

Arbeitslosigkeit überall. Deutschland in Trümmern: „Ein Freund und ich beschlossen: Wir gehen in die Fremdenlegion. Wir waren abenteuerlustig. Dort gab es was zu essen. Wir sind schwarz über die Grenze in die französische Besatzungszone. Im Rekrutierungsbüro wies mich der Offizier ab, weil ich in meinem Ausweis mein Geburtsjahr gefälscht hatte. Ich hatte aus 1929 das Jahr 1928 gemacht. Der Offizier meinte, ich sei zu jung. Mein Kumpel war älter. Der sagte:

'Wenn du nicht gehst, gehe ich auch nicht.' Wir fuhren nach München, weil wir dachten, dort würden wir leichter Arbeit finden. Und außerdem wollten wir Deutschland kennen lernen. Wir arbeiteten im Stollenbau am Walchensee. Bei einem Besuch in Berlin bei einer Tante erfuhr ich dann, dass meine Eltern erschossen worden waren. Man fand sie tot im Keller unseres Hauses. Man hatte sie im Garten beerdigt." 1990 hat Harry Leist mit seinem Sohn Harry und seinem Bruder Joachim seinen Heimatort besucht. Gornitz war nun polnisch und hieß nun Gornica: „Das Haus stand noch genau so, wie wir es verlassen hatten. Es sah elend aus. Es war an dem Haus, seitdem wir es verlassen hatten, nichts gemacht worden. Aber in dem Haus, da wohnten feine Leute. Die waren sehr freundlich. Die waren selbst vertrieben worden. Sie kamen aus der Gegend um Lemberg. Dass in dem Garten meine Eltern beerdigt waren, wussten die neuen Bewohner nicht. In der Ecke des Gartens stand ein Apfelbaum. Da hatten wir als Kinder unser Kätzchen beerdigt, das von einem Huhn totgepickt worden war. Wir hatten ein kleines Kreuz gebastelt. Und auf ein Schild geschrieben: Hier ruht in Gott unser Kätzchen. Meine Mutter hatte sich fürchterlich aufgeregt: 'Ein Kätzchen kann nicht in Gott ruhen. Das ist Gotteslästerung.' Wir sollten schreiben: Hier ruht in Frieden unser Kätzchen. Dort, wo wir unser Kätzchen damals beerdigt hatten, hatten sie nun meine Eltern begraben. Die Russen hatten nicht zugelassen, dass meine Eltern auf dem Friedhof bestattet wurden."

Harry Leist zündet sich die vierte Zigarette an: „Das regt mich alles so auf, wenn ich daran denke. Da muss ich was rauchen." Dann erzählt er weiter: „Ich bin dann aus München weg, nach Rheinland-Pfalz." Die Franzosen nahmen inzwischen Vertriebene auf. Harry Leist fand zunächst eine Stelle bei einer Metallbaufirma. Die nächste Station war ein Montage-Job in Luxemburg bei der Eisenbahn. 1954 lernte er Sigrid, seine spätere Frau, kennen. Und schließlich fand er eine Anstellung bei der Deutschen Bundesbahn, zunächst als „Bahnunterhaltungsarbeiter" und bekam die Chance, noch einmal die Schulbank zu drücken: Er absolvierte eine ingenieurähnliche Ausbildung, machte Karriere, wurde schließlich „technischer Bundesbahnamtmann“. Er baute ein Einfamilienhaus: „allein, nur ein Maurer half mir.“ Seinem Arbeitgeber macht er das große Kompliment: „Was ich habe, was ich kann, verdanke ich der Bundesbahn.“ 1988 wurde er pensioniert. Was man wieder aus ihm herausfragen muss, ist dies: Harry Leist hat sich immer schon für andere engagiert und eingesetzt: „Ich bin ein sozial eingestellter Mensch.“ 20 Jahre lang war er Ortsvorsitzender der Pommerschen Landsmannschaft. 20 Jahre war er als SPD-Mitglied und später für die UBM (Unabhängige Bürgervertretung Maximini) im Ortsbeirat von Trier-Zewen. Er war Betreuer am Vormundschaftsgericht, war zehn Jahre lang Ortsvorsitzender der AWO (Arbeiterwohlfahrt), vertrat die Interessen von alten Menschen und war Jugendschöffe am Amtsgericht in Trier. „Das habe ich aber aufgegeben, als ich 70 Jahre alt wurde.“ Und heute? Harry Leist sagt: „Pensionär ist der beste Job.“ Er kümmert sich noch ein wenig um seinen Garten. Und beklagt, wenn man ihn nach einem Lebensfazit fragt, die Kälte und Oberflächlichkeit der heutigen Gesellschaft: „Es war früher anders. Im Krieg und danach. Da war Solidarität. Man hat sich geholfen. Und die Familien hielten zusammen. Da haben alte Menschen in den Familien gelebt, egal, ob sie eine Rente hatten oder nicht. Und heute. Da werden sie abgeschoben ins Heim. Keiner hat mehr Zeit für den anderen.“

Holger Börner, Jahrgang 1931, Hitlerjunge, SPD-Politiker, ehemaliger Hessischer Ministerpräsident: ***„Erfahrungen sind nicht vererbbar. Jede muss neu gewonnen werden.“***

Dieter Gräbner

1947, zwei Jahre nach dem Kriegsende, war Holger Börner 16 Jahre alt. Er war mit der Mittelschule fertig, hatte das Zeugnis der Mittleren Reife. Und wäre gerne Journalist geworden. Dass aus diesem Wunsch nichts werden konnte, obwohl sein Deutschlehrer für ihn schon erfolgreich wegen eines Praktikums bei der damaligen Kasseler Zeitung nachgefragt hatte, hatte einen einfachen Grund. Holger Börner, war der „Mann in der Familie“. Sein Vater, ein aktiver Sozialdemokrat, war zwischen 1933 und 1936 für seine Überzeugung zwei Jahre in einem Konzentrationslager eingesperrt, bevor er für Führer, Volk und Vaterland für die Organisation Todt in Russland Straßen bauen musste und bei einem Partisanenangriff bei Smolensk getötet wurde. Holger Börner war der Älteste von drei Geschwistern und musste der Mutter helfen, die Familie durchzubringen. Die Konsequenz für ihn war: „Für ein Praktikum bei der Zeitung und den Besuch einer weiterführenden Schule gab es kein Geld. Und Geld brauchten wir dringend.“

Holger Börner

Er ging auf den Bau. Da wurden junge Leute gesucht, die zupacken konnten und machte einer Lehre als Betonfacharbeiter. Seine Mutter erhielt keine Rente. Der Tod ihres Mannes wurde als Unfall eingestuft:

„Und 1945 gab es die Unfallversicherung in Berlin nicht mehr", erinnert sich Börner. „Meine Mutter kämpfte zwei Jahre und gewann schließlich. Aber bis dahin lebten wir in bitterer Not. Ich ging auf die Roggenfelder Ähren sammeln, die wir zu Hause mahlten. Davon, und was wir sonst noch irgendwie hamstern konnten oder in unserem Garten anbauten, ernährten wir uns. Die Not war überall. Im Winter hatten wir kein Brennmaterial." Hunderttausende waren damals unterwegs, gingen hamstern, tauschten, was sie noch besaßen, gegen Fett und Kartoffeln. Und wer nicht „organisierte", Kohlen von den Güterwagen oder Zuckerrüben aus den Feldern stahl, hatte kaum Überlebenschancen. „Wer diese Zeiten nicht erlebt hat, wird es nicht nachempfinden können", erinnert er sich. Börner zitiert den Kölner Kardinal Frings, der sagte: „Mundraub ist eine lässliche Sünde."

Der Tod des Vaters, den er verehrte, war für ihn, „ein einschneidendes Erlebnis, das mich prägte." Börner machte die üblichen Stationen der Jugendlichen von damals durch. Er war im Jungvolk und fand das toll: „Wir haben da Soldatenspiele gemacht, stramm gestanden und sind marschiert. Von politischer Indoktrination habe ich nichts gemerkt." Nur in der Schule, so erinnert er sich, wurde viel „dummes Zeug erzählt." „Die Wiege der Menschheit", so erklärte es der Lehrer, „das war Germanien und Germanien hatte seinen Ursprung in der Lüneburger Heide."

Von Römern und Griechen, von der Geschichte des Abendlandes, aber auch von Literaten wie zum Beispiel Friedrich von Schiller – erfuhr er erst in der Nachkriegszeit in der Mittelschule. „Das hat meinen Lesehunger geweckt." Überhaupt die Schule damals. Er hat nachgerechnet, dass er gemessen an heutigen Verhältnissen „insgesamt nur fünf Jahre ‚bedingt durch Krieg und Nachkriegszeit' die Schule besucht hat". Dass er, der Autodidakt, dann trotzdem seinen Weg als Politiker machte, verdankt er sicher seinem unverbrüchlichen „Glauben an soziale Gerechtigkeit" und seiner Überzeugung und Bereitschaft, dafür auch „politisch zu kämpfen".

Schon in den 30er Jahren, noch als Kind also, wurde er Augen- und Ohrenzeuge von Übergriffen der SA. Sein Vater wurde brutal misshandelt, „nur weil er Sozialdemokrat war." Auch in Kassel zog der braune Mob grölend und marschierend durch die Stadt. Es gab schlimme Straßenschlachten. Gewaltexzesse. Vor allem gegen Juden. 1939, die Reichskristallnacht. Auch in Börners Heimatstadt brannte die Synagoge und wurden jüdische Geschäfte geplündert. Aber auch Übergriffe und Verfolgung von politisch Andersdenkenden waren an der Tagesordnung. Und später fast jeden Tag Bombenangriffe, Fliegeralarm. Er erlebte als Zwölfjähriger den schlimmen Bombenangriff am 23. Oktober 1943 auf Kassel, bei dem über 10.000 Menschen ums Leben kamen und die Stadt in Schutt und Asche gebombt wurde: „Das waren entsetzliche Bilder, die ich nicht mehr vergessen kann. Kassel war Rüstungszentrum. Henschel baute den Tigerpanzer. In Kassel liefen der Fieseler Storch und die Stukas vom Band. 50.000 Fremdarbeiter hausten hier in Baracken unter ganz erbärmlichen Verhältnissen. In der Stadt lagen die Toten herum.
Rauchende Trümmer, Menschen, die verzweifelt ihre Angehörigen suchten und Rettungsmannschaften, die die Verschütteten zu bergen versuchten. Nichts war mehr, wie es war."
Was macht ein Halbwüchsiger nach der Kapitulation am 8. Mai 1945, der die Furie des Bombenkrieges erlebte, dessen Vater als aktiver Sozialdemokrat verfolgt und in Russland getötet wurde und der mit seiner Mutter und seinen jüngeren Geschwistern nächtelang im Keller saß? Und der – für heutige Verhältnisse unvorstellbar – die Familie miternähren und dafür die Schule zurückstellen und auf die Ausbildung in seinem Wunschberuf verzichten muss? Er hat eigentlich gar keine Zeit zum Nachdenken und zum Besinnen auf sich selbst. Im Elternhaus, das schwer beschädigt ist und in dem jetzt Rollglas, wie es damals üblich war, die zerstörten Scheiben ersetzt, leben seine Mutter, seine sechs Jahre jüngere Schwester Gertrud und sein drei Jahre jüngerer Bruder Karl und viele fremde Menschen. „Wir lebten

 in einer Dreizimmerwohnung mit 15 Personen. Und abends kamen immer noch Fremde, die fragten, ob sie bei uns schlafen könnten.“ Börner erinnert sich an die Hilfsbereitschaft und Solidarität unter den Menschen, die so „beispielhaft war, wie wir sie schon lange nicht mehr kennen.“ Geprägt durch sein sozialdemokratisches Elternhaus suchte er sofort nach dem Krieg Kontakt zur SPD: „Ich wurde in die SPD hinein geboren. Schon mein Großvater musste vor den von Bismarck durchgesetzten Sozialistengesetzen aus Berlin fliehen. Er und mein Vater waren meine Vorbilder.“ Schon 1946 gehörte er zu den Jungsozialisten. 1948 wurde Holger Börner Mitglied der SPD und mit 18 Jahren war er bereits Mitglied im Exekutivrat der Sozialistischen Jungen Internationale und im SPD-Ortsvorstand in Kassel. Er engagierte sich in der Gewerkschaft, war Hilfspolier und Betriebsrat, bevor er 1957 als jüngster Abgeordneter in den Deutschen Bundestag gewählt wurde. Er hat als Hessischer Ministerpräsident den umstrittenen Ausbau des Frankfurter Flughafens durchgesetzt und die rot-grüne Koalition im Hessischen Landtag zusammengeschmiedet. Zurückblickend auf die wilden Kriegs- und Nachkriegsjahre und seine politische Tätigkeit zieht er heute eine weitgehend resignierende Bilanz: „Erfahrungen sind nicht vererbbar. Jede muss neu gewonnen werden. Bestimmte Werte, für die ich gekämpft habe, sind heute leider nicht mehr gefragt. Ich bedaure, dass die nachfolgenden Generationen zu anderen Schlüssen kommen als wir, die wir den Krieg erleben mussten. Als nach dem Krieg in den 50er Jahren die Bundeswehr wieder ausgebaut wurde, wusste ich, dass alle Bundeswehr-Generale den Krieg erlebt und überlebt hatten. Die wollten keinen Krieg mehr. Wenn ich mich heute mit Offizieren unterhalte, plädieren viele für eine Interventionspartei. Beispiel Sozialpolitik: Ich war immer der Meinung, dass es eine soziale Gerechtigkeit geben muss. Dafür hat die SPD gekämpft. Heute haben wir die Macht der Lobbyisten. Und die Politik haut ihnen nicht auf den Kopf. Wenn es nach mir ginge, müssten alle

Unternehmer, die hier keine Steuern zahlen und ihren Betrieb ins Ausland verlagern, in die entsprechenden Länder folgen. Mitsamt ihren Familie nach Polen oder nach Südostasien. Da würden sie spüren, was sie den kleinen Leuten zumuten. Wenn die einen Ingenieur auf die Philippinen schicken und dem passiert was, dann sagen sie: Wir bedauern sehr. Aber wenn die Chefs selber mitgehen müssten, würden sie anders entscheiden."

Sechzig Jahre nach dem Krieg und nach 60 Jahren Frieden in Europa sagt der Skeptiker Holger Börner: „Ich möchte allen Jüngeren, meinen Kindern und Enkeln wünschen, dass ihnen erspart bleibt, was wir erleben mussten."

Rosalinde Jahr, Jahrgang 1931, Balletttänzerin, Hausfrau:

„Der Vorgesetzte schrieb: ‚So wird sein Geist in der Kompanie weiterleben, als ewiger Mahner deutscher Treue.'"

Dieter Gräbner

Am 2. Juli 1944 erhielt Rosalinde Jahr, damals dreizehn Jahre alt, die letzte Feldpost von ihrem Bruder Hans. Der war während eines Einsatzes für den Reichsarbeitsdienst (RAD) in St. Avold zur SS-Panzerdivision Götz von Berlichingen eingezogen und nach seiner Grundausbildung in die Normandie abkommandiert worden. Drei Tage später, am 5. Juli 1944, fiel ihr Bruder für „Führer, Volk und Vaterland", wie es damals pathetisch hieß. Er war 19 Jahre alt. „Wir haben uns beide sehr gut verstanden", erzählt sie „wir waren ein Herz und eine Seele. Und haben uns geschrieben, so oft, wie es eben ging. Und wenn er zu Hause auf Urlaub war, ging er mit mir ins Kino. Wir waren in dem Film ‚Die schwarze Spinne'. Da durfte ich eigentlich noch gar nicht rein, weil ich noch nicht alt genug war. Er sagte ‚Ich gehe in Uniform. Da fragt uns dann niemand, wie alt du bist.'" Ihr Bruder fragt in seinem letzten Brief nach einem Kätzchen, das gestorben war und über das die kleine Rosalinde ihrem Bruder geschrieben hatte: „Was hat denn die Mieze gemacht, dass sie nicht mehr lebt. Schade um das schöne Tierchen. Ich habe mir hier auch einen kleinen Hund angeschafft. Der ist genau so groß wie deine kleinen Kätzchen. Mit dem habe ich auch viel Spaß. Ins Kino werden wir beide wieder gehen, wenn ich nach Hause komme ... Sei vielmals gegrüßt von deinem Bruder Hans ..." Die Nachricht, dass ihr Bruder Hans, den „Heldentod fand" kam wenige Wochen später. Im von SS-Ober- und Stabsscharführer Georg Wagner an die Eltern adressierten Brief, Datum 11.7.44, heißt es „... habe ich heute die schwere Pflicht zu erfüllen, Ihnen von dem Heldentod Ihres Sohnes Mitteilung zu machen. Bei den schweren Kämpfen im Raume von Carentan fiel Ihr Sohn Hans getreu seinem Fahneneid am 5.7.1944 für sein Vaterland. Ihr Sohn Hans war als Unterführer immer bestrebt, seinen ihm unterstellten Männern ein Vorbild von Treue und soldatischer Pflichterfüllung zu geben. So wird sein Geist in der Kompanie weiterleben als ewiger Mahner deutscher Treue ... Die Kompanie wird ihm stets ein ehrendes Andenken bewahren. Möge die Gewissheit, dass Ihr Sohn ‚Hans' sein Leben für die Größe und Bestand von Führer, Volk und Reich hingegeben hat, Ihnen ein Trost in dem schweren Leiden sein, das Sie betroffen hat ..." Der Tod des Bruders war ein tiefer Einschnitt im Leben von Rosalinde Jahr und traf sie „wie ein Keulenschlag". Zum ersten Mal spürte sie die Brutalität des Krieges, der für sie in ihrer kindlichen Fantasie weit weg war, auch wenn die Bombenangriffe zu Hause immer häufiger wurden. Und sie erinnert sich, dass ihr Bruder, „der von sich selbst sagte: ‚Ich bin Christ und Katholik' in einem seiner vielen Briefe schrieb: ‚Christus hat viel gelitten. Aber er war nicht bei der SS'." Was er damit meinte, ob er Schwierigkeiten mit seinen Vorgesetzten hatte oder die rassistischen Parolen nicht mehr ertrug – darüber grübelt sie heute noch. Zunächst konnte und wollte sie nicht daran glauben, dass „er tot war, dass er nicht mehr wiederkommen sollte." Sie streute Sand auf die Fensterbank des Häuschens in Luisenthal bei Völklingen, in dem sie mit ihren Eltern lebte, und schrieb mit den Fingern in den Sand: Hans kommt bald. Doch bald stand auch in der Zeitung, dass Hans tot war und nie mehr heimkommen würde. Und damit war es wohl endgültig wahr, dass er nie mehr wiederkommen würde. Die Eltern gaben eine Traueranzeige auf, in der es hieß: „Statt des erhofften Wiedersehens erhielten wir die schmerzliche Nachricht, dass unser lieber, einziger Sohn und Bruder Hans Schwarz, Unterführer in einer SS-Panzerdivision, im Alter von 19 Jahren und 7 Monaten im Westen am 5. Juli den Heldentod fand. Wer ihn gekannt, weiß, was wir verloren. In tiefer Trauer: Joh. Schwarz und Frau Käthe, geb. Schuh, Geschwister

 Elfriede und Rosalinde, nebst allen Anverwandten, Luisenthal, Albertstraße 2, 26. Juli 1944. Seelenamt Montag, den 31. Juli." „Er war so ein toller Kerl", sagt die Schwester, „groß, gutaussehend, hilfsbereit. Er war musikalisch. Im Jungvolk spielte er die Querflöte im Spielmannszug. Seine Lehre als Technischer Zeichner musste er wegen des Krieges abbrechen. Ich kann ihn nicht vergessen, bis heute nicht. Manchmal muss ich weinen, wenn ich heute an ihn denke. Meine Mutter kam über den Tod ihres Sohnes ebenfalls nicht hinweg. Heute würde man sagen; sie hatte Depressionen. Der Pastor kam und redete mit ihr. Er hat ihr gesagt: Sie haben noch eine kleine Tochter. Und dann kümmerte sie sich wieder mehr um mich." Der Krieg und der Nationalsozialismus mit seinen fürchterlichen Konsequenzen waren in ihrem Elternhaus in Luisenthal ständiges Thema. Sie ging in die Mittelschule. Und die Mutter schärfte ihr ein: „Du darfst nie etwas erzählen, was du zu Hause hörst." Der Vater war ein politischer Querdenker, er weigerte sich in die NSDAP, die Nationalsozialistische Deutsche Arbeiter Partei, einzutreten, und machte im engen Freundeskreis aus seiner Ablehnung des Nationalsozialismus keinen Hehl. Und allein schon diese Tatsache hätte gereicht, ihn in irgendeinem KZ verschwinden zu lassen, wenn es die Gestapo denn erfahren hätte. „Und außerdem wurden bei uns zu Hause die Feindsender im Volksempfänger abgehört. Wir waren immer informiert, was wirklich passierte." Dass der Vater keine Schwierigkeiten bekam, lag sicher auch daran, dass er und

Rosalinde Jahr, links

seine politischen Freunde (Rosalinde Jahr schätzt heute: „Das waren nicht mehr als acht oder zehn Leute.“) äußerst vorsichtig waren. Und dass er als Betriebsratsvorsitzender der „Saardrahtwerke“ viele Freunde hatte, die seine kritische Einstellung gegenüber dem Nationalsozialismus zwar kannten oder ahnten, aber schwiegen: „Es gab so eine Art stille Übereinkunft, über die niemand redete. Man bedeutete, er solle sich ruhig verhalten. Dann würde ihm nichts passieren.“ Ihr Vater Johann Schwarz war Jahrgang 1897. Dass er nicht – wie viele andere 1944 und 1945 – zum Volkssturm eingezogen wurde, lag an seiner Zuckerkrankheit. In ihrem Elternhaus war man katholisch, aus Tradition und auch aus Überzeugung. Der Kirchgang am Sonntag war obligatorisch. Und christliche Werte sind Rosalinde Jahr auch heute noch sehr wichtig. Ende 1944 kam der Krieg immer näher. Die Amerikaner standen schon bei Metz. Jeden Tag Bombenangriffe. Und die kleine Rosalinde und ihre Eltern wurden evakuiert. Wie schon 1939, als der Frankreichfeldzug bevorstand und die Bewohner der so genannten Roten Zone, eines Grenzabschnittes zu beiden Seiten der französischen Grenze, zwangsevakuiert wurden, floh die Familie nach Thüringen. Das war im Oktober 1944. Später erfuhr sie, dass kurz nach ihrer Evakuierung ein italienischer Gefangener erschossen wurde, weil er aus dem Garten ihrer Eltern einen Apfel gestohlen hatte: „Dieser Krieg. Es war alles so entsetzlich. Ich kann manchmal überhaupt nicht daran denken, was die Menschen alles erleiden mussten.“ Aber auch in Thüringen wurden sie vom Krieg eingeholt: „Alliierte Flugzeuge, die Jabos, griffen auch die Zivilisten mit Bordwaffen an.“ Rosalinde, damals 14 Jahre alt, war mit ihrem kleinen weißen Hund im Feld spazieren, „als die Jabos heranschossen, ganz niedrig. Die müssen gesehen haben, dass ich ein Kind war. Vielleicht waren sie auch tierlieb. Ich warf mich auf die Straße auf den Boden und hatte meinen kleinen weißen Hund im Arm. Die schossen zehn Meter vorbei. Ich glaube mit Absicht. Die hätten mich leicht treffen können.“ Ein anderes Mal griffen die Jabos den Nahverkehrszug an, mit dem sie zur Schule fuhr: „Ich kroch vor Angst unter die Bank. Zum Glück wurde nur die Lokomotive getroffen.“ Im Mai 1945 – der Krieg war zu Ende – kehrten sie auf abenteuerlichen Wegen zurück ins Haus nach Luisenthal, das ziemlich übel aussah. Zersplitterte Scheiben, die Türen kaputt. Der Vater war ein geschickter Handwerker. Er reparierte, was er konnte. Die kleine Rosalinde musste helfen, überall: „Holz sägen, richtige Bäume, mit der Hand, mit der Krummsäge nicht mit der Motorsäge, damit wir was zu brennen hatten. Ich musste, was die körperliche Arbeit betrifft, meinen toten Bruder ersetzen. Wenn ich nicht mehr konnte und schlapp machte, sagte mein Vater: ‚Komm noch ein bisschen.‘ Es waren schwere harte Zeiten. Es ging uns trotzdem relativ gut. Wir hatten einen Garten. Schon um fünf Uhr morgens musste ich im Sommer in den Garten Wasser schleppen, damit auch alles richtig wuchs. Meine Mutter hielt vier Ziegen und dreizehn Gänse. So schlugen wir uns durch. Aber trotzdem war überall Not und Elend.“ Sie ging in die Mittelschule. Und danach wollte sie zum Theater, unbedingt. Was ganz sicher eine richtige Entscheidung war. Die kleine Rosalinde hatte schon als Siebenjährige, worauf natürlich die Mutter ganz besonders stolz war, ihre ersten Auftritte im Radio beim damaligen Reichssender Saarbrücken. Dort wurde in einem schönen alten Haus eine „Märchensendung mit Tante Käthe“ produziert und ausgestrahlt. Die Kinder, die ins Funkhaus geladen wurden, wurden von Tante Käthe mit „Heil Hitler, liebe Kinder“ begrüßt. Und mussten antworten: „Heil Hitler, Tante Käthe.“ Bei ihrem ersten Auftritt durfte die kleine Rosalinde ein Gedicht aufsagen. Dann entdeckte man, dass sie eine schöne klare Singstimme hatte. Sie durfte vor der Reichsmusikkammer vorsingen. Voraussetzung für das Vorsingen war, dass man zwei Instrumente spielen konnte. Rosalinde spielte Gitarre und die damals beliebte „Steirische Orgel, ein Art Akkordeon, aber mit Knöpfen, statt Klaviatur“, erzählt sie. Den Traum vom Theater wollte sie nun nach der Mittleren Reife verwirklichen. Sie wurde Ballett-Elevin am Saarländischen Staatstheater, lernte klassischen Tanz. Die Mutter zahlte anfangs die Unterrichtsstunden, später arbeitete Rosalinde im Haushalt, um das Fahrgeld von Luisenthal nach Saarbrücken und Geld für den Unterricht zu verdienen. Es kamen die ersten Auftritte, meist in Operetten. Am Theater lernte sie auch ihren späteren Mann, den Beleuchter Dieter Jahr kennen. 1951 heirateten sie. Nacheinander kamen ihre Söhne auf die Welt; 1952 Dieter, 1954 Bernd und 1957 Jörg. Da blieb wenig Zeit für Auftritte in Operetten wie der „Csardasfürstin“ oder in „Maske in Blau“. Zumal íhr Mann darauf bestand, dass sie nun zu Hause bleiben und sich um die Kinder und den Haushalt kümmern sollte. Trotzdem – das Theater, die Bühne, das ließ sie nicht mehr los. Das war ihre Welt: „Manchmal konnte ich tingeln. Mit der ‚Saarlandbühne‘. Oder auf Veranstaltungen von Vereinen.“ Dann eröffnete sie im Erdgeschoss ihres Elternhauses in Luisenthal, in dem sie auch heute noch wohnt, die Gastwirtschaft „Schacht IV“: „Die lief sehr gut. 30 Jahre lang. Acht Jahre habe ich sie selbst geführt, und dann verpachtet. Dass ich sie zugemacht habe, war ein Fehler. Heute fehlt mir das Mietgeld an der Rente.“ Erst vor Kurzem konnte sie nach jahrelangem Rechtsstreit durchsetzen, dass sie, wie andere Frauen, die Kinder großgezogen haben, auch Erziehungsgeld erhält: „Das sind 160 Euro im Monat. Die helfen weiter.“ 1998 starb ihr Mann. Seitdem ist sie allein, hat mit Krankheiten zu kämpfen, über die sie nicht gerne spricht. „Ich bin immer optimistisch und freue mich über jeden Tag, den ich lebe. Das Leben kann sehr schnell zu Ende sein.“ Sie freut sich auf den Besuch ihrer Söhne und der fünf Enkelkinder. „Ich bin ein fröhlicher Mensch, auch wenn es manchmal schwer ist.“

390 Walter Wallmann, Jahrgang 1932, Hitlerjunge, CDU-Politiker, ehemaliger Frankfurter Oberbürgermeister, ehemaliger Hessischer Ministerpräsident, ehemaliger Bundesminister für Umwelt, Naturschutz und Reaktorsicherheit:

„Uns wurde gesagt, wir sollten leiden, ohne zu klagen."

Interview

Frage: Herr Wallmann, Sie sind Jahrgang 1932. Wie erlebten Sie die Nazizeit. Können Sie sich beispielsweise an dic Reichspogromnacht 1939 erinnern?

Wallmann: Mein Vater war ab 1938 Realschullehrer in Uelzen, einem ländlich geprägten kleinen Ort mit 15.000 Einwohnern. Eine jüdische Gemeinde gab es nach meiner Erinnerung nicht. Jedenfalls gab es keine Synagoge. Was die Menschen in großen Städten erlebt haben, hat man dort nicht erlebt. Ich weiß aber aus der Erinnerung meines Vaters, dass es einen jüdischen Geschäftsmann gab, vor dessen Geschäft sich die SA versammelte und den Mann anpöbelte. Plötzlich ging das Licht im ersten Stock an. Und dieser Mann erschien dann am Fenster. Und es war zu sehen, dass er an der linken Brustseite das Eiserne Kreuz erster Klasse trug. Das habe ich aus den Berichten dieser Zeit in Erinnerung. Dieser Mann ist dann auch später emigriert. Wohin weiß ich nicht.

Frage: Sie sind sicherlich wie alle anderen Jungen in das Jungvolk eingetreten, und später Mitglied in der Hitlerjugend geworden.

Wallmann: Da bin ich nicht mehr hingekommen. Ich wurde 1943 in das Jungvolk aufgenommen. Ein Beauftragter der Bannleitung kam in die Volksschule. Und jeder wurde an den Tisch gerufen und wurde gefragt, ob er Mitglied werden wollte. Mein Vater war in der Bekennenden Kirche. Ich habe nie ein gutes Wort von ihm über die Nazis und Hitler gehört. Trotzdem habe ich Ja gesagt, wie alle Ja gesagt haben, weil wir alle das Gefühl hatten, dass man erst ein richtiger Junge ist, wenn man auch diese Uniform hat.

Frage: Das Jungvolk – das war ja auch eine spannende Sache. Geländespiele, viel Sport ...

Wallmann: Die Geländespiele fand ich gar nicht schön. Das gab nämlich oft eine fürchterliche Prügelei. Wir mussten Tanzbänder anlegen. Da kämpfte Fähnlein gegen Fähnlein. Und das Fähnlein, das die meisten Tanzbänder hatte, hatte gewonnen. Ich war ja noch relativ klein damals, zehn, elf oder zwölf Jahre alt. Die Größten waren 14 Jahre und älter. Die haben uns natürlich die Tanzbänder weggenommen. Da gab es auch fürchterliche Raufereien. Aber es gab auch nette Jungvolkführer, die mit uns Sport gemacht haben und mit denen wir uns gut unterhalten konnten.

Frage: Gab es da nicht auch regelrechten Unterricht über die Ziele des Nationalsozialismus?

Wallmann: Wir hatten keinen Dienst am Abend, für das Jungvolk waren es Dienststunden am Nachmittag. Es gab solche Informationen ganz selten, vielleicht weil wir auch noch zu jung waren. Ich hatte eine große Ablehnung gegen das ganze System durch mein Elternhaus. Mein Elternhaus war also stärker in dem Einfluss auf mich, als es die Umstände des Jungvolkes gewesen sind. Über Nächstenliebe, Toleranz und Mitleid wurde im Jungvolk gespottet. Jungvolkjungen sind hart, schweigsam und treu. Der Jungvolkjungen Höchstes ist die Ehre, hörten wir. Uns wurde gesagt, wir sollten leiden ohne zu klagen. Härte, Durchsetzungsfähigkeit sowie rassische Überlegenheit wurden uns als vorbildliche Tugenden gepriesen. Wir sangen: *Die Fahne flattert uns voran, in die Zukunft ziehen wir Mann für Mann.* Oder: *Es zittern die morschen Knochen der Welt vor dem nächsten Krieg. Wir haben es dem Führer versprochen, für uns wird es ein großer Sieg. Wir werden weiter marschieren, wenn alles in Scherben fällt. Denn heute gehört uns Deutschland. Und morgen die ganze Welt.*

 Natürlich verstanden wir vieles in unserem Alter noch nicht. Im Jungvolk hieß es: Du bist nichts, Dein Volk ist alles. Und im Elternhaus beteten wir vor dem Essen und vor dem Schlafengehen. Es wurde uns aber soziale Solidarität vorgegaukelt. Zum Beispiel der „Eintopfsonntag“, an dem alle sich mit dem Essen zurückhalten sollten. Oder die Sammlungen für das Winterhilfswerk.

Frage: Ihr Vater war Mitglied der Stresemannschen Volkspartei.

Wallmann: Das war eine nationale liberale Partei. Stresemann war ja Außenminister und Ministerpräsident in der Weimarer Zeit, ein sehr engagierter Mann, der den Versailler Vertrag bekämpfte. Wir würden heute vielleicht sagen, er war ein national konservativer Mann. Dieser Partei gehörte mein Vater an. Mein Vater war auch Religionslehrer. Er gehörte der Bekennenden Kirche an. Wir waren eine Familie mit christlich geprägten Grundsätzen.

Frage: Wie war die Haltung Ihres Vaters zum Nationalsozialismus?

Wallmann: Mein Vater war gegen den Nationalsozialismus. Aber er war kein Widerstandskämpfer. Das muss man auch in aller Offenheit sagen. Die Zeiten waren nicht so. Die Menschen waren auch in einem anderen Verständnis erzogen worden. Autorität hatte dort eine andere Bedeutung als heute.

Frage: Ihr Vater war Lehrer an der Realschule und es gab einen Vorfall, über den Sie in Ihrem Buch „Im Licht der Paulskirche – Memoiren eines Politischen“ berichten, der Ihren Vater hätte ins Gefängnis bringen können. Er ohrfeigte einen Hitlerjungen, weil der sich abfällig über einen jüdischen Mitschüler äußerte.

Wallmann: Das war der Sohn eines Reichstagsabgeordneten namens Zapf. Der war Schüler meines Vaters und saß in seiner Bank in Uniform und meldete sich dauernd, und mein Vater übersah das. Ich gehe davon aus, dass es um die Zeit der Reichspogromnacht gewesen sein muss, weil mein Vater wohl vermutete, dass der Schüler irgendetwas sagen wollte, was meinem Vater gegen den Strich ging. Jedenfalls hat der Junge dann plötzlich in den Raum gerufen, er wolle nicht neben einem Juden sitzen. Und da hat mein Vater gesagt: Du setzt dich sofort hin. Das hat er aber nicht getan. Und mein Vater, der nie einen Schüler geschlagen hat, hat sich vergessen und hat den Schüler geohrfeigt. Der hat meinen Vater angeschrien: Das werden Sie bereuen. Sie haben einen Hitlerjungen in Uniform geohrfeigt. Mein Vater ist nach Hause gekommen – ich kann mich lebhaft daran erinnern – er war völlig aufgeregt. Er hatte Angst. Er hat wohl Konsequenzen befürchtet, die dann nicht eingetreten sind.

Frage: Kann es sein, dass der Vater des Jungen doch ein vernünftiger Mann war und gesagt hat: Die Ohrfeige hast du nicht ganz zu Unrecht gekriegt?

Wallmann: Diese Frage hat mein Vater sich oft selbst gestellt, auch nach 1945. Man kann ja wohl auch nicht sagen, dass jeder überzeugte Nationalsozialist ein Charakterlump gewesen ist. Viele verhielten sich völlig korrekt.

Frage: Ihr Vater ist dann zur Wehrmacht eingezogen worden?

Wallmann: Ich erinnere mich noch ganz lebhaft daran, als er die Einberufung bekam. Wir hatten ja vorher den Einmarsch in das Sudetenland und nach Österreich erlebt. Wir hatten immer Angst, dass es zum Krieg kommen würde. Ich glaube es war der 28. August 1939. Er musste sich in einem kleinen Ort im Kreis Celle melden. Ich saß neben dem Sessel, ich war ganz verschüchtert, war ganz traurig. Ich habe instinktiv gefühlt, dass das ein tiefer Einschnitt in meinem Leben war. Ich habe meinen Vater sehr geliebt und ich hatte Angst.

Frage: Wo ist er hingeschickt worden?

Wallmann: Er war Infanterist, hatte den Ersten Weltkrieg zwei Jahre lang mitgemacht, wie mein Schwiegervater auch. Mein Vater war Unteroffizier, ist dann zunächst im Westen an der belgischen Grenze eingesetzt worden. Er hat sich dort für einen so genannten Zahlmeister-Lehrgang gemeldet und hat die Prüfung bestanden Er war dann in Frankreich, bis er 1945 zurückkam. Er ist Gott sei Dank nicht verwundet worden.

Walter Wallmann

Frage: War er in Gefangenschaft?

Wallmann: Ja, er war in englischer Gefangenschaft in Salzwedel.

Frage: Was haben Sie für eine Erinnerung an die schlimmsten Kriegsjahre ab 1943, als fast täglich Bombenangriffe waren?

Wallmann: Ja, ich kann mich genau daran erinnern. Ich ging inzwischen zum Gymnasium, das hieß damals noch Oberschule für Jungen. Wir waren das älteste Gymnasium in Niedersachsen. Wir haben die Nächte wie alle anderen Deutschen meistens im Keller verbracht. Zunächst kamen die feindlichen Flugzeuge nachts. Aber dann hatten sie den Luftraum völlig erobert, so dass sie auch tagsüber in großen Pulks über uns hinwegflogen. Wir standen häufig vor der Tür und schauten nach oben. Und sahen dann auch, dass sich die Bombenschächte öffneten. Wir liefen in den Keller. Es hat insbesondere 1945 zwei Luftangriffe auf meine Heimatstadt gegeben, die dabei empfindliche Zerstörungen hinnehmen musste. Zwischen diesen großen Bombern gab es eine Fülle von Jagdbombern, so genannte Jabos, die die großen Bomber begleiteten. Und die schossen auf uns.

Frage: Wie muss man sich das vorstellen?

Wallmann: Wir gingen ja weiterhin in die Schule bis Anfang 1945. Es gab damals den so genannten Voralarm und den Hauptalarm. Und wenn es den Voralarm gab, fuhren wir sofort mit unserem Fahrrad zurück nach Hause. Inzwischen kam dann in der Regel der Hauptalarm. Und dann kamen diese Jagdflugzeuge in geringer Höhe angeflogen und schossen auf alles, was sich unten bewegte. Wir versteckten uns hinter einem Baum oder in einem Graben. Das haben wir alle mitgemacht. Es ist mir persönlich Gott sei Dank nichts passiert. Aber ich habe Schulkameraden gehabt, die sind nicht nur verwundet worden, sondern bei den Bombenangriffen getötet worden.

Frage: Was empfindet man da als Zwölfjähriger bei so einem Angriff?

Wallmann: Man hat natürlich Angst, vor allem wenn die Bomben eingeschlagen sind. Man war ständig mit dem Krieg konfrontiert. Hamburg war die nächst größere Stadt von Uelzen, 90 Straßenkilometer entfernt. Ich kann mich lebhaft daran erinnern wie das war, als Hamburg zerstört wurde. An mein Elternhaus war eine kleine Veranda angebaut. Und ob Sie es glauben oder nicht: Sie konnten nachts die Zeitung lesen, so hell war die Nacht. Das Panorama war nahezu gespenstisch.

Frage: Sie saßen mit Ihrer Mutter und Ihrem Bruder im Luftschutzkeller in Ihrem eigenen Haus. Waren da auch noch andere Leute? Was hat die Mutter gesagt? Sie hatten doch vermutlich Angst und Ihr kleinerer Bruder doch auch.

Wallmann: Der hat das gar nicht so sehr registriert. Der war ja erst ein paar Jahre alt. Ja, die Mutter hat uns natürlich zu beruhigen versucht, so weit das möglich war.

Frage: Haben Sie gebetet?

Wallmann: Doch, durchaus.

Frage: Auch laut.

Wallmann: Ja.

Frage: Was betet man da. Ein Vaterunser?

Wallmann: Daran kann ich mich heute nicht mehr so genau erinnern. Aber mit Sicherheit.

Frage: Ein anderer Zeitzeuge sagte mir: Da hilft nicht nur ein Vaterunser. Man muss einen Dialog mit seinem Gott eröffnen.

Wallmann: Ja. Das habe ich auch so empfunden.

Frage: Wie war das, als der Krieg zu Ende ging?

Wallmann: Zunächst einmal gab es eine fünftägige Schlacht. Wenn ich mich richtig erinnere, dauerte sie vom 14. April bis zum 19. April. Da wurde die Stadt eingeschlossen. Sie wurde verteidigt von zwei halben Bataillonen. An dem Abend vor der Schlacht wurde in der Nähe meines Elternhauses ein Graben ausgehoben. Wir wollten das natürlich nicht. Denn wenn ein Graben ausgehoben wurde, bedeutete das, die Stadt sollte verteidigt werden. Es war eine Zeit, die man sich heute gar nicht vorstellen kann. Wir hörten den ganzen Tag über schwersten Geschützdonner. Da waren Einheiten deutscher Soldaten, die hin und her fluteten. Man hatte den Eindruck: Alles ist in Auflösung. Ich habe Säcke voll Sand gefüllt und sie vor die Kellerfenster gestellt. Und dann sind meine Mutter und die Witwe eines Schulrates, mein Bruder und ich in den Keller gezogen. Wir haben uns dort auf Matratzen niedergelegt und fünf Tage lang die Beschießung erlebt. Es sind mehrere Granaten durch das Gebälk unseres Hauses gefallen. Wir hatten mehrere Bombentrichter in unserem Garten. Das waren fünf schlimme Tag. Dann der 19. April, da schauten wir durch das Fenster. Wir hielten einige Hühner unter einem vorgezogenen Balkon. Und da kam ein Engländer und holte die Eier raus ...

Frage: Ihr Vater war in dieser Zeit in Gefangenschaft?

Wallmann: Wir wussten es aber nicht.

Frage: Wann haben Sie das erste Mal von Ihrem Vater gehört?

Wallmann: Der kam im Juni 1945 zurück aus englischer Gefangenschaft. Er war in Salzwedel und hat sich bei uns gemeldet und ist dann mit dem Fahrrad zurückgekommen.

Frage: Wie fing nach dem Krieg für Sie die Normalität an?

Wallmann: Es war keine Schule. Zunächst erlebten wir die Rationierung von Lebensmitteln. Es waren schlimme Zeiten. Viele Deutsche waren aus den Ostgebieten vertrieben worden oder waren geflüchtet. Die waren nun im Westen. Der Wohnraum wurde von den zuständigen Stellen requiriert. Es gab kein Haus in meiner Heimatstadt, in dem noch eine Glasscheibe heil war. Alles war vernagelt, provisorisch dichtgemacht. Und die Wohnungen waren von mehreren Familien

belegt. Unser Haus war beschlagnahmt. Es wurde ein Offiziers-Kasino
der englischen Armee.

Frage: Wo haben Sie gewohnt?

Wallmann: Wir haben bei einem Nachbarn gewohnt mit vielen, vielen anderen. Gott sei Dank nicht zu lange. Aber es war eine völlige Umkehr der Situation, gegenüber dem, was man Normalität nennt.

Frage: Als junger Bub hatten Sie Hochachtung vor den Soldaten, sahen die Männer in Uniform vielleicht sogar als Idol. Und nun nach dem Krieg – da war alles anders, oder?

Wallmann: Ich würde nicht sagen Idol. Meine Mutter und ich, wir haben bis in die Nacht Feindsender gehört. Darauf stand höchste Strafe. Bis zur Todesstrafe. Ich höre noch die Schicksalssymphonie der englischsprachigen Sender, und ich kann meine Mutter nur bewundern, dass sie den Mut gehabt hat, ihren Sohn daran teilhaben zu lassen. Ich war ja Mitwisser. Was wäre passiert, wenn die Polizei mich hätte kommen lassen und danach gefragt hätte ...

Jedenfalls war das eine völlig unvorhergesehene Situation, in der wir uns jetzt befanden. Auf der einen Seite diese Ablehnung der Nazis. Und auf der anderen Seite die Bewunderung für die Soldaten, die tapfer waren, die hoch dekoriert waren. Da gab es eine Zeitschrift, die hieß: Die Koralle. Die kam alle 14 Tage heraus. Die durfte ich mir kaufen, und da waren alle Eichenlaub-Träger abgebildet.

Frage: Stand da auch drin, warum sie ausgezeichnet wurden?

Wallmann: Ja. Die wurden natürlich dargestellt als mutige Leute, die Flugzeugführer oder die Offiziere und Soldaten, die Panzer abgeschossen haben. Die Überlegung, dass dieses ja ein Mittel war, um das Nationalsozialistische Deutschland zu verteidigen und möglichst gewinnen zu lassen, das war in unserem Bewusstsein nicht drin. Das wurde voneinander getrennt. Das eine waren die Nazis. Und das andere waren die tapferen Soldaten. Und das wollte man selbst werden.

Frage: Was hat denn Ihr Vater nach Kriegsende gesagt?

Wallmann: Zunächst einmal waren wir alle dankbar, dass er heil wieder zurückkam. Das war die erste Reaktion. Es waren ja so viele Menschen draußen geblieben, gefallen, vermisst. Dann waren noch Millionen von Menschen zunächst in Gefangenschaft, von denen man nicht wusste, ob und wann sie wieder zurückkommen. Die erste Reaktion war: Gott sei Dank, er ist wieder zurück. Es war ein tristes Leben, ein Leben auch, das sich in der Grauzone bewegte. Wir holten uns von der Bahn zum Beispiel Kohlen, wir holten uns von irgendwelchen Treckern, oder Treckeranhängern Zuckerrüben, um Sirup zu kochen ...

Frage: Das war Diebstahl, zumindest Mundraub, oder?

Wallmann: Ja natürlich. Ich war bei meinen Verwandten gewesen. Es war an einem Heiligabend. Ich wollte zurückfahren, stand auf dem Bahnsteig, und gegenüber auf den Gleisen hielt ein Zug. Und plötzlich kam ein Zug auf den direkt vor uns liegenden Gleisen. Der stoppte sofort ab. Wir wussten nicht warum. Ein Mann war von dem anderen Bahnsteig vor den Zug gesprungen. Er war tot. Der Zug rollte aus. Und auf dem Gleis lagen Äpfel. Der Mann hatte nämlich einen Rucksack voller Äpfel getragen. Diese Äpfel waren mit Blut beschmiert. Und ich sehe noch, wie der Mann auf einer Bahre abtransportiert wird. Sein Arm hing seitlich runter. Und im Schrittrhythmus der Männer, die den Toten wegtrugen, wippte der Arm hin und her. Sie hatten den Toten noch nicht in den Bahnhofssaal gebracht, waren die Äpfel bereits weggenommen worden. Das war die Not der damaligen Zeit.

Frage: War es Ihnen als 16-Jährigem bewusst, dass jetzt eine Demokratie beginnen sollte. Oder haben Sie das gar nicht so wahr genommen?

Wallmann: Doch, ich habe wahrgenommen, dass sich die Zeit geändert hatte. Die Demokratie war nicht als ein erstrebenswerter Zustand in unseren Köpfen, sondern es war eine Zeit tiefer Unsicherheit. Ich erinnere mich daran, dass ich viele politische Versammlungen besuchte. Ich habe zum Beispiel Kurt Schumacher dort erlebt, der begleitet von Frau Renger auf das Podium humpelte. Er hatte im Krieg einen

Arm verloren. Ich erinnere mich an Leute aus der Deutschen Partei ...
Ich war also hellwach, mich interessierte das alles wahnsinnig. Und ich wollte das alles aufnehmen. Aber ich sage es ganz bewusst: Wenn ich die Zeit vergleiche mit heute, dann war eine große Offenheit zur Demokratie hin unter den Menschen so nicht vorhanden, wie das heute ist. Sondern es war eine Unsicherheit: Wie soll das gelingen? Und es kam die Frage der so genannten Umerziehung. Ich erinnere mich an meine Geschichtslehrerin, eine ganz junge Frau, die uns erzählen wollte, dass Friedrich der Große kein Großer gewesen war. Das wollte mir überhaupt nicht in den Kopf.

Denn mein Vater hatte auch Geschichte studiert und hatte Geschichte auch als Lehrfach. Ich wusste, dass Friedrich der Große ein Mann war, der gesagt hatte, jeder soll nach seiner Façon leben. Und auch ein Mann war, der mit Voltaire in Kontakt stand. Dass dieser Mann nun nicht mehr groß sein sollte, das habe ich als Junge überhaupt nicht verstanden. So war die Zeit damals. Man versuchte sich zu orientieren. Es gab neue Leitbilder. Und bald auch eine neue demokratische Ordnung. Zum Glück für uns alle.

 Waldtraud Schuh, Jahrgang 1925, Sekretärin:

„Bald flogen tausend Briefe zwischen Edi und Daut hin und her. Er schrieb von seinen Fliegereinsätzen. Ich berichtete von der Heimatfront.“

Eigener Bericht

Es war ein schöner Juni im Sommer 1939 und ich verabredete mich mit drei Schulkameradinnen im Dudweiler Schwimmbad. Wie immer hatte ich meine kleine Schwester Uschi im Schlepptau. Meine Freundinnen kürzten meinen Vornamen „Waldtraud“ ab und riefen mich „Walli“, während meine Schwester die Abkürzung benutzte, die ich mir als Zweijährige selber zulegte, nämlich „Daut“, da mir der Zungenbrecher „Waldtraud“ nicht über die Lippen ging.

Vierzehnjährige Mädchen sind immer zum Flirten aufgelegt und so fanden wir schnell Kontakt zu vier Jungen, mit denen wir Ball spielten, um die Wette schwammen und uns neckten. Mir gefiel der größere der Jungen, der mit den wilden blonden Locken, am besten.

Wir hatten so viel Spaß miteinander, dass wir beschlossen, uns öfter zu treffen. Das klappte auch bis zu den großen Sommerferien, an deren Ende der Krieg ausbrach und die Saarbrücker evakuiert wurden. Meine Mutter zog mit meiner Schwester und mir zu meinen Großeltern nach Sobernheim. Mein Vater wurde eingezogen.

Die Dudweiler Jungen jedoch machten 1940 ihr Abitur und meldeten sich freiwillig zur Wehrmacht. Der beste Freund meines blond gelockten Schwarms bekam über die Evakuiertenkartei in Berlin meine Adresse heraus und schrieb mir einen Feldpostbrief. Ich fand das ungeheuer aufregend und antwortete gleich. Derweil saß mein Freund Edi in der Tschechei in Budweis, wo er seine Funkerausbildung absolvierte. Da die Tschechen auf deutsche Uniformen allergisch reagierten, hatten die armen Kerle Ausgangssperre und langweilten sich zu Tode. Sein mitleidiger Freund schickte ihm meine

Waldtraud Schuh und ihr Freund und späterer Ehemann Edi

Adresse. Und so kam ich zu meinem zweiten Feldpostbriefwechsel. Und der schlug ein.
Am 27. April 1941, an seinem 19. Geburtstag, schrieb Edi mir seinen ersten Brief. Und 14 Tage später sein erstes selbst gemachtes Gedicht. Es war so wunderschön, dass ich ganz fasziniert war und versuchte, bei dieser „Schriftstellerei" mitzuhalten, mit meinen nicht ganz 16 Jahren. Bald flogen die Briefe täglich hin und her, insgesamt sollten es in fünf Jahren über 1.000 Briefe werden. Die Anrede „Daut", die meine Schwester im Sommer 1939 benutzte, hatte ihm so gut gefallen, dass er sie einfach übernahm.

20. August 1941, EDI an DAUT:
Gestern Mittag bin ich auf dem „Notflugplatz" Saarbrücken bei miserablem Wetter gelandet. Beinahe wären wir dort „auf die Schnauze" gefallen, denn da auf dem Platz keine Funkstelle liegt, wären wir beinahe in der Saar gelandet ...
Als Unteroffizier bekomme ich monatlich 96 M auf die Deutsche Bank. Nach drei Jahren Kriegsdienst werden mir 75% meiner Studienkosten erlassen – und dann kann ich Journalistik studieren, für mich eine herrliche Aussicht ...

26. August 1941, EDI an DAUT:

Am Freitag sauste die Bombenladung eines Engländers knapp 100 Meter neben uns in die Tiefe und veranstaltete unten eine Festbeleuchtung. Die wenigen Stunden Schlaf, die uns bei der anstrengenden Ausbildung bleiben, versaut uns der Tommy mit Fliegeralarm.

5. September 1941, EDI an DAUT:

Mein Flugzeugführer und ich haben die Prüfung bestanden.

Und dann gab's am 15.9.1941 einen Urlaubsnachmittag und ein Wiedersehen nach zwei Jahren. Wir versuchten vorsichtig zu taxieren, ob das Bild, das wir uns durch die Briefe gemacht hatten, auch in der Wirklichkeit standhielt. Ich hab versucht, ihm zu erklären, dass ich von Küssen und Knutscherei reinweg gar nichts hielt. Dass ich einen Kameraden suchte, der mit mir durch dick und dünn ginge. Vorsichtshalber widersprach er mir nicht. Schrieb mir dann aber aus Barth/Ostsee:

17. September 1941, EDI an DAUT:

Es war ja nur ein kurzer Nachmittag mit Dir. Und doch hab ich mich so richtig in Dich verliebt. Und Du? Ich hab Verständnis für Deine stille Art. Denn wie könnte Fräulein Gruppenführerin verliebt sein?

18. September 1941, EDI an DAUT:

Auf eigenen Wunsch bin ich einer JU 88 Sturzkampfstaffel zugeteilt worden – denn wo es am gefährlichsten ist, erlebt man auch am meisten.

26. September 1941, EDI an DAUT:

Du beschwerst Dich über wenig Post – ich verspreche beim Barte des Propheten, dass ich jetzt öfter schreibe. Unter der Bedingung: Für jeden Brief im Urlaub einen Kuss!! Einverstanden???

DAUT an EDI:
Sehr einverstanden, unter der Bedingung, dass ich für jeden Brief von mir an Dich, einen Kuss abziehen darf!

15. November 1941, abends 22 Uhr, EDI an DAUT:
Als „einer der drei besten Bordfunker" durfte ich heute nach Posen fliegen. Durch Zufall wurde dort ein Fahnenflüchtiger aus unserer Nachbarkompanie verhaftet und musste mit uns zurückfliegen. Der Flug verlief ruhig und so spielten der Feldwebel, der Gefangene (!) und ich 1.000 Meter über den Wolken Skat.

Februar 1942, EDI an DAUT:
Der Gefangene wurde zu drei Jahren Zuchthaus mit Frontbewährung verknackt. Ein Himmelfahrtskommando. Ich musste ihn zur Bahn bringen und gab ihm an der Wagentür die Hand, was den Wachhabenden zu einer bissigen Bemerkung veranlasste. Der konnte ja nicht wissen, dass ich mal mit ihm Skat gespielt hatte, 1.000 Meter über den Wolken.

Ende November 1941, EDI an DAUT:
Heut Mittag stürzte eine Maschine ab. Die vier Mann Besatzung verbrannten. Ich stand an der brennenden Maschine und „mir war komisch". War das alles, was von ihnen übrig blieb, dieses stinkende Häufchen Asche auf den seidenen Fallschirmkissen?
Das konnte doch kein Mensch gewesen sein, was da lag. – Ach so, sie leben ja weiter im Blut ihrer Kinder; einer von ihnen war verheiratet und hatte zwei Kinder. Aber die anderen waren doch noch sooo jung. Die sind also tot? Richtig tot? Diese Gedanken machen mich verrückt. Ich beneide die Menschen, die nicht denken müssen ...

 Wenn solche Briefe bei mir eintrafen, dann war mir „auch komisch". Ich hamsterte dann lustige Vorgänge, provozierte mit frechen Einfällen, lenkte ab mit Buchkritiken und meiner „platonischen Lebensphilosophie", die er dann in die blaue Mappe „Eisschrank" einordnete, während die „lieben, vielzulesenden" in der roten Mappe landeten. Not und Tod haben uns fest zusammengeschmiedet und wir wurden direkt zu Künstlern mit unserem Geschick in ein Utopia zu flüchten, in eine Märchenwelt, die ganz allein uns gehörte und zu der der Krieg keinen Zugang hatte.

Barth, 17. Februar 1942, EDI an DAUT:
Seit wir hier kroatische Truppen haben, sind die Weiber wie verrückt. Für eine Schachtel Zigaretten und eine Tafel Schokolade werfen sich „diese stolzen germanischen Frauen" jedem Slawen an den Hals. Und ihre Männer stehen an der Front.

Ende März war die Ausbildung abgeschlossen. Die Besatzungen kamen nach Teltge bei Münster/Westfalen zum ersten großdeutschen Kampfgeschwader 1 „Hindenburg". Wappen: Ein springender Schimmel im roten Feld.

Teltge, 2. April 1942, EDI an DAUT:
Sie geben uns noch eine Lebensdauer von drei Monaten. Man hat uns aber gefragt, ob wir, statt zur Front, zu einem Transportverband wollten. Doch keiner hat diese Hintertür benutzt.
Wie lange werden wir uns noch schreiben?...
Warum hat man uns jetzt schon gesagt, dass wir sterben müssen? Die anderen Besatzungen sind nur vier Wochen gegen die Russen geflogen, dann sagte auch die letzte AMEN. – Ich bin noch so jung, 20 werde ich erst, da darf doch noch nicht Schluss sein. Im letzten Urlaub hast Du gesagt, dass ich zurückkommen muss. – Und ich komm!!! Wir fliegen, wahrscheinlich in den Tod. Doch tun es alle freiwillig für

ein großes Ziel. So viele vor uns sind für das Wort „Deutschland" gestorben, sie machen uns das Sterben leicht.

19. April 1942, DAUT an EDI:
Hier blüht alles, und wenn Du unten an den Gärten vorbeigehst, ist jeder Baum ein Gedicht für sich. Du müsstest es mit anschauen können. Aber es wird noch oft Frühling werden, und jeder immer wieder neu und schön. Das wär ja gelacht, wenn wir es nicht einmal zusammen erleben würden. Und – einer muss doch übrig bleiben. Und Dich soll der Teufel in die Hölle holen? Der hat doch auch ohne Dich genug zu tun. Und viel hängt auch von Deinem Wollen ab. Denk doch mal an den Sommer, Urlaub, Sonne, Wasser, Wind und Wald. Lustige bunte Kleider. Träum davon und alles wird leichter. Du bist noch da, und ich hab Dich lieb.

Und dann wollte er wissen, ob ich nicht nach Teltge kommen könnte, alle Verwandten der Staffelkameraden würden abreisen. Die Entscheidung fiel mir nicht leicht, doch als am 8. Mai 1942 ein Telegramm kam „komm doch bitte" setzte ich Himmel und Hölle in Bewegung. Den erzkatholischen Bürovorstand überredete ich, mir Urlaub zu geben. Der alte Kommisskopp meinte: Kleine 16-jährige Mädchen haben bei Stukka-Fliegern, die zum Einsatz kommen, nichts zu suchen. Kleine, nichtkatholische 16-Jährige hätten auch fest gefügte Prinzipien, konterte ich; da ließ er mich ziehen. Und Mutti hab ich sowieso überfahren.

Ilmensee, 16. Mai 1942, EDI an DAUT:
Schon bei Sonnenaufgang starten wir zum ersten Flug. Das Unverständlichste für mich ist die Größe des russischen Raums. Unendliche Seen, Wälder, Sümpfe, Moore, unendliche schnurgerade Straßen und Bahnen. Und da unten liegen irgendwo die Kameraden und vor ihnen eine erdrückende Übermacht.

 20. Mai 1942, EDI an DAUT:

Warum müssen die Kameraden sterben? Eine blöde Frage. Weil Krieg ist. Eine blöde Antwort. Wann werde ich sterben? Heute noch, morgen, in einem halben Jahr oder nach einem Leben voll Erfüllung? Ich mach die Augen zu, dann sieht man nur noch das Helle ... davon hast Du mir so viel geschenkt. Vom Schicksal und von Dir. Ich geb ja auch alles dafür, mein Leben und meine Liebe. – Mit großem Einsatz zu spielen war schon immer schön.

7. Juni 1942, EDI an DAUT:

Gestern wurden wir abgeschossen. War ein komisches Gefühl, als die Flakgeschosse neben mir reinprasselten. Der letzte Gedanke war: Daut, halt die Daumen, dass wir gut runterkommen. Und es wurde eine gute Bauchlandung auf deutschem Gebiet. – Gestern sind wir dem Tod von der Schippe gesprungen, heut wird gefeiert ... vielleicht nur, um die Frage nach dem „Morgen" zu vergessen. Morgen, morgen, vielleicht ... in Russland oder Flandern ... die Bauchlandung war nicht schlimm, aber dass vier andere Kameraden ... ach, lass Daut, warum so blöde Gedanken, wo so schöne Melodien erklingen ...

9. Juli 1942, EDI an DAUT:

Gestern und heut waren zwei tolle Tage. Gestern morgen um zwei Uhr fing es an und heut Nachmittag war mein zweites russisches Abenteuer zu Ende. Ein paar Einsätze in glühender Sonnenhitze. Ein toller Gewitterflug mit Einzelauftrag, ein zerschossener Motor mit glücklicher Bauchlandung, eine tolle Nacht bei einem Jagdgeschwader und ein glücklicher Heimflug.

30. Juli 1942, DAUT an EDI:

Die Stadt brennt immer noch und die Saar ist fast leer gepumpt. Überall Tote und Verletzte und viele, die noch nicht geborgen sind.

Überall verzweifelte Gesichter, kein Licht, kein Wasser, kein Gas. Die Feuerwehr war von Darmstadt hier, der Gauleiter fuhr durch seine Hauptstadt, überall Offiziere und Militär. Die Straßen voll Gas. Man möchte die Augen, die vor Überanstrengung, Übermüdung und Qualm unerträglich weh tun, zumachen und nichts mehr sehen und hören. Unser Gautheater war einmal. Die Kaufhäuser „PK“, „Sinn“, „Overbeck“, die Ursulinenschule, ganze Straßenzüge und Burbach brannten lichterloh. Ein grausig schöner Anblick. Alle Schaufenster sind beim Deibel und im Büro mussten wir zuerst die Splitter zusammenfegen.

31. Juli 1942, DAUT an EDI:

Den gestrigen Brief konnt' ich nicht abschicken, Du wärst mir zuviel erschrocken. Es war nicht leicht, Lieber, sich durch dieses Chaos durchzufinden. Man muss es erlebt haben, was Molly im Stenogramm aufgenommen hat: 8.000 Brand- und 470 Sprengbomben sind im Saargebiet gefallen. Und man konnte nur warten, warten, ob es nicht auch Dich trifft.

Gestern dacht' ich, Mutti stirbt mir unter den Händen. Sie hatte zehn Stunden Bahnhofsdienst und als sie heim kam, standen die Leute vor den Bunkern Schlange, was sie so aufregte, dass ich jeden Moment dachte, jetzt ist's aus ...

3. August 1942, DAUT an EDI:

Vati hat mir heut Morgen, als er wegfuhr, gesagt, dass sie am 3. August in 24 Stunden marschbereit sein müssen. Und Mutti macht Pläne, ihn in Metz zu besuchen; und ich kann ihr gar nicht ins Gesicht gucken. Ich will sie aber auch nicht beunruhigen, vielleicht ist es ja blinder Alarm.

3. August 1942, Erzählung Edi's aus dem Gedächtnis rekonstruiert:

Der Flugzeugführer und ich konnten nicht mehr abspringen, da die Maschine schon zu tief war. Ich versuchte noch, die brennende Benzinleitung abzustellen, griff dabei in den Flammenstrom, um den Hebel umzustellen. Dabei verbrannte ich mir beide Hände, das Gesicht und das linke Bein. Der Versuch war zwecklos.

Briefschreiber Edi in voller Montur vor einem Einsatz

Ich setzte mich nach vorn zum Flugzeugführer, schnallte mich wohl mit den lädierten Händen nicht richtig an. Wie in einem Film sah ich meine kleine Schwester auf der Fensterbank in der Küche sitzen, ihre blonden Haare leuchteten in der Sonne wie ein Glorienschein. Und das Flugzeug raste auf den russischen Urwald zu. An den Aufprall kann ich mich nicht mehr erinnern. Als ich zu mir kam, lag ich dem Flugzeugführer zu Füßen und Blut tropfte mir ins Gesicht. Heinz hatte den Sturzspiegel nicht mehr hochgeklappt und war mit dem Gesicht hingefallen, blutete aus mehreren Schnittwunden und rührte sich nicht mehr. Als ich mich hoch rappelte, sah ich, dass das Flugzeug mit der Kabine zwischen zwei Urwaldriesen feststeckte. Die Flügel hatten den Sturz abgebremst. Ich wollte nur noch raus aus der Maschine, bevor sich das Feuer zu den vollen Tanks durchgefressen hatte. Wunderbarerweise ließ sich die Ausstiegsluke öffnen und kaum war ich auf dem Boden, als zwei SS-Männer aus dem Gebüsch traten. Sie wollten wissen, ob noch jemand in der Maschine sei, was ich bejahte. Der Flugzeugführer sei aber tot. Die SS-Männer waren aber scharf auf die Bordnotverpflegung, die alle Insassen des Flugzeugs festge-

zurrt an ihren Kombinationen mit sich trugen. Sie kletterten also in das brennende Flugzeug, bekamen die Notration nicht ab und rüttelten dabei den Körper des Piloten durch. Da fing der an zu stöhnen. Auch mit den Anschnallgurten kamen sie nicht zurecht und riefen mich um Hilfe. Ich kletterte also nochmals in die Maschine, löste die Gurte und wir zogen Heinz ins Freie. Die beiden nahmen ihn in ihre Mitte und wir rannten um unser Leben. Kaum waren wir hundert Meter entfernt, explodierte die Maschine in einer Feuersäule.
Ich wurde in das Feldlazarett im Lustschlösschen von Katharina der Großen in Zarskoje Sela gebracht. Der Arzt dort war aus dem Saarland und Verbrennungsspezialist. Er musste die noch verbliebenen Hautfetzen ohne Narkose entfernen, um spätere Narben zu vermeiden. Zwei Sanitäter hielten mich fest, eine Schwester erzählte laufend Witze und nach getaner Arbeit kamen überall Lebertranverbände drauf. Im Gesicht blieb grad noch ein Loch für Mund und Nase. Ein „hilfswilliger" Russe fütterte mich, brachte mich zur Toilette und – half mir beim Rauchen ...

3. September 1942, EDI an DAUT:
Ich glaub, dass vieles im Leben fest bestimmt ist, nicht dass ich an „Kismet" glaube, denn zum Beispiel habe ich es selbst in der Hand meine Gehirnerschütterung so zu gestalten, dass ich nicht mehr als Stukka-Flieger eingesetzt werden kann. Und das fällt mir im Traum nicht ein. Ich könnt' Dir ja nicht mehr in die Augen sehen ... ES WIRD WEITER GEFLOGEN – und geliebt ...

29. November 1942, EDI an DAUT:
Erschreck nicht, ich lieg schon wieder im Lazarett. Beim vierten Feindflug über Rshew erwischte ein Flak-Blindgänger mein rechtes Bein. Das Schienbein ist zersplittert, Schußbruch ... Mit der Fliegerei ist es bis zum nächsten Sommer vorbei.

12. August 1942, DAUT an EDI:

Heut haben wir vergeblich versucht mit Mainz zu telefonieren. Es sieht dort aus wie bei uns, nur brennt dort auch die Reichsbahndirektion. Mutti schleppt dauernd Sand in die Wohnung (zum Löschen!), und alles Erreichbare wird im Keller verstaut und wenn man zum Beispiel eine Bluse sucht, weiß man nicht, in welchem Koffer oder welcher Kiste sie sich befindet. Man wird total verrückt bei dieser Sucherei.

2. September 1942, DAUT an EDI:

Als wir Freitag Nacht aus dem Bunker kamen, war der Himmel blutrot und voller Rauchwolken. Von der Adolf-Hitler-Straße ist fast nichts mehr vorhanden. Auch das UFA und KAMMERLICHT hat's diesmal erwischt.

2. September 1942, DAUT an EDI:

Im Bunker setz ich mich immer nahe an den Ausgang, um im Falle eines Falles gleich losrennen zu können, um zu löschen. Wär doch schad um all meine schönen Sachen!

10. September 1942, DAUT an EDI:

Nach Dienstschluss war ich schwimmen und rieche nach Wasser, Sonne und Wind. Es war herrlich heut, Ringtennis spielten wir auf der Wiese, Pummel, Rosemie, Uschi und ich. Dann atmet man tief und empfindet es als Glück (noch) leben zu dürfen.

29. Oktober 1942, DAUT an EDI:

Na, jetzt haben sie „Betriebssport" eingeführt. Wurde ganz plötzlich angeordnet! In Kleidern turnen! So ein Blödsinn! Wir haben uns beinahe krank gelacht. Unser dicker Wagner (der Chefstellvertreter) musste den Wettlauf mitmachen.

23. November 1942, DAUT an EDI:

Heut musste ich über einen vierjährigen Knirps lachen. Er musste Milch holen und fing an zu zetern: „Nee, ich geh nicht in den Krieg, ich geh nicht zur Wehrmacht ... Mutti hat gesagt, da bekäme man noch viel mehr kalt als beim Milchholen.“ Auch als alles lachte, ließ sich der Kleine nicht von seinen Beteuerungen abbringen. Wenigstens einer, der vernünftig ist!

5. Dezember 1942, DAUT an EDI:

Jetzt bin ich mit Auszeichnung „geprüfte“ DRK-Schwester und wurde gleich für den Kino- und Bunkerdienst eingeteilt.

17. Dezember 1942, DAUT an EDI:

Ich bin ziemlich erledigt; zehn Stunden Bahnhofsnachtwache beim DRK und vorher neuneinhalb Stunden Bürodienst. Ganz schön happig!

Draußen hängt der Regen wie ein feiner Schleier vor dem Fenster und auf den Straßen klappern die Sammelbüchsen der Jungs und Mädchen. Ein mordsmäßiger Betrieb ist in der Stadt. Auf dem Platz vor dem Gautheater ist ein Weihnachtsmarkt aufgebaut und überall wird das Spielzeug verkauft, das wir in den Heimabenden gebastelt haben. Man müsst' Dich hier haben können und nicht immer die Gedanken so weit nach Russland schicken müssen. Manchmal hab ich den Krieg so satt. So dick, dass ich am Liebsten alles hinschmeißen würde.

29. Januar 1943, DAUT an EDI:

Bei der Reichsbahn werden eine Menge Kräfte rausgezogen, da ist es zu erwarten, dass noch ein neues Arbeitspensum dazu kommt. Alles ist plötzlich von einer wahren Arbeitswut erfüllt und man wägt ab: Wie kann ich am Besten helfen, dass dieser Krieg schneller zu Ende geht?

26. Februar 1943, DAUT an EDI:

Heut bin ich fast nicht mehr fähig einen klaren Gedanken zu fassen. Nur viereinhalb Stunden Schlaf, wir kommen aus dem Fliegeralarm nimmer raus.

3. März 1943, DAUT an EDI:

Es wird eine neue Arbeitszeit eingeführt: von morgens sieben bis abends sieben. Gleichzeitig tritt Urlaubssperre in Kraft, Termin 15. März, uff, und unsere Urlaubspläne?? Mutti kommt wohl nächste Woche in die Gärtnerei. Im Aluminiumwerk haben vorige Woche 200 Frauen die Arbeit aufgenommen. Das geht alles in einem wahnsinnigen Tempo.

10. März 1943, DAUT an EDI:

Sieben Frauen sind uns gestern im Bunker umgefallen. Viereinhalb Stunden Alarm, dann ist die Luft im Bunker dick. Und eine Frau war dabei, die jede Stunde ihr Kind kriegen konnte und die klammerte sich an uns drei Schwestern. Jetzt kriegen wir Unterricht bei einer Hebamme! Oh Gott! Und seit ich einem Kind, das offensichtlich was am Blinddarm hatte, eine kalte Kompresse auf den Bauch legte (dieweil kein warmes Wasser da war) und mich der Arzt hinterher in den höchsten Tönen lobte, weil kalt das Richtige war (was ich nicht wusste), genieße ich den legendären Ruf als Krankenschwester. Man muss eben auch da Glück haben.

22. April 1943, EDI an DAUT:

Heut hab ich Einzelheiten über unseren Einsatz am 28.11.42 erfahren, bei welchem ich verwundet wurde. Er wurde sechsfach als Einsatz gezählt. Zwölf Maschinen waren gestartet, um zu verhindern, dass Rshew eingekesselt wurde. Ein russischer Großangriff musste trotz Schneesturm abgewehrt werden. Unsere Infanterie war total

aufgerieben. Acht Maschinen gingen total verloren, keine kehrte mehr zum Heimathafen zurück. Drei machten Bauchlandungen im Niemandsland. Eine JU88 kam bis Smolensk. Darin saß ich mit meinem zerschlagenen Bein. 32 Tote, drei Schwer- und sieben Leichtverletzte hatte dieser Einsatz gekostet. Elf zerstörte und eine schwer beschädigte (unsere) Maschine!
Unsere Namen stehen im Geschwaderbuch. – Ja, so war's: So schnell komm ich wohl nicht mehr zum Einsatz. Die Auszeichnungen, die man braucht, hab ich ja – und zu Gewalteinsätzen hab ich keine Lust. Und meine Sehnsucht wird an Ostern halb bei Dir und halb bei den Kameraden in Sizilien sein ...

Und dann verordnete das Reichsluftfahrtministerium Edis Versetzung zur Sammelgruppe Jüterbog und nicht zum Geschwader „Hindenburg" am 10. Juni 1943. Am 20. Juni 1943 ging's weiter nach Celle zum Einsatz bei der Flugbereitschaft des Generals der Fallschirmjäger Meindl, *„um diesen durch Europa zu kutschieren"*, zusammen mit zwölf Mann fliegendem und 18 Mann technischem Personal. Im Juli machte er seine Segelflugprüfung A.
Am 25.7. wurde die Flugbereitschaft nach Valence in Südfrankreich verlegt. Eine wunderschöne Landschaft, knappe Verpflegung, die mit Obstkäufen aufgebessert werden musste, eine Bruthitze mit 58 Grad im Schatten und Moskitos ohne Ende harrten dort der Beschreibung in Briefen. Viel Spaß mit der Sprache, die ja schon immer sein Hobby war, und in endlosen Händlerkäufen und Tauschereien erprobt wurde, sehr zum Entzücken der „sprachlosen" Kameraden. – Und für uns erstand er zwei Verlobungsringe – in hochkarätigem, französischem Gold und legte die Verlobung auf Weihnachten 1943 fest. Er hatte Alpträume, wie er bei meinem Vater um meine Hand bitten müsse ... Dass er *mich* auch fragen müsste, kam ihm gar nicht in den Sinn. Und am 8. September 1943 kam dann die Versetzung nach Berlin-Straus-

 berg zur Flugbereitschaft des Generalleutnants Raimann mit Inspektionsbereich Nordeuropa und das ganze russische Frontgebiet. Und dies blieb seine Dienststelle bis Ende 1944.

13. Mai 1944, DAUT an EDI:

Den Saarbrückern verging mal wieder ihr Leichtsinn. Uschi und ich fuhren mit dem Rad an der Saar entlang und waren grad am halben Wackenberg, als die Bomben fielen. Unser Lauf war sicher olympiareif. Auf der Lerchesflur wurde das Gefängnis getroffen – 58 Tote – ebenso die Bellevue und die Zeppelinsiedlung. Und die Wartburg mit dem ganzen Viertel drum herum liegt in Schutt und Trümmer. Die Bahn hat mal wieder nichts abgekriegt. In der Cecilienschule rechnet man auch mit 50-60 Toten. Lauter Ausländer. Wenn ich nächste Woche wieder Notdienst hab und die Brüder besser zielen, dann kann man uns wohl auch ausbuddeln. Überall fallen jetzt die Bomben.

3. August 1944, DAUT AN EDI:

Den heutigen Bombensegen haben wir mal wieder glücklich überstanden. Es ist immer ein schreckliches Gefühl, wenn wir in der Direktion im Treppenhaus bis in den 4. Stock stehen und die Leute von der Straße in solchen Mengen in den schmalen Eingang des Saarstollens drücken, dass wir einfach nicht reinkommen. Bis wir uns vornüber fallen lassen und der Druck auf den unteren Etagen so stark wird, dass wieder zwei bis drei Treppen-Steher-Etagen in den Stollen gedrückt werden. Und immer den Blick rauf zur Decke, ob die noch hält, denn die Bomben sind schon gefallen. Als wir dann im Stollen auf unseren Bänken saßen, durchschlug eine Bombe den Eingang. Der Luftdruck fegte durch den Stollen, das Licht ging aus und die Entlüftung versagte. Als dann das Notaggregat ansprang und es wieder hell wurde, stellten wir verblüfft fest, dass wir allesamt vor den Bänken auf dem Boden saßen, die Hände über den Köpfen. Der Schock lähmte mich richtig. Erst vorhin, als ich Deinen Brief las, sind mir die Tränen langsam übers Gesicht gelaufen. Wenn Du alter Optimist nicht dazwischen funken würdest, ich würd mit allen Miesmachern in ein Horn blasen. Wenn man aber auch gar kein Ende absehen kann!

18. August 1944, DAUT an EDI:

Und wieder verglimmt ein Tag. Die Luft flimmerte über den Anlagen und Saarbrücken hatte schon lange Zeit nimmer solch schöne und dazu noch ruhige Tage verlebt. Und abends raste ich mit Gerti mit dem Rad über die Landstraßen. Wenn die Haare und die Röcke wehten, dann wurde die Sehnsucht nach Dir riesengroß. So elementar kann dieses Gefühl sein, dass man es fast nimmer bei sich behalten kann. Es ist ein weites, weiches Glück, das ganz aus dem tiefsten Herzen kommt und nur mir, vielleicht auch etwas Dir – weil ich es Dir erzähle – gehört.

5. September 1944, DAUT an EDI:

Du hättest vorigen Freitag unsere zurückflutenden Truppen sehen sollen! Mit Französinnen in den Wagen, Stoffen und Süßwaren, Likör und Wein. Es war zum Heulen. Von Disziplin keine Spur und mit Heerespolizei musste alles aufgefangen und zurückgeschickt werden. Pfui Teufel, und das sollen deutsche Männer sein. Und so marschieren wir ins sechste Kriegsjahr!
Aber was geht mich die Politik an. Kleine Mädchen sollten sich sowieso nicht drum kümmern. Und ich hab keine Lust dazu. Nur meine Ruhe will ich haben und einen Brief von Dir.

7. September 1944, DAUT an EDI:

Mütter und Kinder werden evakuiert. Ein komisches Gefühl löst das aus, ich betrachte oft meine Umgebung, als wäre es das letzte Mal. Es fällt verflucht schwer, nicht weich zu werden.

416 **5./6. Oktober 1944:**

Es war Edis letzter Urlaubstag und wir wollten bei Gerti Abschied feiern. Es gab Zwetschgenkuchen und Bowle bei Breits, doch das Essen war uns nicht vergönnt, da es bereits kurz nach 20 Uhr Alarm gab. Wir ergriffen unser „Bunkergepäck“ und liefen los, da setzten die Tommys auch schon ihre „Christbäume“. Kaum waren meine Mutter und Schwester auch im Bunker eingetroffen, als der Boden erzitterte. Da in St. Arnual keine Schäden entstanden waren, beschlossen wir nach der Entwarnung unsere Feier weiterzuführen, allerdings diesmal bei Kerzenbeleuchtung. Wir hatten uns grad hingesetzt, als die Sirene neu ertönte. Das Brummen der Flugzeuge wurde immer bedrohlicher und da standen auch wieder die Christbäume am Himmel.

Wir hatten erst den Beginn der Wackenbergtreppe erreicht, als die Bomben in den Stiftswald fielen. Ein gewaltiger Luftdruck hob mich mitsamt meinem Rucksack und den beiden Koffern hoch und ließ mich gegen den Treppenabsatz runtersegeln. Wunderbarerweise kam ich wieder mit den Füßen auf ... Ich weiß nicht mehr, wie ich den Rest der Treppe bewältigte. Meine Mutter wollte im Wehrmachtsbunker am Lehmkaulweg unterkommen, doch dort waren die Luftschleusen schon geschlossen. Sie zog ihren Schuh aus und hämmerte mit dem Absatz gegen die Tür, bis man ihr doch noch öffnete. Meine Mutter hatte schon lange ein schwaches Herz, die Angst, der Lauf und der Luftdruck waren dann zu viel für sie. Ich nahm mir im Büro frei und brachte sie und meine Schwester nach Sobernheim zu meiner Großmutter, obwohl es dort sehr eng war, da schon seit eineinhalb Jahren die Jüdin Johanna Vennekötter mit ihrer Tochter dort aufgenommen worden war, nachdem sie in Dortmund ausgebombt wurden.

Am übernächsten Tag rief mein Vater, der bei der Bahnhofskommandantur in Mainz eingesetzt war, im Büro an und fragte, was mit seiner Mutter im Gustav-Adolf-Stift in der Vorstadtstraße geschehen sei. Noch nie im Leben war ich so erschrocken und beschämt wegen einer Frage, denn ich hatte bei allen Aufregungen die Oma ganz vergessen!

Noch nie war mir so was passiert. Ich machte mich dann gleich auf den Weg durch die Eisenbahnstraße, die nur mehr ein Trampelpfad war, stieg dort über die mit Tüchern abgedeckten Leichen, die aus den Kellern geborgen worden waren und suchte immer wieder Deckung vor den angreifenden Jabos, die auf alles schossen, was sich im Trümmergebiet bewegte, und die Bergungsarbeiten dauernd behinderten. Ich wusste in welchem Bunker die alten Leute des Stifts mit den Diakonissen Schutz suchten, doch als ich dort ankam, war alles leer. Von einem Einsatzleiter erfuhr ich dann, dass alle Heiminsassen, die von ihren Angehörigen noch nicht abgeholt worden waren, am 8. Oktober nach Thüringen in ein Heim in Mainkofen verbracht worden waren. Ich war sehr erleichtert, dass ich die Oma in Sicherheit wusste.

8. Oktober 1944, EDI an DAUT:
Es war gestern eine aufregende Fahrt. Von Dudweiler bis nach St. Wendel ging alles gut. Überraschend schnell bekam ich dann D-Zug-Anschluss (Von Saarbrücken kam der Zug!), der „zügig" bis Kirn fuhr. Und dann war der Teufel los. Alle drei bis vier Minuten Angriffe von Jabos. Zweimal war die Strecke gesprengt, Monzingen restlos kleingeschlagen. Der Bummelzug, der eine Stunde vorher fuhr, wurde restlos zerrupft. Hinter Kreuznach gab's nochmals Zunder, um 17.00 Uhr kam der „Schnellzug" in Frankfurt an. Um 21.00 Uhr erreichte ich planmäßig den Berliner Zug, der fürchterlich voll war und ohne Zwischenfall bis Weimar kam; dann gab's wegen Nebel einen kleinen Zusammenstoß mit mehreren Verletzten; mit drei Stunden Verspätung kam ich dann hier in Halle an. Und werde nach Dievenow zum Rekrutenausbilden versetzt.

Dievenow/Insel Wollin, 16. Oktober 1944, EDI an DAUT:
Von fünf Uhr morgens bis abends um sechs Uhr läuft die Ausbildung und um neun Uhr wird es still auf den Stuben. Ich habe die jüngsten aktiven Rekruten auf die entscheidende Schlacht vorzubereiten. Hin

 und wieder kommt es vor, dass einer dieser jungen Soldaten sehr unsoldatisch weint und von mir getröstet werden muss.

2. November 1944, EDI an DAUT:
Die Jungs von meiner Korporalschaft haben mir heute 40 Zigaretten und 15 Schnäpse spendiert, weil sie mich so gut leiden können! Na, ich machte einen gemütlichen Abend und während ich von meinen Flügen in Russland erzählte, kippte ich die 15 Sachen. Alles war begeistert, dass ich anschließend meine Stube noch im Achtungsschritt erreichen konnte.

Mit einigen der Fahnenjunker wurde Edi zur Verteidigung Berlins im Oderbruch eingesetzt. Bei Halbe und den Seelower Höhen spielte sich das Stalingrad der 9. Armee vor den Toren Berlins ab. Von den zwölf Divisionen mit zirka 235.000 Mann wurden mindestens 200.000 von den Russen eingekesselt. Mindestens 60.000 davon sind gefallen, nur wenige konnten entkommen. Wahrscheinlich 30.000 konnten unter General Busse den Kessel durchbrechen und schätzungsweise 60.000 gingen in russische Gefangenschaft. Im Gegensatz zu Stalingrad ist die letzte Schlacht im Oderbruch fast kaum in der Nachkriegszeit erwähnt worden. Verbissen versuchten die Soldaten dort die Russen aufzuhalten, um der Zivilbevölkerung die Flucht nach Westen zu ermöglichen und in der Hoffnung, die Amerikaner würden auch das Land nördlich der Elbe besetzen. Edi hat sich allein durchgeschlagen. Er erzählte von einer brennenden Mühle, bei der er einem Russen begegnete, dem er entkam, weil er, im Nahkampf ausgebildet, diesem unter seinen Helm schlug, wodurch der Kinnriemen dem Gegner die Luft abdrückte und er durch einen Sprint einen Panzergraben erreichte, in den er tief runter fiel.
Die Russen fällten junge Bäume zum Ummanteln ihrer Panzer und schleppten sie in Kolonnen fort. Es war dämmrig und so merkten sie nicht, dass Edi am Ende der Kolonne als „blinder Passagier“ mitmar-

schierte, bis zum nächsten Waldgelände. Und dort lag ein deutscher Kamerad mit Bauchschuss am Boden, flehte ihn an, ihn zu erschießen und Edi konnte diesem Wunsch um nichts in der Welt nachkommen und lag dann tagelang mit sich selber im Streit. Irgendwie kam er dann nach Berlin, besorgte sich eine Landkarte, wurde von der Heerespolizei gestoppt und einem Volkssturmbataillon zugeteilt, das sich hinter der nächsten Bodenwelle selbst auflöste. Mit der Karte und einem Kompass marschierte er dann mit zwei „Jüngst-Rekruten" Richtung Elbe. Diese erreichten die drei am 8. Mai, dem Tag der deutschen Kapitulation und an diesem Datum wurde sein 1940 geleisteter Fahneneid hinfällig, wie er seinen beiden Jungs erklärte. Das war das einzige, von dem er sich „befreit" fühlte. Die beiden Jungen konnten nicht schwimmen, sie enterten einen Kahn, voll beladen mit Flüchtlingen und ihrem Gepäck. Mit gezogener Pistole „überredete" er dieselben, sich von Teilen des Gepäcks zu trennen und statt dessen sie mitzunehmen. Bis zur Hälfte des Flusses schaffte es der überladene Kahn, dann machte eine Welle ihm den Garaus. Mit voller Montur und Stiefeln an den Füßen und den beiden Jungs an seinen Schultern, schwamm er dem noch weit entfernten Ufer zu. Dort angekommen zog ihn ein schwarzer GI raus, der kopfschüttelnd die flüchtenden Deutschen in der Elbe beobachtete und nicht verstand, warum man nicht in russische Gefangenschaft geraten wollte, sondern lieber ertrank. Die Amis brachten ihre Gefangenen in ein riesiges Sportstadion, ließen sie vier Tage lang hungern und dürsten und teilten Edi dann einem Transport zu, der den belgischen Kohlengruben „Menschenmaterial" zur Arbeit zuführen sollte. In den offenen Güterwagen standen die Männer dicht nebeneinander. Sein Nebenmann seufzte: Jetzt kommen wir gleich an dem Hof meines Vaters vorbei. Dann sah er seine Chance gekommen, kletterte mit dem Jungen raus auf die Puffer. Zuerst warfen sie probeweise eine verschnürte Decke ab, worauf die Amis schossen und der Kamerad wieder in den Waggon zurückkletterte. Nicht so mein Stukka-Flieger. Als in einer

 Kurve der Wachmann außer Sicht war, sprang er und blieb zusammengerollt im Gestrüpp des Bahndamms liegen, bis der Zug in der Ferne verschwand. In einem Dorf entledigte er sich seiner Uniform, bekam von einer mitleidigen Bäuerin eine Landarbeiterjacke, schulterte eine Hacke und zog so in Richtung Heimat, die er dann nach etlichen Abenteuern an Pfingsten erreichte ...

Aus meinem Tagebuch:
Ich kehrte aus der Evakuierung mit Freunden am 17. April 1945 aus der Pfalz nach Saarbrücken zurück. Natürlich zu Fuß. Unser Gepäck führten wir im Handkarren mit. Amerikaner und Franzosen hatten sich die Stadt geteilt. Die linke Saarseite gehörte den Franzosen. Die Amis hatten eine Pontonbrücke über die Saar gebaut, die man nur mit „Brückenpass“ benutzen durfte.

9. Mai 1945:
Lebensmittelkarten erhält nur der, der mindestens neun Stunden Arbeit pro Tag nachweisen konnte. Und die 800 Kalorien wurden oft nicht geliefert. Meinen Brückenpass hab ich immer noch nicht. Der Krieg ist aus, nach sechs Jahren der Augenblick, auf den wir sehnsüchtig gewartet haben. Und nun?? – Bei Marianne kann ich wohnen, es war ein hartes Stück Arbeit, bis der gröbste Dreck weg war. Auch das Dach haben wir gedeckt.

14. Juli 1945:
Die Arbeit hat mich fast gefressen die letzten beiden Monate. Als ich den Brückenpass hatte, bin ich rüber nach St. Arnual und hab unsere Wohnung besichtigt. Auf der linken Saarseite sind noch kaum Leute. Außer mir war auf dem Wackenberg nur noch ein alter Mann. Im Schlafzimmer meiner Eltern war die Decke runtergekommen, der Dreck lag knöchelhoch und da die Fenster ohne Glas waren, trieb der Wind Samen herein und vor den Betten wuchs das Gras.

Und ich weiß noch wie gestern, wie ich wütend und müde am Pfingstsamstag den Handkarren vom Wackenberg auf den Homburg zog. Sehe mich in die Bunsenstraße einbiegen. Fast bleib ich stehen, als mir da wie selbstverständlich Edi entgegenkommt. Eine Riesenfreude war das und ich fühlte mich nicht mehr so gottverlassen allein. Wir zogen zusammen auf den Wackenberg, arbeiteten beide in der Gärtnerei am Tabaksweiher und – ganz nebenbei – brachten wir Stück für Stück die Wohnung in Ordnung und ich führte den Haushalt mit Kochen etc. Zum Umfallen müde waren wir meist. Wie die Toten schliefen wir nebeneinander, sogar ein Streicheln fiel uns schwer. In den Gärten der noch unbewohnten Häuser pflückten wir nach „Dienstschluss" Himbeeren, Johannis- und Erdbeeren, sammelten Löwenzahn und Brennessel, gruben in den Kellern die Einkellerkartoffeln aus dem Matsch und lebten so einfach vor uns hin. Beide waren wir braungebrannt und dürr wie Zaunstecken. Und dann kamen Mutti und Ursel! Und ich hatte kurz vorher gehört, dass Vati verwundet in Heidelberg läge. War das ein Jubel! Mutti hat teils gelacht und teils geheult, als sie ihre Wohnung sah, doch wir hatten mehr Glück als alle anderen. Auf Wohnungen in der Kaserne auf dem Wackenberg waren die Franzosen nicht scharf. Heute, am 14. Juli 1945, feiert das deutsche Saarland den französischen Nationalfeiertag. Sehr seltsam war mir zumute, als man uns Frankreich zugesprochen hatte. Und in der kommenden Woche soll meine Hochzeit sein. Ich kann mir gar nicht vorstellen, dass ich dann „Frau Schuh" bin und der alte vertraute Name verschwindet. Und etwas anders hätte ich mir meine Hochzeit auch vorgestellt!
Doch wie sagte Edi zu Hiltruts Mutter, als sie fragte, wie um Gottes Willen es jetzt mit uns weitergehen würde: WO WIR SIND IST IMMER OBEN!

 Günther Schacht, Jahrgang 1929, Hitlerjunge, CDU-Politiker, ehemaliger Saarländischer Umweltminister:

„Abends haben uns zwei Leutnants bis spät in die Nacht bedrängt, dass wir uns freiwillig zur SS melden sollten.“

Interview

Frage: Sie sind Jahrgang 1929. Sie wohnten in Bottrop, im dicksten Ruhrpott, wo Sie auch geboren wurden. 1943, mit 14 Jahren, kamen Sie wie alle anderen Ihrer Generation damals zur Hitlerjugend.

Schacht: Ich war im Jungvolk und war auch begeistert dabei, vor allem wegen der Kameradschaft und des Sports. Ich war zu dieser Zeit auch Messdiener. Man ließ mich vom Jungvolk auch während des Dienstes zum Messdiener-Unterricht gehen. Die ersten Erinnerungen, die ich aus jener Zeit habe, sind die Erinnerungen an die furchtbaren Bombenangriffe. Die begannen 1940 und 1941. Wir haben die Bomben gehört, vor allem die Luftminen, wenn sie in der Luft waren. Wir haben auch die Detonationen gehört. Aber meist war das weit weg. Zum Glück passierte bei uns nichts. Die Angriffe galten dem Werk Ruhröl. Aber was ich da im Keller als kleiner Junge erlebt habe, wie die Menschen geschrien haben. Und wie sie gebetet haben und wie sie versprochen haben jeden Tag in die Kirche zu gehen, wenn sie diesen Angriff überleben – das ist für mich unvergesslich. Meine Mutter tat das sowieso, jeden Tag. Es war bei uns im Haus ein Luftschutzkeller für die Nachbarschaft. Wir wohnten in einer Bergmannssiedlung. Mein Vater ging ab und zu rauf und guckte, ob was passiert war. 1943 wurden die Schulen geschlossen. Die anderen Kinder fuhren ins KLV, ins so genannte Kinderlandverschickungslager, nach Böhmen. Ich durfte nicht mit. Meine Eltern sagten, dass die mich dort nicht in die Kirche gehen lassen würden. Das war die einzige Begründung, warum ich nicht mitdurfte.

Frage: Wie haben Sie reagiert?

Schacht: Ich habe geheult. Aber es war nichts zu machen. Meine Eltern waren hart. Nein, du darfst nicht, sagten sie. Ich fuhr dann mit meinem vier Jahre jüngeren Bruder nach Ostpreußen. Er blieb bei meinen Großeltern in Lichtenau und ich kam zu meiner Tante nach Wormditt. Das sind alles Orte in der Nähe von Allenstein an der masurischen Seenplatte. An den Wochenenden und in den Ferien besuchte ich meine Großeltern und meinen Bruder. Bei einem solchen Besuch starb mein Bruder im Herbst 1943. Er war gerade neun Jahre alt. Mein Großvater hatte natürlich kein Telefon auf seinem kleinen Bauernhof. Ich bin losgerannt, um ein Telefon zu finden und habe einen Arzt in Mehlsack angerufen. Mehlsack war ungefähr zwölf Kilometer entfernt. Bis der Arzt kam, war mein Bruder schon tot. Wir haben angenommen, dass es Diphtherie war. Ihm starben die Glieder ab.

Günther Schacht

Oma, ich fühle nichts mehr, sagte er zu meiner Oma. Ich habe kein Gefühl mehr in den Beinen. Mein Vater war bei dem Arzt in Mehlsack. Ich habe meinen Vater so wütend gesehen wie in seinem ganzen Leben nicht mehr. Er hat mir gesagt, dass der Arzt ihm nur lateinische Brocken um die Ohren geworfen hat. Er wusste nicht, was die lateinischen Fachausdrücke bedeuteten. So kommt es, dass wir bis heute nicht genau wissen, warum und woran mein Bruder gestorben ist.

 Ich kann das nie vergessen. Ob mein Bruder zu Hause in Bottrop nicht hätte sterben müssen – ich weiß es nicht. Dann kamen langsam die Russen näher. Das war 1944 im Sommer. Ich bin über Nürnberg ins Ruhrgebiet gefahren. Alleine. Ich war 15 Jahre alt. Ich weiß bis heute nicht, warum ich über Nürnberg gefahren bin. Wahrscheinlich gab es keine andere Möglichkeit. Ständig musste man mit Bombenangriffen rechnen. Kaum zu Hause musste ich schon wieder weg. Ich musste ja zur Schule. Meine Schulklasse war mittlerweile in Kiefersfelden. Also fuhr ich nach Kiefersfelden. Alleine. Meine Eltern mussten mich dieses Mal fahren lassen.

Frage: Sie waren jetzt 15 Jahre alt und waren bei der HJ. Haben Sie in der Schule Uniform getragen?

Schacht: Die Winteruniform meistens, diese dunkelblaue Jacke. Das war wie ein Kleidungsstück. Ich habe natürlich darauf gewartet, ob wir sonntags in die Kirche gehen dürfen oder nicht. Es war nicht ausdrücklich verboten. Da die Messe morgens um acht Uhr war und das KLV-Lager aber erst ab neun Uhr geöffnet wurde, wurde es mit anderen Mitteln erreicht, dass wir nicht in die Kirche gehen konnten. Ich bin durchs Klofenster abgehauen zur Messe. Erst allein. Später gingen einige Kameraden mit. Dann hörten wir, dass zwei Söhne des Direktors gefallen waren. Es wurde angeordnet, dass alle zusammen zur Totenmesse zur Kirche marschieren sollten. Da habe ich versucht, Kameraden davon zu überzeugen, dass wir nicht zur Totenmesse für seine Söhne gehen sollten, weil wir ja sonst auch nicht in die Kirche gehen durften. Aber ich habe keinen gefunden, der nicht gehen wollte. Also bin ich auch mitmarschiert.

Es war im Spätherbst, als wir zu einem Ausbildungslager nach Neubeuern abkommandiert wurden. Bei einem gemeinschaftlichen Ausgang auf einen nahen Berg konnten wir beobachten, wie der Bahnhof von Rosenheim bombardiert wurde. Wir marschierten hin und räumten auf. Tote waren nicht zu beklagen. Abends haben uns zwei Leutnants,

die ganz bestimmt SS-Offiziere waren, bis spät in die Nacht bedrängt,
dass wir uns zur SS melden sollten. Bis auf einen, der bis zum Morgen nicht nachgegeben hat, haben das auch alle getan.

Frage: Sie sind aufgefordert worden in die SS einzutreten?

Schacht: Ja. Wir wurden im Januar 1945 in ein Wehrertüchtigungslager nach Berchtesgaden-Strup eingezogen. Eines Tages marschierten wir nach Berchtesgaden zur Musterung. Die Kommission saß im Karree, sodass man einzeln vor mindestens 15 Personen treten musste, um Fragen zu beantworten. Ziemlich zum Schluss stand ich vor einem Oberst der Wehrmacht. Der schaute sich die Papiere an, die von Person zu Person gewandert waren und fragte mich: Sie haben sich doch schon freiwillig zur Wehrmacht gemeldet? Ich bejahte das. Er fragte: Wollen Sie nicht mehr zur Wehrmacht? Ich sagte: Doch! Der Oberst schrie los: Der Mann hat sich zur Wehrmacht gemeldet. Wieso ist er in einem SS-Lager. Er fährt sofort nach Hause. Ich konnte ohne Beanstandungen nach Kiefersfelden fahren. Was mit dem Oberst geschehen ist, weiß ich nicht. Ich bewundere ihn noch heute.

Frage: Haben Sie es bedauert, dass Sie nicht zur SS durften?

Schacht: Im Gegenteil. Ich war froh, dass ich weg durfte. Wir saßen ja im Wehrertüchtigungslager mehr im Bunker, als wir Dienst taten. Ständig gab es Luftangriffe. Ich hatte mich bei der Wehrmacht zu den Reitern gemeldet, die es 1944 gar nicht mehr gab. Ich erhielt die Nachricht, dass ich zu den Panzern gekommen wäre. Gut, dass ich nicht mehr eingezogen wurde. Denn in einem so engen Raum hätte ich es gar nicht ausgehalten. Im April 1945 wurde ich wieder abkommandiert. Wir waren wieder in Neubeuern. Es waren wieder zwei Leutnants bei uns, die wir, da waren wir uns alle einig, als SS-Offiziere einstuften. Nach einigen Tagen begleiteten die Leutnants, einige Kameraden und ich einen Lkw, der Lebensmittel geladen hatte, in die Berge. Wir machten abends in der Jugendherberge Brannenberg in 1250 Metern Höhe Rast. Andere Kameraden begleiteten einen Lkw mit

 Waffen in die Berge. Wie es hieß, sollten die Alpen verteidigt werden. Am nächsten Morgen waren die beiden Leutnants verschwunden ...

Frage: Wie viele Jugendliche waren Sie?

Schacht: Sieben, acht oder zehn.

Frage: Gehörten Sie zum Volkssturm?

Schacht: Der Name Volkssturm ist nie gefallen. Aber so ist es wohl. Wir sind aus unserem Lager runter ins Tal marschiert. Und da habe ich zum ersten Mal in meinem Leben schwarze Menschen gesehen. Es waren amerikanische Soldaten, die im Dorf Brannenberg auf ihren Panzern standen. Wir sind dann zu Fuß nach Kiefersfelden gegangen. Als wir dort ankamen, hat keiner von uns mehr Wertsachen gehabt. Wir sind von allen möglichen Leuten gefilzt worden.

Frage: Wie muss man sich das vorstellen? Hat da Einer mit einer Pistole gedroht und gesagt, Geld her oder so?

Schacht: Ja, manche hatten Pistolen. Aber es waren Erwachsene, die einfach stärker waren als wir.

Frage: Waren es Leute in Häftlingskleidung?

Schacht: Teilweise ja. Als wir in Kiefersfelden ankamen, wurden wir zum Lagerleiter gerufen, der uns – das war außergewöhnlich – sogar Zigaretten anbot. Unser KLV-Lager war in einem Hotel untergebracht. In der ersten Nacht nach unserer Ankunft brach ein Brand aus, der das ganze obere Stockwerk zerstörte. Wir hörten folgendes: Viele deutsche Soldaten hatten aus Italien Pakete nach Hause geschickt, die die Post nicht mehr beförderte. Die Pakete wurden im Bahnhof Kiefersfelden gelagert. Der Lagerplatz reichte nicht mehr aus, so dass man auch im Keller unseres Hotels Pakete einlagerte. Die Keller hatten kleine Luftlöcher. Die Kinder aus meiner Klasse waren zu groß, um durch diese Löcher zu kriechen. So wurden Kinder der unteren Klassen durch die Löcher in die Keller geschickt, um die Pakete zu klauen. In ihnen befanden sich alle möglichen Utensilien aber auch Lebensmittel und Schmuck. Das Packpapier wurde in einen, wie man glaubte, „toten Kamin“ geworfen. Der Kamin war nicht tot. Als man unten Feuer an machte, entzündete sich das Packpapier. Das ganze Hotel brannte. Wir mussten ausziehen und wurden im Zollhaus zwischen Kiefersfelden und Kufstein untergebracht. Dort gab es kaum etwas zu essen. Für die Bayern waren wir jetzt die ungeliebten Preußen.

Frage: Der Krieg war da doch schon zu Ende. Welchen Status hatten Sie? Waren Sie Gefangene?

Schacht: Wir waren gar nichts. Mit den Soldaten hatten wir ja nichts zu tun gehabt. Ich war noch 15 Jahre alt. Einige waren 16. Aber Soldat war keiner. Wir waren Schüler.

Frage: Schüler in einem Schullandheim. Der Krieg war aus. Haben Sie nicht gefragt, wo sind meine Eltern? Wollten Sie nicht nach Hause?

Schacht: Es war schrecklich. Wir hatten gehört, dass im Ruhrgebiet schwere Kämpfe stattfanden. Wir wussten nichts von unseren Eltern. Nach Hause konnten wir nicht. Es fuhren ja keine Züge. Da war nichts zu machen.

Frage: Deutschland war jetzt in vier Besatzungszonen aufgeteilt. Wussten Sie das?

Schacht: Nein, wir wussten das nicht, obwohl von Zeit zu Zeit Eltern von kleineren Jungen kamen, um sie abzuholen. Die wussten aber nichts von unseren Eltern. Der Zufall kam einigen von uns zu Hilfe. In Kufstein lag vor einem Haus, das von amerikanischen Soldaten bewohnt wurde, ein großer Kahn. Wir seilten ihn an und schoben ihn mit Hilfe einiger kleiner Holzstämme in den Inn. Aber er füllte sich mit Wasser. Einer sprang ins Wasser und versuchte, das Wasser auszuschöpfen. Es gelang uns, den Kahn bis in die Nähe des Zollhauses zu ziehen. Wir hatten auf einer Straße einige Teerfässer gesehen. Mit dem Teer gelang es uns in tagelanger schwerer Arbeit den Kahn abzudichten. Eines Morgens, um fünf Uhr, fuhren wir los. Wir waren acht Jungens. Das Ende des Krieges war da und wir wollten nach Hause. Morgens um fünf Uhr sind wir abgehauen. Wir hatten kaum Proviant.

Und noch weniger Ahnung, wie man einen solchen Kahn lenkt. Die Strömung des Inns drehte unseren Kahn im Kreis herum. Ich weiß nicht mehr wie. Aber es gelang uns, den Kahn so zu lenken, dass wir voran kamen. Bedacht hatten wir auch nicht, dass wir an mehreren Kraftwerken vorbeikamen, was bedeutete, dass wir den Kahn an Land ziehen und auf die andere Seite bringen mussten. Wir mussten den Kahn jedes Mal entladen und auf Holzrollen auf die andere Seite des Kraftwerkes bringen. Das ging bis Wasserburg gut. Dort bekamen wir den Kahn nicht mehr aus dem Wasser. Das war Pfingsten 1945. In einem ehemaligen Kriegsgefangenenlager schliefen wir zwei Nächte. Dann trennten wir uns in Gruppen von je zwei Jungen und versuchten nach Hause zu kommen. In Landshut habe ich ein Fahrrad geklaut. Das stand vor einem Geschäft, eine ganz alte Karre. Mit dem Rad bin ich bis Würzburg gekommen. Der Bahnhof war voller Menschen, die fast alle versuchten, nach Norden zu kommen. Ich bin oben auf den amerikanischen Zügen mit den Benzinkanistern mitgefahren. Wir haben auf den Benzinkanistern gelegen. So kam ich bis Hagen, mit einem anderen Zug bis Essen, dann von Essen nach Hause. Wie froh meine Eltern waren, als ich wieder da war, können Sie sich gar nicht vorstellen.

Frage: Wie ging es weiter?

Schacht: Mein Vater, der beim Volkssturm war, hat wieder als Bergmann gearbeitet. Mich hat er als Autoschlosser untergebracht, weil die englische Besatzungsmacht die Mittelschule verboten hatte. Am 1.10.1945 wurde sie wieder erlaubt. Meine Schulkameraden kamen an der Tankstelle vorbei und riefen mir, der im Dreck arbeitete, jeden Morgen und jeden Mittag Grüße zu. Ich wollte wieder zur Schule. Mein Vater war dagegen, weil, wie er sagte, der Beruf eines Autoschlossers Zukunft hätte. Meine Mutter war auf meiner Seite. Ich durfte dann wieder auf die Schule. Wir machten Ostern 1947 die Mittlere Reife. Überall war Arbeitslosigkeit. Ich habe mich als kaufmännischer Lehrling beim Bergbau und bei der Stadtverwaltung beworben. Die vom Arbeitsamt wollten mich als kaufmännischer Lehrling zu einem Kartoffelhändler schicken, weil ich angeblich groß und kräftig war. Die Prüfung beim Bergbau habe sich bestanden. Vierzig oder fünfzig haben die Prüfung gemacht. Ich bestand sie mit neun anderen. Und verzichtete auf die Prüfung bei der Stadtverwaltung.

Frage: War der Nationalsozialismus plötzlich wie ein Spuk vorbei?

Schacht: Als Hitler weg war, hat mein Vater sich natürlich geschämt, dass er die Nazis gewählt hat. Ich habe ihn mal gefragt: Vater, warum habt ihr nichts dagegen getan? Er bekam Tränen in die Augen und sagte nichts. Aber was konnte er als Bergmann schon machen? In der Partei war er nicht. Er war katholisch. Er war grundkatholisch. Die Mutter ging jeden Tag in die Kirche. Meine Eltern haben den Nationalsozialismus zunächst für eine gute Sache gehalten. Dann später, als es auch gegen die Kirche ging, nicht mehr.

Frage: Waren die christlichen Werte für Sie ein wichtiger Halt?

Schacht: Natürlich. Ich war in der katholischen Jugend. Und das schon mit zwölf Jahren. Die katholische Jugendarbeit war an sich verboten. Aber der Kaplan Binasta organisierte sie für die ganze Stadt Bottrop. Natürlich war ich auch Messdiener. Ich bin auch beim Jungvolk vorgetreten, wenn wir Dienst hatten, und habe gefragt: Führer, gestatten, ich habe Messdiener-Unterricht. Darf ich mich entfernen? Ich durfte.

430 Rolf Krieger, Jahrgang 1932, Hitlerjunge, Bauingenieur:

„Lehrer mit brauner Vergangenheit waren untergetaucht. Die älteren Jungen mit den bunten Schnüren, die uns noch vor kurzem herumkommandiert hatten, kämpften jetzt für den Endsieg oder waren jetzt ganz bescheiden.“

Eigener Bericht

Sie hatten rasante Namen: Spitfire = Feuerspeier, Thunderbold = Donnerkeil, Lightning = Blitz, Mustang = Wildpferd. Wir kannten sie alle, die Flugzeugtypen der Briten und Amerikaner. Und natürlich auch die der Deutschen, die prosaisch nur Me 109, He 111, Fw 190 hießen. Wir, Jungen im Alter von zwölf bis vierzehn Jahren, saßen an Tischen auf harten Holzbänken. Wir waren Schüler der ersten drei Klassen eines Düsseldorfer Gymnasiums und seit Monaten „kinderlandverschickt“ ins schöne Allgäu, nach Bad Wörishofen. Die älteren Schüler hatte man schon als Flakhelfer eingezogen.
Es war Frühstückszeit. Vor sich hatte jeder seine Butter- und Marmeladenschnitten und eine Tasse mit „Spitzbohnenkaffee“. Draußen lachte die Aprilsonne.
Schon seit Tagen rumorte der Krieg in weiterer Entfernung. Gestern war er nähergerückt. Rund um die kleine Stadt hörten wir das dumpfe Grollen der Kanonen, das hackende Stakkato von Maschinengewehren, das Dröhnen und Heulen der Jagdbomber mit den rasanten Namen. Doch in unserer Stadt fiel kein Schuss, ein Abkommen zwischen den Gegnern hatte das verhindert. Wo in Friedenszeiten Kurgäste beherbergt wurden, kurierten jetzt verwundete Soldaten ihre Verletzungen aus. Uns Kinder hatte man vor den Bomben auf Düsseldorf in Sicherheit gebracht.
Das Geräusch vieler Motoren näherte sich, rauschte über uns hinweg. Kaffeetassen ergossen ihre Inhalte über die Tische und weichten die angebissenen Brotschnitten auf, als wir uns an die Fenster stürzten.

Eine Staffel amerikanischer Donnerkeile, ganz niedrig, hatte uns lärmend überflogen. Sie schwenkten ab, ein Rauschen, dann ein vielfältiges Krachen. Sie hatten ihre zerstörerische Last über dem kleinen Flugplatz am Stadtrand abgeladen. Getötet hatte die Bombenlast zum Glück niemanden, denn alles was fliegen konnte, Maschinen und Menschen, hatte man tags zuvor weggebracht.
Wir waren trotz der kommenden Ungewissheit frohgestimmt, denn heute fiel die Schule aus. Für mich war das eine Gelegenheit zum Friseur zu gehen. Doch auf dem Heimweg – was sah ich in der Ferne zwischen den Häusern? Dunkle Ungetüme bewegten sich auf den Wiesen vor der Stadt: amerikanische Panzer. Was haben wir zu erwarten? Werden wir aus unserem Haus vertrieben? Diese Fragen beschäftigten uns jetzt. Alle Dinge, die in irgendeiner Weise an die vergangene braune Zeit erinnerten, hatten wir schon aus unseren Zimmern verbannt: Hitler-Bilder, Fotos der Kriegshelden, die Embleme auf unseren Jungvolk-Uniformen hatten wir abgetrennt.
„Very nice!“, sagten die beiden dunkelhäutigen Amerikaner, die uns im Haus besuchten. Auf ihren Gewehrkolben klebten „Pin-up-Girls“. Wir konnten aufatmen, wir durften bleiben!
Am nächsten Tag war der Spuk auf den Wiesen verschwunden. Wir schlichen uns hin um zu sehen, ob es dort etwas zu finden gab. Es gab. Wo die Soldaten ihre Zelte aufgeschlagen hatten, lagen Reste von Herrlichkeiten: Kaugummipäckchen und Schokolade. Es kümmerte sich jetzt kaum jemand um uns. Lehrer mit brauner Vergangenheit waren untergetaucht, verschwunden. Die älteren Jungen mit den bunten Schnüren, die uns vor kurzem noch so fleißig herumkommandiert hatten, kämpften bereits für den Endsieg oder waren jetzt ganz bescheiden. Wir bekamen zwar unser Essen, hatten aber ansonsten sehr viel Zeit: keine Schule mehr, kein Antreten, kein Marschieren, kein morgendlicher Flaggenappell.
Niemand kommandierte uns, es gab keine Verbote mehr. Jetzt taten wir das, was die braunen Machthaber vor Jahren schon getan hatten,

 wir verbrannten Bücher. Nazi-Literatur, aber auch manches unbescholtene Schulbuch musste dran glauben. Aus dem roten Tuch der Fahnen, das weiße Rund und die schwarzen Hakenkreuze waren herausgeschnitten, abgetrennt, nähten wir uns Badehosen.

Wir stromerten in der Umgebung herum, machten gefährliche Experimente mit gefundener Munition. Es knallte ja so schön, wenn wir die Spitze der Patronen entfernt und das Pulver ausgeschüttet hatten und mit Hammer und Nagel das Zündplättchen bearbeiteten. Das Innere von Signalmunition ins Feuer geworfen, machte es zu einem leuchtend gelben oder roten Feuerball.

Sonderbarerweise machten wir uns wenig Gedanken über die Zustände im fernen Düsseldorf und wie es unseren Eltern ging.

Doch nach den ersten Tagen der neugewonnenen Freiheit kam Langeweile auf. Die Lust auf Abenteuer brachten mich und noch drei Klassenkameraden auf den Gedanken, uns in der Umgebung von Bad Wörishofen nach einer geeigneten Abwechselung umzusehen. Eines Morgens nach dem Frühstück, auf die vier Schnitten mit Butter und Marmelade wollten wir nicht verzichten, machten wir uns auf den Weg in Richtung Norden. Wohin wir überhaupt wollten, wussten wir noch nicht. In unsere Schulranzen hatten wir nur das Nötigste gepackt. Nach etwa zehn Kilometern erreichten wir das kleine Dorf Mattsies. Es war Heuzeit, wir brauchten nicht lange zu suchen und zu fragen, bald hatte jeder seinen Bauern.

Schon früh weckten mich die Kirchenglocken und bald darauf drehte ich im Hof den Schleifstein. 32 Messer mit je zwei Schneiden hatte der Mähbalken. Dies war von nun an Morgen für Morgen meine erste Arbeit. Danach wollten etwa 20 Kühe und Rinder zur Weide gebracht werden und ich ging barfuß mit einem Stecken hinterher. Das war nicht so idyllisch wie auf den Gemälden alter Meister. Immer wieder versuchten meine Schutzbefohlenen den Zaun auszuhebeln um auf ein besseres Wiesenstück zu gelangen oder einfach nach Hause in den Stall zu laufen.

Bevor es ins Heu ging gab es erst einmal eine „Brotzeit". Aus der Speisekammer hatte die Bäuerin für jeden ein Schüsselchen Milch, auf der die Sahne schwamm, geholt. Dicke Pellkartoffeln wurden nicht abgepellt, mit einem Esslöffel wurde der Inhalt aus den Schalen gelöffelt. Die Reste kamen in den Schweinetopf. Das geschnittene Gras lag in langen Bahnen auf dem Feld. Jeder hatte eine Heugabel und mit einem gewissen Schwung wurde es zum weiteren Trocknen gewendet. Später, als das Gras zu Heu geworden war, traten die hölzernen Rechen in Aktion und brachten es wieder in lange Bahnen, bereit zum Aufladen. Ein Ochse und zwei Pferde zogen die Leiterwagen mit den großen, eisenbeschlagenen Holzrädern über das Feld. Der Ochse sollte umgespannt werden und ich sollte ihn an einem schon beladenen Wagen vorbeiführen. Kaum hatte ich ihn am Zaum gefasst – da lag ich schon auf dem Boden. Ich hatte ihn so dicht am Wagen entlang geführt, dass er mit einem Horn daran hängen blieb, den mächtigen Kopf schüttelte und mich mit seinem anderen, zum Glück stumpfen Horn an der Kinnspitze traf. Es war ein richtiger K.O.

Hoch auf dem Leiterwagen im Heu liegend schaukelte ich der heimatlichen Scheune entgegen. Dort begann für mich eine schweißtreibende, stickige Arbeit. Über dem Stall unter dem Dachgebälk musste das lose Heu verteilt und festgetrampelt werden. Um wenigsten etwas Luft und Licht in den staubigen Raum zu bringen, wurden einige Dachpfannen hochgeschoben. Es gab keine Dusche, unter der wir anschließend unsere erhitzten und staubverklebten Leiber erfrischen konnten.

Dafür wartete das Hauptessen des Tages auf alle. Doch so schnell ging es für die Hungrigen auch wieder nicht. Eine mir endlos erscheinende Gebetslitanei mit Blickrichtung auf ein Heiligenbildnis in der Ecke wurde fast zur Tortur. Dann kam die riesengroße Pfanne auf den Tisch und jeder, Großvater bis Enkel, rührte mit seiner Gabel darin herum und angelte sich seinen Teil aus dem „Schmarren". Es gab viele Mehlspeisen, Fleisch war die Ausnahme.

 Nach der Menschenspeisung kamen die Tiere an die Reihe. Das frische, am Morgen gemähte Gras hatte der Bauer im Gang vor den Futterraufen verteilt und meine Aufgabe war, es in diese hinein zu gabeln.

Sechs, sieben Wochen waren wir vier Klassenkameraden jetzt schon als Hütejungen, Kleinknechte oder wie man es auch bezeichnen möchte, in dem kleinen Allgäuer Dorf. Wir hatten die schwere bäuerliche Arbeit kennen gelernt; es gab keinen Traktor, keine Maschinen, die das Arbeitsleben erleichtert hätten.

Abends, wenn das Vieh gefüttert, und auch wir gesättigt waren, trafen wir uns auf der Dorfstraße, tauschten unsere Tageserlebnisse aus und mit einem Mal war das Heimweh da. Wie mochte es im fernen Düsseldorf zugehen? Wir hatten inzwischen zwar mit einem Bollerwagen unsere Habseligkeiten aus dem Lager geholt, aber nicht in Erfahrung gebracht, was für unsere Heimkehr getan wurde. Wir beschlossen daher kurzerhand, uns auf eigene Faust auf den weiten Weg zu machen. Ein neues Abenteuer stand uns bevor.

Es war heiß an den letzten Junitagen des Jahres 1945. Zunächst war Geld vom Postsparbuch abzuheben. Wir meldeten uns im Rathaus ab, um Reise-Lebensmittelmarken zu bekommen. Eine winzige Deutschlandkarte aus einem Taschenkalender sollte uns die ungefähre Richtung weisen. Nur unserer Kinderlandverschickungs-Lagerleitung hatten wir unsere Heimkehr-Pläne nicht kundgetan. Viel passte in meinen ledernen Schulranzen nicht hinein, ein „Persil"-Karton nahm weitere Habseligkeiten auf. Mit einem Bindestrick für Heu- oder Strohgarben wurde er zusammengehalten und hing am Schulterriemen. Trotz der warmen Jahreszeit zog ich meine Winteruniform an, von der ich die Jungvolk-Embleme schon lange abgetrennt hatte.

Früh am Morgen trafen wir uns am vereinbarten Ort. Nur einer kam nicht, er war krank geworden und musste im Bett bleiben. Einer unserer Bauern, der im nahen Städtchen Besorgungen zu machen hatte, nahm uns mit seinem Pferdegespann mit auf die erste Wegstrecke.

Wir wollten nach Ulm, das 60 bis 70 Kilometer weit entfernt lag. Von dort hofften wir mit der Eisenbahn weiter zu kommen.
Wir schafften tatsächlich an einem Tag die Strecke, zu Fuß, auf einem Ochsenfuhrwerk und zum Schluss auf einem Käse-Lastwagen. Den hatten amerikanische Militärpolizisten für uns angehalten. Es sah wüst aus auf dem Bahnhofsgelände, Trümmer überall. Ein Zug stand da, Güterwagen, geschlossene Waggons mit Schiebetoren aber ohne Fenster – Viehwagen.
Viele Menschen, die meisten in abgerissener verschmutzter Kleidung, kletterten hinein. Wo mag der Zug hinfahren, wenn er überhaupt fuhr? Kein Schild gab das Fahrziel an.
Da wir im Süden Deutschlands waren, musste er wahrscheinlich nach Norden fahren, der Heimat entgegen. Wir stiegen ein, auf unser Glück vertrauend. Auf dem Fußboden, direkt neben der breiten Tür, die offen blieb, fand ich ein Plätzchen und schlief ein. Der Zug rollte durch die Nacht. Unser zweiter Reisetag begann.
Irgendwo mussten wir den Zug wechseln. Jetzt hatten wir kein Dach mehr über dem Kopf, es waren offene, hochbordige Waggons in denen zuvor Kohle befördert worden war. Dichtgedrängt saßen und standen die Menschen, der Fahrtwind verteilte den Kohlenstaub. Und als wir stundenlang in einem tropfenden Tunnel stehenblieben, war unser „Make-up“ perfekt.
Auf dem Heidelberger Bahnhof verbrachten wir die nächste Nacht. Eine warme Suppe von der Bahnhofsmission füllte unsere leeren Mägen, denn unsere mitgenommene Marschverpflegung war schon längst aufgegessen. In einem richtigen Personenwagen konnten wir sitzend die Nacht verschlafen.
Der Zug hielt auf freier Strecke: „Alle aussteigen!“ Die Brücke über den Neckar bei Ladenburg durfte der volle Zug nicht passieren. Eine lange Menschenschlange zog sich an den Gleisen entlang um ihn am anderen Ufer wieder zu besteigen.
Am hellen Tag übermannte uns die Müdigkeit. Auf der Uferböschung

 des Neckars legten wir uns zum Schlafen hin. Dann fiel uns ein, dass wir uns „Reisemarken" eingetauscht hatten, für die wir uns Brot kauften.

Mit irgendeinem Zug erreichten wir Gießen. Auf den Fliesen der Bahnhofshalle errichteten wir unser Nachtlager. Abscheulich schmeckte die Zigarette, die wir von einem amerikanischen Soldaten geschnorrt hatten. Gießen, Siegen, Wuppertal. An einem Wassertankwagen erfrischten wir uns und verteilten den Schmutz gleichmäßig auf unseren Gesichtern. Dann war der Hauptbahnhof von Düsseldorf erreicht, unser Ziel, unsere Heimatstadt. Fünf Abenteuertage lagen hinter uns.

Der quadratische stumpfe Turm aus rot-braunen Ziegelsteinen mit den vier Uhren zu jeder Seite stand noch. Auch die Vorhalle des Hauptbahnhofes hatte noch ihr Dach.

Obwohl wir nun schon so lange unterwegs waren, als der Zug hielt, hatten wir keine Zeit mehr durch die Türen auszusteigen, wir kletterten durch ein Fenster. Noch ein kurzes Verabschieden und jeder machte sich in eine andere Richtung auf, sein Zuhause zu finden.

Mein Weg vom Bahnhof in die Altstadt war lang. Die Straßen waren kaum wieder zu erkennen: Berge von Trümmern, hohle Hausruinen, verbogene Eisenträger, verkohlte Holzbalken. Über allem lag noch penetranter Brandgeruch.

Mit meinem abgewetzten Lederschulranzen auf dem Rücken, einen „Persil"-Karton am Schulterriemen, angezogen wie im Winter, marschierte ich am 1. Juli 1945 der elterlichen Wohnung entgegen. Was wird mich erwarten? Unsere Straße lag an der Rheinfront und von der gegenüberliegenden Rheinseite wurde wochenlang von den Amerikanern in die Stadt geschossen. War da in der vordersten Linie noch etwas heil geblieben?

Es hatte zu regnen begonnen. Der Drang endlich heim zu kommen, hielt mich davon ab, irgendwo Schutz zu suchen. Ich überquerte die Königsallee, die Brücke über den Stadtgraben war heil geblieben, als

nächstes die Kasernenstraße. Ein paar Menschen hatten sich vor dem
Regen unter das Portal eines großen Bankhauses geflüchtet.

Dann lag ich in den Armen meiner Eltern, die sich auch dort untergestellt hatten. Wir waren überglücklich, heil und gesund wieder beieinander zu sein. Mein Vater brauchte wegen seiner Verwundung im Ersten Weltkrieg kein Soldat zu werden, auch vom letzten Aufgebot, vom „Volkssturm", blieb er verschont. Meine Mutter war in den Monaten seit Kriegsende von einem Ende Düsseldorfs zum anderen gelaufen, um ein Lebenszeichen von mir zu erhalten. Immer, wenn sie hörte, dass jemand aus Süddeutschland gekommen war.

Es war nicht mehr weit bis zu unserer Wohnung. Es gab sie noch. Das Haus hatte, wie auch fast alle anderen Häuser unserer Straße, nur unbedeutende Kratzer abbekommen. Nur im Nachbarhaus war das Dachgeschoss abgebrannt.

Das Polster vom guten Essen beim Bauern schwand schnell dahin. Auf Lebensmittelmarken gab es nur weniges, es musste meist durch langes Schlangestehen erkauft werden. Oft war es ausgegangen, ehe man an der Reihe war. Diese Zeit hat mich bis heute geprägt: auch wenn frisches Brot im Schrank ist, zuerst esse ich das alte.

Wochen später wurde bekannt gemacht, dass die Schule wieder beginnen sollte. Zunächst mussten wir Schüler uns bei der zuständigen Schule melden. Es gab einen mächtigen Rüffel wegen unserer eigenmächtigen Heimreise. Die Dortgebliebenen wurden kurz nach unserem Abenteuer mit Bussen abgeholt. Doch unsere Erlebnisse möchte ich nicht missen.

Ignaz Marx, Jahrgang 1929, Hitlerjunge, Monteur, Gewerkschafter: ***„Zu zweit hielten wir Wache auf der Brücke. Eine Ausbildung zum Schießen hatten wir nicht."***

Dieter Gräbner

1944 fing Ignaz Marx, Jahrgang 1929, bei der Firma Pabst und Sohn in Saarbrücken eine Lehre als Bauschlosser an. Die Lehrzeit dauerte nicht einmal ein halbes Jahr. Am 5. Oktober 1944, als eine britische Bomberarmada im schlimmsten Bombenangriff, den Saarbrücken erlebte, die schöne alte Stadt zu 75 Prozent zerstörte, traf eine Sprengbombe seine Lehrfirma. Und aus war es mit der Lehrstelle.
Natürlich war Ignaz Marx bei der Hitlerjugend, wie alle seine Altersgenossen damals. Er wurde zum Schanzen nach Völklingen, Bischmisheim und in die Pfalz abkommandiert. „Schanzen" bedeutete das Ausheben von Panzergräben. Eine lächerliche Maßnahme, die vermutlich keinen einzigen gegnerischen Panzer aufgehalten hat. Für die jungen Kerle, alle damals zwischen 15 und 16 Jahre alt, war das nicht nur eine knochenharte, sondern auch eine gefährliche Arbeit. Die Tiefflieger schossen auf alles was sich bewegte.
Dann Weihnachten 1944. Das letzte Kriegs-Weihnachten. Es war alles relativ friedlich. Dass er ein Jahr später, genau am 24. Dezember 1945, an Heiligabend, aus amerikanischer Kriegsgefangenschaft entlassen, gezeichnet vom Lagerleben, müde, aber hoffnungsfroh wieder zu Hause sein würde – davon ahnte er nichts. Im Dezember 1944 war die Front zwar näher gekommen – die US-Armee war längst in Lothringen – aber irgendwie war der Krieg trotzdem noch weit weg. Nach den Feiertagen sollten sie wieder zum Schanzen, er und sechs Kumpels aus Quierschied. Gemeinsam beschlossen sie: „Da gehen wir nicht wieder hin. Mir bleibe dehemm." Im allgemeinen Durcheinander hatte das damals keine Konsequenzen. Nur die Mutter klagte, dass sie für „de Bub keine Lebensmittelkarten" hatte.

Ein Esser mehr – und keine Lebensmittelkarten – das war für eine Familie damals schon eine Versorgungskrise.
Nach den Feiertagen kam die Einberufung zum RAD (Reichsarbeitsdienst). Ein Volkssturmhauptmann teilte jungen und alten Männern, Hitlers letztem Aufgebot, die jeweiligen Aufgaben zu. Ignaz Marx gehörte fortan zur Volkssturmeinheit Quierschied, Reichsarbeitsdiensteinheit 1/319, Flak Ludwigshafen: „Wir mussten zunächst in der Region Quierschied-Sulzbach zwei Brücken bewachen, die zum Sprengen vorbereitet waren. Wir waren mit dem Karabiner K 98 bewaffnet." Ignaz Marx ist ein kräftig gebauter Mann, den so leicht nichts aus der Ruhe bringt. Als wir uns über seine Volkssturmerfahrungen unterhalten, schüttelt er nur ungläubig den Kopf, als könne er heute nicht begreifen, was damals geschah: „Zu zweit standen wir nachts auf der Brücke und hielten Wache. Eine Ausbildung zum Schießen hatten wir nicht. Und bis Kriegsende habe ich keinen einzigen Schuss abgegeben."

Ignaz Marx

Ignaz Marx und seine Volkssturmeinheit wurden tagelang durch die Pfalz und durch Hessen hin- und hertransportiert, bis sie in Unterwitzighausen, einem Dorf in der Nähe von Würzburg, den Vormarsch der US-Armee stoppen sollten. Es war der 31. März 1945, rund fünf Wochen vor der deutschen Kapitulation: „Wir waren etwa hundert Mann und sollten uns zurückziehen. Die Amis griffen an, rollten schon mit Panzern durch die Hauptstraße", erzählt er. „Wir saßen in einem Keller. Nach jedem Panzer, der draußen passierte, rannten zwei Kameraden raus, um zu verduften. Die hatten vielleicht hundert Meter Vorsprung. Dann kam der nächste Panzer. Das war brandgefährlich."
Ignaz Marx und einige Kameraden gingen lieber in Gefangenschaft,

 als den Spurt durch die anrollende Panzerkolonne zu wagen. Die erste Nacht in US-Gefangenschaft verbrachten sie auf einem Friedhof, der von den Scheinwerfern der US-Lkws taghell illuminiert wurde. Eine gespenstische Kulisse. Mit Lkws wurden die Gefangenen nach Worms transportiert. Dann ging es nach einem kurzen Zwischenaufenthalt in Güterwagen nach Marseille in das berüchtigte US-Gefangenenlager Lager 404. Der Zug brauchte für die Fahrt drei Tage. Eine Fahrt durch den Vorhof der Hölle.

Hunger, Durst, und kaum vorstellbare hygienische Zustände. Für einen Güterwaggon, in dem 40 Gefangene waren, gab es einen 20 Liter Kanister Wasser. Aufgeteilt ergab das für jeden Einzelnen einen halben Liter Wasser – und das für drei Tage. Im Lager 404 waren nach offiziellen amerikanischen Angaben, die vom Internationalen Komitee des Roten Kreuzes übernommen wurden, zwischen 20.000 und 25.000 deutsche Soldaten in Zelten untergebracht. Die Gesamtkapazität des CCPWE 404 (Continental Central Prisoners of War Enclousures) wird mit 45.000 Gefangenen angegeben. Marx ist der Meinung, dass diese Zahlen nicht stimmen können. „Das Lager 404 war in 25 so genannte Cages (Käfige) unterteilt. Und in jedem Cage waren zwischen vier- und fünftausend Gefangene, das wären insgesamt 80.000 bis 90.000 Gefangene. Mag ja sein, dass manche Cages nicht voll belegt waren. Aber die angegebenen Zahlen halte ich für viel zu niedrig." Die Versorgung mit Lebensmitteln und Medikamenten war miserabel. Hunger und Krankheiten machten Gefangenen zu schaffen. Viele starben. An seinen 16. Geburtstag am 18. Mai 1945 erinnert Marx sich ganz genau. „Es gab Rote-Rüben-Suppe. Und weil ich Geburtstag hatte, hätte ich mir einen Nachschlag holen dürfen. Das wollte ich nicht. Trotz des Hungers. Rote-Rüben-Suppe war nicht mein Fall. Wir waren zehn Mann in dem Zelt. Meine Kameraden sagten: ‚Geh, hol den Nachschlag für uns. Dann bekommst du von jedem von uns einen Keks.' Zehn Kekse. Das war mein Geburtstagskuchen. So einen Geburtstag habe ich zum Glück nie mehr erlebt.

Wie fast alle Gefangenen hatte er auf seine Mütze seinen Heimatort
Quierschied geschrieben. Irgendwann traf er seinen Lehrer aus der ersten Schulklasse: „Dem gab ich meinen Tabak. Der hat sich riesig gefreut."

Ignaz Marx hatte das Glück, dass ihn die US-Armee in ihrer eigenen Küche einsetzte. Um Marseille warteten damals Tausende von US-Soldaten auf den Rücktransport in die Heimat oder nach Japan. Die mussten verpflegt werden. Und so kam Ignaz in den Genuss amerikanischer Armeeportionen.

Und die deutschen Küchenhelfer wohnten auch neben den Amerikanern in großen Zelten: „Es ging uns im Vergleich zu den anderen Kameraden hier sehr gut", sagt er. Und noch einmal hatte er Glück. Im Oktober 1945 wurde er in ein Entlassungslager bei Reims in der Champagne überstellt. Und dort kursierte das Gerücht, dass noch vor Weihnachten Häftlinge entlassen würden – aber nur die, die eine deutsche Uniform hatten. Wie viele POW's (Prisoners of War) war er in US-Klamotten eingekleidet worden. Er konnte seine Kleider tauschen. Die US-Klamotten gegen eine alte blaue Luftwaffen-Uniform der deutschen Wehrmacht, die er von einem großen Haufen alter Uniformen aussuchte. Am 23. Dezember wurde er mit vielen anderen Kriegsgefangenen aus dem US-Lager Tuttlingen, wohin er inzwischen transportiert worden war, entlassen. Bis Neunkirchen kam er mit dem Zug. Dann war es vorbei mit der Bahnfahrt.

Bis Sulzbach fuhr eine Straßenbahn. Und von Sulzbach nach Quierschied lief er wieder ... Völlig erschöpft kam er an Heiligabend abends um 21.00 Uhr in seinem Heimatort Quierschied an. Und 50 Meter vor seinem Zuhause schrie er „Mamme, Mamme." Das hörten die Nachbarn. Die alarmierten seine Familie. Alle liefen zusammen: ‚Der Ignaz ist da', riefen sie. Alle kamen gerannt. „Es war mein schönstes Weihnachten, an das ich mich erinnern kann. Endlich wieder zu Hause. Endlich wieder frei."

 Drei Wochen blieb er zu Hause, um sich zu erholen. Die Mutter ließ ihm für fünf Pfund Mehl und ein halbes Pfund Butter bei einer Schneiderin aus 17 verschiedenen Stoffteilen eine Jacke, eine Hose und einen Mantel schneidern. So neu ausstaffiert meldete er sich bei seiner Lehrfirma, und 1947 legt er seine Gesellenprüfung ab. Das Leben normalisierte sich langsam ... Er ging auf Montage für seine Firma, kam viel rum, in Frankreich, vor allem in Lothringen. „Französisch lernte ich so auch", wie er erzählt, und besonders gut spricht er noch „heute, wenn ich einen Kleinen getrunken habe." Später, 1953, wechselte er zu Siemens in Saarbrücken, auch hier ist er auf Montage und ständig unterwegs. Alle drei Monate kommt er nach Hause. Er verdient gutes Geld, ist mit seinem Leben eigentlich zufrieden. Was ihm noch fehlt ist eine Familie. Aber mit einem Kerl, der nur alle drei Monate ein paar Tage zu Hause ist – mit dem wollte sich damals kein Mädchen so richtig einlassen. Oft hört er: „Ich will einen haben, der immer da ist." Und auch er hatte Vorbehalte, vor allem gegenüber Frauen, die mit Zwiebeln kochten: „Eine Frau, die gerne Zwiebeln hat, hätte ich nicht heiraten können. Es sei denn sie hätte auf die Zwiebeln verzichtet." 1959 heiratete er mit 30 Jahren, relativ spät für die damalige Zeit, Inge. Die beiden sind heute noch miteinander verheiratet. Wie die Zwiebelfrage geklärt wurde, erzählt er nicht. 1960 wurde Sohn Rudolf geboren. Seine Frau drängte ihn: „Kannst du dich nicht nach Hause zurück versetzen lassen? Wir sind eine junge Familie. Und der Vater ist nie da." Das sah er ein. Zumal die Firma Siemens, bei der damals in Saarbrücken 2.000 Mitarbeiter beschäftigt waren, ihm das Angebot machte, er könne mit einem VW-Transporter die Arbeiter und Material auf die Baustellen fahren: „Da war ich abends wieder zu Hause." Inzwischen war Marx Gewerkschaftsmitglied, engagierte sich, 1962 kandidiert er für den Betriebsrat. Er wird gewählt. Das sollte seinen weiteren Lebensweg entscheidend verändern.

Erst mal gab es 1964 neuen Familienzuwachs. Sohn Stefan wurde geboren. 1972 wird Ignaz Marx auch in den Gesamtbetriebsrat in der

Siemens Konzernzentrale in München gewählt und in den Ausschuss „Abordnungen ins Ausland“ delegiert. Das hatte zur Folge, dass er 15 Jahre lang, von 1972 bis zu seiner Pensionierung 1987, fast die ganze Welt bereist. Wenn er aufzählt, wo er überall war als Gesamtbetriebsratsmitglied, um in den Siemens-Niederlassungen auf der ganzen Welt nach dem Rechten zu sehen, hört sich das wie ein Fernreisekatalog von heute an: Drei Mal war er allein in Saudi-Arabien. Er besuchte Siemens-Dependancen in Kuwait, Ägypten, dem Iran, in Mexiko, Venezuela, Argentinien, Uruguay und, und ... Mehrfach war er auch in den USA und in Asien. Es waren aufregende Reisen, aber nicht immer angenehme Probleme, die es zu lösen galt. Beispiel Saudi Arabien: „Bekanntlicherweise gibt es in den arabischen Ländern keinen Alkohol. Immerhin waren 600 Mitarbeiter für Siemens in Saudi-Arabien tätig. Einige unserer Mitarbeiter produzierten einen Rotwein, der schmeckte wie Beaujolais. Die mischten schwarzen Johannisbeersaft und Weinhefe und ließen das gären. Einer wurde mit zehn Kilo Weinhefe erwischt. Der wurde eingesperrt, hatte nichts zu essen. Den bekamen wir frei für viel Bakschisch.“ 1987 wurde er pensioniert. Im Jahr 2000 wurde er vom damaligen saarländischen Innenminister Klaus Meiser, CDU für sein „soziales Engagement“ mit dem Bundesverdienstkreuz ausgezeichnet. Sein soziales Engagement zeigte er auch politisch. Von 1968 bis 1995 war er – mit Unterbrechungen – für die SPD im Gemeinderat in Quierschied.

Wir sitzen im Wohnzimmer, als er seine Geschichte erzählt. Er sagt, dass „ich mir das alles, als ich damals 1944 Lehrling bei Pabst & Sohn in Saarbrücken war, nicht habe träumen lassen können. Und es kommt mir so vor, als sei das alles gestern gewesen.“

444 Reinhold Schug, Jahrgang 1929, Mitglied des Volkssturms, Sozialpädagoge: ***„Meine Mutter sagte: ‚Wenn wir sterben sollen, sterben wir alle zusammen.'"***

Eigener Bericht

Unmittelbar nach der Landung der Alliierten in der Normandie wurde mit dem Schanzen entlang der deutschen Grenze begonnen. Panzergräben sollten den Feind stoppen. Jeden Sonntag hieß es auf Befehl: Schanzengehen! Aus jedem Hause musste eine Person mit Schaufel und Hacke antreten. Hunderte von russischen Kriegsgefangenen waren auf dem Gau unter starker Bewachung und schwersten Bedingungen im Einsatz. Die Ortsgruppenführung der Partei teilte vor Ort Zigaretten aus, um die Leute bei Laune zu halten.

Zirka drei Wochen später wurde ein Grollen vom Westen her hörbar. Zunächst dachten wir an ein Gewitter. Unser Vater, der Fronterfahrung aus dem Ersten Weltkrieg besaß, sagte: „Das ist die Artillerie." Die nach dem Frankreichfeldzug eingebürgerten deutschen Aussiedler verließen fluchtartig ihre damals zugewiesene Bleibe. Hochbepackte Fuhrwerke, mit Pferden bespannt, zogen unentwegt über die Grenze in Richtung Reich.

Der Gedanke, ein zweites Mal die Heimat zu verlassen und wieder Hab und Gut im Stich zu lassen quälte so manches Hirn. In unserem im Wohnhaus integrierten Stall standen unsere zwei guten Gespannkühe. Der leichte Kuhgespannwagen wurde mit dem Nötigsten beladen, abgedeckt als Planwagen mit dem Linoleumteppich aus der Wohnküche. Ein großer Futtersack mit Heu und ein Sack mit Schrot und Kleie hingen am Ende des Wagens. Selbst die gefüllte Petroleumlampe, die bei eventueller Nachtfahrt die Position angeben sollte, hing an der rechten Wagenseite.

Mittlerweile waren die Amerikaner bis Metz vorgedrungen, also nur mehr knappe 50 Kilometer von der ehemaligen Reichsgrenze entfernt.

Noch immer wurde in der deutschen Wehrmacht von Wunderwaffe und Endsieg gefaselt.

Die von der „Royal Air Force“ abgeworfenen Flugblätter hingegen berichteten von dem schon verlorenen Krieg und forderten die deutschen Soldaten zum Überlaufen auf. Die in den Gärten stationierte mittelschwere deutsche Artillerie feuerte unterdessen immer noch stundenweise aus allen Rohren in Richtung Lothringen. Sogar Schulkinder schleppten Granaten herbei.

Die Front rückte immer näher. Der Abstand zwischen Abschuss- und Einschlagdetonationen wurde immer kürzer. Die ersten Granaten trafen unser Dorf und die Umgebung. Die Dorfbewohner hatten ihre Häuser verlassen. Mit hochbeladenen Pferde- und Kuhgespannen, sowie mit Handwagen ging es schon Tage vorher in Richtung Saarlouis, damals Saarlautern. Man fühlte sich hinter dem Westwall ja doch sicherer.

Die Flucht ins Ungewisse

Dann kam der Morgen des 28. Novembers 1944. In der vergangenen Nacht war an Schlaf kaum zu denken. Immer wieder waren Artillerieeinschläge in der unmittelbaren Umgebung zu hören. Die Straßen im Ort waren menschenleer. Soldaten waren keine mehr zu sehen, außer zirka acht russischen Kriegsgefangenen, die von zwei deutschen Posten bewacht wurden.

Ein älterer Gefangener war stark gehbehindert und humpelte der Gruppe hinterher. Der Wachposten erlaubte ihm zurückzubleiben. Er setzte sich auf die Treppe vor unserem Nachbarhaus. Im Graben vor dem Hause lagen Essensreste, zurückgelassen von einer geflüchteten deutschen Einheit. Der Gefangene füllte sich eine Konservendose mit den Resten und aß davon. Meiner Mutter und uns allen tat der Mann Leid. Sie schickte meinen jüngeren Bruder mit zwei Scheiben Brot und einem Stück Wurst zu ihm. Der Gefangene bekreuzigte sich und aß das Brot.

Ein Einwohner aus unserem Nachbarort Bisten, dem letzten Ort vor der Grenze, passierte im Laufschritt mit einem beladenen Handwagen unser Haus. Er berichtete, dass die amerikanischen Truppen etwa sechs Kilometer entfernt vor unserem Ort wären. Die deutsche Artillerieeinheit in unserem Dorf war längst abgezogen.
Der Gedanke „jetzt oder nie“ bewegte uns dazu, unsere Kühe an den längst beladenen Wagen zu spannen. Meine Mutter ging noch einmal durch unser Haus, benetzte ihre Hand im Schlafzimmer mit Weihwasser und bekreuzigte sich mit den Worten: „In Gottes Namen, dann fahren wir.“ Ich öffnete noch unseren Kaninchenstall und ließ dreizehn fette Kaninchen in den Garten laufen.
Mittlerweile waren meine Eltern und mein jüngerer Bruder Heinz mit dem Gespann in Höhe des Ortsausgangs. Mit dem Fahrrad und einem Sack mit dem damals sehr begehrten und selbst angebauten Tabak Marke „Virginia“ fuhr ich hinterher. Gegen den Tabak wollten wir später in der Fremde Lebensmittel eintauschen.
Inzwischen setzte das Artilleriefeuer wieder ein. Ein angeschossener Apfelbaum stürzte vor uns über die Fahrbahn. Ein deutscher Schützenpanzer mit fünf Mann Besatzung brachte Hilfe. Der Baum wurde mit dem Panzer auf die Seite gezogen. Nachdem es etwas ruhiger geworden war, konnten wir unsere Fahrt mit dem Gespann fortsetzen. In Neuforweiler, dem nächsten Ort, sahen wir, dass eine Granate einen bepackten Wagen getroffen hatte.
Wir fuhren durch Saarlouis und machten nach der Überquerung der Saar erstmals halt. Die Kühe konnten etwas ausruhen. Mein Vater ging inzwischen alleine zum nahe gelegenen Bahnhof und erkundigte sich. Hier wurde gerade der letzte Flüchtlingstransport zusammengestellt. Im Gegensatz zu der Evakuierung 1939 waren es Personenwagen, keine Viehwagen wie damals. Etliche am Vortag aus unserem Dorf geflohene Bürger – auch nahe Verwandte – waren auf dem Bahnhof und warteten auf den Abend und den Einbruch der Dunkelheit. Als unser

Vater zu uns zurückkam und uns dies mitteilte, sagte meine Mutter:
„Gut, dann fahren wir auch mit dem Zug. Wenn wir sterben sollen, dann sterben wir alle zusammen."

Wir fuhren zum Bahnhof und freuten uns als wir wieder bekannte Gesichter sahen. Die Habe der Flüchtenden wurde auf sieben geschlossene Güterwagen verladen, die an den Zug angekuppelt wurden. Die Kühe und den Wagen nahm ein Bauer namens Caspar aus Roden gegen Ausstellung einer Bescheinigung entgegen. Mit diesem Gespann fuhr ein Uhrmachermeister dann bis in den Hochwald. Am Abend des 28. November 1944 um 18 Uhr setzte sich der letzte Flüchtlingszug in Bewegung. Unsere Fahrt ins Ungewisse begann.

Wir saßen mit acht Personen in einem D-Zug-Abteil. Eine Mutter mit Säugling und ein älterer Mann, der ständig wirres Zeug redete und mit seinem Schicksal nicht mehr zurechtkam, waren auch dabei. Der Verwirrte wurde später auf irgendeinem größeren Bahnhof abgeholt. Unser mitgenommenes Fleisch hatten wir in zwei Fruchtsäcken verstaut und auf der Plattform des Waggons abgestellt. Ständig mussten wir diese wertvolle Habe im Auge behalten. Der Geruch aus diesen Säcken war verführerisch. Die Fahrt in dem spärlich beleuchteten Abteil ging über den Rhein und durch den süddeutschen Raum. Hin und wieder hielt der Zug an. Der Begleiter und Betreuer des Zuges war ein meinem Vater bekannter Mann namens Eberhardt aus Überherrn. Auf größeren Bahnhöfen, auf denen oft Verpflegung verabreicht wurde, sorgte er dafür, dass zuerst die Kinder an die Reihe kamen. Am späten Vormittag des folgenden Tages rollte der Zug durch den Raum Crailsheim-Dinkelsbühl, wo die ersten Passagiere ausstiegen.

Ich hatte den Eindruck, man wusste gar nicht mehr, wo man uns hinbringen sollte. Immer wieder hielt der Zug an, dann wurde wieder grünes Licht zur Weiterfahrt gegeben. Über Hof bei Nürnberg landeten wir im Raum Ansbach, Bahnstation „Oberdachstetten".

Nach einer zirka 22-stündigen Bahnfahrt konnten wir aussteigen. Die Güterwagen mit der geretteten Habe wurden entladen. Den Begriff „Saarfranzosen" kannte man ja schon von der ersten Evakuierung 1939. Die örtliche Parteiführung nahm die Zuordnung zu den Quartierleuten vor. Kinderlose oder Eltern mit einem Kind waren schneller verteilt. Zurück blieben noch Leute mit mehreren Kindern. Diese wurden mit ihrem Gepäck zu einem Gasthof im Ort gekarrt. Dort wurden wir in einen Saal gebracht, der mit Stroh ausgelegt war. Jeder bekam eine Decke und eine erste Verpflegung. Zwei Tage und Nächte lang durften wir hier verbringen, bis uns dann ein neues Quartier zugeteilt wurde. Bei dem Gastwirt konnten wir unser mitgebrachtes Fleisch in seinem Rauchhaus fertig räuchern. Wir bekamen für vier Personen eine kleine Dachgeschosswohnung; zwei Zimmer und eine kleine Küche. Der Kontakt zu unseren Vermieterinnen, einer Frau mit ihrer Tochter, war gut. Ihr Mann war an der Ostfront. Sie liehen uns Säge, Axt und Handwagen. Wir durften uns im nahen Wald Brennholz besorgen. Braunkohle konnten wir beim Kohlenhändler kaufen. So hatten wir vorläufig eine warme Bleibe. Nach Anmeldung bei der örtlichen Behörde erhielten wir auch unsere Lebensmittelkarten zugeteilt.

Reinhold Schug

Die arbeitsfähigen Männer wurden zur Arbeit in der nahe liegenden „Lufthauptmunitionsanstalt" verpflichtet. In unserer Heimat hatte ich in Saarlautern die „Oberschule für Jungen" besucht. Ein weiterer

Besuch einer Schule war in der Fremde nicht möglich. Ich musste mit meinen 15 Jahren in der Munitionsfabrik arbeiten. Jeder sollte doch seinen Teil zu dem „Endsieg“ beitragen. So musste ich dort in der Fertigung von 3,5-10,5 cm Granaten für Luft- und Bodenabwehr arbeiten. Die Munition kam nicht mehr alle an die „Front“. In den letzten Kriegstagen flog ein Munitionszug, der von Tieffliegern angegriffen wurde, in die Luft.

Hitler jagte Jugendliche an die Front. Ende Februar 1945 wurde der Jahrgang 1929 zur vormilitärischen Ausbildung einberufen. Auch ich musste mich in Ansbach melden. Wir wurden in Uniformen gesteckt und im Schnellverfahren ausgebildet. Die Ausbilder trugen Uniformen der Waffen-SS. Die Handhabung von Panzerfäusten und der Umgang mit dem Gewehr und Handgranaten wurde uns beigebracht. Morgens zogen wir mit Marschliedern auf den Übungsplatz. Dort lernten wir auf Pappsoldaten zu schießen. Mit Übungspanzerfäusten schossen wir auf einen dort stehenden Panzer T34. Zum Abschluss der Ausbildung schoss der Ausbilder mit einer echten Panzerfaust. Die Wirkung der Waffe war für uns faszinierend. Mit diesen erworbenen Grundkenntnissen wurden wir, nachdem die Alliierten Ende März 1945 in breiter Front den Rhein überquert hatten, einer Infanterieeinheit zugeteilt. Wir waren 35 Jungens und der Verein nannte sich „Panzervernichtungstrupp der Hitlerjugend“.

Nach meiner heutigen Sicht war dieses Vorhaben der größte Schwachsinn aller Zeiten. Während die Kampfmoral der regulären Truppe auf dem Tiefpunkt angelangt war, predigte man uns immer noch über den Endsieg und die zu erwartende Wunderwaffe.

Die Truppe erkannte den verlorenen Krieg, aber niemand traute sich etwas darüber zu sagen. Ein Unteroffizier, der aus dem Saarland war, sagte eines Abends hinter vorgehaltener Hand: „Jungens macht keinen Scheiß, ihr wollt doch alle Mutter und Vater wiedersehn, macht es wie wir, dann werdet ihr überleben.“ Als wir den planmäßigen und präzisen Vormarsch der Amerikaner durch ein Scherenfernrohr beobachten durften und unseren verlorenen „Haufen“ sahen, wurde uns einiges klar. Wir setzten uns mal mit Sichtweite von fünf Kilometern von den vorrückenden Amerikanern ab. Der Rückzug ging über Ansbach, Öttingen, Nordlingen, Donauwörth bis Bad Tölz. Mehrmals wurden wir von der Militärstreife, den so genannten Kettenhunden, aufgegriffen und zu neuen Standorten geschickt. Das Ende des Krieges rückte immer näher. Dennoch fühlten wir uns in der Nähe erfahrener Soldaten geborgen.

Beim Plündern erschossen

Mittlerweile war es Mitte April und wir seit drei Wochen im „Einsatz“. Die Wäsche an unseren Körpern war genau so alt und konnte nie gewechselt werden. In Öttingen war ein Bekleidungslager vom Reichsarbeitsdienst. Von einem Offizier wurde uns gesagt, hier könnten wir uns für den eigenen Bedarf eindecken. Dort angekommen, sahen wir Unterwäsche, Strümpfe, Trainingsanzüge, Schuhe und noch mehr stapelweise auf den Regalen liegen. Wir versorgten uns ausreichend mit der begehrten Ware. Zur gleichen Zeit befanden sich auch einige osteuropäische Zwangsarbeiter unerlaubt in dem Gebäude. Sie versuchten mitzunehmen, was sie konnten und ließen ihrer Zerstörungswut freien Lauf. Einer riss ein schweres Hitlerbild von der Wand. Er schlug das Bild auf den Boden und trat mit dem Fuß hinein, bis es total zerstört war. Diesen Vorgang beobachtete ein in den Raum eingetretener Offizier der Wehrmachtspolizei. Der Ostarbeiter versuchte die Treppe hinunter zu fliehen. Der Polizist folgte ihm; im Lauf öffnete er die Pistolentasche. Vor dem Haus fiel ein Schuss. Der Ostarbeiter wurde getroffen und war schwerstverletzt. Ein herbeigeeilter Bauer, bei dem der Betroffene gearbeitet hatte, protestierte gestikulierend mit beiden Händen. Um nicht abgeführt zu werden, ließ er sich von herbeigeeilten Zivilisten beruhigen.

Zurück bis an den Alpenrand

Ende April sahen wir in der Ferne in südlicher Richtung erstmals die Alpen. Ein guter Kamerad – Franz Nalbach aus Saarlouis – und ich beschlossen, uns von dem „Verein" abzusondern. An einem regnerischen Nachmittag gingen wir als Letzte durch einen kleinen Ort. Eine offen stehende Scheune lud uns ein, uns hier zu verstecken. Die anderen Kameraden gingen weiter. Nach zirka drei Stunden trauten wir uns, unser Versteck zu verlassen.

Im Hof des Hauses stand ein LKW der Reichsbahn mit vier Mann und zwei in Deutschland dienstverpflichteten Franzosen. Die Bahner boten uns an, mitzufahren. Wir befanden uns im Raum Füssen. Bei Einbruch der Dunkelheit fuhren sie auf Nebenstraßen bis wir am frühen Morgen in Bad Tölz waren. Hier stiegen mein Kamerad Franz und ich aus. Die „Reichsbahner" gaben uns noch reichlich Verpflegung mit. In Bad Tölz besorgte uns eine Frau, die Saarländerin war, Zivilkleidung. Nun war Schluss mit dem Weglaufen. Wir gingen den Amerikanern entgegen, teils zu zweit auf einem Fahrrad, das irgendwo stand und uns gefiel. Wir fragten einen älteren Mann, wo jetzt der Ami wäre. Er zeigte auf zwei Amerikaner in Begleitung eines deutschen Offiziers, der scheinbar mit seiner Mannschaft kapituliert hatte. Unbehelligt ließ man uns bis zur Stadtmitte gehen. Hier standen Panzer an Panzer, die sich zur Weiterfahrt formierten.

Aufgebrachte, scheinbar ehemalige Zwangsarbeiter, drangen in eine Bäckerei und versorgten sich mit Brot. Wir schlossen uns ihnen an und konnten auch etwas Brot mitnehmen. Die Nächte verbrachten wir in Scheunen, Ställen, Schulsälen, manchmal sogar im Bett bei hilfsbereiten Menschen. Unser Tagesziel war jeden Tag 20 bis 30 Kilometer. Das schafften wir. Zu Essen bekamen wir von Leuten, die uns mochten. Ein Bauer bot uns ein Vesperbrot an. In einem Schuppen dampfte ein Futterkessel mit Futterkartoffeln, die gar waren. Wir aßen die Kartoffeln mit Schale, steckten uns dazu noch die Taschen voll und zogen weiter.

 Meine in der „Städtischen Oberschule für Jungen“ erworbenen spärlichen Englischkenntnisse waren uns bei den Kontrollen durch die amerikanische Militärpolizei sehr dienlich. Wenn die MP merkte, dass man sich in ihrer Sprache verständigen konnte, waren sie höflicher.
Franz und ich gingen bei beginnender Abenddämmerung durch Augsburg. Die Straßen waren menschenleer, was uns etwas unheimlich vorkam. Von Sperrstunde oder Ausgehverbot hatten wir ja noch nichts gehört. Plötzlich sahen wir eine MP-Streife. Zwei Mann, bis an die Zähne bewaffnet. Die Maschinenpistole im Anschlag rief der Eine: „Hands up, are you soldiers?“ Ängstlich gab ich den Posten zu verstehen: „We are no soldiers, we are just fifteen years old.“ Dann entwickelte sich der folgende Dialog: „Do you speak English?“, fragten sie. Ich antwortete: „A little, I learned it in the school.“ Beeindruckt waren sie, als sie hörten, wo wir herkämen und hinwollten und was uns die Nazis angetan hätten. Die beiden Soldaten erklärten, dass Sperrstunde sei. Sie guckten sich gegenseitig an und nahmen uns mit. Im Klassensaal einer Schule durften wir übernachten und bekamen auch was zu essen. Am nächsten Morgen durften wir weiter, Richtung Ansbach, zu unseren Eltern. Ein Problem war es immer, etwas Essbares zu bekommen. Wir mussten uns alles erbetteln. Bei Bauern machten wir die Erfahrung: „Je reicher, umso geiziger“. Wir liefen auch Pfarrhäuser an, in denen wir meistens etwas bekamen. So näherten wir uns mit jedem Tag mehr unserem Evakuierungsort, in dem unsere Eltern einquartiert waren. Am letzten Tag legten wir fast 40 Kilometer zurück und erreichten Oberdachstetten, unser Ziel.
Am 8. Mai 1945 war der Krieg zu Ende. Alle Evakuierten dachten an eine baldige Rückkehr in die Heimat. In der Scheune der Gastfamilie stand das Fahrrad meines Vaters. Am Freitag, dem ersten Juni 1945, traten eine Frau namens Apolonia Kiefer, ebenfalls aus Altforweiler, und ich um sieben Uhr morgens die abenteuerliche Fahrt in die Heimat an. Bepackt nur mit dem allernötigsten Reiseproviant ging es los. Nach einer Fahrt von zirka 30 Kilometern gab es im Raum Rothenburg

ob der Tauber die erste Kontrolle, ausgeführt von zwei amerikanischen Militärpolizisten. Mit der Maschinenpistole im Anschlag kamen sie auf uns zu. Wir hielten an. „Papers!“, rief der Eine in barschem Ton. Ich zeigte meinen von der Zivilverwaltung ausgestellten Registrierschein, so als sei dies das richtige „Papier“, obwohl ich wusste, dass dies nicht ausreichend war. Der „Ami“ sagte: „That is a german paper, you must have a american paper!“

Ich versuchte mit meinen spärlichen Englischkenntnissen, die ich mir zwei Jahre zuvor an der Oberschule für Jungen erworben hatte, zu antworten: „I was been bei the Commander in Windsheim and he said, that Paper were right.“ Verblüfft fragte der eine Ami: „Do you speak English?“ Meine Antwort: „Something. I learned it in German school.“ Die Maschinenpistole war nicht mehr im Anschlag. Unser Dialog wurde direkt freundlicher. Fragen wurden von mir so gut wie möglich beantwortet. Die Frau, die mit mir die Heimfahrt unternahm, war sehr ängstlich, was den beiden MP's nicht entging. „Is that your mother?“, fragte der eine. „Your friend?“, der andere. Meine Antwort war immer „No.“ Im weiteren Dialog versuchte ich den Posten zu erklären, dass wir in unsere Heimat wollten, und dass wir von den „Nazis“ zwangsevakuiert worden waren. Mittlerweile hatte der eine Ami eine Zigarettenpackung aus der Tasche gezogen und fragte mich: „Do you want smoke?“ Er bot mir eine Zigarette an und steckte sich auch eine an. Das Eis war gebrochen. Mit den Worten: „Go on!“, ließen sie uns weiterfahren.

Am Abend des ersten Tages waren wir in Berolzheim im Raum Bad Mergentheim. Auf einem Bauernhof durften wir in einer Scheune übernachten. Aus Angst vor Diebstahl band ich die auf dem Boden liegenden Fahrräder mit einer Schnur zusammen. Vor plündernden ehemaligen Zwangsarbeitern war man nicht sicher. Wir schliefen bald ein, da die Fahrt durch die hügelige Landschaft sehr anstrengend gewesen war.

 Am nächsten Morgen, nach einem bescheidenen Frühstück, setzten wir die Fahrt fort. Über Moosbach erreichten wir das schöne Neckartal. Am Abend waren wir kurz vor der Sperrstunde in Mannheim. In einem ehemaligen „Luftschutzhochbunker“ wurde uns eine Bleibe angeboten.

In Ludwigshafen angelangt, hörten wir durch Mundpropaganda, dass am Spätnachmittag um sechs Uhr ein Güterzug nach Homburg/Saar abfahren sollte. Das war ja unsere Richtung! Wir suchten den Bahnhof und siehe, da stand schon der Zug. Der Zugführer bekam von einem amerikanischen Offizier die Anweisung, uns unter Einhaltung verschiedener Vorschriften mitfahren zu lassen. Pünktlich um sechs Uhr setzte sich der Zug in Bewegung, und wir waren nach zirka zwei Stunden in Homburg. Da dieser Tag weniger strapaziös gewesen war, setzten wir die Fahrt mit dem Fahrrad fort. Wir dachten um neun Uhr an die Sperrstunde und waren schon ängstlich, doch die Sehnsucht nach der Heimat war stärker und wir fuhren weiter in die beginnende Dunkelheit. Dann passierte es! Im Raum St. Ingbert (Rentrisch) wurden wir von blendendem Scheinwerferlicht angestrahlt. Eine nicht zu überhörende Stimme rief: „Hände hoch!“ Zwei uniformierte Franzosen, erkennbar an ihren Helmen, standen plötzlich vor uns. Die Maschinenpistolen im Anschlag ging der eine hinter uns, der andere vor uns her, und wir wurden abgeführt.

Auf einer Schreibstube des französischen Militärs wurden wir von einem akzentfrei deutsch sprechenden Offizier verhört. Nach der Schilderung unserer Lage erklärte der Offizier, wie gefährlich unser Unternehmen sei. Die Militärstreife habe Anweisung nachts nach einem Warnschuss gezielt zu schießen. Uns wurde wieder eine Bleibe für die Nacht zugeteilt.

Am Dienstagmorgen fuhren wir über Saarbrücken–Völklingen–Ensdorf nach Saarlouis. Die Überquerung der Saar war nur über einen Holzsteg in der Höhe des heutigen DRK-Krankenhauses, nach nochmaliger Kontrolle möglich. Wir erfreuten uns am Anblick der Gauhöhen, an deren Fuß unser geliebter Heimatort liegt. Kurz vor Mittag erreichten wir die ersehnte Heimat.

Das Haus stand noch. Von außen waren keine Schäden zu erkennen. In unserer vertrauten Wohnküche herrschte ein Chaos. Um den Kochherd, an dem unsere Mutter oft stand, lag die Asche zentimeterdick. Drei Monate lang hatten die Amerikaner in dem kalten Winter 1944/45 das Haus als Stellung benutzt. Die Bettgestelle und Schränke aus unseren Schlafzimmern waren weg. Möglicherweise verheizt oder später gestohlen worden. Das alte rote Plüschsofa von unserer Oma war auf der Sitzfläche auf einer Länge von zirka 20 Zentimetern aufgeschlitzt. Es sollte mir vorläufig als Schlafstätte dienen. Zunächst brachte ich die Wohnräume in einen besenreinen Zustand.
Im Garten hatten wir in einer Miete etwa zehn Zentner Kartoffeln mit Stroh und Erde abgedeckt. Die Kartoffeln waren alle noch ganz frisch und genießbar. Das im Hühnerstall von meinem Vater und mir im Waschtopf vergrabene Eingemachte war noch alles unverdorben und essbar. Hungern musste ich vorläufig nicht!
Beim „Alten Bäcker" gab es mittlerweile auch schon Brot und die ersten Lebensmittel. Bei einem von meinen Onkels aß ich öfters zu Mittag und half ihm im Juli bei der Ernte des spärlichen Getreides.
So vergingen etliche Tage, bis Ende August auch meine Eltern und mein jüngerer Bruder Heinz aus dem „Bergungsgebiet" zurückkamen. Sie trafen auf dem Bahnhof Wadgassen ein und wurden mit einem Pferdefuhrwerk nach Hause gefahren.
Mein älterer Bruder Werner war in französische Kriegsgefangenschaft gekommen. Wir erhielten nur spärliche, zensierte Nachrichten von ihm. Er wurde erst im Februar 1947 entlassen.

Hunderttausende sind auf der Flucht vor der Roten Armee. In einem Lager in Berlin wird ihnen Aufenthalt für 24 Stunden gewährt und sie erhalten Verpflegung. Aber in Sicherheit sind sie längst noch nicht

Dieter Gräbner, Jahrgang 1939, ist Journalist und Autor. Er arbeitete als Reporter und Redakteur für große Tageszeitungen, Magazine und Zeitschriften, zuletzt als leitender Redakteur für die Saarbrücker Zeitung, für die er auch heute noch als Kolumnist tätig ist. Er schrieb Beiträge und Reden für namhafte Persönlichkeiten aus Politik, Wirtschaft und Kultur. 2002 und 2003 wurde er mit dem Lokaljournalistenpreis der Konrad Adenauer Stiftung ausgezeichnet.

Bisherige Buchveröffentlichungen:
Anatomie eines Attentates (1989)
Frankfurt für Kinder (1991)
Operation Salomon – Die Heimkehr der Kinder
der Königin von Saba (1992)
Saarbrücken – Grüne Stadt zwischen Kohle und Stahl (1999)

2004 erschien im Gollenstein-Verlag sein Report „Über uns Feuer und Verderben“ über den Bombenkrieg im Saarland mit den Aussagen von über 70 Zeitzeugen.

Der Autor dankt der Saarland-Sporttoto GmbH, dem Sparkassenverband Saar und der Union Stiftung Saarbrücken für die freundliche Unterstützung seiner Recherchen.

Fotos

Alex, Barbian, Berner, Börner, Brück, Burger, Bunk, Cirksena, Deutsch, DPA, Jahr, Gedenkstätte Deutscher Widerstand, Hares, Honk, Jahr, Jakoby, Jenal, Keystone, Kindermann, Michel, Neufang, Röhnert, Scheyer, Schneidewind, Schubert, Schuh, Steck, Stiff, Vetter, Wasserstein, Wunderlich

Hamsterfahrten: Nur wenige Züge waren nach dem Krieg noch einsatzfähig. Die meisten Nahverkehrszüge waren überfüllt. Die Menschen fuhren zum Hamstern auf das Land

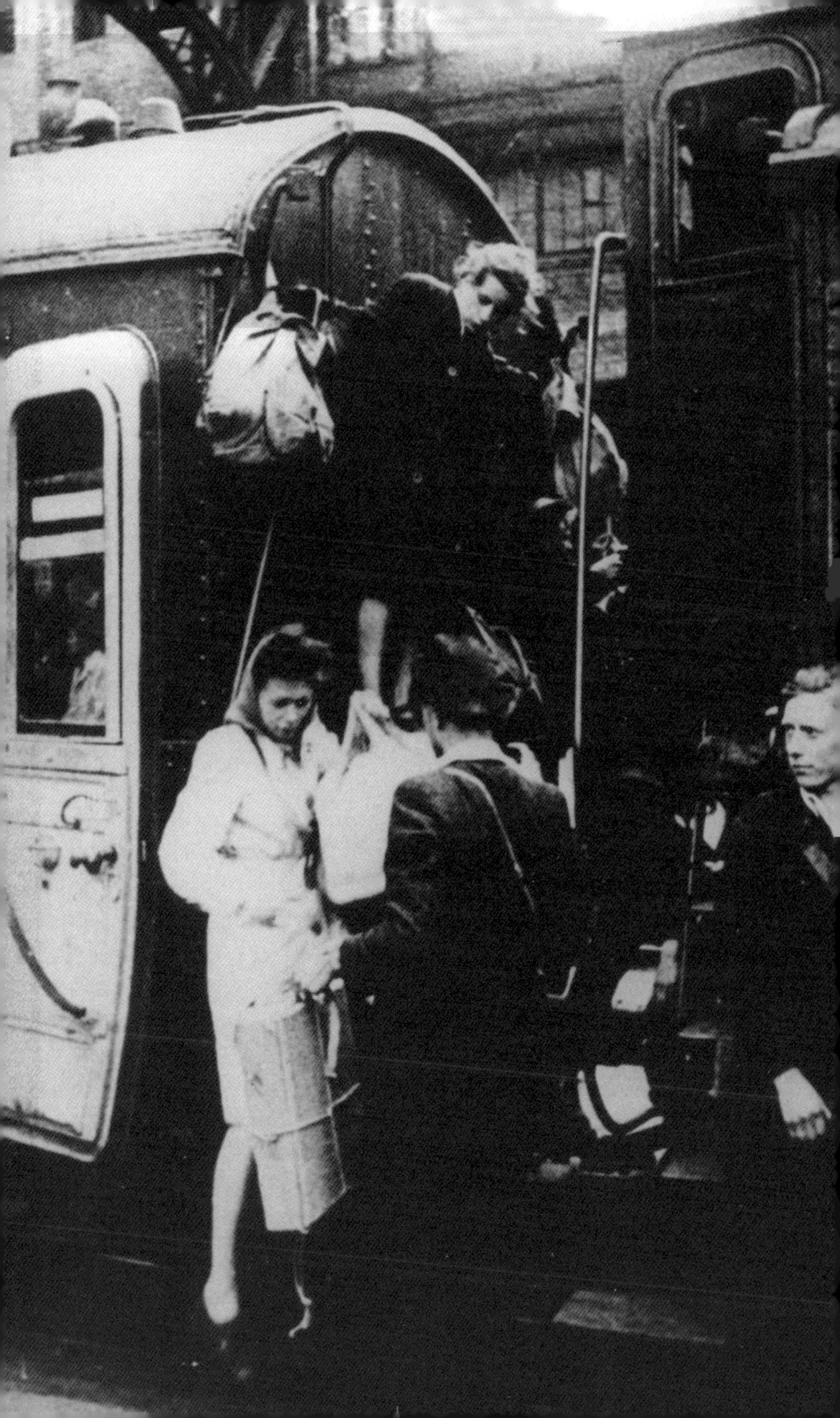

Heinz-Eberhard Alex, *St. Ingbert*
Heinz Berner, *Frankfurt/Main*
Herbert Binkert, *Saarbrücken-Bischmisheim*
Holger Börner, *Kassel*
Anton Breiling, *Trier*
Alwin Brück, *Holz-Heusweiler*
Edgar Burger, *Ensdorf*
Agnes Cirksena, *Aurich*
Jupp Derwall, *St. Ingbert*
Alex Deutsch, *Neunkirchen-Wiebelskirchen*
Hugo Dörr, *Wadern*
Fridolin Hares, *Mitlosheim*
Ludwig Harig, *Sulzbach*
Hans Jacoby, *Saarbrücken*
Rosalinde Jahr, *Luisenthal*
Anneliese Knoop-Graf, *Bühl/Baden*
Rolf Krieger, *Enkirch*
Caecilia Laaß, *Lampaden*
Harry Leist, *Trier*
Albert Mangelsdorff, *Frankfurt/Main*
Ignaz Marx, *Quierschied*
Rudi Michel, *Baden-Baden*

Dr. Gerhard Neufang, *Saarbrücken*
Günther Schacht, *Saarbrücken-Altenkessel*
Anne Scheyer, *Erching/Frankreich*
Helga Schneidewind, *Saarbrücken-Fechingen*
Reinhold Schug, *Überherrn*
Waldtraud Schuh, *Wadern*
Alfred Schwarz, *Saarbrücken*
Hermann Josef Spital, *Trier*
Elsie Steck, *Frankfurt/Main*
Hans Steinbrenner, *Frankfurt/Main*
Dr. Hans Stiff, *Heusweiler-Niedersalbach*
Franz Sutor, *Püttlingen*
Georg Ulbrich, *Schweich-Issel*
Friedrich-Wilhelm Vetter, *Überherrn*
Jehanne Villeroy de Galhau, *Wallerfangen*
Dr. Walter Wallmann, *Idstein/Taunus*
Isak Wasserstein, *München*
Werner Wilhelm, *Neunkirchen*

Bomben auf die Zivilbevölkerung:

Verzweifelt versuchen die Menschen ihre Habe zu retten

Begleitmaterialien zur Ausstellung „Widerstand gegen den Nationalsozialismus; Gedenkstätte Deutscher Widerstand" Stauffenbergstr. 13-14, 10785 Berlin

Kurt W. Böhme „Zur Geschichte der deutschen Kriegsgefangenen des 2. Weltkrieges", Verlag Ernst und Werner Gieseking

Alex Deutsch „Ich habe Auschwitz überlebt", Selbstverlag, Neunkirchen

Jörg Friedrich „Der Brand – Deutschland im Bombenkrieg 1940-1945", Propyläen

Susanna Keval „Widerstand und Selbstbehauptung in Frankfurt am Main, 1933-1945", Campus Verlag

Guido Knopp „Die Gefangenen", Verlag C. Bertelsmann

C.v.Oppel/Hartmut Matthieu „Im Rücken des Feindes", Books on Demand GmbH, Norderstedt

Lea Rosh „Der Mord an den Juden Europas", Vortrag am 27. Januar, dem Tag des Gedenkens an die Opfer des Nationalsozialismus, auf Einladung des Präsidenten des Saarländischen Landtages im Hotel Novotel, Gedenkstätte Gestapo Lager Neue Bremm, Saarbrücken

Anne Scheyer „Die 14 Freitage", Selbstverlag, Kontakt Gabriel, Bitscher Str. 22, 66955 Pirmasens

Peter Steinbach/Johannes Tuchel „Widerstand gegen die nationalsozialistische Diktatur 1933-1945", Bundeszentrale für politische Bildung, Berlin

Isak Wasserstein „Ich stand an der Rampe von Auschwitz", Selbstverlag, Kontakt Dr. Horst Prautzsch, Kapellenweg 43, D-72818 Trochtelfingen

Klaus Zimmer „Erlebte Geschichte 1939-1945 – Ostertaler Männer und Frauen in Krieg und Gefangenschaft", Heimat- und Kulturverein e.V. Niederkirchen i.O.

Impressum

www.gollenstein.de

Buchgestaltung und Satz: Timo Pfeifer
Schrift: Akzidenz Grotesk
Papier: CreamLux elfenbein 115 g
Druck: Gulde-Druck GmbH, Tübingen
Bindung: Verlagsbuchbinderei Dieringer, Gerlingen

Printed in Germany
ISBN 3-935731-87-6